中國近代期刊彙刊・第二輯

國風報

三

第一年第十期——
第一年第十四期

中華書局

國風報

大清郵政局特准掛號認爲新聞紙類
日本明治四十三年二月十三日第三種郵便物認可
（每月三期逢一日發行）

宣統二年四月十一日
第一年第十期

定價表

項目	報資
全年三十五冊	六元五角
上半年十七冊	三元五角
下半年十八冊	三元五角

費須先惠逢閏照加

零售每冊	二角五分
本國郵費	每冊四分
歐美郵費	每冊七分
日本郵費	每冊一分

廣告價目表

一面	十元
半面	六元

惠登廣告至少以半面起算如登多期面議從減

宣統二年四月十一日出版
六月初一日再版

編輯兼發行者　何國楨

發行所　上海福州路　國風報館

印刷所　上海福州路　廣智書局

分售處

北京桐梓胡同　廣智分局
廣州十八甫國事報館
廣州雙門底聖賢里　廣智分局
廣州十八甫廣生印務局
日本東京中國書林

國風報

各省代理處

- ▲直隸　保定府西大街　萃英山房
- ▲直隸　保定府　官書局
- ▲天津　府署東　原創第一家派報處
- ▲天津　浦東小關大行　公順京報局
- ▲天津　鄉祠南售報處　李茂林
- ▲天津　東馬路　羣益書局
- ▲奉天　省城交涉司對過　振泰報局
- ▲奉天　天圖書館
- ▲盛京　昌圖府北大街　振泰報局
- ▲吉林　省城板子胡同　文盛報房
- ▲山東　濟南府芙蓉街　維新書局
- ▲河南　開封府城北書店街　茹古山房
- ▲河南　開封府西大街　文會山房
- ▲河南　開封府西大街　大河書局

- ▲河南　開封府西大街　教育品社
- ▲河南　開封北書店街　總派報處
- ▲河南　武陟三官廟街　永亨利
- ▲河南　彰德府　茹古山房
- ▲陝西　省城內竹笆市　公益書局
- ▲陝西　省城　萃新報社
- ▲山西　省城騶子巷　文元書局
- ▲山西　省城　書業昌記
- ▲貴州　崇學書局
- ▲雲南　城東院街沙鵬巷口　天元京貨店
- ▲安徽　廬州府神州日報分館　陳福堂
- ▲漢口　黃陂街　昌明公司
- ▲安慶　府龍門口　萬卷書樓

國風報

各省代理處

▲蕪湖 徽州碼頭 科學圖書社

▲四川 成都府學道街 輸文新社

▲四川 成都 正誼書局

▲四川 成都會府東街 華洋冬報總派處

▲四川 成都南紗帽街 安定書屋

▲湖南 長沙 羣益圖書公司

▲湖南 常德府 申報館

▲南京 城夫子廟 啓新書局

▲南京 城淮情橋 莊嚴閣

▲南京 城花牌樓 崇藝書社

▲南京 城花牌樓 圖南書社

▲江西 省城洗馬池 開智書局

▲江西 廣信府文昌宮 益智官書局

▲江西 南昌萬子祠裱畫巷內 廣益派報社

▲福州 督署後 教科新書館總派報處

▲廈門 關帝廟街 新民書社

▲溫州 府前街 日新協記書莊

▲溫州 瑞安太平石街 廣明書社

▲蘇州 圓妙觀西察院巷口 瑪瑙經房

▲揚州 古旗亭街 經理各報分銷處

▲常熟 常照派報處 朱乾榮君

▲常熟 寺前街 海虞圖書館

▲常熟 孚記書莊

▲星加坡 南洋總滙報

▲澳洲 東華報

▲金山 世界日報

▲紐約 中國維新報

▲香港 中環砵甸乍街 致生印字館

國風報第一年第十號目錄

曲阜孔廟前門

諭旨

四月初一日　上諭前奉先朝諭旨設立資政院以為上下議院之基礎聖謨宏遠薄海同欽朕御極以來日以繼志述事為務迭經降旨將該院院章暨各項選舉章程釐定頒布責成內外臣工切實籌辦本年九月初一日為第一次開院之期所有單開各項欽選議員宗室王公世爵着魁斌載功納勒赫載瀛載潤溥霱全榮壽全載鎬載振毓盈載燕盛昆慶恕為議員滿漢世爵著希璋黃懋澄志鈞榮全榮增延秀曾廣鑾存興李長祿敬昌劉能紀胡祖蔭為議員外藩王公世爵著博迪蘇貢桑諾爾布色凌敦魯布色隆托濟勒勒旺諾爾布特古斯阿勒坦呼雅克圖綳楚克車林多爾濟帕拉穆達木黨蘇倫那彥圖索特那木札木柴巴勒珠爾拉布坦司迪克那木濟勒錯布丹為議員宗室覺羅著定秀世珣榮普成善景安宜純為議員各部院衙門官著奎濂陳懋鼎趙椿年錫嘏榮凱毓善劉道仁文哲琿張緝光李經畬林炳章慶蕃顧棟臣何藻翔陳善同劉澤熙魏聯奎趙炳麟儼忠胡駿王璟芳文溥吳敬修柯劭忞榮厚胡礽泰汪

榮寶劉華長福曹元忠吳偉炳郭家驥爲議員碩學通儒着吳士鑑勞乃宣章宗元陳寶琛沈家本嚴復江瀚喻長霖沈林一陶葆廉爲議員自應先期召集以備舉行著以本年八月二十日爲召集之期所有該院議員均即按照定期一律齊集將開院以前應有事宜妥行準備該議員等須知此次召集資政院爲中國前此未有之創舉即爲將來成立國會之先聲務期竭盡忠誠恪守秩序克擔義務代表輿情用副朝廷實行立憲循序程功之至意將此通諭知之欽此監國攝政王鈐章軍機大臣署名

初二日　旨增崇現在穿孝所管鑲黃旗蒙古都統着色楞額兼署欽此　上諭浙江定海鎮總兵邱開浩著開缺另候簡用欽此　上諭福建興化府知府陳景墀貴州鎮遠府知府雙壽均著開缺送部引見欽此監國攝政王鈐章軍機大臣署名

初三日　上諭貴州鎮遠府知府員缺著吳蔭培補授欽此監國攝政王鈐章軍機大臣署名

初五日　上諭貝勒載瀛奏病難速痊請開去御前行走差使並請停俸一摺載瀛着再賞假一個月調理毋庸開去差使欽此

論說

幣制條議（續第九號）

滄江

第三　論中國當采用虛金本位制及其辦法

（參觀本號著譯門貨幣主位制略論）

所貴乎有貨幣者。以其能爲一切物價之尺度也。貨幣所以能爲一切物價之尺度者。以其自體有一定之價格也。夫貨幣自體一定之價格。則恃本位幣以爲之綱。故語幣制而不先致意於本位。蔑有當矣。綜舉各國幣制。則有金本位制。有銀本位制。有金銀複本位制。有跛行本位制。有虛金本位制。凡五種。（其性質別具貨幣主位制說略篇中）今我國果當何采乎。金銀兩本位制者。實緣歐美諸國未解重視本位制以前。先有多數之金銀兩幣相沿並用。及其後乃極力思維持之。夫本位幣者。幣之主也。本位而有二。則是天有二日。國有二王。本已不適於理論。而欲利用兩性之相軋以劑其平。苟非萬國協行。爲事決無可幾。故前此各國政治家嘔心血以圖之者。皆成徒勞。今則衆共識其不可矣。此法意葡班諸國所以一變爲跛行制也。我國現在非直無金幣也。並無銀幣。（我國現行者銀塊耳即龍洋小銀元等亦不過有花紋之銀塊不得謂之銀幣）今所務者。惟在制定新幣。而非在處置舊幣。則複本位不成問題。事至易睹。而跛行本位制。實由複本位制蛻化而來。專以救複本位之窮。其與我無關益章章矣。故今日所當研究者。則金本位銀本位虛金本位三者孰適之問題而已。

凡選擇本位之標準。略有三端。一曰就幣材性質以觀其孰適。二曰就國民生活程度以觀其孰適。三曰就四鄰交通利便以觀其孰適。夫幣材貴具八德。（參觀第七號著譯門中國古代幣材考結論）惟金斯八德含備。銀則雖具餘七德。徒以近十數年來。供求不能相劑。其價漲落無定。故於價格確實之一德闕焉。故就第一標準論之。銀不逮金。已成通義。惟是各國人民生計程度高下不齊。在工商業盛之國。懋遷出入。爲數常鉅。惟金能以小量直厚價。始便轉運。在產業幼稚之國。則無須此。故就第二標準論之。則兩者各有利害可言。而當視各國情形以爲斷。雖然。在今日交通大開之世。無論何國。皆不能閉關而與人絕市。坐是故不能矯然與四鄰立異。苟立異者。則彼我兩損。而我所蒙損尤巨。故就第三標

準論之則雖有人民程度不必用金而大勢所迫有不得不用者矣先明此義則可以語於我國選擇本位之方針矣

我國行銅本位制相沿已數千年至今西北各省猶或並銀塊而不用故以第二標準論之則行銀本位最宜且卽以對外政策言之苟用銀而善於操縱有時或收奇效蓋當此銀價趨落之時苟能大獎實業則我能以廉價所產之物與他國高價所產者競非惟可以抵制外貨勿使入且能使內貨得侵畧外國市場此銀本位最優之點也雖然以今日我國情形論之全國資本乏絕實業人才希少加以政治機關種種腐敗無一不爲興業之梗欲工藝之盛大遐哉未有其期而現在每年輸入之超過輸出者常數千萬銀價日落其購買力日減物價緣而日騰吾民日用飲食所費先受其病況加以各種外債總額凡十餘萬萬皆以金計年年須輦巨萬於外以償本息銀價益落磅虧歲增其博禍又爲人人所共見者耶若夫以四鄰列强及其屬地悉用金故我以用銀國蝨於其間緣銀價漲落之無常一切懋遷皆含投機性質爲國際商業之障而彼我交蒙其害者抑又無論矣夫以通義言之銀之不適於爲本位既若彼卽以我國特

別情形言之銀本位之弊餘於利又若此是故生今日而猶墨守用銀之議者固已持之不能成理矣

既不用銀則必用金雖然致疑於金本位之難行者則亦有說焉

第一說 我國今日人民生活程度尙低下用金能無流弊乎

第二說 就貨幣行政上言之由銅本位一躍而進於金本位能無扞格乎

第三說 行金本位必先蓄多金我國現在財力能堪此乎

答第一說 以人民生活程度言之**有不得不用金之國而無不得不用銀之國** 所謂生活程度宜用銀者謂可以無須用金則何必爲此僕僕云爾而非謂程度不及而用金則立見其弊也蓋生活程度已高者懋遷所需媒介物其額常巨銀以笨重種種不便蓋以貴金屬不能爲賤金屬之補助而本位幣居金貨幣系統最高之位更無他種異材之幣能立乎其上以代之（鈔幣期票等不在此數）懋遷額巨而用銀勢必至一次貿易而授受之銀盈斗其不便莫甚故易而用金非得已也若夫宜用銀

而用金者其形勢則異是置金幣一種以爲本位而其下有銀鎳銅各種輔幣（即補助幣也度支部所定名今從之）以佐之懋遷額小不及一本位者有輔幣以代其用若全國貿遷額恆小則不過本位幣虛懸而罕用耳於事無害也**蓋與人民生活程度關係最密者實爲最低級之補助貨幣而本位幣則非其最密者也**夫所謂用金不適於貧國者豈不曰現今各國所鑄金幣大率每枚重七格林以上合以銀價約值七八兩卽折而五之亦值三四兩折而十之亦值七八錢而貧國之民不任受此乎不知本位之下有輔幣其輔幣之級數種種或當本位五之一或當十之一或當百之一乃至或當千之一萬之一惟人所置若慮値昂之幣不周於用**則多置一級以爲補助足矣**而本位可以毫無牽動也例如日本以金幣一圓爲本位其重二分以現在比價約值銀六錢餘乃至七錢而其最低級之輔幣爲一錢銅幣當本位百分之一約值銀六釐餘乃至七釐此卽日本人民生活程度最低之標準也使日本之輔幣而僅以當本位十分之一者爲最低級則固不周於用又

使雖有百分一之輔幣。而其本位一枚之重量。如英國之一磅。則亦不周於用。然今若是則固已與彼民程度相應矣今使吾行用金幣其本位每枚之重量略與日本等（假定為純金二分）吾民生活程度雖不逮日本最甚亦不過當其十之一已耳日本今以當純金二分百之一者為最低級輔幣我則更於其下加一種以當純金二分千之一者為最低級輔幣如此則尚何不周之足為患者

質而言之則規復舊制錢使與銅元相輔而完補助之用耳

銅元當本位金幣百之一所值為銀七釐小銅元（即舊錢）當千之一所值為銀七毛以七毛為最小額交易媒介之用雖至貧者亦不以為病矣然此固與金本位之系統一毫無傷也而不然者如當今時流主用銀者之說以純銀一兩為本位又不為規復制錢之計民間最小額之交易媒介必須用一銅元而一銅元當本位百之一其值為銀一分此則真乃與人民生活程度相去懸絕耳然則豈必用金乃為病民反以用銀而病滋甚矣蓋貨幣之職務以量度物價為最要應乎國中各物價之高下大小而有種種多級之貨幣以名之斯其幣制

爲適宜歐美市上殆無値銀一錢以下之物價故其輔幣不必有値銀一錢以下者日本市上殆無値銀七八釐以下之物價故其輔幣不必有値銀七八釐以下者今我國腹地市上値銀一釐以下之物價往往而有苟爲對照人民生活程度起見則其所最不可缺者爲値銀一釐以下之輔幣 **而謂惟行銀本位始能有値銀一釐以下之輔幣行金本位則不能有之此理之決不可通者也**夫生活程度說實爲主用銀者最强之論據明乎此義則其壘不攻自破矣

答第二說　由前之說則中國之宜用金本位既章章矣而當其實行之始有極難者蓋中國向來無所謂本位幣也强曰有之則銅錢而已今由銅一躍而進於金卽銀亦僅得列於輔幣之數夫輔幣者以行使有限制爲原則者也我國民於銅錢之外則用銀爲最習今忽限制銀之行用則民將安所適此實對於用金說一有力之論難也欲解此問題則閱至終篇方能明了蓋吾所主者爲虛金本位制而凡行虛金本位制之

國其銀幣之系統有兩大別。一曰純爲輔幣者。一曰爲本位金幣之代表者。而此第二種。就其功用言之。雖謂與本位幣無異可也。故行虛金本位制之國。必以本位銀幣爲其中堅。此無他。以彼國中本絕少金幣。而惟有多量之本位銀幣故耳。蓋虛金本位制實由銀本位制蛻變而成。猶跛行本位制之由金銀複本位制蛻變而成也。夫既由銀本位蛻變而成。則非俟銀本位確立之後。而虛金本位無自施行。至易見矣。故吾所主張者。一方面爲虛金本位之預備。一方面確立銀本位。蓄金本位爲其目的。銀本位則爲達此目的之一手段。吾之所以異於用銀說者在此。雖然躐等之進。亦吾所未敢苟同也。（此理或驟難索解閱至終篇自了）

答第三說 用金本位。必鑄金幣。欲鑄金幣。須先蓄金。以我國之大。人民之衆。且鈔幣及其他信用期票等皆未發達。則需用貨幣額之鉅。不問可知。而年來金價騰貴未艾。以我國財力之竭蹶。安從購蓄以爲鑄幣用。此亦行金本位制之一大梗也。雖然若欲行純粹之金本位制。則僨此誠爲束手。吾今所主者。則虛金本位制而已。泰西生計學家常言。虛金本位制者。貧弱國之續命湯也。何以故。**以其不必蓄多金而**

能收用金之利故彼斷斷以乏金為患者由未解此中妙用耳。

吾請自是語虛金本位制。

虛金本位制實最近十餘年間始行發明而現在印度墨西哥菲律賓及南洋羣島之英屬等所共行而灼著成效者也其特色有四。

一　虛懸一本位之標準以金為之　如定以金若干格林為本位幣一枚所含之純量是也。

二　政府不鑄金幣惟以銀幣代之而以法律規定金銀兩者比價之率　但其比率必須視市場錢價為稍高如現在市價為金一銀三十五六之間者則定為金一銀三十二。

三　所鑄銀幣須有限制使適如全國所需用之額而止

四　中央銀行須相機發賣寄往外國之匯票又在外國各大市場設立分行相機發賣寄回本國之匯票隨時操縱出入匯兌市價使與國家法定之比率相應

我國之擬采此制實發議於前總稅務司赫德及美國調查幣制大臣精琪。而光緒三十二年度支部擬爲甲乙丙丁四種辦法上奏得　旨報可。然則此制雖未實見施行。而固爲已定之方針矣。但國中人士。明其性質者絕少。卽現在度支部及幣制調查局中人員。恐亦什九未能了解。以故或生異議。而沮其成。卽不爾亦視之爲不足輕重。所以久遷延不辦之故。當由於此。昔精琪初建議時。張文襄公嘗上疏力詆之。大指謂金銀漲落時價自有行情。人人共知。政府何能強爲定價。而因謂此制之法定比率爲不能成立。一時耳食之輩。咸附和之。以至此議久梗。今文襄雖往。而國中人與文襄同一疑團者。當復不少。蓋此理本甚奧衍複雜。苟非細心領會。未易索解。不足怪也。今不避詞費。次第說明之。

第一　當先明國際借貸貨幣來往之理　凡兩國既相交通。則每年必有本國人應給與外國人之錢銀。謂之國際債務。舉其種類則入口貨之價值也本國人游歷游學于外國者之所用也本國在外國公使領事館之費用也本國人營業于外國所投之資本也外國人在本國營業所得之利息也其在有外債之國則本國償還外國之本利錢也此外尚有數種不備舉　同時亦必有外國人應給與本國人之錢銀。謂之國際債權。舉其種類則出口貨之價值也外國人游歷游學于本國者之所用也外國在本國公使領事館之費用也外國人營業于本國所投之資本也本國在外國之工人所寄歸本國之錢也其在借外債時則外債輸入之本錢也此外尙有數種不備舉然此債權債務之決算非一一用現銀也皆以匯票而已使彼此各種債權債務之總數適相合則匯價常平若債權多于債務則由外國來本國之匯票求過于供而其價必騰由本國往外國之匯票供過于求而其價必落反之而債務多于債權則由外國來本國之匯票其價必落由本國往外國之匯票其價必騰如每年外國人須匯來本國之錢共一萬萬而本國應匯往外國之錢僅八千萬則在外國欲買匯票之人多銀行雖稍抬其價不能不買也同時在本國欲買匯票之人少銀行非貶其價則無人願買也若每年本國匯出外國之錢共一萬萬而外國應匯來者僅八千萬則其現象亦適相反雖然其騰其落有一定之限度其限度以不逾輸送現錢之實費爲斷名曰實幣輸送點譬如有一千元由上海運往倫敦或由倫敦運來上海其運費皆須八元則上海往倫敦之匯票其價不能落至九百九十二元以下若落至此數以下則不如由倫敦運現錢來上海反爲有利必無買票者矣亦不能騰至一千零八元以上若騰至此數以上則不如由上海運現錢往倫敦反爲有利又必無買票者矣由是觀之則兩國來往匯票之價雖時漲時落然自有一定之規則不能太相懸絕其理甚明然則有國于此年年本國應收入之數常遠不及其應支出于外國之數則其現象當如何本國匯出之票

其價常騰至輸送點以上。外國匯來之票。其價常落至輸送點以下。則兩國皆將無復買票之人。而惟將本國之現銀。日日運往外國矣。然而此局萬不可以久也。凡資本。必以流通速而始獲利。外國商人賣貨一單于本國。前此一面發貨一面跟票而即可得現錢者。今則待其貨運至本國。售畢得現錢。乃將其現錢運回。所需動費數月。誰願爲之。且本國貨幣流出于外者既日多。則其所存于本國之貨幣自日少。日少則不敷市場之用。而其價必騰。貨幣價騰。則凡百之物價必落。物價落則外貨之入口者無所得利。以此兩原因。則外貨入口者必日減。入口貨減。則由外國來之匯票亦少。而漸至與本國匯出之票數略相等。供求互劑而必底于平。故無論何國其匯票漲落之價常不逾輸送點。其偶有漲落于輸送點以外者。不過暫時之現象而斷不能久。即如我國歷年出口貨所值。不及入口貨者常五六千萬兩。而外債本息須償者又二千餘萬兩。在理我國每年應運現銀八九千萬兩出于海外矣。然其實乃不然。蓋海外華工華商每年匯還本國之銀。與外國人在我國營業所投資本之銀。其數略足相抵。故彼此皆不用現銀。而惟用匯票。每年由本國發出之匯票與由

外國發來之匯票總數相去固不甚遠也明乎此理則知匯票時價之漲落有一定範圍而可以人力操縱之明矣

雖然更有當注意者一端爲金本位國與金本位國互相來往之匯票其時價漲落之原因全由彼此債權債務時有伸縮耳若金本位國與銀本位國互相來往之匯票則于此原因外別有一原因足以令其漲落者卽金銀之時價是也蓋前者之匯票惟以供求最多最少之限爲輸送點後者之匯票一面既應於供求最多最少之限一面仍折算金銀時價乃能定其輸送點也譬如平常市價爲三十二換使長此不變則英國人應在中國收銀三千二百兩者卽在倫敦以金一百兩買匯票雖小有漲落所差者不過數元之間耳若忽變爲三十三換而其匯票價仍不變則彼將金一百兩運來上海可換得三千三百兩除運送費以外所獲尙多彼銀行專營運送業足矣誰肯復賣匯票者而在中國亦誰肯收匯票者故必將金銀時價添入合算而輸送點乃得定也而金銀時價漲落無常故輸送點漲落無常而匯票時價亦

因以漲落無常雖欲從而操縱之不可得也**若能以法律之力規定其比價則第二原因不足以影響于匯票之漲落**所餘者惟第一原因而第一原因則各國之所同而其規則有一定者也得其術而操縱之可以無不如意矣然國家法律之力何以能強定其比價此則必須明貨幣與金塊銀塊性質之別然後可。

第二　當明貨幣與金塊銀塊性質之別　昔張文襄奏摺自謂所最不解者在國家法律何以能強定金銀之時價不知以法律強定金銀之時價無論何國皆所不能然以法律強定金幣銀幣之比價則無論何國皆能之也夫貨幣最大之功用則在其能爲物價之標準耳質而言之則量度一切價值之尺也彼金塊銀塊者當其用以製成貨幣之時固有量度一切物價之能力當其未爲貨幣時則亦與他物等而由貨幣以量度其價耳金本位者以一定重量所鑄之金幣爲尺者也銀本位者以一定重量所鑄之銀幣爲尺者也**虛金本位者　本以一定重量所**

鑄之金幣爲尺而因金幣無多暫以一定重量之銀幣代之者也既定此尺則量度百物之價舍此無以爲用例如以金二分爲本位之單位名之曰元則一元能買米幾何能買鹽幾何能買煤幾何乃至能買金塊幾何能買銀塊幾何其標準皆須歸于一斷不許云以米若干合換鹽若干兩以鹽若干兩換煤若干斤也則不許云以金銀塊若干分若干錢換米若干升若干斗其理亦猶是耳 **量價之尺一定則惟能以此尺量度金銀塊之時價而不能以金銀塊之時價量度此尺** 金本位國有然卽虛金本位國亦有然試證諸印度而可知也印度當光緖十九年改爲金銀匯兌本位制其比價定爲金一銀二十二即所謂二十二換也故約以十五銀盧比當英國一金鎊然當時之市價已二十六換明年即漲至三十換以後逐年騰漲最高時乃至三十八九換十五盧比所含銀不及四兩而一鎊所含金則二錢當市價爲三十八換時二錢之金値銀七兩六錢則一鎊當値二十八盧比强矣而考其歷年之匯

票行情則最低時不過以十六盧比內外換一鎊最高時且能以十四盧比內外換一鎊而從未聞有以二十餘盧比始能換一鎊者其故何也盧比爲印度量度一切物價之尺一入印度境內則舍此無他可用也譬如有英人欲游印度携游資十鎊若在倫敦買匯票則到印度時收得百五十盧比其所含銀不及四十兩若在倫敦買銀塊帶往則十鎊可得七十六兩豈非大利無如此銀塊帶至印度不能購一物與土石泥沙無異欲得其用非仍以換盧比不可然以七十六兩銀塊在印度亦適換得百五十盧比而已則人亦何苦帶此笨重之銀塊而不買匯票哉然則人民之挾有銀塊者得毋大吃虧乎、曰否否譬如有米一石于此値銀七盧比半而因其法價爲二十二換之故七盧比半等于金一錢即等于銀二兩二錢使市場銀價亦適爲二十二換也則以七盧比半能買金塊一錢能買銀塊二兩二錢而以金塊一錢或銀塊二兩二錢亦能買米一石其毫無吃虧不待言矣若金價米價皆無變動惟銀價忽落至三十三換則以七盧比半能買銀塊三兩三錢持盧比以換銀塊似乎太占便宜而不知其時以三兩三錢之銀塊亦僅能買米一石乃至買鹽買煤以及其他百物其價皆須加前此三之一則用銀塊者何便宜之有（俗人所稱物價騰貴者其寔非物價騰貴乃貨幣之價下落耳）夫持盧比以換銀塊者既非便宜則持銀塊以換盧比者必非吃虧一反勘而自明矣彼法美等國采用所謂跛行本位制者而美國之法定金銀比價爲十六換法國爲十五換半其與現在市場時價相去不止一倍而未嘗聞其不可行且行之而民亦未或以爲病 **是知貨幣之爲物超然立于金塊銀塊之上而與彼異其性質** 國家雖不能以法律定金塊銀塊之比價而能以法律定金幣銀幣之比價 **既定金幣銀幣之比價則金塊與銀塊之比價聽其時高時下而總不能搖幣制之基礎** 此猶銀塊與米之比價時高時下米與鹽之比價時高時下國家固無從强制之抑亦何必强制之哉

此其理在幣制已定本位已立之國五尺之童皆能明之若在專用銀塊之國則雖

老宿或亦有苦難索解者卽如我國現在除制錢外無所謂本位無所謂貨幣則百物之價悉無標準而惟以甲物對于乙物各各自爲標準是故有米一石欲問其價則只能答云値金若干値銀若干値制錢若干昨日値銀三兩者今日忽値三兩五錢似其價爲漲矣而不知昨日値制錢三千者今日仍値三千未嘗漲也又或昨日値金一錢者今日僅値九分則是反爲落矣米價之果爲漲乎爲落乎爲平乎無從知之必取金銀制錢三者逐一與百物之價件件比較然後知之何也以其未嘗有一量價之器焉立夫百物以外而爲之標準者也旣無標準則亦聽物與物之自相比較而已夫金銀亦百貨中之一也則其自爲比較而隨時價爲漲落亦宜使中國而常如今日之情狀無一定之貨幣以爲量價器或雖有之而其效不强（量價器不可無一而不能有二有二則必至盡失其效而後已如張相國之說任新銀幣與銅元制錢各隨市價爲漲落則貨幣者非能立于百物之外而量其價乃下與百物爲伍而互相量耳多一種貨幣無異多一種物品則貨幣之用復何有哉譬諸度量衡然十寸必爲一尺十尺必爲一丈則以度百物不爽累黍可也若度尺之器與度寸之器不相連屬今日十寸者明日或不及一尺又明日則或不止一尺則有帛一段于此以量寸之器量之明明十寸矣而果爲一尺與否未能定也以量尺之器量之明明一尺矣而果爲十寸與否又未能定也如是尙得謂有量長短之器乎直等于無而已夫絕無貨幣而惟用銀塊是猶無尺而任彼長短參差萬有不齊之物一一互相

量也有兩種異質異量之貨幣並行而不立系統不嚴定其比價是猶量尺之器與量寸之器日日各異其度而任人隨所好而擇用之也是亦等于無貨幣而已以張文襄之特達而于貨幣之性質全無所知其所立論純然視銀幣與銀塊爲同物人情蔽于所習賢者亦不免乎 則金塊銀塊各自以其價迭爲他物之標準且彼此互爲標準卽有貨幣而其所以爲物價之標準者不以貨幣之資格而以銀塊之資格無花紋之銀塊與有花紋之銀塊（即貨幣）同一功用于此而欲強定金塊與銀塊或金塊與銀幣之比價其道誠無由若幣制既大定以後整齊嚴肅全國一律舍本國貨幣以外絕無他物可以爲百價之標準金塊銀塊雖盈掬然非以易得貨幣則在市場上不能充交換媒介之用如此則以法律定金幣與銀幣之比價有何難哉

既明此二理則可與論金銀匯兌本位制之性質矣 彼其爲一國之量價器者則金幣也而銀幣則代表金幣法價之具 其實價能適合于所代表之法價與否不必問也（卽如各國鈔幣其實價蓋不逮所代表法價百分之一然而無傷也） 但借之以爲一切物價之標準而已 而彼銀價亦不過物價之一種不能因其漲落

而搖動幣制猶之米價之漲落不能搖動幣制也夫如是則在國內之基礎既已大定矣**所難者則在與外國交涉之一問題耳**若本國每年應支出之款與應收入之欵其總數可以相抵則以平價之匯票比對兩訖別無難事若應支出之欵多于應收入之欵則必須以現銀找續數尾矣苟其所差不甚多不過匯票之價稍騰而已萬一差至不已則匯票之價將騰至輸送點以上非輦送現銀以爲找續不可然一國之貨幣在本國內固有一定之法價一出境則與金塊銀塊無異祇問其所含金銀之實値幾何不問其在本國內之功用若何也于斯時也在金本位國則輦金幣以往彼此毫無所損在銀本位國當銀價漲時固坐收鎊餘之利當銀價落時則不勝鎊虧之害金銀漲落無常則幣制基礎之動搖必自茲起矣然則救之之法何如**惟有由中央銀行相機發賣匯票**司其事者常常留心察看內外行情一遇匯票價騰時立刻稍貶其價以維持之務使不能騰至輸送點以上（如匯一千元往日本尋常銀行須收一千零五元乃肯代匯者中央銀行則收一千零四元則人民不致爲普通銀行之所挾制而匯價必不至騰至輸送點以上）其中央銀行在外國之支店

亦然一遇匯來之票價落時立刻稍騰其價以維持之務使不能落至輸送點以下如日本匯來之票尋常銀行每千元收九十五元乃肯代匯者中央銀行支店則收九十四元則常能保護國幣不使外流而法定之比價亦可以歷久而斷無搖動矣或疑似此辦法萬一只有在本國買票匯往之人而無在外國買票匯來之人則仍須將國幣運往外國支店乃能供支票之用則中央銀行毋乃大吃虧乎不知此必無之事也兩國通商其彼此每年之債權債務除相抵外所餘數尾實不能太大而匯票之價漲落至輸送點以外其勢萬不能久此其理前已略言之此實經濟學上鐵鑄之公例不必致疑此非吾之私言不過述各大家之學說耳若猶以學說爲不可憑則試觀我國近十餘年來賠款年年數千萬而出口貨又不能抵入口貨就外面論則每年應運往外國之銀約九千萬兩內外十年合計則我國之銀當分釐皆流盡矣乃查海關報告册則非惟不見銀之外流而已而近十五年來銀塊之流入我國者總數乃一萬萬零二千萬餘兩即金塊有流出其數亦畧足相抵而已是知我國利權之所以喪失者絕不在此若僅就此而論則我國之金銀塊合計其量固十年來如一日未嘗大有增減也觀此則匯單之數尾萬不能太大而金銀之流出流入非甚劇變其鐵證矣而虛金本位制確實可行亦不必致疑矣

今試依前議以（純銀）六錢六分六厘爲本位一元純銀之重量而定爲金一銀三十二之比價則我國之本位幣實爲金二分零八毛十元總量爲二錢零八釐實當七格

林七九八九。于是與各國貨幣相比對。每十元約當英國一鎊一喜林四辨士弱。一鎊純金七格林三二二三當德國二十馬克二他黎强。十馬克純金三格林五八四二當法國二十六法郎八十六銑鏆强。十法郎純金二格林九〇三二當美國五打拉十八仙强。五打拉純金七格林五二三二當日本十元四十錢弱。十元純金七格林四九九以此劾爲比價。來往滙單。悉照此率。雖有漲落。不許太劇。稍劇則中央銀行及其支店。自賣滙單以矯正之。**如是則。我國幣不至爲銀價所左右。不徒賠欵。永免虧累。而其有益于國民生計者。正不可量也。**

由此觀之。則此法實爲銀本位國自衛之妙策。我國采行之。有百利而無一害。其理甚明。而張文襄乃力駁之。謂以法律强定金銀幣之比價。爲萬辦不到。夫天下事無徵則不信。既有徵則能不信乎。現今世界中。美國。法國。奧國。意國。比國。瑞士。荷蘭。墨西哥。巴拿馬。菲律賓。印度。皆以法律定金銀幣之比價者也。豈文襄一人獨智。而彼十餘國數萬萬之人皆愚哉。昔電綫汽車機未入中國。雖老師宿儒。聞之猶且不信。謂世界斷無是物也。文襄之所見。毋乃類是。要之。持此論者。全不知貨幣爲何物。認爲與銀塊同一性質。故誤以定金銀幣之比價。卽爲定金銀之比價。又不知兩國來往欵項皆用匯票劃兌。而誤以爲交易必須現銀。則無怪其于此種良法美意掊擊不遺餘力也。而國家幣制。遂受其梗矣。哀哉。

張文襄原摺謂若用精琪說。則是使中國商民以值四十換之金納諸政府。而僅得三十二換之用。外人以三十二兩之銀一入中國。卽得金一兩之用。謂其貪利太酷。立法太橫云云。此實孩穉之言也。今試定本位幣一元爲金二分。（我國以二分〇八毛爲宜此處言二分者取便于設譬耳）則金一兩實當本位幣五十元。使其時米價以金一兩能買十石。則是每石值五元也。商民挾金一兩者。持以易米。固可得十石。若納諸政府換取國幣五十元。再持以易米。亦適得十石。曷嘗有絲毫吃虧者。若挾金一兩不以換國幣而以換銀塊。則當銀價適爲三十二換時。換得三十二兩。其重量恰與國幣五十元之重量相等。其兩無損益。固人所共知矣。若銀價落至四十換。則能換得四十兩。驟觀之。豈非大利。不知銀價落時。不徒與金價比而見爲落也。卽與米價比而亦爲落。前此以三十二兩能買米十石者今則必須以四十兩乃能買米十石然則金塊一兩也國幣五十元也銀塊四十兩也其究竟皆能買米十石耳何以異哉　試更舉一例以證明之譬如有房屋出租與人其租錢訂明以金計算每月收金二錢若用銀代納當銀價三十二換時應納六兩四錢及落至四十換則必須納八兩其理甚明若國幣定以金二分爲一元則無論何時皆納十元而已足即當銀價落至四十換時而賃此屋者或挾金塊二錢或挾國幣十元或挾銀塊八兩總之適足以敷房租之用耳有銀塊八兩不爲多而有國幣十元不爲少也

夫商民無論挾有金塊挾有銀塊挾有國幣其志皆欲以易得貨物耳今將此銀塊四十兩換取國幣五十元無論銀價漲落若何皆可以得米十石若不肯換國幣而惟寶此銀塊萬一再落至四十二換則只能得米九石五斗矣孰利孰害豈待再計而決哉由此觀之則文襄所謂商民以四十換之金而僅得三十二換之用者其不合情理明甚由文襄之說必民之饑者可以銀爲食寒者可以銀爲衣則不問銀與百物之比價何如而惟以多得銀爲務斯可耳而不然者前此以三十二兩銀所能易得之物與後此以四十兩銀所能易得之物其量適相等則民之多此八兩銀徒增囊底之笨重耳究何益哉夫國家設立貨幣之本意凡欲以使物價有一定標準而不爲銀價所左右也而文襄則全不明此理則其以爲厲民也亦宜

至其謂外國人以三十二兩銀一入中國而即得金一兩之用此由未明虛金本位制之性質也。**此制之性質其銀幣不許自由鑄造**自由鑄造者謂人民納銀塊于政府政府薄收其鑄費而即給以同一重量之幣也現在各國之鑄金幣皆用此法銀幣則不然其在金本位國固無論矣即在兼用銀本位之國如美法印度墨西哥等皆不許之**而由政府以法定之比價收買銀塊**如既定爲三十二換者。則無論銀價落至如何政府惟以三十二換之定價買之而已。此法中國今日立刻可行與否下段別論之故外國人持銀塊以入本國者不欲在本國買物則已苟其欲之必須照政府定價換取國幣即不換取國幣而于彼亦絕無所利試再以前例說明之。如米價每石值金一錢而本位國幣每元值金二分則每石實值國幣五元當銀價值三十四換時則外國人持銀三兩四錢可換得國幣五元可買米一石值至四十換時則外國人持銀四兩可換得國幣五元亦可買米一石若僅持銀三兩二錢者當銀價值三十四換時僅能買米九斗四升有奇當銀價四十換時僅能買米八斗耳而其時以金一錢能買米一石如故也以國幣五元能買米一石亦如故也則彼有銀三十二兩者一入中國又安能得金一兩之用乎如文襄言彼美國定十六換之比價法國定十五換半之比價然則他國人持十六兩銀以入美國。持十五兩五錢銀以入法國。而皆可以得金一兩之用。誰不爲之。而美民法民之脂膏。不將爲他國朘削以盡乎。實則此理極易明。無奈文襄爲用銀塊之積習所錮。絕不知貨幣爲何物。故有此奇怪可笑之論耳。

文襄原摺。又謂精琪續送條議中。言以此銀幣支外國賠欵。仍作爲銀塊隨時價爲漲落。因斷言此法于賠款無錙銖之補。此又不通之論也。文襄之意。得毋謂十年來之賠欵。爲每年運此數千萬兩。以輪船載往外國乎。豈知我政府雖將此巨欵交與滙豐德華華俄正金等銀行。而彼諸銀行。不過以滙票滙還于其本國耳。而此數千萬兩之現銀。實仍流通于我國中。未嘗去也。若猶不信。試一檢海關冊而可知矣。夫當幣制未定以前。猶且如是。而謂幣制既定以後。每年反須齎國幣以致諸國乎。但使能由中央銀行操縱滙票行情。使其漲落不逾輸送點。則無論銀價落至若干。金價漲至若干。而我之賠欵。要不越三十二換內外。則其補益于國家。豈有量哉。而惜乎文襄之執迷不悟也。

由此言之。則金銀滙兌本位制。其爲我國所必當采。殆無疑義。雖然。鄙見與精琪不同者亦有一焉精琪欲我國立刻卽行此制而吾則謂現下未能遽行尙當待諸幣制確立之一二年後也蓋行此制時其法定之金銀比價必須視現在時價低三四換（如現在三十五六換之間則定三十二換最合）非政府欲貪此鑄頭出息也若所定比價一依現在時價萬一銀價忽漲則格里森公例之作用必起而銀幣將盡被驅逐也（菲律賓初行此制時定爲三十二換及日俄戰役起銀價忽騰乃倉皇改爲二十八換今尙用二十八換也）所定比價既較時價爲低則斷不能許自由鑄造必須由政府按法定比價購買銀塊以供鑄幣之用雖曰幣制既頒以後前此百物之價以銀爲標準者今則以金爲標準百物之價緣此必落人民挾有銀塊者其購買力與前無異未嘗吃虧然人民狃于目前知二五而不知一十必將有如張文襄所疑以三十五六換之銀僅得三十二換之用謂國家爲厲己者夫以相國之博學卓識猶昧此理豈可以責諸氓庶哉信如是也則民將仍取新造之幣一一秤其重量而不復問其法價是復反于用銀塊之舊也故爲今日計宜暫勿提法定比價之議惟速定銀

本位制 人民有納銀塊于政府求換本位幣者除收回鑄費外卽如其所納之重量給以新幣（如本位幣一元總重量爲七錢四分內含純銀六錢六分六釐含銅七分四釐折銀價不過一釐半故人民有納足色紋銀六錢七分者卽給以新幣一元國家約收回二釐餘之鑄費最爲

合式若多收則無以昭信也國家鑄幣出息當求諸補助幣不可求諸本位幣也 如是則民樂于納銀以換新幣而漸覺用銀塊之可厭一二年後舉國之民安而便之而已成之幣又略足敷一國交易之用然後布虛金本位制而不許自由鑄造則大局定矣彼精琪之勸我立行此法者誤以我國現在爲銀本位國與印度墨西哥同一情形也不知我國現尚爲無本位之國何能一蹴而幾此彼印度墨西哥等國其國中本已有銀盧比銀打拉等極多足敷市場之用無待重新鑄造無待多收銀塊也若我國則今日尚無一枚本位幣非新造一萬萬枚以上不可則其所需銀塊之多可知矣今當未有一幣以前而先定此三十二換之法價若使人民照此法價納銀于政府耶誰肯納者實則雖照法價以納而于納銀之人亦無損特人民見不及此不能家喻而戶曉之耳 若照時價購買耶則外國銀紛紛流入而政府之吃虧不可思議矣 **然則此制者雖爲銀本位國所當急行然爲銀塊國所未能行我國而欲行之則必由銀塊國而進爲銀本位國乃可耳**

問者曰如子所言以金若干分若干釐爲本位之純量如此則與行金本位制何以異

乎。答之曰。誠無異也。**不過金本位制必先蓄積多金然後能行之。此制則不必蓄積多金而亦能行之耳**　既如是則金銀本位之孰利孰害。又不可不講矣。張文襄原摺力主銀本位。而指用金之議爲浮慕西法者之響言。其大意謂宜利用金貴銀賤之機會。奬厲生產。廣興工藝。則出口貨多入口貨少。實爲富國保民之第一要義云云。此誠含一面之眞理。即吾亦深爲欽佩者也。雖然。利之所在。而害亦相與爲緣。利害果能相償與否。又謀國者所不可不先審也。凡一國貨幣之價格。恒與其物價成反比例。貨幣價騰則物價落。貨幣價落則物價騰。此稍治生計學者所能知也。我國近十五年來。百物之價日日飛騰。愚民愕然莫審其所以然。豈知皆由我國用銀爲百價之標準。銀價日落。則物價安得而不日騰也。是故前此每年入息有銀一百兩。而八口之家。可以雍容度日者。今則須有三百兩。然後生活程度乃適如其前。若仍僅得一百兩。則瀕于凍餒矣。何也。今者三百兩所能購之物。與前此一百兩所能購者。其量適相等。而今者以一百兩。乃僅能購前此三十三兩所購之量也。今即云以銀賤之故。製造工廠等可獲大利。然享其利者。不過百中之一二人耳。蒙其害者則偏于全國也以少數人之利易多數人之害善謀國者豈宜出此況其所謂利者又正不可恃也何以言之假使內地製造日盛出口日多堵截外貨一切不能輸入如此似爲大利矣然其時由外國來之匯票其價必騰至輸送點以上無人肯買票惟運送貨幣原料以入我國而我國所用者爲銀幣現在各國廢銀不用正患銀塊無人消受適有中國爲之尾閭勢將滔滔流入不可抑制自光緒十九年美國禁用跛行本位制明年法蘭西等六國繼之又明年荷蘭奧大利繼之坐是銀塊之爲用驟大減流入中國如水就壑試查歷年銀塊入口之數光緒十九年一千零四十萬兩二十年二千六百三十餘萬兩二十一年乃至三千一百餘萬兩此年以後其勢略定二十二二十三兩年皆不及二百萬兩然二十四年則日本改金本位制明年俄羅斯又繼之又明年印度改用金銀匯兌本位制于是此三國所唾棄之銀又流入我國故二十四二十五兩年銀塊入口者又各四百餘萬兩二十六年以後其勢漸殺每年不過百餘萬然二十九三十兩年英屬南洋羣島美屬菲律賓及巴拿馬墨西哥兩國相繼改用金銀兌匯本位制則其流入者又必驟多殆無容疑惜未見近年海關報告冊不能得其詳耳要之自今以往全世界各國之銀塊除用爲補助貨幣及工藝裝飾品外他無所用而每年全球產銀之額平均一萬四千萬兩內外供過于求有加無已將來銀價落至五十換以外亦意中事耳夫光緒初年不過十五換即十六七年間亦不過二十換當時若有人謂十餘年後將落至四十換其誰云之然竟已見諸實事矣兩年前銀價所以略騰者一由日俄戰爭屯大兵于用銀之地一由美國市場大恐慌各銀行用爲準備金之一種耳然此乃偶然非常軌也總之銀價日落之大勢不可挽回而各國無用之銀蓋以中國爲壑其極也將有持銀盈掬而不足以謀一醉者而我國民之彫敝乃不可復振矣言念及此能毋寒心而無識之徒乃以銀賤爲有利于我何其傎哉彼以其所欲棄之銀易其所欲得之貨未爲非利而我國以銀幣太多之故不徒銀塊之原價日落而已而貨幣之價又且日落凡一國貨幣太多則價必日落不獨銀幣爲然也即金幣亦有然例如全世界金塊之價並未嘗落而其中有一國焉所

蓄金幣及其代用鈔幣等太多則其價必落而物價必騰我國銀塊年年有入無出自光緒十九年以至今日流入者已一萬萬餘兩此後每年各國銀礦所產其流入者總居十分之二三銀塊充牣國中若行自由鑄造之制其十之八九皆當改成貨幣則銀價雖永不復落而我國貨幣已有太多之患物價緣此而必騰矣況銀價之必日落又可斷也故銀幣之價落合兩原因並行而其勢日劇也

物價之騰日甚一日多數小民不能聊生固無論矣即製造工廠等其所用工人亦安能不加工錢其所用原料亦安能不出重價蓋工人無論若何馴良終不能枵腹以從事前此每月工錢十兩而所購食物等類足以自給者當物價騰至三倍時苟工錢不加至三十兩則寧槁餓不肯執役也而百物皆騰于前三倍則製造所需原料品其價亦自必騰于前三倍而謂彼工廠之製造品其成本猶能遠輕于他國乎必不然矣況物價既騰外貨之輸入者自能獲利前此出口多于進口者不旋踵而進口又多于出口矣此其現象迭爲循環各國前例數見不鮮其所以然之故則生計學家言之綦詳舉世大儒萬口同聲必不容疑者也信如是也則所謂利用銀賤之機會以富國保民者其利益不過鏡花水月耳安可久耶不然彼日本俄羅斯美利堅墨西哥等國向來用銀本位者豈無一人能知此利顧乃汲汲焉棄銀用金若將不及豈全世界中惟張文襄獨智而餘子皆愚哉毋亦以大勢所趨非一國所能獨抗而不肯以目前之小利貽永久之大患也

夫就國民生計上言之其害既若此矣就國家財政上論之則其害又更甚焉國家歲入皆以銀定其稅率而所徵之稅又皆無伸縮力今年歲入一萬三千餘萬者明年未嘗有加增也然物價騰至十分之五則國家僅得一萬萬之用矣物價騰至一倍則國家僅得七千餘萬之用矣即所支用者全在本國而事勢所趨猶將不給況復有賠款數千萬年年須貼鎊虧耶故我國今日特苦于無金耳苟其有之雖立刻行金本位制猶嫌其晚而文襄乃以浮慕西法誚之豈得爲知言哉

今雖以無金之故未能行金本位制**然此虛金本位制苟得其人而行之則亦與金本位同一功用故爲中國計今日惟有急變用銀塊之習以成爲銀本位制一二年後即進爲虛金本位制** 既進爲虛金本位制則幣制基礎已定不致動搖將來遇有特別機會或在本國開得金礦或戰勝他國而得償金乃進而爲完全之金本位制此則先後之序也

抑吾更欲有言者。凡一政策之行否。恒視政府當局者之意嚮何如。此萬國所同也。今者虛金本位制之議。我度支部既以入告矣。且得旨裁可矣。今者度支部當局依然前此度支部當局也。而議定已數年。至今曾不見爲實行之準備。其事全泯滅於若有若無之間。豈築室道謀。是用不潰於成耶。抑自始未嘗有實行之意。不過託空言以塗飾天下耳目。今則並其所自言者而遺忘殆盡也。雖然。政府不足道也。吾聞之。雖有極頑愚之政府。終不能反全國多數人民之意向以施政。夫幣制之良否。則全國人財產生命所攸繫也。而今也國民絕不措意。即間或論及。亦未嘗深究本原。其病在未知耶。夫未知而不求所以知之。則又何也。然則徒責政府安見其可。吾故不避詞費。爲陳說之如右。

(附言)文中多引張文襄說而折駁之非好揭文襄之短但借其言以反示眞理而已蓋文襄之言實代表全國中大多數人之意見至今猶然而此等謬想不除則良法恐無實行之日吾非好辯不得已也

(本段已完全論次號完)

病瘧之人　瘧雖未發　而病根自在　則亦安可以其瘧之未發　而遂忘其服藥調理之功乎　若必待瘧發而後服藥調理　則旣晚矣　(王陽明語)

時評

湘亂感言（續第九號）

滄江

問者曰子所言治本之言也然今茲之亂以米貴爲直接原因然則平米價之治標策亦當采乎答之曰吾不習於湘中之事其利病不敢懸斷顧以吾所信者則

凡百物價皆爲生計界之原則所支配一騰一落咸有其所以然之故絕非用簡單之手段所得左右若必欲以人力強抑揚之靡論其不能也即能矣而將不勝其敝夫米價亦何獨不然

以吾所聞則湘亂將起之時米價每擔漲至八千此誠爲湘中前此未聞之現象雖然其所以致此者抑何由乎衡以今日生計界之大勢湘之米價果饒有下落之餘地乎此不可不深察也在一般愚民不解生計學理則

以爲米價之貴實由運米出省所致而蠢蠢之大吏亦從而附和之以是爲唯一之原因也欲辨其是非則非取他省及他國之米價以衡之不可夫百物恒趨於價貴之地若水就下此生計學之公理無所逃避者也而在今日交通便利之世則此公理適用之範圍愈廣而其發動愈捷使他處米價而貴於湘耶則湘米必滔滔流出雖欲扣留之而末由也使湘之米價而貴於他處耶則他處之米必滔滔流入雖欲壅遏之而亦末由也夫湘之鄰省其米價視湘何如吾固未深悉然以湘米之貴而猶有人肯運以出省則鄰省必更貴於湘最少亦與湘同價從可見矣且使他省皆不貴惟湘獨貴則商民趨利若鶩必有人趁此機會運米往售以博奇贏者雖曰交通未大開轉運非甚易然內地如長江一帶數日可達卽海外如暹羅緬甸一帶亦半月可達此皆產米最饒之域使湘之米價而果遠昂於彼諸地則自亂起以迄今外米必已紛紛輸將無俟長吏之代大匠斵也如其不然則是現在湘米之價必與全世界之米價不甚遠也果爾而長吏欲強平之則是代斵未有不傷其

手也則試以現在他處之米價與湘之米價相較。吾雖未經調查。不能周知。但據所覩聞則暹羅、緬甸、等處、輸入日本之米每擔約値日幣六圓强廣東之米每擔約値龍洋七元弱此以較湘米之價實不相遠也何也日本爲用金國以近日銀價下落之故其一圓約當我龍洋一元二角有奇故日本之擔値六圓强與廣東之擔値七元弱恰略相等而廣東物價皆以銀洋起算湖南物價則以錢文起算以近日銅元價落之故廣東之七元弱實値制錢八千以上與湘米之價又恰略相等故湘米之擔値八千文實爲現在全世界普通之米價湘民但見去年之値四五千文者今所增忽將一倍則以爲是暴騰 **不知非米價之騰而實乃銀價與銅元價紙幣價之落耳官吏之罪不在其弛米禁而在其濫發惡幣不此之責而彼之責則官吏反有所逃罪矣** 吾民若猶不寤乎則盡將此兩月中銀價對於百物之價與去秋銀價對於百物之價一比較之觀其所下落者幾何又盡將此兩月中銅元紙幣兌換現銀之價與去秋銅元紙幣兌換現

時評 四

銀之價一比較之觀其所下落者幾何更進而取今日之銀價銅元價紙幣價與數年一比較之觀其所下落者幾何

苟深察乎此則知現在之米貴非由區區一二州縣水旱偏災所致更非由運米出省所釀成實則吾民今有十千僅當前此五千之用而所失之五千則由發惡幣肥私囊之官吏紾吾臂探吾喉而奪吾食也

今不爲正本淸源之計而惟要求官吏以平米價官吏所以自懺悔而謝責於民者亦曰平米價而已此全世界普通之米價果湘吏所得而平乎藉曰强欲平之則惟有出於二途一則由他處販米入湘雖出更高之價靡恤也二則以官力壓制湘民之蓄米者而迫令以一定之法價出糶也由前之說則此販米所出之高價仍由湘民負擔之（若仰捐施爲數幾何）朝四暮三究何所擇而因此益踊他省之米價而影響於全國愈益危矣由後之說是使全湘之農民失其自由爲禍將益不可勝窮試思農民出米一擔其所需佃租之費幾何牛種之費幾何肥料之費幾何其所以得此資本

之利息幾何合計總應在四千文以上矣而其終歲勤動所藉以仰事俯畜者悉於是乎賴方今百物騰踊不知所屆彼良農之挾米一擔易錢八千者其果足以自餬其口與否尚非所敢知耳 **須知湘民以農爲唯一之恒業病農卽病全湘而抑制米價則病農之尤者也今欲已亂而出此下策其毋乃揚湯止沸之類乎**昔愛爾蘭當千八百二十年遇大凶災死者十餘萬人而其時小麥輸入於愛境者甚多堆積至於紅朽德國當千八百六十七年亦遇凶災民之散而之四方者十數萬而同時穀物之輸出於外國者亦極多量此等故實驟視之一若甚戾於事理而不可索解殊不知乃由其人民貧困已極雖至廉之物品亦無力購買徒瞠目而流涎已耳人民生計之觳觫既至於此則雖米價視平年爲賤又豈足以救死夫彼乞丐之仰施舍於人以自活者則百物之貴賤於彼無與至易見也何也一物而値百金者固非彼所能購一物而値一錢者亦非彼所能購等是不能則百金與一錢齊觀也嗚呼我 后我大夫亦知吾民今日之瀕於乞丐者

已什人而六七乎今茲湘中之米貴以常理論之自當由乏米使然然觀亂作之前十日而米猶滔滔輸出不已則又安知非與前此之愛爾蘭德意志同一現象也哉即未必純然同一而要之湘人之購買力斲喪殆盡而彼從亂之民大率皆瀕於乞丐雖米價倍賤於今而亦無所得食此則吾所敢斷言也由此觀之而謂平米價之治標策果足以已亂耶否耶

抑此猶就湘言湘耳**實則全國人民其顛沛之狀何地不與湘省相若者** 蓋人民無所得職業謀食之途盡堙全國購買力日銷日蝕以至於無而復直接間接窘於種種惡政以致百物騰貴生人道盡此現在二十二行省公共之現象也賈山至言曰秦皇帝以千八百國之民自養力疲不能勝其役財盡不能勝其求勞罷者不得休息飢寒者不得衣食無罪而死者無所告訴人與之爲怨家與之爲讎故天下壞也王荊公上仁宗書曰蓋漢之張角三十六萬同日而起所在郡國莫能發其謀唐之黃巢橫行天下而所至將吏無敢與之抗者漢唐之所以亡禍自此始

又曰。昔晉武帝趣過目前。不爲子孫長遠之謀。當時在位。亦皆偸合取容。而風俗蕩然。棄禮義。捐法制。上下同失。莫以爲非。有識固知其必將亂矣。其後果海內大擾。中國列於夷狄者二百餘年。曾文正與人書云。今者二千里中。幾無一尺淨土。推尋本原。何嘗不以有司虐用其民。魚肉日久。激而不復反顧。蓋大吏之泄泄於上。而一切廢置不問者。非一朝夕之故矣。嗚呼。數賢之書。由今讀之。蓋不寒而栗也。天下之生久矣。一治一亂。我國數千年歷史。覆轍相尋。若一丘之貉。乃其所最可異者。則前車重疊。入於坎陷。而踵其後者。曾不知所戒。若赴火之蛾。旁觀者悚息以爲之危。歎息以爲之憐。而彼且蹈厲以進。栩栩然若有以自樂也。今者晚漢晚唐晚宋晚明之病徵。悉具備矣。而所以自速死亡之手段。又一一心摹力追之。惟恐不肖。人生實難。其有不獲死者乎。國存實難。其有不獲亡者乎。吾誠不知彼當局之百數十人者。與吾四萬萬人。歷劫以來。果有何種不可解結之寃業。而今乃坐蒙其慘報。一至此極也。嗚呼。吾豈直爲湘亂言哉。

宣統二年三月十五日稿

讀度支部奏報各省財政摺書後

入 滄江

去歲之杪。度支部有奏報各省財政大概情形一摺。蓋清理財政官調查之結果也。原摺編次體例極錯雜難讀。今重排比之。列爲一表而附以數言。

省別	幣別	歲入	歲出	比較
直隸	銀	二一、六五八、五九七兩	二三、五七四、一三九兩	△一、九一五、五四二兩
附熱河	銀	八〇六、三八五兩	八四一、二六四兩	△三四、七七九兩
山東	銀	一一、三二一、六九九兩	一〇、五二五、九二八兩	▲七八五、七七一兩
山西	銀	五、八七一、八〇六兩	六、一四〇、二五二兩	△二六八、四四六兩
河南	銀	六、八八五、一一七兩	六、六六〇、〇九四兩	▲二二、五二三兩
陝西	銀	三、九六三、七〇二兩	四、一二七、五六五兩	△一六三、八六三兩
甘肅	銀	三、一二一、七八〇兩	三、二九〇、七五七兩	△一六八、九七七兩
	錢	二、五一八、七九八文	二、九〇〇、五三九文	△三八一、七四一文
福建	家	六、七二一、一〇五兩	六、九四一、一〇七兩	△二二〇、〇〇二兩

江蘇	寧屬	銀	二五、四九六、八九〇兩	二五、七四五、一八二兩	△二四八、二九二兩
	蘇屬	銀	二〇、四〇三、〇二〇兩	二四、八九〇、〇〇〇兩	△四、四八六、九八〇兩
	江北	庫平銀	一三二、五二五兩	一一六、二四四兩	▲三九六、四五四兩
		湖平銀	一、五〇六、九八七兩	一、一二六、八一四兩	
		錢	二八〇、七三九、六六七文	二八三、三一一、七六九文	△二、五二七、一〇二文
浙江		銀	八、一四八、五八一兩	八、四七三、二〇七兩	
		銀元	四、六三三、四四四元	四、四八九、八四八元	△一八一、〇三〇兩
		小銀元	六五七角	二八八角	
		錢	二四、九一四、四七七文	三〇、一七八、七二二文	△五、二六四、二四五文
江西		銀	七、五六九、八六三兩	七、八九五、一一七兩	△三二五、二五四兩
湖北		銀	一六、五四五、二〇〇兩	一八、五二一、四〇〇兩	△一、九七六、二〇〇兩
湖南		銀	六、〇二八、一〇〇兩	六、四二四、二〇〇兩	△三九五、七九三兩
		銀元	四七六元	一六〇元	
		錢	六六二、二〇〇、〇〇〇文	五八二、五〇〇、〇〇〇文	▲七九、七〇〇、〇〇〇文
四川		銀	一五、三二〇、六五七兩	一四、九六四、九二六兩	▲三五五、七三一兩
廣東		紋銀	七、二五九、四六三兩	六、五六八、五二六兩	
		銀元	二〇、〇一八、〇三七兩	二一、〇四一、〇七一兩	△三三二、〇九七兩
雲南		銀	六、〇一一、五〇二兩	六、九八三、一六六兩	△九八一、六六四兩
安徽		銀	六、〇〇六、七二九兩	六、七四一、七七九兩	△七三五、〇五〇兩
貴州		銀	一、五三三、二七〇兩	一、七九一、〇五六兩	△二五七、七八六兩

新疆	銀	三、一七二、三〇〇兩	三、三四六、五六四兩	△一七四、二六四兩
奉天	銀	一五、八〇七、二七三兩	一五、五八七、八八九兩	▲二一九、三八四兩
吉林	銀	四、八九八、七〇二兩	五、三五五、六五七兩	△四九六、九八五兩
黑龍江	銀	九三二、二五六兩	二、二九〇、九〇六兩	△一、三五七、六五六兩
	中錢	四、八九五、〇四〇串	二、五九六、四九五串	
	羌錢	一〇二、八〇三元	一六、三八五元	
	金沙	三〇六兩	銀元五、〇〇〇元	▲二、二五八、五四五、〇〇〇文
廣西	銀	四、八九〇、六四三兩	四、九九二、一五七兩	△一〇一、五一四兩
合計	銀	二三、六一七、一〇〇兩	二四、四五〇、九七四兩	△一二、八三三、八七四兩
	錢	五、三七九、八七五、一四二文	三、一八二、四六八、五三〇文	▲二、一九七、四〇六、六一二文

表例　比較格中　△符爲不足數　▲符當贏餘數　表末合計其錯雜之貨幣省之故總數與別數小有參差不能脗合

吾編次此表。其首觸怵於吾心目者。則幣制之錯雜也。夫安有國庫收支之表。而有若銀。若銀元。若小銀元。若錢。若羌錢。若金沙等種種名目。出現於其上者乎。在地球各國中。恐更無第二國有此現象者矣。次則各省皆入不敷出。即號稱富庶之省。爲尤甚也。

使爲一年偶爾之現象則補救尚易爲力今則年年皆如此也使爲一省獨有之現象則挹注尚有可期今則省省皆如此也使中央有餘力以補助之則怙恃尚有所託今則中央之窮蹙更甚也夫此摺則不過循例之報告耳若徹底淸查則其危急之狀又豈止此耶部臣仰屋咨嗟汲汲以節流爲言謂仍當守量入爲出之訓斯固然矣然以現在之官制現在之吏習苟非爲根本改革則大部亦安從使之舉節流之實而以現在百廢待舉之時又豈僅務節流而可紓難耶嗚呼吾見國庫之破產不待五稔矣抑日本人當明治六年見井上馨澀澤榮一之財政報告全國皇恐爭詰政府遂以導立憲之政而得監督財政之實權吾不知吾國民之讀此表者其亦稍有所動於中焉否也嗚呼覆巢之下安有完卵我國民其念之哉

時評　十二

勝負兵家事不期
包羞忍辱是男兒
江東子弟多才俊
卷土重來未可知

著譯

中國國會制度私議（續第九號）

滄江

第二章　國會之組織（承前）

第二節　左院之組織（承前）

第二款　中國國會左院組織私案

中國國會。必須採兩院制。前已述其理由。今以我國國情與各國國情比較。凡爲彼所獨有而我所無者則棄之。凡爲彼我所共有者則採之。凡爲我所獨有而彼所無者則創之。爲中國國會左院組織私案。

第一項　**中國不能以左院代表貴族之理由**

國會制度。濫觴英國。英國左院純以代表貴族。其他歐洲諸君主國。大率效之。日本月以貴族名其院焉。我國耳食之士。橫此二字于胸中。牢不可破。一若君主立憲國之左

著譯

院舍此更無成立之要素者。嘻、甚矣其陋也。各國之有貴族。實其國歷史所傳來。熸而未盡之餘燼物理學上所謂惰力性也。無論何國皆嘗經過貴族專政時代進而爲君權統一時代更進而爲民權發達時代。此三時代者。其次第所必經者也。但其經之或遲或早或久或暫有久淹滯于第一時代而不能脫離及其一旦脫離之而入于第二時代也則以懸崖轉石之勢一躍而直進于第三時代者。亦有久脫離第一時代而淹滯于第二時代遲之又久乃能漸入于第三時代者。凡國家之屬于前一種者則第一時代與第三時代之距離甚近雖當民權發達之際而貴族之惰力猶存。歐洲諸國及日本是也。其屬于後一種者。則以兩時代之距離甚遠。民權未發達以前而貴族之惰力已漸減以盡。我中國是也。此兩時代距離最近之國莫如日本。日本當明治四年廢藩置縣以前。猶在第一時代。然已有萬機決于公論之詔。至明治二十三年。遂開國會。其間可稱爲第二時代者。實此二十年之間耳。而此二十年間。已刻刻變化。民權之種子播之甚廣而溉之甚熟。蓋第一時代與第三時代可謂緊相銜接。一方面則新勢力浩浩滔天。一方面則舊勢力猶耽耽負嵎。故當其建設國會。既汲汲焉思所以代表新

二

勢力尤惴惴然思所以代表舊勢力勢使然也其次則英國英國於第一第二兩時代皆曾經兩度然後入于第三時代而當其第二次經過時則第一時代與第三時代距離甚近者也英國當撒遜時代貴族極盛及那曼朝統一王權大恢此第一次所經過也然此現象不過百年至一二一五年貴族僧侶逼王以發布大憲章創設巴力門貴族之力復大張然未幾而亨利三世復攬大權至一二六四年革命軍起而人民參加巴力門之例遂開相距不過五十年間耳蓋英國國會之創建者乃由貴族而非平民故其注重于代表貴族亦固其所其餘歐洲各國民權之發達大率正當貴族勢力最猖披之時如彼法國蓋當路易第十四時始入于第二時代而第一時代之餘波猶未衰息蓋十八世紀末之大革命與其謂之對于君主之革命毋寧謂之對于貴族之革命也以其爲對于貴族之革命故將階級一掃而空馴至爲今日之制雖然其間猶經兩拿破侖以第二時代之政略一再鼓鑄之而惰力乃克盡去然固已血汚狼藉數十年矣蓋固有之勢力不可侮如是也歐洲中原諸國自神聖同盟以後始入第二時代而第三時代已同時進行故第一時代之舊勢力與第三時代之新勢力恒在短兵相

接之中彼政治家不能不謀所以調和之有固然也抑吾輩論歐洲貴族尤有一物焉與彼同性質而相狠狠者不可不察焉則僧侶是也歐洲各國政教混淆而僧侶之一特別階級常握無限大權于政界故日本之舊勢力僅有一而歐洲之舊勢力則有二以對付此二舊勢力故乃納諸左院而代表之使鬼有所歸而不爲厲此中政治家之苦心而實特別國情迫之使然也

吾中國歷史之經過乃大異是吾國當春秋時貴族勢力達于全盛然已爲第一時代之尾聲至戰國七雄紛設郡縣登庸寒畯既已入于第二時代秦壹海內而益張之命天下之人皆爲黔首確然立四民平等之原則此原則中于人心日深一日劉漢君臣皆起微賤益舉貴族餘燼而摧棄之自茲以往第一時代之惰力性雖未盡泯而微微不振死灰偶燃旋踵卽滅漢初猶國與郡雜置景武以降悉變爲郡內侯矣典午復裂土以封南北朝則五等之爵僅遙領食邑矣六朝門第之界限甚嚴唐代興科舉而白屋公卿視爲常事矣明代雖封親藩而不能有治外法權于各省督撫之下矣洎夫本朝益整齊而畫一之貴族根株剗除淨盡今制所謂宗室自親王以下至于奉恩將軍

凡九等僅撥予以莊田以抵古之湯沐邑其世襲也每代降一等至于閑散宗室而止功臣自一等公以下至于恩騎尉凡二十六等二十六等之人皆予俸無官受世職單俸有官受雙俸其世數一等公襲二十六次以是爲差此種世爵除區區榮譽之稱謂及薄田薄俸外一切權利義務無以異于齊民且以遞降世襲故除極少數之世襲罔替者外無能保持其地位于永久終必至等于齊民而後已焉彼日本板垣伯近倡一代華族之論舉國目笑存之而不知我固行之已久矣準此以談則所謂貴族專政時代之惰力性在我國歷史上久已雲過天空至今日而無復絲毫影跡之可尋歐洲人民流億萬人之血以求所謂法律上之四民平等者我則以歷史上自然發達之結果先民蓄之吾儕穫之此眞我國可以自豪于世界者也加以我國宗教夙尊自由政權教權兩不相涉歐洲各國所謂僧侶之一怪物吾國人曾不解其所謂故此種特別階級更無自發生夫歐洲之貴族僧侶咸有廣大之領土能行統治權于其所屬之領土及教會生殺予奪悉爲所欲爲問我國之世爵有如此者乎歐洲之貴族僧侶既壟斷國中土地之大部分顧不負納稅服役之義務問我國之世爵有如此者乎一言蔽之

則彼之貴族匪惟名而已而且有絕大之特別勢力於社會者也我之世爵無絲毫特別勢力於社會而惟其名者也國會者所以代表國中各方面之勢力而非以代表各種名稱者也在彼不幸而有此障害國家進步之一種厭物而又無術以拂而去之不得已乃拓階前尺地以爲位置使與他種勢力自由競爭則優勝劣敗之結果冀其如幢幢鬼影黯淡以沒而已我幸而此厭物之束于高閣者已二千年明鏡無翳好相具足自今以往方將掃除庭院置酒高會乃無端欲起家中枯骨被以衣冠而坐諸堂皇何其不祥也今之言中國當設貴族院者蓋此類也昔孔子與門人立拱而尚右二三子皆尚右孔子曰甚矣二三子之好學也我則有姊之喪故也夫歐洲日本左院之代表貴族則姊喪尚右也他之不學而惟此之學是得爲善學矣乎

況吾國欲以左院代表貴族非惟事理有所不可也抑且事勢有所不能在我昔代周爵五等春秋三等其在今世普爵三等英法五等多至于五而止矣英法普之爵主其地位皆自數百年前封建時代傳襲以迄于今前此與其君主俱南面而治有不純臣之義例諸我國則漢初之韓成魏豹田儋也其近世所命之新華族不過少數耳故合

全國之有爵者其數固非甚少抑亦非甚多我國則異是若限于公侯伯子男五等爵有此權利耶則除宗室之鎮國公輔國公外戚之承恩公及蒙古公外滿漢公爵舉國無有康乾咸同間用兵其得侯伯子男者雖不乏然照例遞降世襲不數十年已降至輕車都尉以下其有世襲罔替字樣能保其地位于永久者惟曾左李三家之三侯一伯耳此外尚有一二與否不甚確記卽有亦不足破吾說爲此三家而特設一貴族院以寵異之成何體制且自一等公以至恩騎尉此二十六等爵者以其最高之等與最下之等比較雖相去懸絕若以其相次之爵比較則相去僅一間耳三等男應有此權利一等輕車都尉以何理由而獨無一等輕車都尉有此權利其二三等以何理由而獨無三等輕車都尉有此權利騎都尉雲騎尉恩騎尉何以獨無夫以李臣典蕭孚泗一偏裨耳徒藉金陵陷陳之一役得封子男以李續賓一代名將不過輕車都尉謂臣典孚泗應有此權利而續賓卽不應有此權利此何理也是故不以世爵爲組織上院之要素則已耳否則其範圍非起一等公訖恩騎尉不可而舉國中騎都尉雲騎尉恩騎尉車載斗量即欲如日本伯子男爵之議員以互選就職亦何從悉調集之爲一團體以合選乎且彼輩在社會上

果有何種固有特別之勢力而必須別置代表之理由果何在也故中國貴族議員之設置無論從何種方面論皆持之不能有故言之不能成理也故吾黨所主張者中國國會左院以無貴族爲原則惟其間有例外二焉下方別論之

第二項　中國不必以左院代表富族之理由

日本左院有多額納稅之一種議員此非代表貴族而代表富族也其淵源蓋本于普國舊憲法之第六十五六十六兩條（一八五四年已削除）而奧大利意大利西班牙之左院亦有此制其法理論所根本則孟德斯鳩之法意也孟氏之說近世學者已駁擊不遺餘力故歐洲各國采之者已甚稀日本學者對于此制亦紛紛攻難想其改正亦在早莫耳夫歐洲諸國所以有此制者以彼去封建時代未遠大地主之勢力至爲龐大不可無所以代表之蓋與貴族儕侶議員有同一之性質不得已也苟無此不得已之理由而捧心效顰斯亦何取此則日本當時立法家之陋不能爲諱矣我國慣例以衆子平均襲產爲原則與歐洲各國長子單獨襲產者全異大地主之特別勢力更無自發生故此制當決然拋棄無可疑者

既將此兩種要素排去之則吾國左院應採之要素有可言焉今列舉之

第三項　應設皇族議員之理由及其限制

問者曰子既排斥代表貴族主義而復主張皇族議員夫皇族非貴族之一種耶何其矛盾也應之曰不然彼則其原則也而此則其例外也凡天下事皆起于不得已而已得已則吾欲已不得已則雖有聖哲亦末如之何也歐洲日本一般之貴族皆不得已者也我國則普通之貴族其得已者也貴族中之皇族其不得已者也我國政體固不可不爲立憲而國體又不可不爲君主此凡有識者所同認矣既爲君主國而欲國中特別階級絕對的無一存者此蓋不可致之事焉故今世各君主國雖以臣民之公私權一切平等爲原則而必有一二例外焉則皇族是也本朝法制皇族私權殆與齊民立于同等之地位其公權之特別者亦甚希且祖制不許親貴任軍機大臣將來責任內閣成立更不容以行政之地位褻皇族之尊嚴故皇族參與政治之權惟在國會行之耳國會左院特設皇族議員以示優異蓋揆情度理而皆愜者也

各國皇族之取得議員資格也其方法有二一曰達于成年即當然爲議員者英日意

輿等國是也。二曰經君主勅任乃爲議員者。普班等國是也。我國自宗室覺羅皆爲皇族。其數蓋數十萬。則第一法之不可採。固無待疑。若用第二法。則與普通之勅選議員無異。亦非所以示親親之意。吾以爲仍當採第一法。而略加限制。其限制維何。則貝子以上是也。今親王之世襲罔替者。除開國八親王外。尚有成賢親王。怡賢親王。恭忠親王。醇賢親王。及今之慶親王。凡十三家。自餘則依定制。皇子封親王。親王子降襲郡王。郡王子降襲貝勒。貝勒子降襲貝子。今若以成年之貝子以上。當然有爲左院議員之權利。則有此權利者。爲皇帝之子孫曾玄。且必爲其小宗之宗子者也。似此則斟酌于親疏厚薄之間。而適得其平矣。若夫有特封貝子以上之爵者。則出自天家殊恩。既有此爵。即隨之以得有議員身分。亦固其所。

第四項　應設代表各省議員之理由

此其理由。于本條第一節第二欵既畧言之矣。抑更有當申論者。我國行政區劃。遼闊無垠。以面積埒全歐之一大國。僅區爲二十二行省。此由因襲元明之陋。誠不衷于理論。雖然。其成爲歷史上之事實。已垂千年。迄今已有積重難返之勢。欲爲急劇改革。將釀無量之棼亂且以如此大國中央政府與初級地方自治團體之距離勢不得以不遠于此兩者之間而欲如各國通例僅置一級之地方官廳以仰承而俯接其力將有所不逮故于各國所謂最高地方官廳之上尤必當有一官廳焉其性質界于中央與地方之間者是即省也省之區域無論或牽現制之舊或改革而縮小之要其性質皆當與歐洲日本諸國所謂地方最高官廳者有別其權限範圍必須加廣當爲政治的而不僅爲行政的此吾黨所主張也惟其然也故吾國雖非聯邦國而一切制度有時不可不采及聯邦國所經驗者以爲淵源而中央與地方相維繫相調和之道尤不可不三致意此蓋根于歷史上地理上有極強之理由而非吾黨之好持異論也而國會左院所以必應設代表各省議員之理由即在是矣

各國左院代表地方之例其方法有三一曰平均定額代表者如美國是二曰不平均定額代表者如德國是三曰比例人口代表者如法國是德國別有其政畧上之理由與吾國無關其不必採不俟論法國比例人口與右院之選舉同一淵源不過彼直接而此間接耳故一地方其在右院占多數者其在左院亦必占多數其在右院僅少數

著譯　十二

者。其在左院亦僅少數。如此。則于代表地方之目的。不能貫徹。故我國當倣美國以平均。定額代表爲宜。

其各地方平均之額。美國。瑞士。皆每州二名。澳洲聯邦。則每州六名。我國幅員。埒于美國。人口且遠過之。而美國本部爲四十四州（並夏威夷爲四十五）我僅二十二省。彼適當我之倍。今依美國之數。嫌其太少。依澳洲之數。又嫌其太多。折衷之。則每省四名。其可也。凡各君主國之左院。其議員之分子。雖複雜。然必有一種認爲中堅者。日本之五等爵議員。其左院之中堅也。我國則應以代表各省之議員爲中堅者也。故總數八十八名。其可也。

選定此項議員之權。當安屬乎。德國則屬各邦之行政首長。美國則屬各州之議會。法國。則別爲選舉會。以選舉之。德國之制。非我所宜採。不俟論。美國之制。嫌其範圍稍狹。當如法國別組織一選舉會以行之。此選舉會之組織法。當委諸各省。使斟酌本地情形。以行。不必嚴定劃一之法。大抵以該省所選出之國會右院議員。及其省會議員爲主。而益以全省大團體之議員。如全省教育總會議員。全省總商會議員等。最善矣。

既爲選舉則必有任期任滿則改選焉法國任期九年每三年改選其三之一美國任期六年每二年改選其三之一其所以不全部改選者以左院應含繼續的性質而美法兩國之左院除此項議員外更無他項若全部改選是失其繼續性也我國不然此項議員不過占左院之一部分故可以同時全部改選無取學步于彼所以免煩雜也但其任期必當視右院議員之任期爲較長其改選不必與右院之總選舉同時此無他焉二院制之精神應如是也

第五項　應設勅選議員之理由

本章本節第一欵之第八項嘗言國民中有天然之特別階級而欲網羅此階級之人以入于國會則僅恃人民選舉不足以完滿達其目的（人民選舉固可以達此目的之一大部分特未能盡耳）然則于人民選舉之外不可不別求一機關以當此任此機關在共和國無從得之而在君主國可以委諸君主君主而絕對的適于任此機關乎雖非敢言然比較的其適焉者也是我國所當採也

各國勅任議員之法亦各不同有君主與他機關協同行之者如英國王勅選議員必

須經首相之奏請是也（英國法律上並無此明文但已成慣習英國最大之勢力則慣習也）有君主單獨行之者如日本意大利是也（但立憲國君主一切勅命皆須經國務大臣副署是亦不能純指爲單獨行爲也）有兩法兼用者如普國此項議員之一部分由各團體薦舉其一部由國王任意自擇是也其被選人資格有規定之于法律者如意大利日本是也其間復分二類有用抽象的規定者如日本但言有勳勞于國家及有學識者是也有用具體的規定者如意大利列舉二十餘種之資格是也有不規定之于法律者如英普等國是也（消極的資格則各國皆有規定不在此論）今請言我國所當採用者其被選人資格將如日本之抽象的規定乎所謂勳勞學識者將以何爲標準究其極不過憑君主之主觀的認識而已是規定與不規定等也將如意大利之具體的規定乎則人物之種類千差萬別實無從枚舉意大利所舉者徒注重練達于國務之人耳申言之則大率久于其任之行政官司法官及軍人也而在所列舉資格以外之人雖有賢才亦將限于法律而不得被選此必非立法之本意也故吾以爲毋甯如英普等國不規定之之爲愈也至君主當單獨以行此權乎抑當與他機關協同以行此權乎吾以爲兼采普英兩國之制最善即其中一部分由指定團體薦舉而君主任命之一部分由首相

奏請而君主任命之如是庶幾可以舉野無遺賢之實矣但以法理論則薦舉奏請之權雖在他機關而任命與否之權仍在君主又不待言矣若夫何種團體應有薦舉權吾猶未能指出之此則俟諸將來國民進步之趨勢何如也

第六項　應設代表蒙藏議員之理由

今之策中國者其眼光僅見有本部而此外則視如無物此眞大惑不解也所謂大清帝國者除本部及滿洲東三省新疆外尙有其三大區域等曰內外蒙古曰青海曰西藏併此三區域其幅員更廣于本部此而恝焉置之則天下孰有不可置者矣我國古來之思想其對于屬境不過名義上羈縻勿絕而已未嘗有行圓滿之主權以轄治之者獨至本朝之于蒙古西藏也不然其在中央置理藩院以筦之其在該地置將軍及辦事大臣參贊大臣等以鎭之不可謂非國家觀念之一進化也雖然我國政治素主放任不主干涉其在本部猶且有然至屬地而益甚馴至此三大區域者與中央之關係日薄一日幾於彼此皆忘其爲同一國家夫其種族語言文字習俗既與本部滿漢之人劃若鴻溝其能相結合爲一國民之原素本甚薄弱所恃者惟政治上之聯鎖耳

著譯

十六

並此聯鎖而弛之蓋不至分裂爲異國而不止也曩昔中央之軍事行政其力之能及于彼者尙厚夫今則既成强弩之末矣而外之復有强鄰眈眈環伺威迫利誘百出其技以動搖之而一髮苟牽全身將動此三區域一旦解體則帝國將隨之而覆亡爲今日計宜亟求使之與本部政治上之關係日加切密此實國家前途一大方針也其所以實行此方針者條理萬端而國家之意思機關使其得以參與焉又其第一義也此吾黨所以主張設代表蒙藏議員之理由也

國家之意思機關合左右兩院組織而成此代表蒙藏之議員當屬之何院乎使其能與本部臣民一切平等兩院俱有固甚善也無如其程度有所不逮也其一則右院議員之選舉必比例于人口我國人民太衆大率須數十萬人乃出一議員而彼地人口稀疏部落複雜境域寥廓選舉萬不能行也其二我國右院必不能遽行普通選舉惟行制限選舉其制限或以教育程度或以財產然無論用何種而彼地之人皆將無一能中程者也夫國會選舉法必當通于全國不能隨意爲一地方議設特別法明矣如是則彼三區域者實無可以出代表于右院之途此吾黨所以主張在左院特置代表

蒙藏議員之理由也夫在左院而別置一種議員以代表國內之特別地域此其事非自我作古彼英國左院之有愛爾蘭蘇格蘭貴族議員其前事之師也

然則此種議員當以何方法發生乎申言之則其選定權當何屬乎曰此又當分別論之

蒙古者百數十部落逐水草以居而未嘗有一總機關能筦其中央者也就地理上畧分之曰內蒙古曰外蒙古曰青海蒙古以其人民之勢力全蟄伏于酋長之下也故不能用選舉以其部落太多也故不能每部落出一代表人今擬內蒙古以盟爲單位昭烏達盟出三名哲里木盟鍋林郭勒盟烏蘭察布盟各出二名卓索圖盟伊克昭盟各出一名凡十一名外蒙古以部爲單位土謝圖汗部出四名車臣汗部三音諾顏部各出三名札薩克圖汗部出二名凡十二名此外則塔爾巴喀臺阿拉善額濟納各出一名青海蒙古亦以部爲單位和碩特部出二名綽羅斯部輝特部土爾扈特部喀爾喀部各出一名凡五名都凡蒙古議員三十一名由該盟該部各旗之酋長互選之

西藏者稍具國家之形有中央政府以統一之非如蒙古之不相統屬者也而又黃教

之根據地宗教之勢力壓倒政治之勢力者也故其選出議員之方法亦應與蒙古不同今擬由達賴喇嘛指定四名由達賴班禪指定三名由噶倫布及諸第巴互選三名都凡十名皆須經駐藏大臣認可則作為議員必由喇嘛班禪指定者代表宗教勢力也喇嘛班禪分有此權者喇嘛所指代表前藏班禪所指代表後藏也第巴有此權者代表宗教以外之勢力也第巴本須經奏准于皇帝乃得就職與喇嘛班禪同故並有此權于法理正合也必經駐藏大臣認可者駐藏大臣本代表皇帝以總攬全藏之大權全藏一切政治本須經過此機關乃達于中央也

問者曰英國之直轄殖民地日本之臺灣皆未嘗出代表人于其國會為其程度相去之太遠也今蒙藏之在我國正與彼類而子必汲汲于其代表何也應之曰不然英國憲法本為大英王國之憲法而非大英帝國之憲法其國會亦然故憲法不適用于殖民地殖民地不出代表人于母國國會理有固然也日本之得臺灣在其施行憲法之後故暫時未施行于彼亦非無理由而學者之攻難已不少矣我中國今日而施行憲法其憲法為二十二行省之憲法耶抑全帝國之憲法耶今日而開設國會其國會為

二十二行省之國會耶抑全帝國之國會耶使非全帝國之憲法之國會是將以立憲開國會而破國家之統一也既爲全帝國之憲法之國會而憲法乃不適用于國中之一大部分國中一大部分對于組織國會而無出代表之權此何理也此吾黨就法理上之立腳點而敢自信所主張之不誤者也若夫政畧上之立腳點其關係尤重大前固言之矣

問者又曰如子所論藉此以撫綏蒙藏誠適宜之政畧矣然中國尙有未經同化之兩族焉曰回曰苗仿蒙藏之例而使其出特別代表于國會不亦可乎應之曰此政畧之可採與否且勿論藉曰可採而無如太悖于法理何也國家之要素惟有國民而無所謂民族蒙藏之設特別代表乃以代表蒙古青海西藏諸地方區域而非以代表蒙古種人唐古忒種人也回苗兩族與一般國民同占住居于二十二行省之中其萬不能爲之設特別代表其事至明

問者又曰蒙藏青海三大區域之臣民僅有出代表于左院之權利而剝奪其出代表于右院之權利寗得謂平應之曰此非可以剝奪言也將來右院選舉法頒行其選舉

人被選人之資格必劾定之使蒙藏住民而有此資格者則其享有此權仍與他地住民無異也特現今事實上可決其絕無此種人雖劃出選舉區執行選舉事務亦徒然耳故不如已也以吾黨對于經營蒙藏之方針則一方面獎勵殖民移本部過剩之人口以實之一方面施適宜之教育促其住民以同化此非屬于本論之範圍暫勿喋喋然使吾黨之理想實行以後蒙藏青海三區域能與本部程度相接近則舉本部一切制度而措之何靳之有焉

問者又曰蒙藏住民能通國語國文者蓋極少數其所選出之議員又未必即在此少數者之中其列于國會則伴食耳而安能舉代表之實耶應之曰此則事實上問題而非立法家所問也夫伴食于國會者豈必其在不通國文國語之人以英國爲立憲祖國其右院六百餘人中常立于議塲而振振有詞者不過十數人此外皆伴食者也夫寧得因此而廢之設蒙藏議員之本意全在使之與中央之關係日加密切但使能有議員駐于京師而常出席于國會則雖始終不發一議而所裨固已多多矣況國文國語可學而能置諸莊嶽日夕間事耳而何足爲病也或者之說謂蒙藏議員當附一能

通國語之條件。非此則不能就其地位。吾不謂然。國會之目的。在能代表各方面之勢力而已。蒙古各盟各部所互選之人。西藏喇嘛班禪第巴所指定之人。必其可以代表方面之勢力者也。雖然。未必其能通國語者也。若以國語一條件制限之。是以附屬之條件犧牲本來之目的者也。是無異限制蒙藏人使永遠不得出代表而已。斯吾黨所不能附和也。

更有一小節當附論者。此項議員之性質。應有一定之任期者也。今擬皆以四年爲一任期。以右院行總選舉時同時改選之。若右院緣解散而行總選舉。則不在此數也。各國左院議員之任期。最短者皆在六年以上。此所擬者。似失于短。然交替稍頻繁。則其輸入文明于彼地也。亦較易。此立法之意也。

第七項　左院議員之數

以上所舉。左院議員之種類。盡于是矣。尚有應論及者一事焉。則議員總數是也。各國左院議員總數。有取不制限主義者。若英若普若意是也。有取絕對制限主義者。若德若美是也。有取相對制限主義者。若日本是也。吾以爲我國宜取相對制限主義也。日

著譯　二十二

本左院議員中其總額有制限者凡兩種一曰伯子男爵議員總數不得過百四十三人二曰勅任終身議員總數不得過百二十五人蓋此兩種議員實日本左院之中堅故使其數略相當也我國將來之左院議員可區之爲二部分一曰勅任者二曰非勅任者非勅任者則皇族議員代表各省議員蒙藏議員之三種是也勅任議員之總額應不能過于彼三種議員合計之總額此于無制限中寓制限所謂相對制限也

今請綜舉前所擬者列爲一表

(種類)	(人數)	(任期)	(選出者)
(一)皇族議員	約四十人	世襲	法律之結果
(二)代表各省議員	八十八人	七年	各省選舉會
(三)勅選議員	百五十人以內	終身	皇帝
(四)蒙古貴族議員	三十一人	四年	有權者互選
(五)西藏議員	十人	四年	喇嘛班禪第巴

(未完)

貨幣主位制畧論

明水

貨幣何爲而有主位乎。蓋物之不齊。物之情也。今天下至不齊之物。宜莫如物價矣。不有至齊者以範圍之。則糾紛終不可得理。民用滋不便也。故言幣制者首宜致謹於是。使有貨幣而無主位。是猶軍隊之徒有士卒而無將帥。國家之徒有人民而無統治者。蔑有濟矣。豈惟不濟。實生亂階。吾國生計所以日卽窮蹙至於不可收拾者。凡以此也。因掇輯所聞。造爲斯論。其諸輸入常識之一小助乎。

各國所行之貨幣主位。可分四種。一曰單主位制。二曰雙主位制。三曰跛行主位制。四曰虛金主位制是也。分論於下。

●●●●單主位制者。選一種最貴之金屬。定爲主位。國家賦以無限法幣之資格（貨幣有無限法幣有限法幣之分。無限法幣者。行使無所制限之謂也。有限法幣者。行使有一定之額。既逾其額。而猶用之。受者可拒而不納。如英國以金爲主位。故金幣行使無限。至於銀幣。只許用二鎊。銅幣只許用一喜林。是也。大抵各國主幣皆爲無限法幣。從幣則爲有限法幣也。）且認爲自由鑄造者（自由鑄造。對制限鑄造言。亦貨幣論中一要義也。凡主幣概爲自由鑄造。從幣則爲制限鑄造。如定行金主位國。凡人民有納金塊於造幣局者。無論金塊所値若干。皆當代之鑄造。若銀幣則除政府可鑄外。民間雖輦致銀塊於造幣局。而造幣局不應也。）是也。如定金爲主位。則爲金單、主位國定銀爲主位則爲銀單主位國但因行使之便否於主位下別定從位幣以濟主幣之窮如金單主位國則於金幣外別鑄銀幣銅幣等銀單主位國則於銀幣外別鑄小銀幣（此種小銀幣成色例低於主幣以防盜鑄也）銅幣等此爲畸零之需凡使貨幣之功用圓滿無缺也。

然則以何因緣必宜選定一種之金屬乎曰（一）凡百貨物皆依供求之原則其值不免時變今卽定爲一種猶慮物情不齊測之匪易若復歧而爲二匪特不足以臨變動不居之萬貨卽彼兩種金屬之間其值已時有動搖則影響於物值者豈得云細故無甯定於一尊以殺其變影響猶比較的小也（二）且行單主位制則有無限法幣之資格者惟主幣之一種故易中之事得以確實而貸貣之間無所爭議國中信用緣是日進卽吸收外國之資金謀商務之發達咸有利焉此單主位之所以優於他制也。

雙主位制者金銀並用國家以法律定一比價兩者皆認爲自由鑄造且賦以無限法幣之資格者是也此種幣制在昔法美諸國曾行之後以不勝其弊已悉廢止惟近日有倡爲國際雙主位制者是以貨幣論中猶復及之實則萬不能行之制也。

雙主位制之最足惑人者厥有四端單主位所需之金屬其供求消長之間常令物價

動搖雙主位不然彼所用之主幣則金銀兩種也故二者苟有貴賤之差則人將持賤者以爲貨幣而取其貴者以用諸他途於是幣日少用日多幣少則値昂用多則値賤而賤者復歸而爲幣昂者乃去而之他兩者相持則金銀兩幣之法定比價時得其平而幣値亦因之不變於以維持物價福國便民此其利一且夫雙主位制既以金銀並用則較諸徒用一種者貨幣之供給常能潤澤而物値不虞激變何以故蓋貨幣之分量既豐則供求之間綽有餘地其影響於價格者至微也此其利二不寧惟是行單主位制之國動憂貨幣缺乏物値暴落其負債之不平尤甚蒙其害者悉爲負債之人於是則國中事業不振者有之損勞傭之所得者有之是皆足以防一國之生計而非社會全體之福也苟行雙主位制乎貨幣之供給既多凡茲諸害無自而起此其利三況諸國之間有行金單主位者有行銀單主位者異制紛然莫衷一是爲此之故用金國與用銀國匯兌平價無從確立而國際貿易即緣此匯水之忽高忽下所業乃類於博塞安望其能發達也若諸國一舉而採用金銀雙主位制乎朝更制而夕受利何憚而不爲也此其利四主張雙主位制者其言誠足以動人然彼所謂利者果爲利乎爲害

乎。是不可以不辨。

夫論雙主位者。動以金。銀。並用。則二者之間。自有矯制之力。使法定比價與市場比價。相符。不然。亦當密邇。又謂幣值之變。不如單主位之劇。是眞可信據者乎。夫矯制之力。卽所謂代用法則也。譬有甲乙兩種貨物於此。甲昂則人將棄甲而取乙以代之。於是甲之昂者將漸變而爲賤。乙之賤者將漸變而爲昂。彼此相矯而兩物之値不致大差。論雙主位者。卽欲利用此法則以律之金。銀。貨幣。此其最謬之點也。何以言之。彼蓋誤視兩種不同性質之物。而强之爲一種也。遵彼之說。何以異夫米卽麥也。麥卽米也。鐵卽銅也。銅卽錢也。天下豈有如是之理哉。夫謂米價昂則代之以麥。麥價昂則代之以米。理猶可通。若謂銅價昂則代之以鐵。鐵價昂則代之以銅。豈不可笑。況物之需要因人而異。故供給之增減。亦自不同。其相互之交換比價。亦烏能一定。他物且然。矧金銀耶。近世生計日進。交易日繁。收支之額。緣是日鉅。人情皆欲得量小値高之幣。故悉趨於用金。此非人力所能强爲。實自然之勢所感召。且通商之局既開。銀行之設既廣。則無論國內國外。凡有支銷。皆利於用貴金。以省勞費。加以銀之出產日多。金之供給有限夫以有限之物應無限之求其値勢不能不鉅而論者猶欲以矯制之力操縱其間非暗於事情卽夢囈之類耳此雙主位制第一利之不可信也若謂行單主位制貨幣供給不能潤澤故物値不免激變非改行雙主位制則將不勝其弊是亦讕言也雙主位制縱足以防物値之驟更而使物値動搖之幅狹小然其變動無方高下頻數因小利而得博禍智者不爲也此雙主位制第二利之不可信也其第三說則當前世紀下半期世界產金之額不足供諸國之用故物値滔滔下落其時是說盛行幾欲風靡一世輓近情勢一變金額既增物値亦漸次恢復故其謬誤不待辯而自明且雙主位制其最要者在於矯制之力果能行否既不能行則本實先撥枝葉何有此雙主位制第三利之不可信也若謂世界諸國因或用金或用銀之故遂致匯兌之價不能確立而害及國際貿易此議固甚當雖然不能以此卽謂雙主位之可行也何以故苟世界諸國能悉改爲金單主位或悉改爲銀單主位則國際匯兌何不可平豈必有待於雙主位而後克濟乎此雙主位制第四利之不可信也

由是觀之。主位之最善者。莫過於單主位制。可斷然矣。無惑乎昔之盡力以維持雙主位制。如美國法國及拉丁貨幣同盟諸國者。不旋踵而力竭聲嘶。不知費幾許精力。乃能致爲單主位制。謀國者所以不可不慎之於始也。

跛行主位制者。雙主位制之變相也。蓋自千八百七十三年以來。銀價暴落。物值劇變。於是雙主位制國及銀單主位國。皆已不勝其擾。方悟舊制之不善。非改弦更張不足以維一國之生計。是時德美法荷等。乃毅然改行金單主位制。雖然此諸國者。或本行雙主位。或本行銀單主位。國中銀幣。方且充斥無限。今忽欲改而用金。則此多數之銀幣將如何處置乎。若禁民用。則舉國之人。悉將破產。若許人民凡持銀幣皆可以易金幣。則銀值方落。金值方昂。政府所失云胡可算。乃有創爲權宜之計者。先以主位銀幣停止自由鑄造。以減其供給之額。而維持其價格。復以主位銀幣與主位金幣。同爲無限法幣。使之流通。待政府財政既充。相度機宜。漸次收回銀幣。然後實行金單主位制。是卽跛行主位之大畧也。要而言之。跛主位者。本有金銀兩種主幣。今特於銀主幣加以制限。不許自由鑄造。如人之有足。而斷其一焉。跛行之名所由得也。今法美德荷西葡等國皆行之。

跛行主位制者一時權宜之計而非可垂之久遠者也然由雙主位變爲單主位由銀主位變爲金主位則借此法以調劑其間功亦有不可沒者今舉其要則一可使銀價不致暴落而政府所失不鉅也二既以金銀並用則金之需要減銀之需要增於以調和物值之變也三主位之銀幣既爲制限鑄造則名值可在實値以上而資金得以節約也四主位銀幣既爲制限鑄造縱令銀價暴落使政府張弛得宜則格里森原則亦無自起也是則跛行主位之利也然亦有弊焉國家鑄造主位銀幣之利甚大苟當財政困難之日難保無濫發之虞而一國生計且緣之以蒙其害不甯惟是即在人民所以窺伺主位銀幣之利而贋造以干國紀者數必日多是國家設陷穽以罔民也雖然國家濫發之弊未嘗不有善法以維之但以主位銀幣兌換主位金幣如從幣兌換主幣然無論多少政府皆有全行兌換之責則國家所濫發者旋發出而旋來歸政府無利可圖亦將廢然而止法國卽行此法也至若人民盜鑄則立法苟善防之不難要之跛行主位制其利於國家生計者甚大特施行之際宜加之意耳

夫跛行主位者所以使雙主位國銀單主位國藉權宜之謀而收用金之效也然欲於

譯書

銀單主位國一躍而爲用金且不必實有金幣而其功乃與用金同以應世界之趨勢而維持本國生計者亦有法乎曰有之虛金主位制是已虛金主位者何蓋以金爲價値之標準惟不必別鑄金幣但對於用金之國匯兌以金爲則而國內所用猶之銀也此法之妙在於不必用金而效乃與金等故貧弱之國得此可謂聖藥今南洋羣島印度墨西哥等國皆已行之本報總撰述已專著議論中國今日必宜採用此制其說甚詳故不復贅

要之主位者貨幣之根本也不先定主位而日言幣制是萬變而萬不當也人亦有言惡政府猶善於無政府吾今亦言惡主位猶勝於無主位今吾國不欲定幣制而已如其欲之則無問金銀銅鎳必先定以一主然後下此乃有可議否則如舟師失柁倀倀何之既知定主位爲今日之急務夫而後可進論主位以何者爲宜此先後次第之勢則然也吾願當局者一思之

調査

世界海軍調査記（續第九號）

各國造艦方針（四）

明水

列强海軍界中有所謂大艦主義小艦主義者大艦之力雄厚小艦之用輕捷故二義未或能軒輕焉然此皆過去之爭議至於近日則一變而專取大艦主義雖法國海軍向以堅守小艦著者今亦翻然改圖此實最近造艦方針之一新紀元也一究厥由則得諸日俄戰爭之經驗者居多蓋自甲午以還列强修造大艦之機已動當時日本亦造成一萬二千餘噸之富士八島兩艦未幾而敷島朝日三笠初瀨等巨舶又山立海中此等大艦排水量皆在萬五千噸內外以十二吋砲爲主砲者共四門以六吋砲爲副砲者亦若干門然此萬五千噸之戰艦久已爲列强戰艦中之最大限度無更出其右者至日俄戰時日本在英國船廠訂造香取鹿島兩艘則增排水量至一萬六千噸以上當此之時英已有一萬六千三百五十噸之「羅德奈爾孫」式戰艦美亦造一

萬六千噸之「康揑梯加」式戰艦。以成特角。而德艦之最巨者。惟有一萬三千二百噸之「德意志蘭」式艦。法艦之最巨者。惟有一萬四千六百三十五噸之「巴特力」式艦而已。然至日俄戰後。乃知海軍者。艦愈巨。則力愈雄。以排山倒海之勢。當敵之小艦。如摧枯拉朽耳。故日本首造一萬九千三百五十噸之薩摩艦（十二吋砲四門十吋砲十二門四吋砲十二門速力二十浬五）英則以極短之日月。造成一萬七千九百噸之「德列特那」式戰艦（十二吋砲十門十吋砲二十七門速力二十一浬八）一新海軍之耳目。爾來大艦主義。巨砲單一主義。風靡全球。而此「德列特那」式艦。遂爲列強海軍理想之戰艦矣。其後英更漸次改良。又造成一萬八千六百噸之「俾爾那方」式戰艦（十二吋砲十門四吋砲二十四門速力二十浬二）一萬九千二百五十噸之「先德威先」式戰艦（十二吋砲十門四吋砲二十門速力二十一海浬）日本則更凝造二萬八百噸之河內攝津兩艦（十二吋砲十二門六吋砲十門速力二十五海浬五）頃在修造中。非久便可蕆事。此兩艦允足凌駕英國改良「德列特那」式艦。雖然。列國造艦計畫。與日俱進。即如英國建造中之「阿里容」式戰艦。其排水量至二萬二千五百噸。以十三吋半砲爲主砲者。計共十門。此外裝置四吋砲極多。又美國亦造二萬六千噸之「威阿明」式艦（十二吋砲十二門三吋砲二十二門速力二十一海浬）頃聞更欲造排水量三萬噸裝置十四吋砲十門或十二門之最大戰艦擬提出下期議會使此議而成也則世界戰艦眞推此爲巨擘矣若夫德法等國雖復以競修海軍爲事然其戰艦皆不能若是之巨如德則僅有一萬七千六百七十九噸之「拿沙烏」式戰艦（十一吋砲十二門六吋六砲十二門速力十九海哩）及一萬八千三百七十噸之「來蘭特」式艦（十一吋砲十二門六吋六砲十二門速力十九海哩五）與新造之一萬九千噸之「阿顚不奴希」式艦而已（十二吋砲十二門六吋砲二十門速力十九海哩五）法亦僅有一萬七千七百十噸之「丹敦」式戰艦（十二吋砲四門九吋四砲十二門速力十九海哩）頃猶在修造中也或者謂德法兩國早晚必造二萬噸以上之巨艦蓋以大勢察之有不容致疑者其他俄國則既造一萬七千二百噸之「保爾祿」式戰艦（十二吋砲四門八吋砲十二門四吋七砲二十門速力十八海哩）近又擬造二萬三千噸之「睒巴士特波爾」式艦（十二吋砲十二門四吋七砲十六門速力二十一海哩）意大利則有一萬八千三百二噸之「丹爹阿利求力」式戰艦（十二吋砲十二門四吋七砲十八門速力二十三海哩）又有二萬一千噸之「米傑爾安哲羅」式艦（十四吋砲八門四吋七砲二十門速力二十二海哩）頃在修造中奧地利亦興修一萬九千二百八十六噸之戰艦（十二吋砲十二門四吋七砲二十四門速力二十二海哩）此各國競修巨艦之大凡也由此觀之近今世界各國匪特競增海軍不遺餘力而已即此海軍所用之戰艦其製

造之方亦復激變若此則世界大勢從可覩矣夫何爲而必須加大戰艦之排水量（噸數）（大則排水量自大）與廢主副兩砲兼用主義而惟取巨砲單一主義乎此其故蓋欲使戰艦攻守自如而增其速力固無論矣然猶不止此近者海戰之術日精凡海軍戰策其最可重視者惟在巨砲遠能命中之一事故將來主戰艦隊臨戰時距離必漸次增大或遠在三四海哩以外亦未可知用是之故昔日所用之六吋砲已盡失其能一變而專用十二吋或十二吋以上之巨砲然軍力之强否猶不能以是爲斷更當於每艦之中多備巨砲而後彈雨硝烟之勢得以集中勝敗强弱之機得以剖判夫既以巨砲爲惟一之戰鬥力矣則所以載此巨砲之戰艦其量不能不相隨以大者勢也戰艦之量既相隨以大則艦中機械等事自然偉碩而速力亦從而猛增者亦勢也於是乎以普通戰艦數艘之力猶不能敵此巨艦一艘之力者雖五尺之童且能辨之此所以世界各國不謀而合競趨於巨艦巨砲兩義蓋有由也

又不特戰艦之排水量日增而已近世艦隊主力以戰艦、裝甲巡洋艦編成前固述之矣故戰艦大則裝甲巡洋艦亦不得不大蓋脣齒輔車之勢則然也日俄戰時日本巡洋艦最大者不過九千七百噸。戰後即造一萬三千七百五十噸之筑波生駒兩艦。前驟加四千噸。其裝載之軍器。十二吋砲四門。六吋砲十二門。與戰艦之力幾於相埒。猶以爲未足。更造鞍馬伊吹兩艦。排水量一萬四千六百噸。載十二吋砲四門。八吋砲八門。比諸筑波生駒而又進矣。其在英國。既造一萬七千二百五十噸十二吋砲八門。四吋砲十六門之「因文希不奴」式艦。又有一萬九千噸之「因迭花梯加不奴」式艦。今在修造中。據最近所傳。則英國更欲造二萬六千三百五十噸。速力二十八海哩。之世界最大裝甲巡洋艦。直欲駕戰艦而上之。眞爲不可思議矣。若夫美國則以「孟打拿」一巡洋艦爲最大。排水量一萬四千五百噸。十吋砲六門。六吋砲十六門也。德意志之裝甲巡洋艦。有「蒲里希祿」者。一萬四千七百六十噸。八吋二砲十門。三吋四砲若干門。又有建造中之「方迭達文」式艦二艘。排水量一萬九千噸。十一吋砲十。速力二十五海哩。法則「烏爾爹祿梭」式艦排水量一萬三千七百八十噸。以七吋六砲爲主砲者十四門。速力二十三海哩。此其最巨者也。俄之「抑里克」者一萬五千百七十噸。十四吋砲四門。八吋砲八門。速力二十一海哩。意之「拿破里」式艦。

一萬二千四百二十五噸。十二吋砲二門。八吋砲十二門。速力二十二海哩。此最近裝甲巡洋艦之大畧也。

夫艦隊主力之戰艦裝甲巡洋艦。既已日新月異。則其他附屬之艦艇。亦必相因以改良者。勢所必爾也。請先述小巡洋艦。小巡洋艦者。其用在於偵探敵情。而搏擊敵人之驅逐艦水雷艇等。又護衞本國運送船。破壞敵國之海上貿易。是其所重也。爲其有此責任。故速力不得不增。如英之「波爹沙」則三千三百噸。速力二十五海哩。美之「周士達」則三千七百五十噸。速力二十四海哩。日之「利根」則四千百噸。速力二十三海哩。此皆最快捷之巡洋艦也。德亦新造四千二百噸速力二十五海哩之巡洋艦。蓋各國對於此種艦。皆爭以速力相高。是亦海軍界中一小變也。其次驅逐艦近亦大加改良。最初排水量不過三四百噸。速力不過二十七八海哩者。近因水雷艇亦遂漸加大。且過小之艦。隨主戰艦隊以航遠洋。勢所不可。故驅逐艦今亦增至一千八百噸。速力三十五六海哩。恐將來猶不止此也。

右所述者。近今海軍變遷之大畧也。然海軍界中。猶有一事。爲吾國人所不可不知者。

則潛航艇是已今之氣球飛機徧行歐美並此可稱三絕昔人詩所謂上窮碧落下黃泉艷稱仙家技倆者何意竟現於人世間嗟乎人智豈可量哉潛航艇之初起也惟美與法當發明之時頗疑其不能致諸實用者今則艇形日偉可行千海哩以上能在海中潛行二十點鐘其妙眞爲匪夷所思請畧述列國潛航艇現狀英國之於潛航艇爲最後進故不能創作新奇惟取美國之「荷爾蘭」式加以己意而變爲英國之潛航艇其最新造者排水量由三百十三噸至四百五十噸其式皆有一定反觀本師之法國則艇式不一大小雜然排水量小者至二十一噸大者至八百餘噸最新造者由二百九十六噸始至四百噸六百餘噸七百餘噸八百餘噸其不齊一若此美之潛航艇則皆用「荷爾蘭」式最大者排水量二百八十噸德爲更後故今所造者僅二百七十噸耳俄有排水量百八十七噸之「格馬尼亞」式與法國式潛航艇今猶在起造中意則有排水量百八十五噸者日本亦建造三百十三噸之大潛航艇而近因演習潛航故毀艇一艘斃軍士十餘人震動全球各國海軍電弔者相屬亦可觀歐美人之於此事其銳意研究者爲何如也今雖未告成功使其能力果可致諸實用則於將來

海。軍。戰。術。上。必生。大。變。有斷。然。者。不知。吾。國。熱。心。海。軍。之。士。亦。曾。留。意。及。此。否。

（未完）

文牘

各督撫為鹽政新章請軍機處代奏電

軍機處鈞鑒竊錫良等電奏督辦鹽政大臣原奏章程用人行政諸多窒礙一摺。欽奉電旨。著督辦鹽政大臣會商各該督撫詳議具奏等因。仰見朝廷愼重鹺綱之至意。莫名欽佩。嗣准督辦大臣電告覆奏大意並稱往復互商徒稽時日卽由該大臣專摺具奏等因。隨卽奏奉　諭旨允准。並准電咨在案。錫良等詎宜再參末議。惟是立法必熟權利弊。而後可利推行。若心知其害而隱忍不言。實非內外相維之道。此次督辦大臣覆奏各節。惟委署差缺及年終密考兩事。稍與變通。而於用人行政窒礙之處。未盡詳究。錫良等往復電商。有前奏所未詳不敢不直陳於　君父之前者。該大臣原奏有云。必內外有一定之權限。而任職者各專責成。其言至為扼要。查原章疏銷緝私責之督撫。鹽務內用人之政。一切事宜則均由督辦主持。夫曰疏銷曰緝私。皆關鹽務行政。而疏銷緝私之能否得力。則視乎用人。今有疏銷緝私之責。而無用人行政之權。是猶束縛手足而使之運動也事理既屬相背政體亦覺非宜又原章運司鹽道及經管鹽務各總局所管各項事宜均詳請督辦大臣覆辦仍詳明督撫查核夫督撫既有查核之責於詳報事件是否可行自應酌核批示分別准駁設督撫曰可而督辦大臣曰否督撫曰否而督辦大臣曰可僚屬將何所適從如准駁悉由督辦主持督撫無庸批示何必多此詳報之具文鹽務鉅細事件至爲紛繁如修灘築坨開井增竈建倉添卡以及鹽引之借銷配運及井灶灘戶之酌借成本諸事不勝枚舉向由該管鹽員隨時稟准督撫辦理一面奏咨立案今若改由督辦主持邊遠省分文牘往返經年累月始得奉批萬一貽悞鹽運或致釀事端誰執其咎至委署委差人員向由督撫批准札委赴任到差今新章須由該管官遴派詳候督辦大臣核准如未奉准以前例不准到差到任各省鹽員遇有事故或改委撤調事所恒有豈能懸缺待人若事事電稟督辦大臣恐亦不勝煩費又如未設鹽務專官省分大小鹽局向係任用候補道府以下人員遇有重要局所臨時斟酌每苦乏人其辦事得力者大率委有他項差缺自應由督撫分別緩急酌量調用似難聽憑該管官遴派率予核准又原章凡關係鹽務事件均由督

辦大臣主稿會奏。似督撫不得單銜奏事。查督撫有管理糧餉之責。既使與聞鹽政。自宜陳述所見上達 聖聰。 國朝定制。監司大員例得專摺言事。豈反靳督撫以奏事之權。如謂督辦會辦事無專斷。必須公商定稿再行會奏。則原章內重要事件由督辦大臣單銜具奏一節。亦似未協。總之該大臣原奏章程。係爲統一事權起見。實則各省鹽務悉隸於度支部。統攬全局。總握大綱。事權未嘗不一。但使部臣考核精審。規畫周詳。各省無不遵辦。斷無彼疆此界之虞。若僅集權中央而不揆諸吾國歷史及地方各種之關繫。以求適用。恐新章頒布後。督撫之命令既有所不行。督辦之考察又有所不及。機關窒滯。庶務因循。將成一痿痺不仁。散渙無紀之鹽政。理辭益紛。其患害有不勝言者。督辦大臣載澤公忠亮直。果知茲事體大。利害攸關。必無一毫成見。相應再懇天恩敕下會議政務處詳察核議。或 飭督辦大臣與臣等會商議奏。妥慎施行。再現今國稅地方稅尚未劃分。新政繁興。攤欵迭出。邊苦省分於清理財政辦法。一時實難辦到。鹽課爲大宗入欵。如不准隨時通挪。勢必無從周轉。貽悞要需。應請暫准通融辦理。合併聲明。謹請代奏。錫良陳夔龍張人駿趙爾巽袁樹勛李經義程德全丁寶銓增

轀同叩。咸

按此電到京後已由軍機處電各省督撫云奉　旨錫良等電奏督辦鹽政大臣原奏章程用人行政諸多窒礙等語著督辦鹽政大臣會商各該督撫詳細具奏

河南巡撫吳重憙奏已故督臣徐廣縉功德在民懇　恩開復原官摺

奏爲已故大員因公獲咎功德在民據情懇　恩開復原官以彰遺績而順輿情恭摺仰祈　聖鑒事竊以觀人論世。一眚難掩其終身。畧迹原心。矜恤不遺夫故舊。故有生前蒙譴。歿後叨榮者。史冊所傳。後世稱美。茲據職紳山東候補知縣陳錫祜江西饒州府知府王祖同等聯名稟稱已故四品卿銜前兩廣總督徐廣縉。由編修兩任御史。外擢知府歷官兩廣總督。世襲一等子爵。　賞加太子太保銜。雙眼花翎。受　宣宗成皇帝特達之知。嗣以鄂省失陷。功名不終。議者謂其失機逗遛。咎固難辭。而察其當時情形。歷任功績。實有不忍聽其湮沒者。當該故紳徐廣縉署理鄂督時。長沙已被重圍。武昌亦甚危急。倉卒接篆。餉械全空。調兵百無一應。乘之人心渙散。賊勢方張。內而土星港防軍聚船濟匪。外而僞職晏仲武截餉戕官。該故紳瀝血誓師。奮勇直前。距意甫抵岳州。而省城已先一日淪陷。遭時不偶。勢已出於無可如何。至其任江甯藩司時修濬六塘河工水利。則獨籌欵項。使五六州縣流離災民。同登衽席。在廣東巡撫任內辦理英人被殺六命一案。則堅持中律。俾黃竹歧圖村民命。咸得生全。迨調任兩廣總督英使以前督臣有許其二年後進城之約。來相交涉。該故紳減從登舟直入虎門。辯論百端。不爲少屈。卒廢進城之約。仍舊和好通商。上全 國體。下慰群情。曾蒙 溫諭褒嘉。他如創拖船以平海盜。設長團以困悍賊。偉績豐功。昭昭在人耳目。而吾鄉士庶。愛戴感激。至今追念不忘者。尤在保全歸德府城一役。咸豐三年。髮逆北竄。土匪縱橫。永夏失守。郡城戒嚴。該故紳協商紳富。激勸士民。籌餉練團。倍歷艱瘁。督疲斂盈千之鄉勇。當猖狂數萬之賊兵。設險備伏。先後捕獲悍賊任朝重等四十餘人。相持半載。髮捻終不得逞。郡城賴以固守。永夏各邑。次第克復。乃 朝廷嚮用方殷。而該故紳遽以積勞感發舊疾。賚志以歿。咸豐八年曾奉 旨賞給五品頂戴。旋 賞四品卿銜。是該故紳已蒙 恩錄用。非獲咎後未經敘用者比。職等生同里閈。見聞較確。綜核事功。難安緘默。今者 覃恩廣被。從前獲咎人員。均得

文牘 六

仰霑聖澤。仰見朝廷推恩錫類。曲予矜全之至意。查已故革職提督蘇元春已蒙賞還原官。該故紳情事相同。用敢臚陳事實。加具切結。公同稟乞據奏懇恩施。准予開復原官原銜。或另請恩卹等情。經布政使朱壽鏞提學使孔祥霖按察使惠森會詳請奏前來。臣覆查該故紳徐廣縉。生前殊勳善政。均有事蹟可風。而獲咎之後。又復扼守危城。迭膺懋賞。是棄瑕錄用。早在先朝矜恤之中。且身歿迄今數十年。鄉里士民。歌頌流連。猶懷舊澤。其功德已垂諸久遠。既據士紳聯名呈請。臣不敢壅於上聞。可否仰懇天恩。准其開復原官原銜。以彰遺蹟而順輿情。出自睿裁。非臣下所敢擅擬。所有已故大員因公獲咎。功德在民。據情懇恩開復原由。理合恭摺具陳。伏乞皇上聖鑒訓示。謹奏。宣統二年正月初五日奉硃批徐廣縉著加恩開復總督原官該部知道欽此

湖南巡撫岑春蓂奏已故襄陽守鄭敦允請宣付史館立傳摺

奏為已故知府政聲卓著籲懇天恩宣付史館立傳以表循良恭摺仰祈聖鑒事竊據在籍內閣學士銜前任國子監祭酒王先謙等呈稱已故前任湖北襄陽府

知府鄭敦允。湖南長沙縣人。嘉慶甲戌科進士。翰林院庶吉士。改授刑部主事。遷員外郎。遞升郎中。道光八年四月奉　旨補授湖北襄陽府知府。嗣權武昌府。兼護督糧道。回任襄陽。道光十二年正月在任病故。該故員博聞強記。始官刑部。究心法家言。屢決疑獄。動中窾要。兩過京察。皆最。其在鄂凡四歲。所至有聲。治績於襄尤著。下車觀風。集七邑士。周諮利病。發策問所宜先。乳泉書院圮葺而新之。令所屬學官各舉一二人。闢署旁隙地居之。優其餼廩。躬親教育。以示風厲。七邑士烝烝焉。襄俗樸直少訟。遊民或潛匿教唆。該故員嚴誅痛懲之。皆竄伏。尤長聽訟。判決常至夜分。積牘爲空。訪所屬衙蠹及莠民最爲民患苦者。置之法。民悅便之。襄故多盜。該故員請帑生息充捕費。邏者四出。盜已遠颺。巨盜梅權驍詭多徒黨。人少莫能近。以衆往則逸。該故員偵其所在。夜率壯丁馳擒之榻上。其黨追者數百。該故員令曰。此罪魁。法罔赦。有來犯者殺。衆不敢逼。卒以權歸。論如律。宜城南漳之交。港汊紛歧。與安陸錯壤。盜依爲藪。該故員親蒞相度。請飭兩郡各委官督兵役巡哨。禁民夜渡。便稽察。河道肅清。穀城陳家坑河灘險水峻。奸民以巨石截流。羅竹取魚。春夏水沸。舟近石則糜。該故員嚴檄毀之。商民額手稱慶。漢水舊自方山歧爲二。分繞郡城。南逕檀溪。北貫襄樊。至明楊一魁築老龍隄。南流絕。水合發駛。齧樊城壞民居十四五。該故員議甃石隄四百餘丈。督役工程二年而成。明年漢大漲。樊得無恐。襄郡岸高水下。遇旱無從引溉。該故員繪筒車式頒郡屬。至今以爲便利焉。迨道光十年冬。調署武昌府。武漢江面故有救生船。苦闊不相及。該故員益造複底輕舸。旁施漏梘。破浪衝風。不憂沈溺。會盛漲瀕江田廬盡沒。全活無算。方其在武昌時。有議輟樊城石工者。該故員固請回任。及水落修之。襄人走迎三百里。日夜牽挽而至。議沿流增砌子岸護隄根。尅期蕆事。次年夏下游各郡霪雨爲災。流民赴襄就食者烏集。該故員倡捐籌賑。爲蘧廬數千。居老疾婦稚。木柵環之。壯者令赴工自食。該故員日巡工勞勉。會雨雪工未完。遂以積勞致疾。始隄之成。襄人亭其上。亭臨漢水望峴山。因顏曰對峴亭。及卒。襄人相與哭於亭者數日。既卒之明年。襄人彙次其治績卓卓者。稟經前湖北督撫臣疏請入祀名宦。奉 旨允准。明禋載肅。士論翕然。職等觀該故員奮迹儒書。蜚聲治譜。綜觀其一生政績。興學弭盜治水。皆可以次於循良傳之無窮。呈齎該故員祀名宦事實治蹟册。請奏懇宣付 國史館立傳等情。具呈前來。臣查前任襄陽府知府鄭敦允。起家儒素。出守名邦。涖任之初。首以課士育才爲己任。士習一歸於正。其爲政不務赫赫之名。獨以仁心爲質。惟於盜匪必認眞擒治。隄防則創修石工。故民得安居。咸資保障。遇下游各郡水災。籌辦賑撫。安輯流亡。不遺餘力。竟以積勞致疾。病故任所。人感其德澤。道光十四年襄陽縣紳士故大學士單懋謙。方以翰林院編修居家。卽據該故紳等呈由地方官詳經前任湖北撫臣尹濟源會同前任湖廣督臣訥爾經額　題經禮部覈覆。准予入祀名宦祠。伏讀同治二年十一月二十四日

上諭。祁寯藻奏弭盜安民必資循吏。請分別表彰錄用一摺。嗣後各省大吏務宜加意訪查。其有政蹟官聲。遺澤在人者。著奏明宣付史館。編入循吏列傳等因。欽此。欽遵在案。今該紳等瀝詞籲懇。查覈當日襄陽縣紳士原呈。該故員事實。洵屬無愧循良。自應據實上陳。合無仰懇

天恩。俯准將原任襄陽府知府鄭敦允生平政蹟。宣付史館立傳。以表循吏。除分咨查照外。理合會同護理湖廣總督臣楊文鼎恭摺具陳。伏乞

皇上聖鑒訓示。謹

奏。宣統二年三月初八日奉

硃批著照所請該衙門知道欽此

木落騷人已怨秋
不堪平遠發詩愁
要看萬壑爭流處
他日終煩顧虎頭

中國紀事

樞臣分班直日　世相近奉監國面諭。現在各省遇有緊要事件。無不隨時電奏。往往電報到京。已在下午以後。此時樞廷業已散直。必俟次日。乃能商議辦法。誠恐復電過遲。致誤事機。應飭軍機處。除領班大臣外。其餘各大臣。每日分留一員在軍機處直日。至下午六點始退。聞各樞臣已議准。於四月初一日實行。

督撫公費之議　聞政府現將督撫公費一事。議定分等給發。總督分爲兩等。交涉繁雜。商務興盛之處。爲第一等。內地及邊省爲第二等。巡撫分爲第三等。第一等卽山東山西河南三省。無總督節制者。第二等卽有總督兼轄而交涉商務頗繁盛者。第三等卽受總督兼轄之省。分政務較清簡者。聞不日可實行矣。

炸彈案顛末　大阪每日新聞云。北京炸彈案敗露後。有同黨二人逃至日本。述伊等起事始末甚悉。其言曰。我等革黨。向以顚覆政府爲目的。此等計畫。僅數人與知其事。日夜研究。漸將製造炸藥之技學成。黃復嘉者。原名樹中。往年試驗炸藥時。曾炸傷面部。由此益加精進。遂至大成。吾輩至京師。以黃曾習照相術。故在前門外。設一照相館。漸覓得監國邸第之塗徑。西四月二號晚。潛至邸內。混入土木匠中。於地上穿一大穴。潛身其內。於邸左橋下。裝置炸藥。監國向係天未明入朝。欲乘其時爆發。乃電流阻礙不通。再發依然無效。次夜再混入邸。欲將前夜所安設之電線。易一新者。爲守夜犬所見。大吠。警察聞聲而至。恐被捕。急逃去。方思另謀一下手之方。而事機已敗露矣。

度支部咨查各省警費 度支部昨咨行民政部。謂各省造報巡警常年經費清冊。參差不一。忽多忽少。甚至有以綠營改警兵者。名目既混。界限難清。本部實難預算。希迅咨各督撫。趕緊分清造報。民政部接咨後。已分行各督撫矣。

度支部提欵濟湘省急需 湘撫楊中丞於受命之始。以湘省署局被燬。大局糜爛。一切需欵極鉅。特會同鄂督瑞制軍。電請軍機處代奏。請飭度支部酌撥銀五十萬兩。再由瑞澂等向漢口各銀行。暨湖北官錢局。分別息借三十萬兩。以濟急需。奉 旨著度支部速議具奏。嗣經度支部議覆。祇准由江漢關稅項下提銀十萬兩。土藥統稅項下提銀二十萬兩。共三十萬。撥付該省應用。奉 旨依議。十八日已由土藥統稅柯大臣撥銀二十萬兩解交瑞制軍如數轉匯湘省。

鹽政要聞　鹽政處定章各省動用鹽欵必須經該處核准。否則不准動支。各省疆吏。相率反對。推東督錫領銜電奏。請先動用。隨後彙報。交部議。澤公決意議駁。否卽辭差。聞澤公初得督辦鹽政大臣時。頗極力恢張。自經各督撫疊次反對。言路亦嘖有煩言。已非復從前意興。現定議鹽政辦事處。卽附於清理財政處內。不別開專署矣。

商辦鐵路分別寬展免稅年限　江蘇浙江鐵路公司呈稟郵傳部稱江浙等省鐵路材料免稅之案。於光緒三十三年三月經稅務大臣議奏。予限三年。現距期滿之時。僅數十日。而江蘇鐵路自清江至徐州。約三百餘里。自瓜州至清江。約四百餘里。浙江鐵路杭甬一線。約三百三十餘里。浙贛一線。約六百餘里。需購材料繁夥。若照限停止。商力萬不能逮。懇咨商稅務處准予寬展免稅年限。福建鐵路公司亦以商路材料免稅三年期限已迫。漳厦一線。工程甫將及半。中間江東橋一座。延長三百法尺。尤關險要。呈請將應辦各項材料。再行展限免稅。至路成之日為止。又江西鐵路公司以贛省南潯鐵路工程未竣。庀材採料。來日方長。鈔錄清單。呈請將免稅年限展至宣統三年年底止。郵傳部據呈咨商稅務處。現經稅務大臣議定。江蘇浙江兩省路綫過長。應准展限二年。至宣統四年三月十七日止。福建江西兩省。或因橋工過鉅。或因未購材料尚多。應准展限一年。至宣統三年三月十七日。一俟展限屆滿。即當一律稽征。不得再請展期。其餘凡路綫較短。工程較易者。均不得援以爲例。率請寬限。

開徐路債消息　郵部現奏派郎中阮惟和爲開徐鐵路總辦。夏仁虎爲提調。該路自汴梁至海州。延長五百餘里。經費分文無著。聞沈侍郎密諭阮夏。以該路辦事人名義向銀公司梅爾司籌借銀一千一百萬兩。卽以路作抵押。借約內容尚未發表。

膠沂路歸官辦　郵部以膠沂鐵路。自光緒三十四年。向德國贖回自辦。但以路欵無著。迄今尚未興工。查該路贖回時。議定五年內由吾國築齊。如逾限未成。德國仍有干涉之權。如此延宕。恐屆期終不能觀成。德人干涉詰責。是雖贖等於未贖。但東省財力支絀。烟濰路工。現由商辦。斷無力兼顧。膠沂現決定午節後。由國家備欵興工云。

黑龍江決議修築蘭海鐵路　黑龍江撫臣周樹模。以江省之呼蘭綏化海倫拜泉餘慶各屬。產糧最富。每歲輸入俄境。其數亦鉅。計由蘭而綏而餘慶而拜泉而海倫。共計三百四十餘里路線頗直擬修築一輕便鐵路卽名曰蘭海鐵路決用官商合股辦法共募集一萬股每股銀一百兩共銀一百萬兩以爲基礎昨已繕摺入奏矣

鴨綠江架橋條約內容　鴨綠江脩橋一事中日兩國互訂草約聞其內容(一)安東稅關得向安奉鐵路檢查稅品(二)中日兩國木筏船隻碰破橋梁筏主船主不認賠償(三)從江水中流畫分在西岸一半之橋梁待十五年後安奉路約期滿中國可一併買收其建築費若干屆時由中國派員估計(四)依各國通例國境汽車接觸之辦法由中國主張將來至滿韓鐵路連絡業務協定之際再行商議云云

荒學律頒布有期　學部唐尚書自受事以來頗欲振興德育現擬實行修訂荒學專律聞其草案中最注重之點爲職員教員之耽誤功課與學生之藉端罷學兩事端節後由部核定即行奏請交法律大臣詳核期於年內實行

全國學務入欵　學部日前具奏第一次教育統計表册其中各省學務歲入表共分八類計

產業租入　一、〇五八、二九二

存款利息	一、一一七、一〇五
官款撥給	一七、一〇五
公款提充	二、一五九、七五一
學生納費	一、三四四、一六六
派捐	一、二二五、三七九
樂捐	一、三六九、五一六
雜款收入	四九〇、五三六
統計總額	一五、二九二、八六〇

學部注重各省初等小學　學部以九年籌備淸單。第九年全國人民。識字義者。應有二十分之一。計自上年奉旨。以後距今已及一年。究竟一省之中。初等小學增設者若干。簡易小學增設者若干。私塾改良者若干。課程是否照章。管理是否合法。特行文各省督撫。轉飭提學司。專案報部。以憑考核。並令嗣後定爲每學期報告一次。學堂之增減。學生之贏絀。定爲比較。即以此地方官之考成。其有辦理核實。學堂學生陸續增

多者。專案奏奬。如有因循欺飾。不遵章程。亦即遵照上年　諭旨。嚴行參處云。

老臣卓見　東三省總督錫良奏呈時政得失。極論要政不可專付親貴。且不宜屢派出洋。既糜費。又損威重。

畿輔接辦公債　直督陳夔龍。以近日要政繁興。百端待理。如籌議軍鎭。改良辦法。設立各路初級師範學堂。暨籌辦省城及商埠各級審判廳。無不需用巨欵。因奏請於宣統三年接辦公債票一次。募銀三百二十萬兩。自宣統四年起。仍按六年分還。奏上奉　旨已照所請矣。

湘亂餘聞　長沙亂後。莊藩即飭各將弁。赴城厢內外。分段查緝。遇有搶刼者。拿獲即行正法。計先後死者十餘人。兩縣令又出硃票。分飭差役。四出搜捕。拿獲又百餘人。即提至長沙府兵備處兩處嚴刑鞫訊。聞其中有仇扳者。有誣陷者。有受刑不堪自誣服者。又有被人誤認而定罪者。極刑熬審。慘酷萬狀。楊文鼎視事後。頗能以風厲稱。聞已舉劾紳士數十人。其尤者。則龍紳建章。發起平糶提撥團練。朱紳昌琳捐助巨貲。擔任採辦。二人皆蒙奏保。所奏劾則以王葉孔三紳爲最劣。王因其擅電政府。葉則囤穀居奇。首先漲價。而孔紳憲敎左袒亂民。尤爲湘人所痛恨也。

蒙匪猖獗 蒙古馬賊。於西四月杪。在長春五十里外。與官軍開戰。有日本新聞探訪員。改裝爲蒙古人。從軍觀戰。據其報告云。賊首名史魯義。大頭目十一人。全隊五百人。官軍既至。亦未力戰。遽交綏而退。至伯都訥附近。復與其他防軍交戰。互有死傷。而官軍大隊已至。現正追剿。聞賊中尚有女頭目數名云。

俄人又覬覦蒙藩 駐京俄使。現奉其政府之命。向外部聲稱。黑龍江及蒙古一帶。近來鬍匪猖獗。搶掠之事。層見疊出。華兵力難防禦。應由俄國特派兵隊自行搜捕。以資保衛。否則將來俄國商民。如再有損失。須由中國擔認賠償云云。現政府尚無以答付也。

重勘呼倫貝爾邊界 呼倫貝爾沿邊國界。年久混淆。界碑鄂博。多被俄人移改。或竟盜去。屢生交涉。前經黑龍江巡撫繪具圖說。咨請外務部核辦。部覆謂已與駐京俄使商准。由部派員。並由江省派員會勘。照約查明水陸兩路。重立界碑。以垂久遠。黑撫刻委呼倫道及杜令蔭田。會同俄員等查勘。政府復通電各處邊防大臣。謂沿邊卡倫鄂博。時有損失遷移。疆土因之日蹙。後患何堪設想。嗣後應每年分四期。按三個月週巡一次。如有損失遷移之事。立即修補遷還。以重土地所有權。

世界紀事

英國財政法案通過　英國財政法案。以對二百廿一票之三百二十四票。通過下院之第三宣讀會。上院之第一宣讀會。亦已通過。

英國飛行家之成功　英國飛行家波爾亨。以四時間。自倫敦飛至雲打士遮市。

英國上院否認權法案　英國上院否認權法案。現已提出於議會。其提出之理由。則謂以民選議員而組織第二院。將向以世襲貴族爲基礎之上院。遽行改造。未易實行。故先限制上院所有之權力。最爲得策云。

英國海軍之充實　英國政府以本國領海之海軍力。已十分增加。擬即於地中海及極東。各派遣戰鬭艦二艘。

英皇被謗　英國之時代評論雜誌。本月著一論說。痛詆英皇。謂上院否決昨年下院經已通過之豫算案。英皇不能阻止。大令國民失望。又其左右之人。只爲游觀伴侶。皆非明達之政治家。且皇帝意志薄弱。甚缺決斷力。於內國之政務。直無何等之興味。故

世界紀事　二

今日英國皇帝之適當與否。誠可爲一大問題。以供研究云。

英皇崩逝　英皇愛德華七世罹氣管病。以西歷五月六號崩逝。其金棺定以十七號移至密斯脫大廳。星期二三四等日開吊。以二十五號奉安於雲德賽爾陵寢。

德國海軍費增加　德國本年度之海軍豫算。總額二千二百二十萬三千九百八十四鎊。比前年度之二千二萬三千五百六十鎊。實增二百二十三萬四百鎊。

德員乘坐飛船抵奧　德國齊泊林伯爵駕乘飛船。駛抵維也納。

法國總選舉。　法國下院議員總選舉。以西歷四月二十六日比較的靜穩無事。克蕆厥事。其選出之議員。共和黨四十九人。急進黨百三十人。獨立黨十一。聯合社會黨三十。進步黨三十五。國民黨十三。保守黨及自由黨十八人。總理大臣勃利安以八千票之大多數。得被再選。

飛行機會議　萬國飛行機會議。定於巴黎開會。

俄德外相會談　俄國外相伊士威士歸國途次。道經柏林。特與德國外相腓雍氏。爲長時間之會談。

俄國名將逝世 俄國名將西密洛夫前於對馬島一戰受傷。今因傷發逝世。該將著有日俄戰紀三冊。已風行於世云。

俄亞銀行新成立 現俄清銀行與北清銀行相合。易其名爲俄亞銀行。其資本共計三千五百萬圓。

意國內閣之信任 意大利國議會。以滿場一致。對政府投信任之票。

美國共和黨內訌 美國共和黨中之叛黨者。對政府之行政方針。又大肆攻擊。因此之故。上院於總統塔虎脫之重要法案中。關於各州鐵道監督者。削除數欵。

塔虎脫之滿洲觀 美國總統塔虎脫在必珠卜演說。甚贊成首相諾相克斯之對華政策。仍望滿洲中立之提議。將來可作遠東太平之保障。又云彼極贊成以滿洲爲中立地。勿爲他國兵力所轄治。幷願見滿洲由各國擔保。開放門戶。使各國均霑利益。則滿洲亦可永遠爲太平之境云。

中美之大地震 西歷五月七號之夕。中美之卡他哥市地震甚劇。屋宇傾塌無數。死者約千餘人。

土國之紛擾　土耳其國之亞巴尼地方。叛亂又起。土政府派步兵大隊五十二箇。砲兵中隊十六箇。從事鎮撫。叛徒出而抵抗。破壞電線。且占領鐵道線路。勢甚洶湧。土政府即增派援兵四萬。旋於查哥巴兩軍激戰。土軍一大隊。方事進軍。忽遇敵軍之伏兵遂被擊退。

日本之陸軍檢閱　日本本年度之陸軍特命檢閱。既派出子爵西寬二郎。伯爵奧保鞏。子爵長谷川好道。子爵大島久直為檢閱使。以上數人。皆陸軍大將。頃定西歷五月中旬。開始檢閱。第一班則閱第八（弘前）第十四（宇都宮）兩師團。第二班則閱第十五（豐橋）第十六（西京）兩師團。第三班則閱第四（大阪）第十八（久留米）兩師團。第四班則閱第十（姬路）第十七（岡山）兩師團。

日本之外國貿易　日本之外國貿易。自西歷正月至三月。其輸出額。計九千九百六十三萬八百二十九圓。輸入額一億千六百十一萬四百六十六萬圓。輸出入合計。共二億千五百七十四萬千二百九十五圓。

叢錄

歲晚讀書錄

滄江

所令與所好

大學曰堯舜率天下以仁而民從之桀紂率天下以暴而民從之其所令反其所好而民弗從可謂至言今之政府皆所令反其所好者也蓋今所謂立憲所謂行政改革乃至所謂一切新政類無一非政府官吏所深惡痛絕而顧乃以此令於僚屬以此令於人民受令者早有以窺其隱矣故從令者不得賞不從令者不得罰不寧惟是不從令者反得賞從令者反得罰往往而見也以此而欲天下之從之安可得耶夫堯舜率天下以仁固善矣卽桀紂率天下以暴然猶懸一宗旨以爲率而欲糾正之者猶有其的反動力之起猶有因緣也若所令反其所好則欲獻可而所可者不待人獻欲替否而所否者不勝其替則末如之何也已矣魯子家子曰嗚呼吾其爲無望也夫

好修

楚辭曰。何昔日之芳草兮。今直為此蕭艾也。豈其有他故兮。莫好修之害也。吾比年來所見人士夙相期許者往往不及數稔便爾墮落其墮落之形態亦有兩途宦達於時沈溺於聲色貨利以此為天下之至樂而棄所學所志若敝屣者一也潦倒不得志則嗒然自喪奄奄無復生人氣若已僵之蠶旦夕待死者二也推原其故豈由性惡亦曰所以自養者無其具耳凡人於肉體之外必更求精神上之愉快乃可以為養此即屈子好修之說也好修之道有二一曰修德二曰修學修德者從宗敎道德上確有所體驗而自得之於己則浩然之氣終身不衰自能不淫於富貴不移於貧賤此最上也但非大豪傑之士未易臻此造詣則亦當修學以求自養無論為舊學為新學苟吾能入其中而稍有所以自得則自然相引於彌長而吾身心別有一繫着之處立於擾擾塵勞之表則外境界不能以相奪即稍奪矣亦不至如空壁逐利者竟為敵據其本營而進退無據也其道何由亦曰好修而已矣今日中國人心風俗之敗壞實為數千年來所無此惡濁社會正如一大洪爐金銀銅鐵礫石入者無不融化又如急湍旋渦入者無不陷溺吾於芳草之變蕭艾者惟有憐之耳豈忍責之且即吾身之能免融化能免陷溺否尚不敢自保又安能責人惟吾輩正以處此社會之故其危險之象不可思議愈不得不刻刻猛省而求所以自衛自衛之道舍好修無他術矣夫吾輩一二人之融化陷溺似不足深惜而不知國家之命實托於吾輩少數人之手弱一個則國家之元氣斲喪一分而此所斲喪者皆其不可復者也嗟嗟吾黨如之何勿懼屈子又曰固時俗之從流兮又孰能無變化又曰人生各有所樂兮吾獨好修以爲常

怨天者無志

荀子榮辱篇云自知者不怨人知命者不怨天怨人者窮怨天者無志失之己反之人豈不迂乎哉嗚呼君子讀此可以審所自處矣人之窮也國之悴也未有不由自己業力所得者也欲挽救之惟努力以造善業耳荀子於怨天者不責以他而直謂之無志可謂鞭辟近裏矣或曰既云知命者不怨天又云怨天者無志夫命固一定而不易者也雖有志其奈之何此二義得無矛盾應之曰不然天亦何能盡人而一一爲之定命命也者各人以前此業力所自造成者也既已造成則應業受報絲毫無所逃避無所假借謂之有定斯誠然矣謂之不易則不可也何也造之惟我易之亦惟我也故孟子

亦曰。修身以俟之。所以立命也。明乎。立。命。之。義。則荀。子。之。所。謂。志。者。可。識。矣。

欲惡取舍

荀子不苟篇云。欲惡。取。舍。之。權。見其。可。欲。也。則必。前。後。慮。其。可。惡。也。者。見其。可。利。也。則必。前。後。慮。其。可。害。也。者。而兼。權。之。孰。計。之。然。後。定。其。欲。惡。取。舍。如是。則。常。不。失。陷。矣。今人之所以求富貴利達者。惟見可欲可利。而不知其後有可惡可害者存。是得爲智者矣乎。

春冰室野乘

春冰

李蓮英女弟之指婚

李監蓮英有一妹國色也辛卯壬辰間年甫逾笄尚未適人李數縱其美於　孝欽遂召入內侍起居李妹故慧黠善伺人意　孝欽寵之甚呼為大姑娘每日上食時惟李妹及繆素筠女士侍　后左右同案而食　皇后及諸妃嬪皆立伺於旁一日　某福晉入宮候起居福晉于　孝欽為姊妹入宮相見未嘗賜坐是日請安畢忽賜坐福晉驚悚逡巡不敢即坐　孝欽微哂曰吾所以賜坐者豈為爾乎爾不坐大姑娘不敢坐彼漢裝纖足那能耐久立乎福晉憤甚而不敢言歸即發病蓮英之進其妹本欲效李延年故事而不悟　上非漁色之主所圖竟不遂蓮英之惎　上此亦其一原因也內務府司員某者年少貌美適喪妻　孝欽遂為李妹指婚焉武進屠敬山水部寄結一廬詩集中有宮詞二首其一云纔隨阿監入深宮與別宮人總不同太母上頭宣賜坐不教侍立繡屏風又某君小游仙詞中一首云漢宮誰似李延年阿妹新承雨露偏至竟漢皇非重色不將金屋貯嬋娟即詠此事也

女子絶技

閨秀能詩詞書畫者多。而以他美術顯者絶少。國初梁千秋之侍兒韓約素字鈿閣者。善鐫印章。周櫟園載之印人傳中。有以數寸大石章求鐫者。約素輒顰蹙曰。欲儂斲山骨耶。康熙中。吳門顧二娘。以製硯著稱。此則眞可謂斲山骨者矣。聞顧生平所製硯不及百方。非端溪老坑佳石。不肯奏刀。傳其以鞋尖點石。卽能辨別瑕瑜。亦奇技也。乾隆末。杭州何春巢（承燕）得一研於金陵市上。背鐫劉慈一絶云。一寸千將切紫泥。專諸門巷日初西。如何軋軋鳴機手。割徧端州十里溪。跋曰。吳門顧二娘爲製斯硯。贈之以詩。顧家於專諸故里。故云。時康熙戊戌秋日。詩絶超逸。慈不知何人也。何工倚聲。因賦一剪梅。鐫其旁云。玉指金蓮爲底忙。昔贈劉郎。今遇何郎。墨花猶帶粉花香。自製蘭房。佐我文房。　片石摩挲古色蒼。顧也茫茫。劉也茫茫。何時携取過吳閶。喚起情郎。吊爾秋娘。此條見袁隨園詩話。喜其韻絶。攟以實吾書。戊戌爲康熙七年。距今纔二百三十年耳。然問諸吳人。已無能舉其姓字者矣。（詞絶俗適遜劉詩矣）

詩鐘彙錄

詩鐘之作。近世極盛。有籠紗嵌珠兩格。籠紗者。取絕不相干之兩事。以上下句分詠之者也。嵌珠者。任取兩字平仄各一。分嵌於第幾字者也。籠紗易穩而難工。嵌珠難穩而易工。近時多尚嵌珠。鄙意頗不喜之。都中相傳有分詠楊貴妃及煤者云。秋宵牛女長生殿。故國君王萬歲山。超脫悲渾。當爲極格。朱彊村侍郎詠山谷蠹魚云。詩派縱橫不羈馬。書叢生死可憐蟲。李西漚詠寶劍崔雙文云。萬里河山歸赤帝。一生名節誤紅娘。或詠魁星及承塵云。常將綵筆千牛斗。不見空梁落燕泥。有人仍用上題而魁星手中不持筆、而持元寶者。云、文章自古須錢買。臺閣於今半紙糊。史記白糖云。傳世文章無礙腐。媚人口舌只須甜。數聯皆極超雋。

此體閩人最工。魁星承塵兩聯。皆閩人也。鄭太夷嘗言。福州某社。出女花兩字用嵌珠格。因字面太寬。限集唐詩。其前列三人皆極工。一云。青女素娥俱耐冷。名花傾國兩相歡。一云。商女不知亡國恨。落花猶似墜樓人。一云。神女生涯原是夢。落花時節又逢君。此所謂文章天成。妙手偶得者耶。有人欲撰聯嵌雪珠兩字。倩太夷爲捉刀者。太夷應聲曰。雪膚花貌參差是。珠箔銀屛迤邐開。二語皆在長恨歌。尤極自然。鄙人嘗有詠老將及避債云。三邊獨立頻看劍。一代屠王尚有臺。又烏江及革命黨云。渡此吏將何面目。誤人無限好頭顱。自謂頗能渾脫。

文牘謬誤

光緒年相傳有兩事。絕可笑。某生者。夙以善書名。為義州李子和制府鶴年司摺奏。十餘年。義州後緣案革職。某生轉入合肥李筱泉制府瀚章幕中。時合肥方督兩湖。一日奏事至京。上發視之。則湖廣總督其官。而李鶴年其名也。合肥因此大被申斥。並交部議處。不知當時幕中人。何以都漫不省視耶。一為魏午莊制府光燾官平慶涇固道時。駐軍固原。部下有逃卒數人。大索不可得。乃通札各府及直隸州。飭所屬嚴緝。此本照例文牘。向無人措意。吏胥不通掌故。以奉天府襍入各府中。徑行札飭。且呼其官曰奉天府知府。是時官留尹者。為松侍郎林。得札大恚。即行文往詢其故。魏乃大窘。浼某貴人為之緩頰。餽松萬金。自稱門生。事乃已。次年。松復致書魏。託購玄狐猞猁孫等珍裘數十襲。為價又以萬金計。時人稱此札直二萬金云。然自官制改革以來。奉天尹竟改為知府矣。

劉博泉侍郎之直言

吳檣劉博泉侍郎恩溥。光緒初官御史。以敢言稱。與鄧鐵香鴻臚齊名。然其奏疏中。頗好爲滑稽之辭。詞意抑揚。若嘲若諷。與鴻臚之樸實無華者迥異。其參奉天將軍府尹一疏有云。將軍崇綺。除不貪賄外。別無所長。府尹松林。除貪賄外。亦別無所長云云。宗室某甲設賭局于皇城內。有旅人某乙者。亦世家子。以飲博傾其家。貧無立錐。一日博偶羸。往索博進。竟被毆死。其屍暴露城隅者二十餘日。無人爲收歛。官亦畏某甲勢。不敢過問。侍郎乃上疏言其事。略謂某甲託體天家。勢焰熏灼。某乙何人。而敢貿然往犯威重。攖毆致死。固由自取。某甲以天潢貴冑。區區殺一平人。理勢應爾。臣亦不敢干預。唯念聖朝怙冒之仁。草木鳥獸。咸沾恩澤。而某乙尸骸暴露。日飽烏鳶。揆以先王澤及枯骨之義。似非盛世所宜。合無飭下地方官檢視掩埋。似亦仁政之一端也云云。此疏詞氣憤懣。尤乖奏對之體。蓋其時豐潤學士已以僨軍失勢。侍郎知朝局不久必變。恐被波及。欲先藉徵罪。以行與嘉慶時吳省蘭之保王曇。工掌心雷同一用意耳。然疏上。竟未蒙譴責。原摺且發鈔。豐潤敗後。侍郎亦竟無恙。自此遂緘口結舌。等於仗馬矣。庚子秋。侍郎且躬爲統領義和團大臣云。

叢錄

陳子莊明府之外交

同治丁卯九月。海昌陳子莊明府其元令南匯。時有英商以夾板船載煤運滬。駛大洋中。膠于沙。沈其舟。煤皆散浮海面。海濱居民。紛紛往撈取藏諸家。固不知有洋船也。但識為洋煤而已。未幾。一英人。偕通事。來縣。言船為南匯民所焚。煤盡被掠。索償五萬金。陳以其語狂誕。拒之去。徐思洋人。必不肯遽已。不先查還其煤。必且肇衅。一經聞諸總署。則所傷實多。是不賠而賠矣。且庸知總署不飭令賠償者。乃親自赴鄉查勘沿海地袤延百餘里。一時不及周悉。而英領事已照會滬道。委員暨英繙譯官偕洋商來矣。且海面時有兵艦往來鳴砲。南匯民大震。陳力與爭曰。吾民果掠爾船。自應治罪。今爾船自閣淺沈沒。百姓祇撈取水面之煤。何罪之有。藉曰。百姓不應取爾之煤。而乞我代為查還。我體兩國交好之誼。自當竭力查辦。爾所失者煤。並非失銀。安得賠銀。今言賠銀。是訛詐也。訛詐安有交情。我官可去。銀不可得。委員亦以大義責之。英商始氣沮。陳因與約。煤船既擱沈。必不能復得。全數將來查得若干。即以若干還之。英商亦首肯。陳次日即赴鄉。召集各村之民。老幼男女來者數萬人。先以此案始末告之。又以拚一官保

六

衛百姓之意。反復申喻數千言。鄉民皆感激泣下。曰。實不知有此許多道理。幾累我公。於是均願以所撈者送還之。數日間。繳煤十八萬斤。事遂已。

同時又有美船交涉一事。美商運貨來滬。遭風滯於沙。不能動。乃至滬雇民船爲轉運。適有漁舟數艘在海捕魚。即雇之往。言定每人日給銀兩圓。往返十餘日。始竣事。迨向索工資。則蠭縛其十六人送滬道。謂係海賊搶刧者。道發上海縣研訊。俱不承。十六人者中有南匯人七。因請發南匯。陳詢悉其始末。且訪諸七人之鄉里。莫不言其寃。乃具稟昭雪。美領事執不肯。則復提滬訊。仍不承。則再移還南匯。而七人中已死其一矣。陳知滬道不足與言也。則直陳其事本末。徑稟蘇撫。時撫蘇使者爲豐順丁雨生中丞。得稟。震怒。亟下札嚴斥滬道。命立釋此十五人。滬道始悚息受命。而美領事亦不復過問矣。蓋洋商不過圖賴工貲。初不靳地方官之辦案。有司爲積威所刧。不敢不格外討好耳。此兩事恨不令今之爲吏者知之。

某太史遺事二則

某相國者。講學家也。其兼翰林院掌院學士時。延一新留館之某太史。爲諸孫授讀。相

叢錄

國生平因深惡吸食雅片烟者太史到館數月賓主極相契相國方自喜爲諸孫得良師一日太史獨坐齋中整檢箱篋中物篋底固藏烟具方一一拂拭刮磨而生徒突自外入亟掩藏之則已無及矣諸公孫下學歸因爲相國言之相國乃頓足太息歎知人之不易且惜太史之少年自暴棄也偶退朝回步至書齋就太史談移時因及吸烟之害遂反覆痛切言之太史悚息側聽良久倏肅然起立涕泗被面曰某雖愚亦知師言必爲某而發某不肖未嘗奉教于大君子之前少時偶因疾病藥餌無靈友朋因以吸烟勸爾時不知其害貿然從之沈溺此中者十年矣今聞師言如夢初覺十年來殆不可爲人自今日起誓當痛絕之相國見其意誠轉抱不安慰之曰君既因病吸烟驟絕之恐宿疾復發但有志戒絕漸進可耳太史曰不然改過貴於勇猛向不知其爲害相與安之今既知其非義則斯須不可淹留朝聞道夕死之謂何即使觸發宿疾遂致不救不猶愈於爲吸烟之人以終乎乃即相國前啓篋盡取其烟具出毀而棄之相國大歎異所以慰藉之良厚太史自此日危坐齋中不出跬步者兩月餘相國諗知之乃益服其進德之猛改過之速爲生平所未見留館授職未十年遽保列京察一等擢守雄

邵。實則太史生平並不吸烟也。

太史一日偕同官詣院接見。掌院學士每月三次詣院。至則召諸翰林來署。坐談數刻。每班十人。謂之接見。侍讀以下至編檢皆與焉。庶子以上則否。蓋翰苑職事清簡。自清秘堂辦事諸員外。罕有得見掌院者。故爲此制。使堂屬得常相見。藉以察其人之賢否也。相國從容問曰君比讀何書太史答曰數日以來未嘗讀書。適購得菊花數十盆。羅列廳事中。終日靜坐其間爲養心之一助而已。相國乃咨嗟太息曰數日未與君相晤。語所見。又進一步矣。但君必觀花始能養心。若老夫則空所依傍。雖目中未接一物。而此心常覺活潑潑地。似當較勝君矣。太史槩然改容應曰吾師造詣已至顏子心齋坐忘境界。豈門生之所敢望。門生不過略有周茂叔綠滿窗前草不除之意耳。始兩人問答時。旁坐九人已不禁失笑。恐失儀。皆竭力抑制。之至此不復能忍。竟哄堂大笑。遂匆匆而散。

林文忠公遺詩

林文忠詩不多作而勁氣直達。音節高朗。最近有明七子。相傳公戍新疆時。有出嘉峪關四律云。雄關百尺界天西。萬里征人駐馬蹄。飛閣遙連秦樹直。繚垣斜壓隴雲低。天山巉削摩肩立。瀚海蒼茫入望迷。誰道殽函千古險。回看祇是一丸泥。東西尉候往來

叢錄

通博望星槎笑鑿空。塞下傳笳歌敕勒。樓頭倚劍接空同。長城飲馬寒宵月。古戍盤雕大漠風。除是盧龍山海險。東南誰比此關雄。敦煌舊戍委荒烟。今日陽關古酒泉。不比鴻灉分漢地。全收雁磧入堯天。威宣貳負陳尸後。疆拓匈奴斷臂前。西域若非神武定。如何此地罷防邊。一騎纔過卽閉關。中原回首淚痕潸。棄繻人去誰能識。投筆功成老亦還。奪得焉支顏色冷。唱殘楊柳鬢毛斑。我來別有征途感。不爲衰齡盼賜環。

林鄧唱和詩詞　三則

文忠不以文學名。而餘事倚聲。亦入南宋之室。其月華淸和鄧嶰筠尙書沙角眺月韻云。穴底龍眠。沙頭漚靜。鏡匳開出雲際。萬里晴同。獨喜素娥來此。認前身金粟飄香。拚今夕羽衣扶醉。無事更憑闌。想望誰家天際。　憶逐承明隊裏。正燭撤玉堂。月明珠市。鞅掌星馳。爭比輭塵風細。問烟樓撞破何時。怪燈影照他無睡。宵霽。念高寒玉宇在長安里。喝火令和嶰筠云。院靜風簾卷。篁疏月影捎。閒拈新拍按瓊簫。惹得隔墻眠柳齊嫋小蠻腰。　自闢淸涼界。斜通宛轉橋。家山休悵秣陵遙。翦取吳紈。寫取舊烟梢。喚取幽禽入畫。相對舞翾翾。風情如許。亦復何減歐范。

十

嶰筠尚書諱廷楨。江甯人。文忠由江督使粵。治鴉片案。尚書實爲粵督。兩公志同道合。誓滌沈災。權貴忌文忠。因並及尚書。兩公先後戍邊。而粵事遂不可爲矣。尚書督粵時。有高陽臺一首。即咏文忠焚鴉片事也。詞云。鴉度冥冥。花飛片片。春城何處輕烟。膏膩銅盤。枉猜繡榻閒眠。九微夜爇星星火。誤瑤窻多少華年。更那堪。一道銀潢。長貸天錢。

星查恰到牽牛渚。歎十三樓上。暝色淒然。望斷紅墻。青鸞消息誰邊。珊瑚細結千絲密。乍收來萬斛珠圓。指滄波。細雨歸帆。明月空舷。己亥歲除。文忠留鎭兩粵。而尚書移督兩江。持節鄉里。人尤榮之。二公以庚子元旦受代。其臨行時。留別文忠。有換巢鸞鳳一首云。梅嶺烟脊。正南枝意懶。北莚香饒。甚因催燕蹴。底事趁鴻遙。頭番消息恰春朝。蓼汀杏梁。青雲換巢。離亭柳。漫綰線。繫人蘭櫂。　思悄。波渺渺。簫鼓月明。何處長安道。洗手諳姑。畫眉詢壻。三日情懷。應惱新婦。無端置車帷。故山還許尋芳草。珠瀛淸者襟期兩地都曉。此兩則皆可入詞林紀事中。尚書在新疆時。有百字令一首祭東坡生日云。九疑雲黯。更匆匆去跨南飛孤鶴。天上瓊樓寒自好。偏向瓊田飄泊。磨蝎身宮。飛鴻爪跡。生氣還如昨。海山兜率。舊遊應許尋著。　儂亦珠嶠餘生。乘風縹緲。來聽龜茲樂

叢錄　十二

一種天涯萍與絮腰笛而今零落北府兵銷西州路遠歸夢時時錯華年知幾翠尊聊爲公酌宋于廷序尚書詞集謂其通籍以至持節居處飲食無改寒素惟於音律殆由夙授分刌節度有顧曲風於古人之詞靡不博綜所自製則雍容和雅纖屑之音遯濫之響無從犯其筆端所存無多所託甚遠非過譽也文忠少尚書十歲嘗言尚書年已七十而細書精妙猶不肯用靉靆足見先輩養氣之厚

尚書賜環先文忠一年文忠以詩送之曰得脫穹廬似脫圍一鞭先著喜公歸白頭到此同休戚青史憑誰定是非漫道識途仍驥伏都從遵渚羨鴻飛天山古雪成秋水替浣勞臣短後衣回首滄溟共淚痕雷霆雨露總君恩魂招精衛曾忘死病起維摩幸告存歧路又歧空有感客中送客轉無言玉堂應是回翔地不僅生還入玉門（尚書由謫籍賞編脩還朝故云）尚書亦有和詩云秋净天山正合圍忽傳寬大許東歸餘生幸保精魂在往日沈思事業非遇雨霾疑知並釋摶風獨翼讓先飛河梁自古傷心地無那分攜淚滿衣事如春夢本無痕絕塞生還獨戴恩未必茝蘭香共擘要留薑桂性常存百年多難思招隱半壁殷憂致放言此去刀鐶聽續唱遲公歸騎向青門

文苑

哀考籃文

抱碧

焉逢敦牂之四月。被放出都。余以考籃屬同寓尹生揖之曰。此舉人來年進取物也。既而中東事興。未得計偕。又三年。戊戌正科。母服未除。例不與試。時尹生久以高第館職。典試于外。馳軺徙宅。輒忘之矣。屢詢手澤。闃無報章。會茶陵譚延闓朝試北上。因丐尋求。譚覆書曰。安有榜眼爲舉人收拾考籃者哉。余哂之而已。今歲　詔旨改明年會試于八月。　皇太后　皇上方西巡太原。謀遷鼎長安。夷狄連衡。遂闖大沽。略天津。踞北京。與我軍爲敵。九門焚燬。城郭坵墟。內府球圖之珍。列第珠貂之翫。坊肆宋元之版本。胡同島海之淫奇。無貴無賤。蕩焉罕存。嗟我考籃。竟罹斯難。昔求名而未遂。忽迷喪以逢灾。彼物輕而義重。永埋滅于燹埃。是可哀也已。

編柳木以爲篚。維青絲以爲帶。提攜公車之上。蹀躞專門之外。進。不。同。于。苞。苴。退。無。棄。

此。菅。蒯。皇設科以求賢。指承筐而式好。挾利器以干時。期大廷之詢攷。裘每敝而仍上。足或泣而可踔。其爲具也。則紙墨筆研。卷夾簾釘。油燭盌筯。飯簞水瓶。椎有狀元之號。餅有探花之名。莫不摩挲檢點。瓆屑經營。副以衞生之丸。安息之香。慮臨文而勸思。珍重裹乎巾箱。彼風鑪及雨衣。固些微之弗詳。余負書之弱年。謇呻吟于場屋。懔懷挾之明律。絫七科而始售。塊一蹶于春官。覬計偕之可復。行次趄而不前。運屯邅而自擯。人徒在。而物亡。腸雖熱。而腹冷。羌所侂之非人。遂揚灰於俄頃。望棘闈之黯黮兮。想明遠之鐘聲。撫囿毬之已塵兮。值匕鬯之震驚。余固空跡之寡效兮。獨留哀於上京。昔捴人之。丰。茸。尚綢。繆。於。故。劍。況余。身。之。濩。落。詎棄。捐。於。團。扇。眷長。途。以。結。轖。遡回。風。而。永。歎。

贈潛樓二首　曼陀

主家舊第虹消盡辛苦劉郎晚種桃問道何年生馬角論才今日有牛毛干形照水知
纔足隻手臨匡恐過勞欲倩靈氛占近局夕陽三返看吳刀
幾日東風走百靈四邊花氣霧冥冥蘇公苦覓安心法鄭氏空傳易腦經濁螘酣春多
怪夢荒雞驚夜似殘銘讀書只有匡山好南斗虛懸九疊屏

贈稻邨　前人

七年不見程孟陽垂老一官羈武昌樹外烏啼月黯黯樓前鶴去雲荒荒當時夢影渺
難覓大海愁心安可量今日相逢一尊酒斗星正在夫容旁

彈弓二首　蟄庵

春後園林日漸遲東風狂煞五陵兒頗聞小玉黃衫客最愛行郎柘彈詩斷馬故憐穿
苑路驚禽還動亞墻枝鬧來欲語簾前鵲那有情懷似舊時
語鵲飛烏稍稍春平林拋彈門腰身潛教桃葉挑鸞綬直遣韓嫣拾麝塵流水游龍徒
一鬨秃襟小袖自相親長安兒戲今浮侈頭白潛夫感慨新

文苑　四

和趙堯生胡漱唐兩侍御東華望月　瀴公

九闇深閉朔風高。絕叫天閽詫二豪。萬里爭看飛隼擊。六街同聽曙雞號。相期滋蔓鋤非種。漸見清流出怒濤。搜篋互堪量諫草。雄文知秃兎千毫。

送新建李凝壹　前人

我從楊子求端士。開口千回說汝賢。握手不知人海濁。捧心忍學世妝妍。徘徊天地終安託。決搶枋榆祇自憐。行矣關山容吏隱。歲寒高節亮能堅。

輓宋燕生徵君　君于宣統二年正月下旬病卒溫州故里　鶴柴

梅福曾偕隱。君外舅孫蕖田學士以言事罷官偕隱居講學積年　襄陽有舊廬。徵摎元晏疢。孤抱仲長書。避繳師鳴雁。清齋樂飯蔬。高蹤頓寥絕。世難勝長歔。

柳枝懷舊詞　斐庵

新水漲闌若有思。天涯烟景又垂絲。腰支爭不春來倦。身在江潭日暮時。

如水濃陰覆御牆。宮鶯啼雨過昭陽。蹇驢臣甫朝天夢。重話開元鬢有霜。

蘇堤宛轉萬條青。粧點雙峰作畫屏。帶得衣香齊渡水。酒旗風色滿西泠。

水榭攀條顧影單。丁簾燈火近闌珊。過江鶯燕今誰主。細雨秦淮一夜寒。

一角秦關歷亂流。飄零金線問鑪頭。低回玉手搴簾處。斜日行人出鳳州。鳳州有酒手柳三絕之辭

打槳隋堤趁晚潮。笛牀禪閣太無聊。滄桑留得嬋娟影。一鏡烟鬟綠未消。

拂曉湘眉翠欲顰。亂鴉啼夢雨如塵。江船夜火黃陵廟。只有寒波照舊人。

殘月消沉鴈鶩灘。卸帆重問小長干。祇緣曾繫烏篷艇。野水無情亦耐看。

淸明風景上河圖。門巷陰陰喚鷓鴣。揷向畫船煙雨裏。吳孃殘醉不勝扶。

寥落年光閉院門。飛花何處問歸根。畫屏殘雪春寒重。舞袖重翻有淚痕。

文苑 六

蝶戀花

大鶴

風雨晚來過一陣。送了淸明。有限花番信。又是傷春天氣近。陰晴半日都無定。見說好春新値閏。如夢如醒。依舊年時病。人事音書誰與問。游絲舞絮空添恨。

幾日曾城春漏洩。小檻調鶯。宛轉新柔舌。好夢不堪春後說。莫催歌淚傷今別。蘭爵罷熏山枕熱。酒醒闌干。花影和愁疊。羌管有情吹不徹。隨風淩亂江南雪。

花月一春供幾醉。染柳熏梅。費盡鉛華水。簾幙塵塵如夢裏。爲誰斷送傷心地。不信東風能換世。過半韶光。惆悵無多事。題淚花枝難遠寄。燕鶯空訴留春計。

忘。梅曰。吾之言正所以保汝也。汝未見彼作船役裝者乎。女曰。吾曾見之。惟思之未得其解。梅曰。吾已兩次見此人瞯汝。若偵探者然。吾故訶斥汝以釋彼疑。豈有砵地利士夫人之情郎。忍如此待其所歡者耶。女始恍然悟曰。噫吾師一片婆心。今始怡然冰釋矣。乃出其手嗚謝意。梅握其纖指而吻之。女遂歡慰如初。梅曰。今夕爲辣公子祖餞。汝可同餐。不妨暢談。女欣然應諾。少頃杯盤既設。肴核雜陳。請辣公子登樓入席。三人鼎足而坐。斯時衣士梯梨坐於兩美少年之間。聽其高談雄辯。樂而忘倦。幾不知今夕己身所處之境界矣。女不善飲。少飲卽已薄醉。談笑不覺忘形。愈益顯出活潑。公子謂之曰。女郎今夕若頗樂者。汝師曾向汝道歉耶。女曰。是何傷。師之責我非出眞怒。吾行且爲帕高利士之首徒。彼豈肯痛訶我哉。師乎其然否乎。梅笑曰。爲我首徒亦甚易易。吾絳帷中今無他人。其誰曰非首徒也。席既散。辣地士奇謂女曰。女郎能爲我歌一曲乎。使我得聆妙音。他日到美倫復聽時。便知汝之進步也。梅君他日吾到美倫時。能許我與女郎復相見乎。梅曰。席間固已平視無嫌。遑論他日。君此語毋乃贅乎。旋顧女曰。汝可爲公子歌一曲。吾亦欲聽汝一試新腔。此非廣衆登臺。不過酬酢消遣。可毋畏怯。女曰。吾素未嫻習奈何。一啓齒深懼貽笑方家。梅曰。諺有之。持一日素。便欲登仙。汝之此語。毋乃近是。汝既憚于先歌。吾且先歌爲汝作喤引可乎。辣鼓掌曰。更妙更妙。聆君玉音。實爲深幸。請不必高歌。但低唱可也。梅曰。吾聞謠清唱。尤勝登臺。請君聆之。便悉。遂起身行近琴旁坐下。先調音節。抗聲而歌。銜接數闋。或爲古調。或爲新曲。高山流水。各極其致。令人俗慮頓滌。萬籟俱絕。歌罷。辣公子嘖嘖稱歎。梅離坐。令女續歌。女強起應命。徐啓朱唇。低度兩曲。其聲清婉。如出谷早鶯。雖聲律未嫻。而音節可聽。辣地士奇連聲褒獎。梅亦曰。如此妙音。應得善樂者相與獎成。方不虛其長。技歌既竟。梅欲與客閒談。乃謂女曰。衣士梯梨明晨九時開始習藝。今時已不早。汝且向公子道晚安。便退去安息。女曰。吾恐不獨告退。直須言別矣。於是出其纖手。致辭握別。辣執而吻之曰。今既飫尊師盛饌。復聆女郎玉音。一闋驪歌。增人離緒。今雖暫別。後會非遙。願女郎力學。勿懈。爲師門生色。僕亦得援爲美談也。女既告辭。又向其師道晚安。乃退歸寢室。辣公子向梅言曰。僕不揣冒昧。欲有所求。令徒姿質端慧。僕一見心折。欲先下玉鏡臺。聘爲伉儷。若荷見許。感且不朽。梅甚異其言。因詰之曰。以君家世。寧患無嘉偶。何必亟亟屬意此伶女也。辣曰。吾自問無所特長。足炫於世。故欲借他人之才技。聊以自解嘲。因手指女之門扉曰。此女郎終必凌駕人上。聲名遠聞者。梅曰。公子言殊未當。拱把之桐。霤中琴瑟。遽□中郎許可。亦不過一時想像之詞。詎能必之於他日。且以公子門地才華。舉國瞻仰。乃欲下婚伶女。吾恐君之盛名。適爲其所累也。若有他求。吾無不允從者。惟此事恕無以報命。辣笑曰。君既如是固執。吾亦不敢過強。遂徵吁自燃其煙捲吸之。更閑談閱一時。乃起興辭。兩人握手言別。辣復小語曰。僕荷君更生之德。矢不敢忘。惟願君前途珍重。幸福無量。至美倫時再相見也。言訖遂行。辣去後。梅善那竊竊自壽曰。不意今日出游。竟探得如許珍貴之消息。彼爲人朴直。且感吾德。故畧無隱諱。不然此等事。詎易偵探乎。據其今日漫遊時所云。已畧知辣老將軍之爲人。且悉奧國將添調精兵六萬。來意駐防。幸尚未發。須三月杪始至。則我等在林拔地省起義。須不待春盡也。又顧女之室門言曰。奧大將之奇謀。吾已探得。而此娘子軍之虛實。則尚未知。其終爲可憐蟲耶。抑將爲共命鳥耶。尚當徐察之也。

第六回　具顧書師弟有違言　購軍械國家謀獨立

翌晨鐘鳴九點。衣士梯梨遵師命至廳事肄業。其時梅善那已端坐而待。儼如一私立學校教師也者。女趨前行禮畢。梅即命之對琴而坐。曰汝且就汝之所能。先彈一調我聽。女如命撥絃。尙未終曲。梅呼曰。止止。似此抑揚無序。豈得云善。女曰。此調乃吾曩昔在校時。師所稱許者也。梅曰若論閨中少女。偶一彈之。借以遣興。未始不佳。若欲施之於舞臺萬耳傾聽之地。則尙未可云盡其能事也。今且更聽汝歌。汝試擇最簡易最純熟之歌歌之。女如命揚聲而歌。初時心猶惶怯。繼見其師面有喜色。膽遂畧壯。連度三曲。甫竟。梅即躍起歡呼曰。美哉音乎。汝質地誠佳。吾必使汝異日爲伶人之魁傑。女曰。伶人之魁傑如何。梅曰。人生於世間。必須有卓絕過人之才志藝能。乃能建大功立大名。優伶之轉移人心。與英雄之挽回風氣。所業雖異而成功則同。其聲聞遠揚。甯有差別。得非伶人之魁傑耶。汝雖音調甚佳。而節奏未諧。抑揚疾徐之處。尙多差謬。尙須加以一番陶鎔。乃能成就。吾先從此着手敎汝。若能潛心領悟。進步何難。隨授一曲。加以詮釋指導。又命之曰。汝暇即溫習舊曲。每歌不宜過久。必須少歇再歌。毋使厭倦。一曲旣熟。乃易新曲。又歌時必須高聲。使鄰人咸共聞之。知汝正在學歌。可深信汝爲吾徒也。汝所習之意文若何。且携書本來讀與我聽。女遂將意國文法取來。梅接過令其背誦。如塾師之課徒也者。時女雖知此爲末後之試驗。過此便畢。然惟恐弗當師意。心搖搖不甯。愈多錯誤。背誦既畢。梅果嚴詰之曰。如此便可謂讀之純熟乎。女瞠目不能答。久之乃曰。妾知未甚純熟。但於旅行方寸繚亂。時何能讀書。況報紙上又謂我。語未畢。梅急曰止止。毋亂言。又故揚聲曰。吾知之矣。蓋因日來與佳公子酧酢。致令汝荒廢功課乎。女曰妾安敢。況師有嚴命在前。不許與男子交語。吾何敢酬酢廢功課乎。但因語未畢。梅又斥之曰。毋飾言强辯。意文爲舞臺第一要事。切勿疏忽。吾他日再試驗時。汝須應對如流。不然將重罰不宥。言竟自探懷出時錶視之曰。唉。爲汝上課。遲我晨餐矣。遂起身出。女獨坐廳事納悶。尋思彼因何今早性情頓變。盛氣向人。不顧人之難堪也。正在煩惱間。梅忽復入。女見梅面畧帶張徨之色。低語女曰。汝須子細。昨日途遇之人。現已在此室內。剛纔彼僞充館僕侍吾早餐。被吾暗暗識破。汝尙有何物件露破綻者。速去看來。女急回房察視一周。少頃復出曰。無有。隨探懷出綾帕一方曰。只此綾帕耳。梅曰。畀我。汝之衣篋有無標記乎。吾實放懷不下。待吾自往一看。於是走入女之臥室。四處細閱訖。復看其行篋。無甚形跡可疑。惟上有兩標記。爲前時往別處旅行所粘貼者。梅曰。速取熱湯來。將此標記字跡洗去。言畢。遂出房。女急取水至。將標記洗淨。復出廳事。梅招之近前。細語曰。綫帕吾已焚於火爐中成灰燼矣。於是手按呼人鈴。未幾。店主婦至。梅語之曰。我等明日須行。所定製各衣服。曾全製就否。店主婦曰。尚有少許未竣。儘今晚可成。吾適間聞令徒唱歌。音節靡靡可聽。令吾回憶吾昔日所豢之白鸚鵡。猶似不足比方此妙音也。梅不耐其絮聒。亟以他語止之曰。所購衣物。需鈔若干。已開單來否。店主婦曰。此何須急。俟君動身時。一同會鈔不遲。今晚還須請客否。梅曰。否。吾尚有他事。無暇請客也。店主婦遂去。梅喚女近前。謂之曰。吾今有要事出外。須晚間九時乃歸。至時當偕一律師同來。汝宜在房中靜候。不可他往。如有意外事。可即報吾知。吾今告汝以所往之地。乃探懷出一方紙牌。上書古勞利街四十七號賛士頓祝建公司英國北明咸軍裝發售代理處。梅留下此牌。便起身出門去。是日女不敢出房門一步。鎮日惟靜坐習歌。或習意語。蓋恐習之不熟。又遭訶斥也。時聞戶外人聲。亦復驚懼。迨至鐘鳴九下。始聞師歸。女始放懷。由房中步至廳上。見師已坐下。又一人坐於几傍。手執大捲文件。正在檢理。女乃前與師爲禮。隨又與來客一點首。梅善那遂謂女曰。此位便是律師。余今夕請來作證人者。汝拜吾爲師。其願書雖經汝父母簽押。但汝年已十六。非幼稺之年可比。汝自己亦宜署名。遂向律師曰。各事已備乎。律師答言已備。就此便可畫押。乃轉身向女詢問數語。且云汝名郎衣士梯梨乎。女不得已漫應之。律師乃指願書之一角曰。請署名於此。女乃依言坐下。執筆自書其假名於願書。事畢。律師辭出。女捧願書授梅。不禁淸淚汍瀾曰。今而後。此身非我有矣。梅曰然。此後汝乃吾徒。須事事服從。勿違訓言。自取罪戾。女以手挽梅之臂而哀之曰。此後仍望師垂憐。梅聞言心亦惻然。因問曰。汝此時心中悲乎。女曰吾處此困境。更假名。畫僞諾。事事徇人。苟延性命。撫今追昔。云何勿悲。梅乃溫語慰之曰。汝且安心忍耐幾時。女曰。觀君之意。殆將永遠執此以鉗制我也。梅愕然曰。吾不已語汝乎。吾以汝爲徒。蓋意在救汝。且欲與人知我此次來法實有事端。不致疑我有他故也。女曰。此願書以七年爲期。不識期滿則將若何。彼時將釋我聽我自由乎。抑仍覊勒我乎。此一問。令梅殊難置答。欲默不得。欲答未能。躊躇久之。不復能忍。不禁發怒大言曰。必覊汝。吾不曾嘗對汝云乎。將教汝成材爲羣芳之領。袖豈汝心猶以爲未足耶。吾今既執此劵。汝復奚言。倘以畀之辣公子。吾且可得不貲之金矣。女聞此言。忿極。四肢搖顫。聲急若嘶。曰天乎。吾何不幸。而等於黑奴也。君爲歐人。乃不知尊重人類。甯不自恥乎。梅曰汝言擬不於倫。吾何恥之有。汝知辣公子。爲何如人乎。家世仕宦。少年英俊而誠愨。他日遠到。正未可量。汝若嫁之。正汝之福也。甯有絲毫辱沒汝耶。汝何不思之甚。女愠曰。然則汝昨日何不允之。梅曰吾昨日却之自有深意。蓋將以汝爲奇貨。不肯輕易與人也。時梅言時。頗微露笑容。而女毫未之覺。遽哽咽不能聲。曰。噫。果不出彼傖衣婦人所料。妾何不幸若此。於是放聲痛哭。女涕泗滂沱。轉身走入房去。梅此番言語。蓋欲窺探女意。故矯情言之。聊以試女。而女則殊未會意。徒自感慨身世。悲憤交集。梅方欲尾之入房。善言慰解。忽聞門外剝啄聲甚急。梅啓門。一僕入告曰。有客來謁。梅畧一沈思。即曰請。客入。女時在房中。悲憤未已。徙倚粧臺。含淚沈思。忽聞其師與客語。聲浪送入房中。有一二語聽之甚晰。云偵騎暗布。伺我輩於境上。女初聞以爲警察之踪跡己也。大懼。急起身。緩步走至門邊。將門縫輕啓一線。從內覘望。見一人衣服古樸。似爲買賣經紀者。手拿一桿短鎗。口操英語甚明了。女

國風報第一年第十一號目錄

國風報

大清郵政局特准掛號認爲新聞紙類
日本明治四十三年二月十三日第三種郵便物認可

（每月三期逢一日發行）

年四月念一日

第十一期

定價表	項目	報資
費須先惠逢閏照加	全年三十五冊	六元五角
	上半年十七冊	三元五角
	下半年十八冊	三元五角

零售每冊	二角五分
本國郵費	每冊四分
歐美郵費	每冊七分
日本郵費	每冊一分

廣告價目表	
一面	十元
半面	六元

惠登廣告至少以半面起算如登多期面議從減

宣統二年四月念一日出版
六月初一日再版

編輯兼發行者　何國楨

發行所　上海福州路　國風報館

印刷所　上海福州路　廣智書局

分售處

北京桐梓胡同　廣智分局
廣州十八甫國事報館
廣州雙門底聖賢里　廣智分局
廣州十八甫廣生印務局
日本東京中國書林

國風報

各省代理處

直隸 保定府西大街 萃英山房
直隸 保定府 官書局
天津 府署東 原創第一家派報處
天津 浦東小關大行 公順京報局
天津 鄉祠南售報處 李茂林
天津 東馬路 羣益書局
奉天 省城交涉司對過 振泰報局
奉天 圖書館
盛京 昌圖府北大街 振泰報局
吉林 省城板子胡同 文盛報房
山東 濟南府芙蓉街 維新書局
河南 開封府城北書店街 茹古山房
河南 開封府西大街 文會山房
河南 開封府西大街 大河書局

河南 開封府西大街 教育品社
河南 開封北書店街 總派報處
河南 武陟三官廟街 永亨利
河南 彰德府 茹古山房
陝西 省城內竹笆市 公益書局
陝西 省城 萃新報社
山西 省城騶子巷 文元書局
山西 省城 書業昌記
貴州 崇學書局
雲南 城東院街沙臘巷口 天元京貨店
安徽 廬州府神州日報分館 陳福堂
漢口 黃陂街 昌明公司
安慶 府龍門口 萬卷書樓

國風報

各省代理處

▲蕪湖 徽州碼頭 科學圖書社

▲四川 成都府學道街 輪文新社

▲四川 成都 正誼書局

▲四川 成都會府東街 華洋冬報總派處

▲四川 成都南紗帽街 安定書屋

▲湖南 長沙 羣益圖書公司

▲湖南 常德府 中報館

▲南京 城夫子廟 啓新書局

▲南京 城淮情橋 莊嚴閣

▲南京 城花牌樓 崇藝書社

▲南京 城花牌樓 圖南書社

▲江西 省城洗馬池 開智書局

▲江西 廣信府文昌宮 益智官書局

▲江西 南昌萬子祠棱臺巷內 廣益派報社

▲福州 督署後 教科新書館總派報處

▲廈門 關帝廟街 新民書社

▲溫州 府前街 日新協記書莊

▲溫州 瑞安太平石街 廣明書社

▲蘇州 圓妙觀西察院巷口 瑪瑙經房

▲揚州 古旗亭街 經理各報分銷處

▲常熟 常照派報處 朱乾榮君

▲常熟 寺前街 海虞圖書館

▲常熟孚記書莊

▲星加坡南洋總滙報

▲澳洲東華報

▲金山世界日報

▲紐約中國維新報

▲香港 中環砵甸乍街 致生印字館

國風報第一年第十一號目錄

[illegible]

諭旨

四月初九日　上諭鑲黃旗滿洲都統那彥圖等會奏議覆御史玉春奏開放八旗兵丁餉銀劃一辦法一摺八旗開放兵餉弊竇叢生亟應認眞整頓以期食餉兵丁均沾實惠著各旂都統將從前積弊悉行剔除擬定劃一辦法請旨辦理所請原領一分辦公由部扣除按照六分數目發給專爲圖署辦公之處著毋庸議欽此監國攝政王鈐章軍機大臣署名

十一日　上諭督辦鹽政大臣載澤奏遵旨會商一摺朝廷愼重鹽政特派大臣督辦原令直接管理以一事權而資整頓惟因督銷緝私關涉地方故命各督撫會同辦理前據錫良等電奏鹽政章程諸多窒礙當經諭令該大臣會商各督撫詳議具奏茲據覆陳會商各節朕詳加披覽該督等擬將用人行政悉歸會辦之督撫是與從前督撫兼管鹽政無異朝廷何貴有此特舉耶且於前兩次諭旨毫未仰體至該督辦大臣受國重寄應如何力任其難認眞籌辦乃此次僅據該督等覆電前奏意存諉卸殊難委任均著傳旨申飭所有鹽務用人行政一切事宜仍著照奏定章程辦理將來如有應

行變通之處著該督辦大臣隨時體察情形奏明請旨遵行鹽務關繫重要自此次嚴切申諭後務各懍遵前兩次諭旨和衷共濟相與有成若各懷挾成見因循積習斷斷權限貽誤要政惟該大臣及各督撫等是問恐不能當此重咎也將此諭令知之欽此

監國攝政王鈐章軍機大臣署名

十二日 上諭續經報到保薦人才經派那桐等查驗詢問茲已一律召見引見完竣所有單開之前長蘆鹽運司周學熙山西河東道陳際唐均著交軍機處存記陸軍部員外郎陳宧著以四品京堂候補仍回奉天充當統制差使中書科中書馬其昶著以學部主事補用欽此 上諭本日補行引見之陸軍貴胄學堂畢業考列上等之附貢生衛獻玟補授陸軍副軍校欽此監國攝政王鈐章軍機大臣署名

十三日 上諭琦璘屢次請假久未當差著開去乾清門並委散秩大臣差使欽此

旨廂白旗護軍統領印鑰著景恩暫行佩帶欽此監國攝政王鈐章軍機大臣署名

十四日 上諭廷杰奏因病請續假一個月並請派署尚書員缺一摺廷杰著賞假一個月毋庸派署欽此 旨此次考試各省保送舉貢宗室取中二名滿洲取中十三名

蒙古取中四名漢軍取中五名直隸取中三十二名奉天取中四名山東取中二十六名山西取中十二名河南取中十六名陝西取中十一名甘肅取中七名江蘇取中二十名安徽取中十四名浙江取中二十二名江西取中二十一名湖北取中十五名湖南取中十二名四川取中十四名福建取中二十二名廣東取中十五名廣西取中十二名雲南取中十名貴州取中十一名欽此監國攝政王鈐章軍機大臣署名

十六日　上諭上年度支部奏稱幣制重要宜策萬全當即諭令會議政務處妥議旋經覆奏准予飭部設局調查茲據該部具奏釐定幣制酌擬則例繕單呈覽及籌擬舊幣辦法各摺朕詳加披覽所擬各節尚屬切實可行亟宜明白宣示中國國幣單位著即定名曰圓暫就銀爲本位以一圓爲主幣重庫平七錢二分另以五角二角五分一角三種銀幣及五分鎳幣二分一分五釐一釐四種銅幣爲輔幣圓角分釐各以十進永爲定價不得任意低昂著度支部一面責成造幣廠迅即按照所擬各項重量成色花紋鑄造新幣積有成數次第推行所有賦稅課釐必用新幣交納放款亦然並責成大清銀行會同造幣廠將新舊交換機關籌備完密一面通行各省將現鑄之大小銀

諭旨 四

銅圓一律停鑄並知照京外各衙門按照單開够合標準及改換計數名稱各條依限妥辦將來新幣發行地方所有生銀及從前鑄造各項銀銅元准其暫照市價行用由部飭大清銀行逐漸收換並酌定期限停止行用迨新幣通行以後無論官私各欵均以大清銀幣收發交易不得拒不收受亦不准强行折扣至於僞造制幣大干例禁緝拿懲治均屬地方之責著各院順天府及將軍都統大臣各省督撫督飭所屬各就所管事項遵照則例切實奉行並轉諭各該處商會宣演則例大意使人人知此次改定幣制專為便民便商剗除向來平色紛淆之弊以立清釐財政之基倘有奸商市儈藉端搖惑愚民抑揚物價即着從嚴懲治用副朝廷利用厚生之至意餘著照所議辦理將此諭令知之欽此　上諭廂紅旗漢軍都統崇勳由翰林洊躋卿貳擢授都統宣力有年克勤厥職茲聞溘逝軫惜殊深加恩着照都統例賜卹任內一切處分悉予開復應得卹典該衙門察例具奏伊子一品廕生松年着以郎中補用欽此　旨廂紅旗漢軍都統着悌存補授欽此　上諭荆州將軍着聯芳補授欽此　上諭鄒嘉來着轉補外務部左侍郎外務部右侍郎着胡惟德補授欽此監國攝政王鈐章軍機大臣署名

論說

論中國國民生計之危機

滄江

中國亡徵萬千而其病已中於膏肓且其禍已迫於眉睫者則國民生計之困窮是已蓋就國家一方面論之萬事皆有可補救而獨至舉國資本涸竭馴至演成國家破產之慘劇則無復可補救所謂四海困窮天祿永終雖有善者亦無如之何也就箇人一方面論之萬事皆可忍受而獨至飢寒迫於肌膚死期在旦夕則無復可忍受所謂鋌而走險急何能擇雖有良善未有不窮而思濫者也嗚呼今日中國之現象當之矣

士農工商國之石民我國之士向惟分利隨社會之饒瘠以卜坐食之豐嗇可勿置論至於小農小工小商前此恃手指之勤動守分安業苟非遇大災變恒足以自贍雖生事至觳然固可以優游卒歲豳風七月之氣象在鄉野間常彷彿遇之今則何如以幣制紊亂百物騰踊之故民每歲所入與前相等者今則資用效力不及其半加以人口

孳殖求業日艱故中人之家恒苦不贍食力小民豐歲猶且飢寒一遇水旱偏災則餓殍塞塗轉徙而之四方者常數萬計其稍悍者則迫而爲盜賊日戮一人猶不能止若夫通都大邑十年前號稱殷富之區者今則滿目蕭條而商號之破產日有所聞金融緊迫無地不然自上至下皆有儳然不可終日之勢蓋晚元晚明之現象一一皆具見於今日愁慘之氣充滿國中嗚呼凡百險狀蓋未有過此者矣

論者動曰吾國政府財政雖極竭蹶而富之藏於民者不知凡幾此舊言也謂吾國今尙藏富於地則可謂吾國今尙藏富於民則不可夫以一國四萬萬人之衆亦豈嘗無稱素封者若干戶然所謂國民生計者就全國國富之總量而校其盈朒不得以最少數人爲標準也今且語富之性質富也者以其所孳殖之財校諸其所費耗之財而常有贏餘之謂也箇人生計有然卽國民生計亦有然然則欲驗國富之消長則亦以貨財之來往於國際間者校其數量及其種數而已今請先就近三十年來通商貿易表一比較之

年次	輸入額（海關兩）	輸出額（海關兩）	輸入超過額（海關兩）	輸入超過額對於輸出百分比例
光緒八年	七九、五〇四、二四三	六九、一二五、八六一	一〇、三七八、三八二	一五
、十一年	八九、四〇六、八八二	六六、二一二、五七六	二三、一九四、三〇七	三五
、十六年	一二八、七五八、二九〇	八八、八〇九、二八九	三九、九四九、〇〇一	四五
、二十一年	一七二、八五三、一四五	一四三、二九三、二一一	二九、五五九、九三四	二〇
、二十六年	二二三、七九一、八八八	一五八、九九六、七五二	六四、七九五、一三六	四一
、三十一年	四四七、一〇〇、七九一	二二七、八八八、一九七	二一九、二一二、五九四	九六
、三十二年	四一〇、二七〇、〇八二	二三六、四五六、七三九	一七三、八一三、三四三	七三
、三十三年	四一六、四〇一、三六九	二六四、三八〇、六九七	一五二、〇二〇、六七二	五七
、三十四年	三九四、五〇五、四七八	二七六、六六〇、四〇三	一一七、八四五、〇七五	四三

據右表所列。則自光緒八年以後。每年輸入超過者。（輸入超過謂入口貨物所值除以出口貨相抵外而所餘不足之額也）約一千萬兩。十一年以後。則進爲二千餘萬兩。十六年以後則進爲四千餘萬兩。二十六年以後。進爲六千餘萬兩。三十一年。更驟進爲二萬萬餘兩。最近四五年。則來往於一萬五千萬兩之間。蓋自互市以來。六十餘年間。無一年非輸入超過。愈至近年而其勢愈甚。至如最近五六年來每年超過之額。乃過於政府之總歲入（現在政府總歲入年約一萬三千餘萬）蓋自光緒三十一年至三十四年。僅四年內。而吾財之漏卮於外者。將及六萬萬兩。溯初互

市以迄今其數之鉅更豈可思議哉而或者曰國富之來往於國際間者不能專據貿易表以爲衡蓋國際債權債務之關係其在貿易表以外者尚多也斯固然也雖然嘗考各國之歷史及現狀凡輸入超過者恒爲債權國（債權者其國民以有餘之資本借出於他國而收其息者也）如英國是也若債務國則宜輸出超過（債務國者其國民借入他國之資本而須償其本息者也）如二十年前之美國是也蓋債權國前此已將其資本貸出於外國至今應年年收還本息而所收還者不必其爲現金也而即以外國入口之貨物作抵蓋人之得金者亦不過持之以易其所需之物耳然又必須以自己之勞力作成物品然後有所持以爲易箇人生計有然即國民生計亦有然國際貿易者不外以己國人勞力所產之物品易取他國人勞力所產之物品而已而債權國之輸入超過則吸取外國人勞力所產之物品供我享用而我則不必自出其勞力所產者以與爲易也如是則雖輸入超過而不爲病彼英國自千八百五十五年以迄今日年年皆輸入超過而最近十年間每年超過之額多者約二十萬萬兩少者亦十二三萬萬兩而英人不聞以漏巵爲病者有債權足與之相抵也若債務國則宜反是前此貸金於人今則年年須償其本息而所償者亦不必以現金但以己

國人勞力所產之物品多贊致於外而所易取他國之物品不逮此額則所餘之額即以之抵銷債務如美國當四五十年前一切殖產興業之資本俱仰給歐洲負莫大之債務而亦前後五六十年間年年皆輸出超過直至最近十餘年債務消滅漸盡然後輸出入乃略均平是其例也由此觀之輸入超過惟在債權國爲宜然若夫債務國苟非輸出超過則不足以維持於不匱此生計學不易之公例也吾中國則何如國民未嘗有一銖之資本投諸海外以收其息而公私所負外債都爲十三萬萬餘兩在理宜每歲輸出超過之額六七千萬兩然後僅足以相抵今不惟無此而輸入超過者且倍之且三之自庚子迄今每年償外債本息恆四千萬乃至七千萬兩而輸入超過額恆六千萬乃至二萬萬兩兩項合計每年國民財力漏巵於外者平均二萬萬兩庚子迄今十年爲二十萬萬兩而前此已耗蝕者尚不在此數試問我國富每年所能增殖者幾何今若此夫安得不舉國以陷於窮餓也

問者曰。若此是殆我國所有之金銀。外溢以盡乎。曰。是又不然。夫國之貧富。非以其所有金銀之多寡。而積算者也。今請稽近年來我國金銀出入之數而論之。

年次	輸出（海關兩）	輸入（海關兩）
光緒十八年	一〇、六七二、五三三	二三、三九五、七七五、
二十一年	四七、二四五、七六八	一八、二〇一、八五九、
二十六年	四五、三八〇、三五七	二八、七〇五、〇六〇、
三十二年	二六、四三四、〇八一	四一、一八五、七八八
三十三年	一五、四六九、五五九	四四、一〇八、六六四
三十四年	二一、六三二、九三三	四五、四一五、五二八

蓋自光緒二十六年以前。我國金塊輸出者雖多。而銀塊輸入者。其數足以相抵。金銀合計。則出入所值大畧平均。而輸入超過之時反更多焉。（其詳表可查海關冊今不具列）惟自二十七年以後。然後金銀合計。出多於入。其最甚者爲三十三年。輸出超過二千八百六十三萬兩。餘年則在二千萬兩之間。然此不過最近數年來之現象耳。此現象之起。原因雖多。而以濫鑄銅元。爲格里森貨幣原則所支配。致驅逐金銀出境。實其最接近之一原因

也。雖然中國所病者尚不在是。蓋以校每年漏巵之總額。此則其細已甚矣。卽以光緒三十三年論之。其年貿易表之輸入超過額一萬五千二百餘萬兩。各種公債之本息。約四千萬兩。合計將及二萬萬兩。而金銀流出者二千餘萬兩。僅當其十之一耳。然則自餘之一萬六七千萬兩。果何所自出乎。豈吾民竟可以無償而得外國入口價值萬萬餘兩之物品乎。此決不然。是當求諸國際借貸總表而後能知之也。

光緒三十一年國際借貸總表

出款	海關兩
外國貿易輸入額	三一〇、四五三、四八八
正金銀輸入額	三七、〇〇一、一六五
外債及償金本息支出	四四、八一〇、四〇〇
在外本國公使館及領事館費	一、三二〇、〇〇〇
在外留學生及旅行者所費	三、〇〇〇、〇〇〇
外國人匯寄彼國之收益金	一六、〇〇〇、〇〇〇
外國公司所得水脚及保險費	六、七五〇、〇〇〇

軍器購入費	五、〇〇〇、〇〇〇
合計	四八三、七三四、九九三
入款	海關兩
本國貿易輸出額	二三六、〇二五、一六二
正金銀輸出額	三三、〇四六、五三二
鐵道及礦山建造費	二七、〇〇〇、〇〇〇
本國境界貨物輸出超過額	四、〇〇〇、〇〇〇
在本國之外國公使館及領事館費	五、〇〇〇、〇〇〇
外國兵營費	七、五〇〇、〇〇〇
外國軍艦及水兵所費	一五、〇〇〇、〇〇〇
外國商船及水手所費	二、〇〇〇、〇〇〇
外國船在本國修理費	一、〇〇〇、〇〇〇
外國教會病院學校費	六、〇〇〇、〇〇〇
外國人旅行費	六、〇〇〇、〇〇〇
海外僑民匯回本國之收益金	七三、〇〇〇、〇〇〇

合計	四二七、七五一、六九四二
出欵超過額	五五、九八三、二九九二

據右表則出欵之數。除入口之貨物金銀外。以國債利息爲最鉅。入欵之數。除出口之貨物金銀外。則以外國人投資本以承辦礦路之費及海外僑民匯回本國之收益金爲最鉅。合此兩項。恰爲一萬萬兩。約抵出欵所虧者十之六。而尙有他項與之相補是我國富是年所耗蝕於外者。實五千五百餘萬兩也。此外前後各年。雖其項目有出入。而其大較則亦類是。而右所舉兩項中。則惟海外僑民匯回本國之一項。在國民生計範圍內可稱爲眞收入耳。其外國人投資本於本國者。雖未嘗不爲國富之小補。而所增殖之富。大半爲外人所吸。推其遷流所極。必將於吾國中分出資本家與勞働者之兩階級。其資本家則爲外人。而我國人則皆勞動者也。夫事勢苟至於此。則我國生計之前途。豈堪復問矣。要之我國前此生計現象。實全賴海外僑民匯歸本國之金。以維持之。此項每年常七千餘萬兩。適足與輸入超過之額相抵。故雖有尾閭之洩。然尙可爲桑榆之收。及庚子以後。益以外債本息。年數千萬。而生產事業不能急起直追以與

之。相。補。是以。日。益。竭。蹶。也。

（未完）

時評

讀幣制調查局調查研究問題書後

明水

幣制之議。六七年於玆矣。而築室道謀。迄用無成。至去年乃於度支部內特設幣制調查局。局設且經歲。而所謂調查者亦一無可見。直至臘盡。而始有所謂幣制調查研究問題者。由局頒出分寄各督撫各駐使及各商會。吾儕想望既久。以爲是必有遠猷碩畫。批郤導窾。爲幣制前途開一大光明者。及讀原件而不禁大失望。竊歎夫以一國最高之當軸而思想識見瞀亂至此。欲吾國良幣制之出現。正未知何日也。雖然推調查局博訪周咨之本意。凡有芻蕘。諒無不樂於采納。用敢述吾黨所主張者。以效一得而於原問題之發問失當者。亦有所忠告焉。

原案所發之問。滅裂混雜。使人茫然不能察其條貫。舉其最大之缺點。則有三事。

一　既名曰幣制問題。而於幣制中最重要之事項。若貨幣系統之組織。貨幣本位

之選定等概不問及而惟論銅元之一事未免本末倒置

二 銅元爲現在幣制一大梗注重研究之原未嘗不可乃今原問十之八九皆論銅元而其中又忽挿一二條論及他事而所論又無關宏旨殊不可解

三 即其論銅元亦似忘卻銅元之爲輔幣似不解輔幣之爲何性質故所發問無一能依據學理徒亂人意

今且置前二事本件所發問其主意實在講處置銅元之法吾今且與語銅元銅元爲輔幣之一種也吾國人前此不知有所謂貨幣系統緣此而不知主幣輔幣性質之差別故前此語圜法者動曰子母相權此根本思想之謬誤也幣所以權百貨雖幣有多種亦不過設方便以豁其權百貨之用而非使之自相權藉強曰自相權也亦祇能曰母可以權子不能曰子可以權母母也者當今世學者所謂主幣也子也者則當其所謂輔幣也夫貨幣以何因緣而有主輔之分哉非好爲此參差以淆民聽也誠以物價變化無常非有較貴之品值不恒變者以爲之標準則不足以前民用此主幣所由生也雖然主幣既爲一切物價之標準則其名值（即貨幣每枚重量也）與實值（即貨幣每枚所合純量也）自不能

不相符而其量又不能不稍鉅於是日常畸零之需不便滋甚乃造輔幣焉以濟其窮然後貨幣之用得以圓美無缺故夫輔幣者初非以爲物價之表的而實專以輔佐主幣惟其然也故材質不妨稍劣而其名値亦可高於實値蓋亦以妨格里森原則之作用也（參觀本報第三號格里森貨幣原則說略）然輔幣既已材劣而値高苟使之與主幣並行毫不示別則人將爭求輔幣以爲用而匿其主幣或傾銷之以牟奇贏輔幣遂侵入主幣之範圍而驅逐之以去於是一國生計緣此擾亂矣故必嚴爲裁抑凡用輔幣者至多以若干爲限過限而猶用受者可拒而不納此行用輔幣一定之原則罔或能違者也然則輔幣也者其職在輔佐主幣以權百物而絕不許其自與主幣相權不許相權然後主輔乃各全其用矣吾國前此之當軸者唯昧於此理故將主幣與輔幣打成兩橛未定主幣而先議輔幣寖假以牟利之故不鑄主幣而專鑄輔幣因令輔幣與主幣平行絕不爲之設限制一任市場比價之自爲漲落此猶令奴婢與主人並坐起而聽旁人評騭其儀節也故近數年來銅元跌價於市場格里森原則之作用猖獗恣起將一切貴金盡驅逐於海外馴致百物飛漲民不聊生四海困窮天祿永終皆此之由今欲講處

置銅元之法則惟有先確定幣制系統系統既定則使銅元退反輔幣之本分以輔幣一定之法則嚴律之惟限若干枚以內作爲法幣過此以往可以無受夫然後法律所命銅元之名值可以常保而不至牽及他幣與之俱弊此實根本解決之法而亦唯一之補救法舍此以外更無治標法之可言者也

而論者或曰現在銅元行用不立制限其用猶較廣也然其價值之日落既已若彼今如子言則爲用愈狹而市場之需要愈寡其值之緣此驟落更安知所極而一國生計之緣此擾亂亦安知所極是將來之利未覩而現在之害先見也釋之曰各國所以維持輔幣之法價者其道有二第一法則政府詳細調查全國內所需輔幣之總數而以法律限定其鑄造之額不得逾額多鑄以免供過於求此法也拉丁同盟國（拉丁民族諸國爲貨幣同

盟其國則法備法比丹麥也及荷蘭行之第二法則民間之用雖有限而政府之收受則無限蓋一國之中果須若干輔幣始爲適應於供求之率雖有至明察者未易具知苟失其平或多發則濫而幣制緣此動搖或少發則渴而民用因以不便今用此法則凡人民納租稅於政府雖悉用輔幣吏不能拒又凡持輔幣至國家銀行或造幣局以易主幣者立與兌換不准索補水如是則市場之輔幣苟供過於求乎則人民必紛紛持以納租稅或持以向國家銀行易主幣其溢出之一部分旋歸於政府而價平矣苟求過於供耶則人民將紛紛持主幣向國家銀行或造幣局易取輔幣而前此藏在國庫之輔幣還散出於市場以彌其闕而價平矣若供求適相劑耶則人民亦何必僕僕然出入於國家銀行造幣局以互易而納租稅者亦決不樂於持彼笨重之輔幣人之情矣是故調和出於自然伸縮得以如意政府無隨時調查晝地分配之煩勞而幣制之行已圓滑而無所礙此法也英德日本諸國用之欲維持輔幣常價不能出此二法之外然第二法優於第一法世界學者既有定論拉丁同盟國之行第一法彼別有所不得已也而我國今日則第一法更無從行起何也彼法惟在舉國未有銅元方謀鑄造之時或可行之今銅元充斥國中其供過

於求己爲稍有識者所共覩即自今以往一枚不鑄且不足以挽頹流而更何調查之可言 爲今之計惟有急用第二法政府收受銅元不設制限兌換銅元不索補水使濫鑄之額逐漸歸還以俟他日之應機再布而已 或疑現在銅元之市價已不値法價十之五六今欲使政府照法價收受之則財政上之所損豈可思議損上益下其道亦甯得謂平曾不思銅元之價値非自始而低落若是也徒以政府貪彼鑄費餘利中風狂走窮日夜之力以濫鑄之而此餘利則正乃絞盡吾民點點滴滴之血汗而政府之豺狼狐狸飽而颺去者也傳曰貨悖而入者亦悖而出政府今日因銅元而感苦痛曾亦念我四萬萬人因銅元而感苦痛者已五六年於茲耶且政府今日補救銅元誠苦痛矣又曾念及數年前分爭銅元之餘利如鵷雛嚇腐鼠津津有味時否也 今政府若誠悍然忍於斷送四萬萬人之生命永沈國家於九淵夫復

何言苟不爾者則爲今日計莫急於規復銅元價格而欲規復銅元價格舍此道末由

本報前此所以論幣制頒定之遲速關繫國家之存亡而補救愈遲則政府與人民所交受之累愈甚者徒以此耳夫濫鑄輔幣濫發紙幣之覆轍在各國固有先我而蹈之者至問其所以補救之法則不外政府大忍苦痛探喉以吐出其前此已經充腸之餘利至如日本當明治十三四年間以十圓紙幣僅值實銀　圓美國當南北戰爭以後其綠背紙幣以一圓不能易實銀角而彼二國終不能不齩牙嚼舌以行兌換之制苟非爾者則二國之亡久矣夫濫鑄惡幣此無異政府放出億萬蝮蛇以螫其民非設法收捕之而民盡而國亦隨以俱盡夫收捕時不免還自被螫固也雖然又安所得避自造惡業而欲免惡果乎夫因收回銅元而財政蒙其損失猶惡果之小者耳苟欲規避此小惡果則大惡果必且隨之及乎大惡果之既來則所謂啜其泣矣何嗟及矣居今日而語幣制苟非有此種斬頭瀝血之精神終無當也

今觀局員所擬之各問題。其於輔幣在民間行用當立制限之義。似非無所知。然固已未嘗認爲不可易之原則。故其語意含糊。在欲採不欲採之間。若夫政府收受不立制限兌換不索補水之義。則似未嘗夢見者也。夫此義本天下之公言。非有甚深微妙。凡極淺近之貨幣專書。莫不論及之。今也網羅一國中所謂有新智識者以立此調查局。使並此至粗淺之義而不解耶。則更何所憑藉以爲調查。若解之而故隱而不言耶。則吾誠不知其是何肺腸也已矣。今請取其所發之問而一一答辨之。

原件凡分兩項。其第一項爲問銀輔幣之成色及流通法。此俟篇末別論之。而彼所注重者則第二項也。第二項爲問補救銅元之法。設爲甲乙兩說。而每說下復附問題若干條。今請牒原文以條答焉。

（原文）（甲）新輔幣當自成一副。全與舊日形式不同。使新大銀幣發行時。同時並出。定以限制維持之法。且國家局所官銀行等照法通用。是以新幣一出。卽收十進之益。至於原有銅元。當卽設法免其大起大落之害。復漸漸收回改鑄。

答曰。主幣輔幣。當聯絡以成一系統。以十進法行之。而輔幣之行使。立爲限制。以維持其法價此實萬國貨幣之通義絲毫無所容其疑竇更何待商量者而謂必須將前此所有銅元盡行收回改鑄則非惟不能抑亦不必所謂不能者何以現在銅元已太充斥改鑄之費損失太鉅也所謂不必者何蓋所惡乎今之銅元者非惡其式之不美觀也惡其以濫而損價耳若能節濫則價自復何取此僕僕爲也至其所謂國家局所官銀行等照法通用云者此尙當分別論之夫各國輔幣民間行使有制限而政府收受兌換則無制限而我國既行銅元乃適得其反民間行使無制限而國家稅貢等項則拒而不受此誠至可駭之事今原文所謂照法通用者其意殆謂一革現時拒而不受之惡政而通用之與民間等也夫國家所定貨幣之法價而國家收受欵項時不肯認之此復成何體制照法通用理有固然耳然所謂法者非徒以行於民間之法自律而已足也蓋民間行使輔幣勢不得不立制限而政府之收受兌換又決不可立制限苟徒有彼法而無此法則於維持幣制終無當也

此法大致本不謬但其最無謂者爲主張改鑄銅元主張改鑄不過無謂已耳而其最不通者乃在欲別鑄新銅元以與舊銅元並行而置舊銅元於幣制系統以外而別講

維持之法故其言曰原有銅元卽當設法免其大起大落之害夫銅元除爲幣外更有何用既廢之不認爲法幣則一鏽蝕之銅塊耳其價必至等於廢銅此生計學之公例也更有何法可設以免其大落若夫大起則必無之事正不勞局員鰓鰓過慮耳。

(原文)此甲法中當研究者有數大端如下(一)人皆喜用新輔幣則舊銅幣漸成滯用能設法使舊銅幣不致大跌落致擾市情否。

答曰舊銅幣必大跌落此自然之理更無法可設以止之人之喜用新幣非以其式之新也蓋如甲法則舊銅幣已失其爲貨幣之資格人亦誰肯用廢銅者。

(原文)(二)欲收舊銅幣改鑄則新銅幣形式當如何始與舊銅元不混亂。

答曰吾固不主改鑄者則此問自不必答若必曰當改鑄也則此不過技師之事耳何煩下問。

(原文)(三)銅元現已充斥若盡收改鑄則如許之新式銅幣亦果能暢行而價不跌否。

答曰若據全國現有銅元若干枚而一一照數改鑄則其價萬無不跌之理若嘗未收

回舊銅元之前而先增發若干新銅元與之並行則其跌必更速何也現在銅元之供過於求已爲萬目所共覩增鑄則供之所過愈甚而供過於求其價必落此生計學上必不可逃之公例也若欲强維持之則惟仍如今日之行使不立制限然能維持與否尚未可知藉曰能維持則格里森原則之作用必大起而新頒之各種銀幣必至朝出鑪而暮匿跡何也現在本無所謂主幣銅元殆獨立而以其本價爲百物價格之標準而現在所用銀塊不過百物中之一物旅進旅退而隨銅元之價以爲漲落故銅元之驅逐之不甚强有力也若幣制既頒以後則誠有甲說所謂新幣自成一副同時須出其不得不以法律嚴劃銅元與主幣一定之比價有固然矣今以供過於求之銅元而欲使其價不跌則惟有助格里森原則之跋扈而已故無論改鑄與否要不能如今日有許多溢額之銅元存在市場必須收回其一部分使供之量適如求之量而止而舍政府收受兌換無制限之法更無別法苟能用此法則無論新舊皆無跌價之患也

(原文)(四)改鑄費如何方可取償(五)銅元甚多度支部財力能否盡收改鑄

答曰改鑄甚無謂而徒增糜費此吾所以不取此議也

（原文）（六）現在之大小銀幣。當如何措置。

答曰。全段皆論銅元。而於此處忽橫插銀幣一條。發問可謂大奇。然此抑非有甚難處也。現在國中所有銀幣。本不多。其大銀幣更如鳳毛麟角。將來頒行新幣制之後。未知其所取主幣爲金耶爲銀耶。以吾黨所計畫。則當預定用虛金本位制。而在此數年內。仍許本位銀幣之自由鑄造。虛金本位之義參觀前號論說門幣制條議自由鑄造之義參觀前號著譯門貨幣主位制說略 則舊有之大銀幣自不能認爲有法幣之資格。視之與銀塊等。與外國貨幣等。民之欲得新本位幣者。可持以詣造幣局。爲之改鑄。其所損失原有限。即曰有損失。然幸此種舊幣本不甚多。絕不致緣此擾亂市場也。若夫小銀幣。則因市面尚多。而其名值又遠過於實值。苟驟然廢其法幣之資格。則小民虧累實甚。惟有仍舊認爲輔幣。而一遵輔幣普通之原則。政府之收受兌換。不立限制。當此種舊幣返歸國庫時。即不復再發出。而鎔解之。以其原材改鑄新者。則以漸而盡易矣。各國輔幣常有各種新舊式樣重量不等者。同時並行。於社會不爲病也。

（原文）（七）有謂舊銅幣不必盡收。蓋停鑄後又復收至數成時。其舊銅元亦分注

內地。則其值必漸漲。若至每大銀元換百枚時。可卽認舊銅元爲輔幣。究竟此說。其理當否。(原注云與(一)參觀)

答曰。全篇所問十數事。以此爲最近理矣。蓋現在沿江沿海各省之銅元。其供過於求之現象。誠爲衆目所共觀。若通全國以計之。其所溢之數。果至如今日之鉅與否。尚未敢斷言。蓋吾國有四五萬萬人之衆。而產業之發達極幼稚。腹地交易。大半用錢。故在此十年以內。每人平均分配銅元二十五枚乃至三十枚。當尚不十分冗壅。故將現在所有銅元。稍收回一部分。而善調劑之。則使之恢復法定之價格。(即原文所謂每大銅元換百枚)原非甚難。故曰此說最近理也。雖然。原文謂若至每大銀元換百枚時。可卽認舊銅元爲輔幣云云。據此則當其價値未達此限以前。則不必認爲輔幣明矣。殊不知現在銅元。如彼充斥。而吾猶謂有可以恢復法價之望者。徒以新幣制之認之爲輔幣而已。若謂待至復價始認。而價未復則不之認。則其價將永無能復之時。蓋如論者之意。當發行全副新幣時。別有一種新銅元。以爲輔幣。夫一國中所需銅元。只合此數。今既有新者。以資其用。而舊銅元屏退不得與。羣幣齒等於廢銅。則其所能保有者。廢銅之時價耳。以

時評

十四

廢銅一斤四兩（銅元百枚所含銅之重量也）而欲其時價漲至值大銀元一枚天下安有是事然則舊銅元亦終無認爲輔幣之一日耳且舊銅元當未被認爲輔幣以前不知仍許以之作爲交易媒介之用否若不許也則其與貨幣之緣從此遂絕將來更何從復續而認之若其許也則是於全副貨幣系統之外別有一物焉與之分權衡百貨之權是則非所以一之而正乃所以棼之也其不至盡取貨幣系統而破壞之焉不止矣

（原文）（八）西北省分慣用錢盤若定輔幣用有限制之法無錢盤可言則此種新幣制果能推行於西北省分而無礙否

答曰吾謂局員於貨幣之爲何物似尚未了了觀此欵而益信也夫輔幣而不定用有限制之法則豈復成爲幣制今據此欵所云云猶商榷於此欵之是否應采然則局員諸君得毋欲違此法而別杜撰一種新幣制耶彼持此說者亦嘗知有格里森原則否耶亦知貨幣果何爲而別爲主輔等若干種耶亦知輔幣成色何故而必低於主幣耶亦知輔幣成色雖低而不至驅逐主幣者果恃何術耶則皆以輔幣用有限制之法得以神其用以相維於不敝而已 **夫立法之精神一方面當順人民**

之習慣以求易行一方面又當矯正人民之習慣以達國家之目的故吾先哲之論治法謂有可以與民變革者有不可以與民變革者夫同在一國中而各處所用貨幣殊其習慣此其破壞國家之統一與妨害國民生計之發達莫甚焉頒定幣制之目的凡以齊彼不齊之習慣而矯之使歸於一耳今若徇一二省之習慣而棄擲萬國共由之公理此豈惟因噎廢食實乃削趾適屨者矣且如原文所言謂西北省分慣用錢盤恐此幣制難以推行也則試問東南沿江沿海各省慣用銀兩者其習慣之足爲新幣制梗與彼慣用錢盤者有何殊別論者得毋謂慣用銀者其對於貨幣之觀念即甚瞭亮耶不知用銀而秤衡其重量已盡沒卻貨幣之性質其作梗於新幣制之施行視慣用錢盤者爲尤甚也若懼其作梗而遷就之則將全國無一地可以施行新幣制豈直西北省分而已幣制之必須畫一施行既有其種種理由則當矯正習慣之始雖稍困難夫固不可得而避也況乎矯正之又絕非有所甚難始或相與駭怪迨一旦解其作用自相悅而不能舍去蓋前此習慣實有種種不

便民雖不便而無可如何乃姑相與安之耳而新幣制實能取前此之種種不便而去之人情必趨於所便若水就下故夫矯之乃正所以順之也謂余不信則試觀甲午以前之臺灣其貨幣習慣之惡劣視今西北省分應無差別而曷爲推行日本新幣制未嘗見有絲豪窒礙也是亦在行政機關所以導之者何如耳

(原文)(乙)銀輔幣可從新另鑄惟銅元現已通行且爲數甚大應毋庸另鑄而對付舊銅元之法大抵有二 (子)假以時日使銅元灌注內地又政府畧爲收買則其值必可提至每大銀元換百枚此時即定爲合法之輔幣 (丑)調查各處銅元價值取其折中之數(如換百二十枚)即定爲兌換之率永定爲法

答曰此說言毋庸另鑄銅元則是也至其所以對付舊銅元之法則有必當商榷者(子)法將舊銅元作爲合法輔幣每大銀元換百枚此正辦也而其言假以時日須待價值逐漸提高時始賦與以法價之資格則其蔽正與前(甲)說之第(七)欵同殊不知居今日而欲將久墜之銅元價格提高回復除立刻認爲法幣恪遵萬國所通行之輔幣原則以馭之則更無別法計不出此而云假以時日吾恐此時日之永不能至也

至原文謂政府畧爲收買。收買之力。誠可提之使高。然以收買之形式行之。則惹起投機思想。其擾害市場必甚。夫既欲以收買提高其價。則必政府所出之價視現行市價稍高然後可。則政府固已不得不吃虧而忍苦痛矣。等是吃虧忍痛。則何不仍采各國通行之法。收受不立限制。而兌換不許索水也。

若(丑)法則愚謬實甚。苟非認爲法幣。遵守萬國所通行之輔幣原則。則何從能定其兌換之率。使永遠不變。苟能强定。則必將起格里森原則之作用。驅逐銀幣矣。且使果能强定。則何不徑定爲換百枚。而偏取百二十枚奇零之數。使與十進法相牴牾耶。

(原文)此子丑二法。有與甲法當同爲研究者。即現在大銀幣當如何措置是也。

答曰。此文甚不可解。現在大銀幣有何難措置之處。即曰難措置。而其難豈因整理銅元而始起者。如論者言。苟無銅元問題。則此現在大銀幣遂不難措置乎。蓋此自屬於選擇主幣問題之範圍中。而主幣問題不定。則貨幣之全系統不可得而立。非直銅元問題而已。此次局中發問。不注重此點。此猶未樹根本而擬議枝葉。固應無往而不窒礙。而此處忽揷此一問。實屬令人錯愕。即以文章論。其蒙頭蓋面亦甚矣。要之此次問題頗如患神經病者所發囈語無倫次。此亦其一端也。

(原文)此外尤有當研究者如下。(一)銅幣所值甚微。故易行使僞造。欲僞造者無大利可圖。必定其用有限制。此外國輔助幣之法也。今用此種銅元。用無限制。已成習慣。倘再不定限制乎。則僞造當如何禁止。倘定以限制乎。則銅元之用更少。其價更賤。當如何方免更賤之害。

答曰。既知用有限制爲外國輔幣之法。應知此法。實宇宙間公共不易之大原則。決非我國所能獨違。故取舍之間。絕無可容商榷之餘地。若夫欲免銅元價值更賤。則舍政府收受無限制兌換不索水之外。實無別法。

(原文)(二)幣值以固定爲宜。今子丑二法。皆有將銅元值或提高或壓低之弊。究竟有法可以輕減其害否。

答曰。此害必當求杜絕。非可以輕減云而自足也。苟不講杜絕之法。則輕減之法必無從講起。蓋天下事未有能中立者也。若云杜絕。則舍吾黨所主張之學理外。決無別法。

(原文)(三)以現在度支部之財力與行政權觀之。究竟能將此慣於起落之銅元。

制定其值爲每大銀元換百枚或百二十枚。且保其不漲落否。試言其辦理方法與有把握之理。

答曰。此問最爲奇謬可笑。幣值漲落與行政權有何關係。但使立法時能確守不易之學理恪遵通行之原則而行政時則忠實以施行其所立之法。斯下令於流水之原矣。非俟用權力以行其壓制也。而不然者。則雖最强有力之政府又豈能用其權以左右市中物價者哉。調查局中濟濟多才。應不至於生計學之公理及貨幣之原則絕無所曉。今乃發此奇問。吾實惑之。夫國家絕不能以權力制定物價而能以權力制定量物價之器。貨幣也者。非物也。量物價之器而已。此如國家不能以權力制定百物之大小廣狹輕重而能以權力制定度量衡也。主幣必自有價值。然後能據之以量百物之價值。此猶尺必自有其所占長短之面積。然後能據之以量百物之長短也。輔幣則分析主幣幾分之幾而法律指定其等於主幣之比例定價。雖名號有種種而用之則絲豪不許殽亂。以權力制之使斠若畫一。此國家之所能爲也。如國家既定若干長短爲一尺。因命十分此尺之一必爲一寸。百分此尺之一必爲一分。而決不許人民各以已所好者爲標準或以八九寸等於法尺一尺或以尺一二寸等於法尺一尺皆法價所禁此國家權力所能爲也夫各種貨幣之比價國家所以能强制之不許變易者其理由皆在此而已然此決非强制物價之謂也物價者則爲生計學上供求相劑之理所支配雖天帝且不能强制之而況於人吾國之患在前此全國人不解貨幣之性質其所用銀兩及銅元等不以之超然於百物之上以爲量價尺而使之厠於百物之林與彼之價共旅進退夫銀也銅也既不過百物中之一物則爲物價公例所支配隨供求之率以爲漲落固其所也國家又安得而制之今幣制調查局設立於一國最高機關之內謂宜有圓滿之常識能深探本原以開民惑乃今者見銅元價値之時漲時落不自咎其量價器具之不確定無以超然於百價之上乃反疑其漲落之故由行政權薄弱所致如彼之意得毋謂行政權果能强大者則雖政府窮日夜之力以鼓鑄銅元且令民間行用無限制但使佐之以嚴刑峻法則其價値即可以惟政府所命耶吾恐雖日殺一人猶不能止也夫貨幣爲量價之尺其各種貨幣之比價本無從搖動其有搖動則皆緣政府自壞其尺而已既自壞其尺則雖有權力而終不能禁其相緣而生之

惡果苟不自壞之則惡果亦決無自發生不待用權力也是故欲保銅元價值之不漲落除吾所言收受不立限兌換不索水之外斷無他法而此法確有把握其理則前既言之矣

（原文）（四）幣值變貴當以漸（原注云西方學者多以每年不宜多於百之六七）方無大擾市情若遵此推算則子法由百三十餘枚變至百枚需四年而丑法亦約需二年此數年中下層之銅輔幣未定究有礙於新幣之推行否請言其理

答曰謂幣值變貴當以漸出於西方學者之說吾實慚固陋不識倡此學說者果為誰氏果為何國人夫甲種貨幣與乙種貨幣之比價固當永遠一定毫不許變而更何漸之可言若謂指貨幣之價與百物之價相比較耶則此純為生計學之公例所支配豈人能左右之更無所謂當與不當也噫嘻吾知之矣彼所謂變貴當以漸者殆指行虛金本位制時提高其本位銀幣之價而言也此則誠當以漸而不許驟驟則必擾市情雖然此非可據之以論輔幣也輔幣之值當隨主幣如影與形刻不可離且不許有絲豪之差別苟有差別則救正之當如救火追亡惟恐不速安有待諸四年或二年之

後者。夫將行虛金本位制之國。其先必有久已通行之銀主幣。以爲國中百物之標準。而不提高之則無以完虛金本位之用。驟提高之則病其助長。此所以有變當以漸之說也。若吾國則今日本無主幣。銀塊與銅元皆爲百貨中之一貨。而並非有一焉以爲物價一定之標準。銅元價對於銀價之變動。亦如鹽價對於米價之變動已耳。若新定幣制。立於主幣而定銅元與主幣之比價。此非可以高低論也。高低云者。對於前此之標準而有變動之謂也。前此本無標準。則何變動之可言。故謂驟提高銅元之價將擾市情。此大不通之論也。昔農工商部欲辦變形之彩票。而自託於富籤公債。謂爲各國所習行。今此文所引西方學者之說。毋乃類是。孔子曰。君子一言以爲智。一言以爲不智。言不可不愼也。敬告當局諸君。此後切當愼爾出話。於其所不知。毋甯闕如。勿謂天下人盡可欺也。

(原文)(五)丑法以百二十枚換一新大銀幣。十二枚換一新銀角。仿如英國以十二偏士換一思令之制。究竟此有礙於商業算數否。又當此改革之際。仍不得已留此非十進之法。抑當盡改爲十進之法否。

答曰。此法之礙於計算。抑何待問。世界各國現行幣制。除英國外。無不用十進法者。此天地自然之理也。英國承其前此習慣。用等差制。此自爲英國國情。何必倣之。英國凡百皆自然發達。非由人事。故萬事主於保守。淩亂無序。非他國所能倣。豈特幣制已哉。且吾昔日所用兩錢分釐。又皆以十進一位。何苦廢其所固有以從人哉。況無系統者。不能謂之爲幣制。而銅輔幣對於大小銀幣。爲十二進位。尚得謂之有系統乎。則凡今日度支部所爲亟亟調查幣制。而思定一完全之圜法者。又果何爲也哉。

以上答所問銅元問題竟。原文主要之點。略具是矣。其前文尚有論銀幣者。更附答之。

（原文）第一　現據各處調查報告。皆以行用七錢二分重之銀幣爲便。本局各員。亦表同意。又二開四開十開之小銀幣。其大小重量。亦經議定。然其成色高下。尚有持論不一者。究竟此種輔幣成色當若何。與如何維持。乃能保守十進之法。

答曰。凡論貨幣。其首當決定者。爲主位問題。一切問題。皆緣此而始有所麗。今所用主幣。爲金爲銀。原文並未聲明。要之論用金用銀。但既定元爲主幣。則祗能稱之爲一元之幣。不許復稱爲若干錢若干分之幣。此名之不可不正也。吾國人以習用生金生銀故動輒以兩錢分釐秤量貨幣不知貨幣之質雖爲金或銀而其用則迥與生金生銀有別蓋金銀之爲物當其未爲貨幣時與他百貨等供人爲交易之具而非爲交易之媒也及其既爲貨幣乃超然於百貨之上而別有其職論貨幣者不於此畫清界限則貨幣之用終莫能明且凡造幣皆於其本質外攙和少許他種金屬取其堅牢足防磨損故如謂一幣之重總計爲若干錢若干分實和所攙之物而言如其本質故無此重量也今言七錢二分者果爲純銀七錢二分耶抑總計每枚之重量爲七錢二分耶如爲純銀則所定主幣一枚之重量果爲若干如總計爲七錢二分耶則固有攙和物在不能指名値爲實値以欺人也況此爲主幣之重量苟不明定之於先則以下輔幣何從着手無惑乎小銀幣成色高下該局中亦持論不一也其次則既用十進位法何緣有四開之幣蓋十開爲一角二開爲五角以十開當主幣十之一二開當主幣十之五或更造兩角者以當十開之二則推而上之一元之十倍爲十元一元之百倍爲百元以至於億兆京垓可屈指而得也等而下之則一元之百分一爲銅元千分一爲制錢以至於釐毫絲忽亦可屈指而得也若此者不已財若列眉哉設中間忽夾以四開之

一種既非大幣之若干分又非小幣之若干倍徒增計算之勞於實用無絲毫之益果何爲也至如何乃能維持十進之法使永無變更亦在先定主幣之成色各輔幣因之以爲比例差要使主幣成色確無增損輔幣供給恰如市面需求之數則無時無地不可以十小銀幣易一主幣銅元如之而斷無仲水補水之患以壞國家所定之貨幣系統矣今所問者既未以主幣質量明白宣布而徒問人以小銀幣之成色及十進位法如何始能維持以此求益不亦難哉。

以上所答皆根據世界學者最普通之學說非敢任私臆想貨幣調查局當道諸君虛衷納善此或亦足爲土壤細流之助耶。

讀度支部奏定試辦豫算大概情形摺及册式書後

（參觀本號法令門）

滄江

編製預算。爲理財第一要義。故九年籌備案所規定。各省皆以今年試辦。於是度支部乃編訂例式。奏准頒行。綜其內容。則爲試辦預算例言二十二條。內分總則、在京各衙門預算、各省預算、編訂預算方法、附則、三項。各省試辦預算報告總册式一扣內分歲入經常門、歲入臨時門、歲出經常門、歲出臨時門、地方行政經費經常門、地方行政經費臨時門、凡六門。而每門復分若干類。每類復分若干欵。每欵復分若干項。而其比較表中則每項更分若干目焉。其形式及分類法。大率採諸日本。尙稱適當。且摺中有云。但期取法乎椎輪。非敢遽懸爲定式。如有未盡事宜。仍當體察情形。隨時修改。其敬愼之忱。與虛受之量。至可敬佩。不揣蒙陋。略舉所懷疑者數事。爲芻蕘之獻焉。

一 **地方行政費性質**

册中於歲出經常臨時兩門外。更別標地方行政費經常臨時之兩門。而於其下注云。

「凡憲政編查館奏定地方自治章程內所列各項經費。均歸自治預算範圍以內。冊列入本冊。其在地方自治章程以外者。均屬地方行政經費云云」此其語意有頗費索解者。謹按行政之種類。大別爲中央行政與地方行政。而地方行政之中。又小別爲官治行政與自治行政。此所謂地方行政費者。不知專指地方官治行政而言耶。抑兼指地方官治行政與自治行政而言耶。如專指官治行政也。則前文歲出經常門中。除第九類司法費第十類軍政費。其性質純爲中央行政外。自餘各類。雖間有小項目。宜屬中央。其餘則皆屬於地方者也。質而言之。則前表所列之歲出經常兩門。什有九皆地方行政經費而已。而兩者示別。其義安在。若謂後者所列爲專指自治行政耶。則此直可命曰自治預算。而據冊中所說明。又謂與自治預算範圍不同。何也。噫嘻。吾知之矣。憲政編查館所奏定之地方自治章程。只有城鎮鄉與府廳州縣之兩種。而省則無有。此所謂自治預算者。當指城鎮鄉與府廳州縣之自治也。**蓋據現經頒出之法令。始終未有認行省爲自治團體之明文。**故九年籌備案中亦不見有籌辦行省自治之一條。雖然。行省爲自治團體與否。其於一省之民休戚所關甚重。不可不察也。蓋苟爲自治團體。則團體所屬之人民。有自決議本團體預算之權。**非自治團體則無此權也**。吾因是更欲商畧諮議決議之問題。

二　諮議局之議決預算權

諮議局議決本省預算之權。明見於　奏定章程第二十一條。而此次所頒試辦預算冊式及例言中。**乃絕無交諮議局議決之文**。此最不可解也。朝廷既許各省公民以此權。其必不中途剝奪之甚明。此次之不提及。殆偶漏畧耳。然既許吾民以此權。則此預算冊編製之方法。與移咨之順序。皆當有變動。又不可不察也。據部擬之意。大約以地方行政經費之一部分。爲諮議局議決權所及之範圍。雖然。地方行政本有兩種。一曰屬於本地方團體固有之政務者。二曰以地方行政官而行國家之政務。國家政務所需經費。固非地方團體機關所得容喙。故渾稱曰地方行政經費。其名固已不正。而其界固已不明。夫既名之曰地方行政經費。則其不置重於諮議局之決

議固其所也吾以為政府而誠欲尊重諮議之權利使人民知自治之責任而導之以政治上之興味也則其所當商榷者蓋有數事焉

一曰宜於各省豫算冊中別畫出一部分名之曰行省自治預算今舉國朝野心目中一若除城鎮鄉府廳州縣以外更無他種之地方自治階級故此次頒定預算冊式乃至將行省一切公費全屏諸自治預算範圍以外不知行省之為自治團體久已成歷史上之習慣而諮議局章程頒布以來更傅益之以法律上之效力今雖欲不認之而其勢既有所不可矣既已默許無甯正名默許為紛議之媒正名則綜覈之資也

二曰既使行省自治預算離國家行政預算而獨立則此獨立預算之形不可以不具蓋凡預算必以歲出歲入兩部分組織而成萬國之通義也今冊式中於地方行政一門惟舉出支出之數而不舉其收入之數按諸論理能無矛盾在部臣之意豈不曰現在地方稅章程未頒布各行省無從新得特別之確定收入其自治行政大率仰國庫之補助無取別為臚列也夫據政府之意嚮始終似不欲明認行省為自

治團體則雖將來地方稅章頒布以後其許各行省以自行徵稅之權與否蓋未可知苟不許者則以行省無此權故而將來諮議局所議決一省之預算將永遠有歲出而無歲入如是尚得名曰預算矣乎既他日有之則今日曷爲而不能有夫今日各行省雖未嘗顯立本省地方稅之一名目而各種自治行政費之所出其財源大率確有所指定夫施行預算以各種項目不許互相挪用爲一最要之原則自治行政費既別列爲一部門則其費之所從出亦當別列爲一部門固其所也就令全仰補助於國庫而國庫既許以補助之定額此卽爲自治預算之經常歲入何不可編製之有吾之所以斷斷辨此者誠以人民監督財政之權必歲出歲入兩者兼施然後其效乃克舉今如部擬册式微論其所謂地方行政經費一部門並交諮議局議決之明文而無之也藉曰有之而其議決權所及者僅得半之數是亦等於無有而已此決非國家提倡自治之盛心所宜出也

三曰行省之自治預算既已獨立則當先經諮議局之議決然後報部此事理之順序也蓋國家既畫出政務之一部分責人民以自治則於其自治範圍內國家原不

强予干涉惟於其所議決有違法者或以地方之利益妨及全國之利益者則間施監督耳就中關於財政事項人民以本地方之財治本地方之事中央政府尤當聽其自爲勿稍侵軼故各國法制其對於地方議會最尊重其財政之議決權蓋有由也今部擬冊式既將所謂地方行政經費者別立爲一部門而復使之隨普通之歲入歲出同時報部吾不解其所以別立部門之意果何在若此種自治行政經費悉仰大部之裁奪耶則虛設此諮議局何爲若大部裁奪之後再交局議耶苟局員惟部命是遵則議猶不議若部臣認可之案而局員猶得否決則不徒損大部之威嚴而中央政府監督地方團體之權且隳落矣斯所謂兩敗俱傷也故吾之意以爲當編訂預算伊始宜首將地方之官治行政與自治行政畫淸種類界限其自治行政所需經費及其費所從出宜別爲自治預算與官治行政之預算不相蒙而此自治預算所最重者爲諮議局之決議議准之後循例報部部若不駁卽生効力此實養成自治精神之第一要義也

（未完）

溪北溪南飛白鷗
夕陽明處見漁舟
憑誰爲剪機中素
畫取天涯一片秋

迻譯

中國國會制度私議（續第十號）

滄江

第二章　國會之組織（承前）

第三節　右院之組織（舊稱下院）

各國右院之設。皆平等以代表全國國民。故必以人民所選舉之議員組織而成。此惟一之原則。通于萬國而無或異者也。但其選舉法亦有不能從同者。今請廣搜諸家學說比較各國法制。而示我國所當采擇焉。

第一欵　選舉權

第一項　普通選舉與制限選舉

第一目　各國制度比較

人民選舉議員之權。名曰選舉權。選舉權之廣狹。各國不同。可分爲普通選舉與制限

著譯　二

選舉之兩種普通選舉者。謂一切人民。皆有選舉權也。制限選舉者。謂以法律指定若干條件。必合于此條件。或不及于此條件。乃得有選舉權也。代議制度。濫觴英國。而英國則取制限主義者也。故後進諸國。往往效顰。雖然。社會日進步變遷。所立制限。頗難恰適于時代之要求。各國大學者大政治家。深感其弊。倡議廢之。而此說日占勢力。各國紛紛見諸實行。此普通選舉與制限選舉之利害得失問題所由日滋也。

雖然。所謂普通選舉云者。乃相對的名詞而非絕對的名詞也。無論何國。萬不能舉全國人民。當呱呱墮地之始。而即皆有選舉權。故如屬性之制限。年齡之制限等。無國無之。然學者于此等制限。不認為制限。質而言之。則所謂制限選舉者。實專指財產制限或教育程度之制限而已。故吾于前者。欲名之為普通制限選舉。於後者欲名之為特別制限選舉。今請舉各國制限之種類表示之。

(一)普通制限　實則與無制限等也。故凡有此種制限者。學者通稱為普通選舉。

(甲)國籍制限　謂必為本國臣民者也。外國人不能享有公權。久成為萬國之通義。然各國法制。例必首載此條。就中美國規定尤嚴。蓋美國入籍之例甚寬。其民多由他國遷徙而來也。故美國各州法制。于此項常規定其年限。美國無合衆國通行之選舉法。其法皆聽各一州自定之。故選舉人之資格。各州不同。此項之國籍制限。或有須入籍一年以上者。或有須二年三年乃至五年以上者不等。

(乙)屬性制限　謂必須男子也。現世界中女子有選舉權者。惟美國之哥羅拉特州埃達荷州、烏達州、約明州。及澳洲之西奧省、與紐西蘭。自餘各國。無不設此制限。

(丙)年齡制限　此各國所同有也。但亦分兩種。

(子)以私法上之成年爲制限者。英法美諸國是也。諸國民法。皆以二十一歲爲成年。私權公權。皆自其年得行使之。

(丑)別定其制限者。德國日本是也。德國民法。以二十一歲爲成年。日本民法。以二十歲爲成年。成年後得行使私權。惟選舉公權。皆至二十五歲始有之。

(丁)住所制限　謂必有一定之住所也。調製選舉人名簿及行選舉時。種種事件。皆與住所相附麗。故各國選舉法。皆以住所爲必要條件。亦固其所。然既

著譯 四

有此制限。則臣民之僑寓異國者。其選舉權自暫時停止。而浮浪乞丐之徒。無家可歸者。亦自不得有此權。其事甚明。

以上四種制限。除第二種之屬性制限。美國不著明文外。自餘則萬國莫不有之。然實則與無制限等。苟所制限者。而僅在此。斯謂之普通選舉矣。

(一)特別制限　特別制限者。于此四種之外。尚更有其他之制限者也。復分兩種。一曰消極的特別制限。二曰積極的特別制限。

(一)消極的特別制限。　消極的特別制限者。以法律規定若干條件。凡不在此條件之內者。其人皆有選舉權也。復分四種。

(甲)公權行使制限　謂有事故不得行使公權者也。如瘋癲人及罪人之類是。今舉各國之例。

英國　(一)精神錯亂者。(二)犯叛逆罪者。及選舉時行不法行爲。而受刑之宣告者。

美國　(一)精神錯亂者。(二)剝奪公權者。謂曾爲議員。或官吏。己宣誓擁護憲法。而復有叛亂或通敵之行爲者也。但以議院三分之二投票。可解除此制限。

德國　(一)被後見者。(二)爲犯罪而剝奪公權或參政權者。

法國　(一)被後見者。(二)被剝奪公權及參政權者。(三)特禁止選舉權之行使者。(四)犯强竊盜、詐欺、賭博、背誓、虧空官帑、浮浪、乞食等罪者。

日本　(一)禁治產及準禁治產者。(二)剝奪公權及停止公權者。(三)處禁錮以上之刑者。

(乙)財產變動制限　凡宣告破產者。皆停止選舉權。萬國通例也。

(丙)階級制限　各國多指定某種階級之人。不得有選舉權。然有以其爲貴族之故而被制限者。亦有以其爲賤族之故而被制限者。今舉各國之例。

英國　凡貴族皆不得有右院之選舉權。惟愛爾蘭貴族除現任左院議員者外。不在此限。

日本　華族之戶主。不有選舉權。

丹麥　爲人奴僕者。不有選舉權。

美國　前此雜色種人及奴隸。不有選舉權。一八七〇年。削除此制限。

(丁)職業制限　特種職業之人。不得行使選舉權。各國多有其例。今列舉之。

英國　特種之官吏。爲警察官、及管理選舉之官吏等。

法國　服現役之陸海軍人。

美國 各州不同。有全無制限者。有制限軍人者。有並制限官吏者。

日本 (一)現役中之陸海軍人(二)官立公立私立學校之學生及生徒。

此外雖行普通選舉不立財產制限之國。而貧民無職業。須仰他人之補助以自活者。往往奪其選舉權。

以上四種。雖號爲特別制限。然一般國民中。在此制限者寡。不在此制限者衆。故僅有此制限。而無其他制限者。仍不失爲普通選舉也。

(二)積極的特別制限 積極的特別制限者。謂以法律規定若干條件。必合此條件者。乃得有選舉權也。學者所稱制限選舉。專指此類。其最通行者。爲財產制限。則敎育程度制限。

(甲)財產制限 此英國歷史上之遺物也。今各國尚多效之者。試舉其例。

英國 英國選舉權之財產制限。最爲複雜。今略舉之。

(甲)英倫人之財產制限

(一)有自由所有地。其每年純價格在四十喜林以上者。(但此財產必須由相續、占有、婚姻、契約、遺言、敎職、或官職而取得者。)

(二)有自由所有地。其每年純價格在五磅以上者。（凡非依前項所列諸原因以取得財產者。須適用此項。）

(三)有登記所有地。或自由所有地以外之土地。其每年純價格在五磅以上者。

(四)有左列之借地權者。

(1)借地期限六十年以上。每年純價格五磅以上者。(2)期限二十年以上。純價格十磅以上者。

(乙)蘇格蘭之財產制限

(一)有每年純價格五磅以上之土地。或相續財產者。

(二)有左列之借地權者。

(1)有一代借地權或五十七年以上之借地權。其價格在每年十磅以上者。

(2)有十九年以上之借地權。其價格在每年五十磅以上者。

(丙)愛爾蘭之財產制限

(一)有自由所有地。每年純價格在五磅以上者。

(二)有某條件之借地權者。（其條件凡四類。今避繁不偏舉之。）

其不有以上所列舉之不動產權利。而僅占有每年價格十磅之土地或家屋者。苟能合左方所列三條件之一。即得有選舉權。

第一　占有期間之制限。凡占有者從調製選舉人名簿之時起算溯前十二個月間。于其縣內或市內。占有此等財產者。

第二　住居之制限　其在英倫須于調製人名簿前六個月間。其在蘇格蘭須于前十二個月間在市內或距市七英里之內。占有住居者。（但英倫蘇格蘭之縣愛爾蘭之州及縣。不設此制限。

第三　關于納稅之制限。必須納救貧稅者。

其賃屋而居之人。所賃者爲每年價格十磅以上之屋。即得有選舉權。

法國　變遷最多。當國會初開時。設財產制限。大革命後廢之。帝政時代復置之。及路易十八世王政回復時。制限極高（百二十佛郎之直接稅）。雖中產之家。猶不能有選舉權。第三共和以後。全廢之。今爲普通選舉。

比利時　舊制以歲納稅百法郎以下二十法郎以上者。得有選舉權。今改爲等級選舉制。別詳次項。

普魯士　雖行普通選舉。而實兼用等級選舉制。別詳次項。

意大利　每年納稅十九釐八十生丁以上者。得有選舉權。但能讀書寫字者。免除制限。

那威　有五十士皮埃之土地所有權者。或賃借之者。皆得有選舉權。但曾任官吏及公職者。得解除此制限。

索遜　納三馬克以上之國稅者。

日本　納地租十元以上。已滿一年者。又納地租以外之直接國稅十元以上。或地租與其他直接國稅合計十元以上。已滿二年者。

俄羅斯　（1）有財產或終身年金或納稅之不動產者。（2）曾納住所稅或工業稅者。（3）有營工商業之證據者。（4）獨租房屋一所者。又別有勞働者團體選舉權。每工場自五十人以上者。得出一代表人。千人以上者。則每千人增加一人。

以上所舉財產制限之例。有以所有財產爲標準者。有以歲入所得爲標準者。有以所納國稅爲標準者。其制限之率有高有下。如以日本人生活程度之低廉。而其率爲十元。此其最高者也。若索遜者。殆可謂之無制限之制限矣。如俄羅斯。雖以納稅爲標準。而不規定其稅率。又更寬矣。又如英國。其條件雖極複雜。然正以複雜之故。于甲項不合格者。于乙項得合格。據其所規定。凡賃屋而居之人。皆得有權。故英民之不有權者。亦僅矣。俄羅斯亦然。賃屋而居者皆得有權凡合于此條資格者雖與納稅條件不相應而其權如故矣俄制又凡有營工商業之證據者皆得有權則其制限之解除者益寬而勞働團體之別有選舉權更無論矣又如意大利等國其財產條件雖不輕然但能讀書寫字者即可以免除自義務教育行而所謂制限者殆悉歸無效矣以上所舉諸國雖號稱爲行財產制限然按諸實際殆皆與普通選舉無擇其可稱爲完全制限者惟日本而已蓋財產制限之廢止實世界大勢之所趨也

（乙）教育程度制限　有專用財產制限之國有專用教育程度制限之國有兩制限兼用之國

意大利　能讀書寫字者　葡萄牙　同

美國中之若干州　能讀憲法且解其文義者　澳洲聯邦　同

英國　大學卒業生不必合于財產制限之條件亦有選舉權

比利時　有高等教育程度者得有複雜之選舉權別詳次項

以上二種。最狹義之制限選舉也。前所列四種之消極的制限。以無制限爲原則以制限爲例外此所列二種之積極的制限。以制限爲原則以免制限爲例外故惟此獨專制限選舉之名也。

第二目　我國不當采制限選舉之理由

選舉資格。既不能絕對的無制限。所當問者。其制限條件之多寡嚴寬而已。今請將前列十種制限。校以我國情形而論其孰爲當采者。孰爲不當采者。

(一)國籍制限　當采。不待說明。

(二)屬性制限　當采。男女分業。實社會成立發達之一要件。雖在人民程度極高之國。女子選舉權法案。猶艱于通過。我國更無論也。

(三)年齡制限　當采。但以倣日本最宜。

(四)住所制限　當采但有一例外焉。即僑寓他國之國民應否盡停其選舉權此政界上之一問題也。以普通之法理論。萬無設置選舉權于他人國中之理。又爲舊學者之所說。謂代議士爲租稅之代價。則僑民納租稅甚少。雖停其權亦宜。雖然我國民在境外者六百餘萬可以敵中小國一國之總民數而所居之地皆非我國權所及之殖民地其公權既切不能享有此數百萬人永失其權利之一大部分情實可憐況彼僑民者其財力頗不薄若能使之與祖國關係日加切密則于殖產興業殊有裨益故設法使之與母國人民有同一之選舉權實政畧上所不容已也至其方法則今猶未思得其最良者大約其選舉人名簿由領事調製之其投票則或在領事館或用通信投票二者必居一于是此無他國成例可援惟自我作古而已

（五）公權行使制限　當采凡民法上禁止行使私權者則公權自亦在應禁之列也

（六）財產變動制限　當采破產者害及多人之權利故其權利一部分亦應減也

（七）階級制限　各國階級制限之例有特制限貴族使不得有選舉權者有特制限賤族使不得有選舉權者制限賤族者此古代蠻俗之餘燼耳其在今日一切法律皆以四民平等爲原則于同一國民中而强分某類之人爲應有參政權某類之人應無之其事爲大謬于法理故在現世各立憲國此種不平之制殆絕跡矣我國法制四民平等之理想發達最早良足以自豪于世界雖然其餘燼亦有未能盡滅者

如娼優皂隸之子孫及各地之世僕與夫江淮閩之樂戶廣東之蛋戶貴州之狆家等類咸不能有應試任官之權凡此之類私權雖略與齊民平等而公權則殊不完全雖爲數甚微究不免爲文明法制之一汚點自今以往實施憲政必當並此區區之翳雲拂拭以盡故制限賤族之制其必不當采可無疑矣至于各國中有制限貴族者則非以剝奪其參政權實因其在他方面已有此權伸於彼者例當詘于此耳推原國會分設二院之意原爲網羅國中各方面之勢力而劑之使底于平其在有貴族之國既以左院代表貴族之特別勢力則其所以厚于貴族者亦云至矣使其在右院更得與齊民競爭則右院之勢力復得被壟斷其一部分所享權利太過優異而兩院之權衡或自茲破焉英日等國右院議員之選舉權獨靳于貴族蓋理論上所當然也惟中國則與彼異舉國中既無所謂貴族之一階級存而左院又非以代表特別階級爲其要素除皇族及蒙古王公西藏僧侶外舉國中無一人能緣其身分而得有特別之參政權者夫既不能緣身分而得此權于甲方面自不能緣身分而失此權于乙方面此事理之至易明者也故此種階級制限吾國當決然舍去

無可疑也

（八）職業制限　各國之設職業制限。或制限特種官吏。或制限軍人。其制限特種官吏者。大率以執行選舉之官吏爲主。凡以防弊也。其制限軍人者。則不使軍人參與政治。其第一之理由。防勢力之濫用。其第二之理由。則又國家機關分業之原則。應如是也。此我國所當采者也。惟日本選舉法。于此兩種之外。復有制限學生之例。求諸各國未之前聞。按諸法理。亦難索解。此誠一奇異之制也。夫謂以其爲學生之故。而卽不應與聞政治。此其理由果何在乎。謂學生多少年。不解事耶。則既有年齡制限以爲之坊矣。日本之制。滿二十五歲乃有選舉權。夫學生則大率皆在二十五歲以下者也。有此制限。則學生之不得選舉權者。已十而八九矣。其有一二年逾二十五而猶爲學生者耶。必其人之好學逾乎尋常而現在各大學之專攻科者也。否則亦在各大學第三四年級者也。否則亦前此爲逆境所限。幼而失學。後乃發憤而補修者也。凡此之人。皆國民中之尤優秀者也。乃徒以其爲學生之故。而遂至不能享盡人所同享之公權。是何異國家特設此法制。以懲罰彼好學之民也。彼及年之學生不欲放棄此權者計惟有廢學以就之耳是國家獎勵人民以不悅學而于國家果何利也故日本之有此制實吾所百思而不能得其解者也吾國教育事業方始萌芽其普及之程度視他國相去遠甚自今以往爲助長國家進步計謂宜導多數成年以上之國民使之嚮學爲法政簡易科師範簡易科農工商學簡易科與夫各種學業之補習科等多多益善其中年國民之爲學生者亦多多益善而一國政治之原動力方得賴此輩以轉捩之若如日本之制凡爲學生者不得有選舉權此何異舉凡神駿皆繫櫪中而惟恃駑駘以致千里也夫在教育未普及之時則優秀之民逾中年而爲學生者必多就政界上論萬不宜奪其選舉權既如是矣若在教育普及以後則國民在二十五歲以上者大率已脫學生籍此制限殆包含于年齡制限之中而規定直同于無效故吾以爲吾國將來國會右院議員之選舉權但如日本德國之例以二十五歲爲制限而已足至日本學生無選舉權之陋制則其絕對的不可采者也英國憲政之祖國也特設大學選舉區以優異學生而示別于齊民善良之政畧不當如是耶若日本之立法家吾誠苦于索解其用心之所存耳

(九)財產制限　普通選舉與制限選舉之分界其最重要者實在財產各國學者之論爭此其燒點也今請先述彼都之學說次勘我國之情形乃定所去取焉代議制度者英國之名產也而以財產制限定選舉之資格者又其同時產出之副產物也英國右院(即庶民院)之成立在十三世紀末曷爲發生此右院則參與徵稅權實其惟一之目的也蓋當時之理想謂不經納稅者之許諾而擅課其稅于義爲不當故凡有納稅之義務者則當其課稅之前有先與商議之權利所謂不出代議士不納租稅之一格言實當時右院成立之根本的理由也洵如是也是出代議士之一權利實國家對于納稅之國民而予以相當之報酬其不負納稅義務之貧民例無報酬其不得享此權利也亦宜雖然就法理方面觀察之此觀念其果適當矣乎是不可不亟辨也使選舉權之性質而屬于報酬的也則不納稅者不得受此報酬宜也然報酬則必當比例于價値投桃而報李斯爲報矣投木瓜而報瓊琚則匪以爲報矣不納稅者與納稅者同一權利報酬誠可云不公少納稅者與多納稅者同一權利報酬獨得云公平誠以報酬主義爲根據也則充類至盡必當舉全國納稅之人民而

第其等差其納若干者得權利若干分增納若干者則增得若干分又增納若干者則又增得若干分納稅者之等級無窮權利之等級亦與之爲無窮必如此斯可云公矣而試問國家有此政體焉否也況乎租稅之種類又千差萬別直接稅固租稅也而間接稅亦不得謂非租稅近世財政學日進步各國間接稅之收入且駸駸駕直接稅而上之矣一國中人則誰不納間接稅者雖貧至乞丐苟倘能活其生命則所資以活其生命之物品國家先必有所取之者矣（此又不徒間接稅爲然也。即以直接稅論。凡納稅者恒轉嫁其稅于人。如農民納土地稅。而當其以粟入市時。則必將此稅項算入穀價中。而還取諸買主。故實際擔任此稅者。乃食粟之人。而非耕田之人也。他例是）而謂僅納直接稅者宜有報酬其納間接稅者則不宜有報酬又安得云公也不寧惟是使以報酬主義爲根據也則凡納稅者皆不可以無報酬無論其願受與不願受能受與不能受而義固不可以不予之則有未成年之孤子有已喪偶之嫠婦而擁有極大之財產其所負納稅義務獨多于他人者固不可不予之以選舉權即不爾亦應予其代理人以選舉權而各國固未聞有此制焉則報酬之謂何也然則以報酬主義解釋選舉權其觸處皆不可通蓋章章矣此無他焉古代人民于公權之性質未甚明瞭往往以

著譯

私權之觀念比附之而不知二者截然非同物也夫國家與人民之關係非以市道交也國家命人民以義務則命之而已非必有所報酬而後能命也人民對于國家所應享之權利則享之而已非近緣報酬而後能享也人民之納稅其當然之義務也非待國家有所償于我而後納之如曰必待國家有所償于我而後納稅則又必當待其別有所償而後當兵也烏乎可也人民之有參政權其當然之權利也非取償于國家而後有之如曰緣取償而後有參政權則其他一切公權（如要求裁判權各種自由權等）苟別無他道焉爲索償之理由者將遂無自以得之也烏乎可也然則納稅之義務與參政之權利二者各自獨立萬不容併爲一談而謂選舉權與財產有若何之關係者其說蓋無以自完也況乎人民之行選舉也於一方面爲其權利焉於一方面又爲其義務焉曷爲謂之權利謂當組織此國家重要機關時人民應得參與其事也曷爲謂之義務謂此重要之國家機關凡國民必當盡其力以組織成之也以權利論苟將報酬主義之一迷見除去則斷不能謂惟有財產者宜有此權利其無財產者則不宜有此權利以義務論尤不能謂惟有財產者宜負此義務其無財產者則

不必負此義務然則謂選舉權與財產有關係者果無說以自完也

就政治方面觀察之則其說之不可通抑更甚焉十三世紀時代英國人之理想蓋謂凡人民緣國會之職務而感其利害者則不可不參與于國會之組織納稅人則感其利害者也蓋當時國會唯一之職務在承諾租稅其唯一之權利在監督會計其在今世國會所有諸職權中當時所能有者惟協贊豫算承諾決算之一職權耳納稅人既特感苦痛故不能聽當軸之任意取盈而必思容喙于其間此庶民院發生之動機也其不納稅者既不感此苦痛自無必須容喙之理由衡以理論可云至當而當時間接稅之項目甚少其無財產者大率無納稅之義務此選舉權所以不及之也雖然此惟彼時爲然耳若在今日則間接稅以附庸蔚爲大國國會所議決之財政案其負擔之者豈必有土之人舉國上自王侯下逮乞丐罔不與焉然則就令今之國會其權限一如昔之國會所問者僅在預算決算而已而感其利害者固不徒在財產家矣況乎今世國會之性質則大異是其職權非徒在協贊租稅云爾凡國家立法事業一切參與之而其監督權且及于行政國會之性質既已遞嬗遞

著譯

進達于今日之地位則凡國會之一舉一措其影響直及于國民全體無論納稅者與不納稅者其所感之利害皆同一焉于此而猶劃出一鴻溝謂惟納稅者宜參預國會之組織其不納稅者則無須焉此誠百思而不得其解者也夫謂與國會職權有利害相關者斯宜參預國會之組織此國會起源時所適用之原理也在彼時之國會而以財產爲標準正所以適用此原理在今日之國會而猶以財產爲標準則豈惟非適用此原理毋亦適得其反而已夫使此原理果眞確而財產制限之選舉法己無理由可以存立而況乎此原理又非其至焉者也夫國家之目的一方面謀國內人民之利益一方面仍須謀國家自身之利益凡國家一切機關皆兼爲此兩目的而設置者也謂人民各因其個人利害之故而始參與國政此不過十八世紀前個人主義之理想近世國家主義大明此說之缺點稍有學識者能知之矣使國會而僅以個人利害關係而建設也則凡一國之人無論貴賤貧富老幼男女其利害孰不受影響于國會遵此論據則其歸結不可不舉國民而悉畀以參政權而無論何國皆不爾爾者則以國民參政權實由兩要素相結合而成其一則政治上之

利害關係也其二則適當行使之之能力也必具備此兩要素之人乃畀以參政權斯可以得完善之意思機關而國家之目的達矣故選舉人之資格必當以此二者爲衡而此二者之中其第一種則凡國中人民無不有此關係更無所容別擇之餘地可無論矣其第二種則當以何者爲標準以辨別國民中之孰爲有政治能力而孰爲無之耶此實最難之問題也今世各國通例凡未成年之幼童或私法上雖認爲成年而公法上未認爲成年者與夫神經錯亂須人保護者皆確認其爲無政治上之能力而不予以選舉權此蓋無所容其辨爭者其女子亦假定其爲無政治上之能力而不予以選舉權然起而爲難者且振振有詞矣但從政策上利害著想則在今日之社會此假定終不可以不承認此年齡屬性等制限所由立而按諸政治學之原理可謂不相刺謬者也然則除此等消極的制限以外凡丁年之男子皆予以選舉權如當世所謂普通選舉者遂得謂其于政治學之原理適相脗合乎是又不然政治學之原理謂凡有政治上之能力者斯當有參政權然則無政治上之能力者不當有參政權甚明而謂凡丁年之男子皆有政治上之能力則無論何國其

事實皆不爾爾也。然則欲適用政治學之原理。使圓滿無遺憾。除非得一人焉。具有佛世尊耶蘇基督之神慧。能隨時一望而知國中人之孰有政治能力。而孰爲無之者。砉然劃一界線以識別之。無銖黍之忒。乃因其識別而定選舉權之予奪焉。斯可矣。然此事旣萬不可期。卽學理之圓滿適用。終不可望。故曰人類不完全。而政治無絕對之美。旣無絕對之美。則兩害相權取其輕。兩利相權取其重。多數有能力之人民得參政權。其利甚重。而少數無能力者濫竽其間。其害較輕。此普通選舉制得以成立之理由也。若夫以財產之有無。定選舉權之有無乎。苟衡以學理。必當先立一前提焉。曰凡有財產者。皆有政治能力者也。凡無財產者。皆無政治能力者也。而此前提果正確乎。不待問而有以知其不然矣。財產與政治能力。決非能常相一致。故財產與選舉權。決不容有特別的關係。英國之設財產制限。其歷史上之遺蛻耳。英人以善保守聞于天下。其習慣無論當理不當理。皆無寗過而存之。以次遞變。必千數百年而蛻化乃盡焉。他國無歷史上之理由。乃必並其缺點而學之。所謂畫虎不成終類狗者也。英國雖號稱用制限選舉。然經幾度之沿革。其制限已極低微。今則凡有住居能獨立營生計者。皆有選舉權矣。參觀前所舉法制。便知其詳。現在日本人之有選舉權者。不過百分中之二分二強。英國人之有選舉權者。則百分中之十七分強。故學者往往以英國列諸普通選舉之國。亦非無故也。

夫持制限選舉論者。不過曰民之爲道。有恒產者有恒心。無恒產者無恒心。以無恒心之人。而使之選舉議員。則將損議員之價值。而貽隱患于國家也。且赤貧之人。易動之以貨利。恐被買收其投票。而所選舉者。非出于良心之自由也。由前之說。則必求所以增進選舉人之道德及其智識。使之能鑑別議員候補者。而擇善以舉之。然後議員之價值。乃不損。固也。然欲達此目的。決不能取標準于財產。何也。其在教育不普及之國。則貧民之無道德無智識者。固屬多數。即富人亦豈能獨優焉。彼紈袴子弟。不辨麥菽者。比比然矣。孟子之言。謂比較的。如是而非謂絕對的。如是斯未可以一概論者也。若夫今世諸立憲國。以行強逼教育爲原則。凡及歲之兒童。不論貧富。皆有就學之義務。其曾受國民教育者。卽應認其爲有國民資格。而于財產之有無。果何與也。由後之說。則賄賂運動之弊。無論用何法。而皆不能盡免。但選舉人數多者。則其行賄運動也較難。選舉人數少者。則較易。例如僅有百票。卽能選出一議員。則作弊甚易。若需千票。則作弊難矣。進而及萬票。則更難矣。而行財產制限。則以有選舉權者甚少之故而供作弊者以多途試舉其例如日本現制約平均十三萬人而出議員一名但日本每百人中有選舉權者不過二人而强故平均得二千票內外卽可中選英國現制約平均五萬四千人而出議員一名但英國每百人中有選舉權者十七人而强故必平均得九千票內外乃可中選夫九千票之作弊難于二千票之作弊此不待智者而決矣故以財產制限選舉爲防弊之良法者而不知其結果乃適得其反也

夫設立國會之本意原欲使多數國民聞與國政則其與國家之關係日益切密而愛國心自油然而生若以財產制限之故而使大多數人不能感國家與己身之利害關係則將流于少數政治其反于立憲之本意甚明況乎國中一大部分人無選舉權則民智愈閉而不平之分子愈增其結果必助長資本家與勞働者之軋轢而國家將受其敝故現今歐美各國其大勢皆趨于普通選舉而財產制限之制度殆淪爲歷史上之殭石良有由也

以上僅就普通學理觀察之而財產制限之毫無理由旣若是矣若按諸我國今日

之國情則其萬不可采更有可斷言者行財產制限之國其鑑定財產之方法雖有種種而最直捷者則以納直接國稅若干爲標準是也各國所行直接稅其種類繁夥如地稅、家屋稅動產稅、營業稅、所得稅等皆屬焉我國今日所現行者則惟地稅之一種耳其他各種吾信雖國會成立後遲之又久而猶未易採行者也然則我國若用財產制限其得爲標準者僅地稅耳而我國舊制賦稅極輕每畝正供不過一二錢若仿日本之例以納十元者得有選舉權則非有地五十畝以上者不能得此權恐國民之有權者千人而不獲一矣然又不能據此而遽斷定國中有財產之人之果爲極少數也蓋有每歲所入視擁田百畝者之所入數倍或數十倍而未嘗納一文之直接稅于國庫者比比然矣如顯宦之俸給幹員之薪水豪商之股份是其類也財產制限行是此輩皆無選舉權也不寧惟是我國田制率由戶領其法律上之所有權屬于戶主而各省習慣以父子兄弟同居爲美德上流社會輒數代不析產故雖鉅萬之富而爲子弟者終未嘗以自己之名義輸正供于國家財產制限行是此輩皆無選舉權也不寧惟是凡以游宦或經商而入籍于他省者于其新入籍

譯著

二十六

之地無土地所有權者居多數財產制限行是此輩皆無選舉權也不寧惟是京旗及各省駐防大率以官爲家或恃軍籍薄餉以自活而有田之人千不得一財產制限行是此輩皆無選舉權也夫以游宦經商入籍他省者苟其本籍置有產業猶可以申告于所流寓之地免致失權若夫京旗駐防本無恒產者豈不緣此制限而最重要之公民權遂永喪失耶以立法之偶失當使國中一部分之人驚駭迷惑幾疑國會之設爲剝奪旗人權利莠民乘之或反以煽動民族之惡感情以阻憲政之進行則其禍害及于國家者非細故也夫按諸普通學理而財產制限之不可取也既如彼衡諸中國事勢而財產制限之不可取也復如此此吾黨所爲決然反對之而不容假借也

問者曰今者與人言國會猶或致疑于程度之不足而生異論今更與言廢財產制限是並日本所未能及者而欲一蹴幾之其毋乃更資人以口實而沮國會之成立則何如仍承認制限之說無驚里耳也應之曰不然吾黨正惟冀國會急底于成愈不得不反對財產制限之議蓋財產制限必待稅法整理然後能實行而非國會成

立以後恐稅法終無整理之期今若以財產制限爲國會選舉必要之條件則政府將藉口于稅法之未整理以謝國民之要求是不啻爲反對國會論者貸以武器也吾之斤斤然排斥財產制限者豈好辯哉不得已也

(十)教育程度制限　教育程度制限有以之爲制限之唯一條件者有以之爲財產制限之解除條件者其以之爲制限之唯一條件者則必須有及格之教育程度乃得行選舉權也如意大利及美國中之若干州及澳洲聯邦是其以之爲財產制限之解除條件者謂以財產制限爲原則但教育程度較高之人民則雖所有財產不及格亦得有選舉權此其例外也如英比等國是今吾黨既不主張用財產制限則所謂解除條件者自無所附麗不必更論若夫不立財產制限而惟以教育程度爲唯一之制限則按諸學理其說較完宜若可采者也但此程度當以何爲標準又屬一問題若所懸之格太高則仰攀甚難而大多數之國民不免向隅例如以中學校或高等學校畢業爲及格則恐有豪農巨賈納多額之國稅而猶見擯于選舉權以外者若所懸之格太低則與無制限等何必多此一舉例如以能讀書寫字者或以

小學校畢業爲及格則在行强迫敎育之國凡及年之民罔不有此程度是亦無制限之制限而已故此種制限各國多棄而不取良有由也以中國論現在敎育尙未普及人民之無智識者居多數則以敎育程度略示制限實爲最宜如美國及澳洲之制其至可采者也雖然于此復有一困難問題出焉曰欲察人民之敎育程度當用何術是也求其公平確實勢不得不出于試驗而試驗之手續非徒繁難卽流弊亦不可勝防恐選舉訴訟層見疊出適以增國會成立之阻力故竊謂不如並此制限而豁除之之爲愈也

問者曰既財產制限與敎育程度制限兩皆不用則純粹的普通選舉矣夫普通選舉之制雖以今日之日本猶未遽適用而謂中國乃能貿然行之無乃駭人應之曰普通選舉爲世界大勢所趨日本學者主張之者十而七八其選舉法之改正殆將不遠矣至謂日本一般人民之程度能遠過于我國吾不敏未之敢承故謂日本現行制限選舉則我必當步其後塵無有是處況乎吾黨所主張者又在複選舉而不在單選舉旣用複選舉則第一次之選舉人更無取乎多立制限故卽使如論者之說謂我國民程

度遠遜日本。仍不足以爲病也。若夫主張用複選舉之理由。當更端論之。

普通選舉固爲吾黨最後所主張。特恐崇拜日本者流。或將引彼中解釋派之學說。振振有詞以惑觀聽。無已則請斟酌英俄意葡之制。于普通中仍畧示制限可乎。一曰須能識字寫字者。此教育程度之最低制限也。此種制限。不必別行試驗。但用記名投票制（其制別詳次款）令選舉人自書姓名及所舉人之姓名。其不能書或所書舛誤者。則其票即爲無効。則其所寓制限固已多矣。在歐美各國。貧富懸隔。而教育普及。故此種制限不足云制限。惟財產制限乃足云制限。若我國現在則貧富不甚懸隔。而教育太不普及。故財產制限反不足云制限。而此種制限卻足以爲制限。二曰須自構一屋或租一屋而居者。此英俄之制也。但我國爲家族主義之國。故凡與父兄或其他尊屬同居者。皆應得適用此條件焉。三曰須有職業者。此俄國之制也。惟彼專言工商業。我則當普及于一切職業。然後其義乃完。以此三種爲制限。其第二第三種。則調製選舉名冊時之制限也。其第一種則投票時之制限也。似此則選舉權不至太濫。而于學理事勢皆有當矣。

以上之意見。則可擬關于選舉權之法文如下。

著譯 三十

第某條　凡帝國民臣。年齡滿二十五歲以上之男子。能讀書寫字。而具有以下二項資格之一者。得有選舉權。

一　自構一屋或租一屋而居。滿一年以上者。但與父兄或其他尊屬同居亦可。

二　滿一年以上有職業者。

第某條　左方所揭者。不得有選舉權。

一　禁治產者。及準禁治產者。

二　受破產宣告未復權者。

三　剝奪公權者。及停止公權者。

四　受禁錮以上處刑之宣告者。

吾之爲此論也。讀者愼毋以我爲夢想泰西之文明。而不顧本國之程度也。吾確信如此辦法。于我國之現情有百利而無一害。又確信非如此辦法。則我國國會。恐無成立之期。論者猶有疑吾說者乎。毋亦其腦識中爲日本現行制度所充塞。誤認以爲天經地義。而不克自拔耳。夫日本制度。稗販泰西。其支離滅裂。不成片段者。抑多多矣。事事而步趨之。以求其肖。其不貽東施之笑者幾何。

（未完）

中國紀事

軍諮處奏裁全國綠營 全國綠營久已奏准逐漸裁撤然留存者尚復不少現軍諮處會同陸軍部奏請將全國綠營盡行裁撤惟東陵馬蘭鎮西陵奉甯鎮兩處防軍因保護陵寢暫不裁汰

釐訂皇室經費 釐訂皇室經費係歸內務府辦理內務府堂官於二月初旬督催各司查案稽核詳列預算表迄今兩月已稍有頭緒其辦法係分三大綱一曰常年額定一曰約略活支一曰預存備用云

簡派濤貝勒赴英弔唁 英皇愛德華七世以西歷五月六日崩逝政府電派濤貝勒爲專使就近赴英弔唁至應用國書俟繕就後再行寄英交駐英公使李經芳呈遞

京控案件統歸大理院判斷 憲政編查館行文民政部都察院步軍統領衙門略謂司法行政雖相輔而行然設有專官權限不容稍混國家立憲已次第舉行於司法一端尤爲重要故特設大理院爲民事刑事訴訟總匯之區以專責成而免歧誤乃近來

京控案件。除呈訴大理院外。如都察院民政部步軍統領衙門。均行准理。以致事權蕪雜。界限不清。殊屬不合。嗣後無論民事刑事。凡一切京控。祗准大理院專管。如有赴各衙門呈訴者。均不准理。所有各衙門現存未結京控案件。務於十日內彙交大理院接管云。

海軍專署暫緩設立　軍機處及會議政務處各王大臣。近日遵　旨會議覆奏洵薩兩大臣請建海軍衙門。准其獨立之議。各王大臣皆以國家財政困難。暫不設海軍專署。俟數年得有海軍人才後。再行提議建築。

全國教育費統計表　我國教育費歲出統計總表。所有全國用款。分爲二十三類。計學務公所一百六十九萬二千九百六十三兩。教育練習所三千九百四十八兩。勸學所三十六萬三千零七十兩。教育會三萬二千七百九十八兩。宣講所三萬零零七十七兩。圖書館三萬三千七百一十七兩。專門學堂一百五十一萬零四百一十七兩。實業學堂六十七萬一千一百二十一兩。師範學堂二百四十九萬八千三百一十八兩。中學堂一百四十四萬六千三百六十七兩。小學堂六百一十三萬四千二百九十八兩蒙養院一萬七千七百八十五兩。半日學堂一萬九千零九十六兩。女學堂一十九萬八千零七十二兩。職員薪津一百八十五萬七千五百六十五兩。教員薪脩四百七十七萬九千二百六十八兩。僕役工食八十三萬一千三百九十三兩。租息地稅一十八萬三千五百一十五兩。服食用品二百七十萬零五千四百零四兩。試驗消耗一十二萬八千七百九十二兩。圖書標本器具八十七萬八千五百八十四兩。營建修繕一百二十萬零五千四百七十三兩。雜用二百三十七萬五千七百四十四兩。統共二千九百五十九萬七千七百八十五兩。

吏部歸併內閣之組織　憲政館所編之新官制。吏部併入內閣之中。內閣共分制誥、庸勳、統計、編輯、印刷五局。現制誥一局。仍歸舊內閣掌理。其統計編輯印刷三局。則以現時之政務處憲政館官報局。分任其事。至庸勳一局。屬於吏部職掌。擬將該部歸併入內閣。專司黜陟賞罰註冊之事。所有該部以前舊章。均大加更改。凡關於黜陟賞罰之事。祗有註冊之責。幷無准駁之權。

澤公改良鹽務之辦法　督辦鹽務大臣澤公。與鹽務處各員。會議改良鹽務問題。其所擬辦法四端。一改良鹽質以重衛生。二推廣鹽井鹽池以增產額。三劃一鹽價以信民用。四裁汰鹽務冗員以節經費。俟核妥後。即行具奏。以便施行。

中德交涉之棘手　山東卽墨縣紳民稟稱青島毗連之鹽灘被德人侵佔多處。魯撫派員查勘。并咨請外務部將膠州原約錄寄。茲原約業已咨來。孫撫派劉守元禧。會同德督麥。詳細查勘。據約辦理。劉守閱勘數日。查得德人侵佔之地。已不可以道里計。而該督概不承認侵佔之事。絲毫不肯退讓。劉守面稟孫撫。并請示辦理。略謂據原約所載陰島地方。以潮漲爲界。現在界石已距潮漲地三十餘里。訪諸父老。或謂界外居民。因官吏之騷擾。以入德界爲護符。故私將界石移去。或謂德人意圖開拓。僱用華民將界石私移。或謂德人初移界石。不過三四里。後見中國置諸不問。故再三始移至此地。至嶗山原有大嶗小嶗之分。係東省名勝之區。該山延長數百里。西南瀕海。東北通陸。青島者係小嶗山租於德者。又小嶗之小部分。現在德人建築房屋。振興林業。大嶗幾均佔盡。而德督決不認佔我土地。强以界石藉口。如何辦理。請示核奪云云。孫撫聞此情形。恐有不實不盡。再派員帶領測繪生。前往詳細測量繪圖。呈覆核辦。

魯人不甘放棄礦權　德人近日在魯省强佔礦產。所有津浦北段。由濟南至曲兖。經過泰安大海河路線一帶礦產。竟不准華人開採。濟南德領事向孫撫聲稱。當初係讓路未讓礦。並照會孫撫。速爲禁止。現在該省紳商已通知各界開會。擬公舉代表進京。禀請政府。向德使力爭。

晉省諮議局之黨爭　晉省蒲解絳霍等處學界。連日紛紛開會。上月二十二日。幷合開全體大會。公議盡逐諮議局北紳。該省紳界向分南北兩黨。乃近來各項權利。全爲省北人所得。故省南人憤而爲此。諮議局長梁善濟。亦係北黨。此次交文之亂。因其袒官。故南黨益有所藉口。現梁已辭去局長。全體議員。亦大有解散之勢。

黃河決　去年九月黃河在直隸省開州境內之白岡。將隄岸衝決。驚濤怒浪。經濮州范縣壽張陽穀。奔赴至東阿。始從陶城堡復入正河。計約四百餘里。所過之處。澤國汪洋。今年經上游竭力杜修。始慶安瀾。近又從合龍之下隄決三里有奇。水勢比前更險。且陽穀東阿一帶。水流迅速。中深三四丈不等。其水溜比河之正身爲尤急。聲聞十餘里。現經東阿紳士鄭天章等。由諮議局呈遞請願書至孫撫。咨請直督。速繕大隄。或由東省派人赴隄口設法防杜。以息大患。聞孫撫已咨行直督商辦。

澳界交涉 澳門界務。現由外部與駐京葡使迭次磋商。仍無眉目。聞其中有某國暗助葡政府。故該政府力持强硬主義。不允退讓。至兩國糾葛最注重之要點。仍在條約所載澳門附屬之字樣。現外部擬由中政府核訂附屬之多寡。而葡使則擬由澳督核訂。故兩方相持不下。

粵路公司選舉總協理 粵路公司選舉總協理董事。到會者除政界外。股東到者三十七人。董事到者五人。善堂行商代表到者十八人。漢口代表二人。上海代表一人。及宣佈開票。以詹天祐得最多數。次票則爲羅崇齡云。

俄人要求合築琿齊鐵路 東督錫良電外部。稱有俄商援去年日本安奉鐵路定約要求中俄合築琿齊鐵路。(由琿春至齊齊哈爾)以期利益均沾。外郵兩部核議。均謂此事。於主權大有妨礙。電覆錫督。請其按約極力拒駁。以重路權。

吉東華俄邊務宜清權限 中俄協約。訂定俄人東清鐵路路旁軌線用地。以俄量二十五沙繩爲限。(每沙繩合中量六尺共合中量十五丈)當日辦事各員。任彼展拓。現在若瑚布圖河迤南八道河子等處。俄人前年已擅開鐵路濠溝。聲稱佔地原訂兩旁有二十五里。於是自西山之頂直達東嶺之麓。橫貫長溝。吾國東寧廳赴五站之大道。竟被其斷隔。去秋濱江道曾派員重勘。在距離軌二里之處。劃溝釘樁名之曰新界。然彼此爭執。尚未定議。查東路緊接俄屬沿海洲。交通最便。去冬俄人廣購糧產。價乃飛漲。至令民心異常浮動。蓋彼遠東各埠民食。悉取給於我東路數郡縣。況近年航海外出。環海內港。路路可通。未來之隱憂。不可終極。且俄人車輛至吾境者。從未抽取分文。而吾民運貨赴俄。除人票納費外。每車更須納捐五毫。因之商業減色。而彼則運輸日益發達。

蒙匪陶什洶之後患 東三省會剿蒙匪陶什洶。四路環進。該匪因我軍攻擊。竄入俄境。俄官迎入某城。業已勸降。派爲俄國大偵探。并分布其黨羽二百人於各軍專令偵探中國邊事。以其熟習蒙地情形。擬假作經營蒙古之嚮導云。

預籌藏地政教分權辦法 樞府近議以現在西藏之新呼勒畢罕已經選定。所有一切政教分權事宜。即須陸續措施。以立將來改建行省之基本。惟事務繁難。應寬籌辦法。以備抉擇。現擬定辦法四端。一爲急進政體。一爲緩急並用政體。一爲政教分行政體。一爲政教兼行政體。由政務處會同理藩部。詳細覆核。再行決議。

哈綏鐵路籌欵有着　由哈爾濱渡江。北至綏化海倫。計四百五十餘華里。去歲曾經提議修築輕便鐵路。以便輸運糧食。嗣因籌欵無着。遂不果行。迨去臘大雪梗阻。糧商虧折殊甚。故亟圖趕辦。頃已議定。估計約共需銀五百萬兩。由廣信公司及官銀分號交通銀行三處。分任三百萬。其不敷之二百萬。則擬招集江省巨商股欵。以便速成。

世界紀事

英前皇大葬　英前皇愛德華以西歷五月二十日奉安。各國皇帝及皇后之來會葬者。共二十人。皇太子七人。大統領二人。

英新皇登極　英新皇佐治第五以西歷五月九日在聖占士宮宣告登極。一切典禮。皆循舊例。至登極禮畢。衆大呼上帝保佑我皇。旋唱國歌。歡呼之聲。幾若雷動。

英國新皇之宣示　英國樞密院宣示新皇之勅詔。謂朕終身之最大目的。在紹述先志。以擁護我國之憲法政治。朕今日負此重責。望議會及我島帝國。與海外各領土之人民。弼輔朕躬。共濟時艱。以完職任。全英帝國及各領土。皆以熱誠歡迎新帝之宣示。

英國海軍大演習　英國海軍本年夏期舉行之大演習。除內國第一第二第三第四各艦隊。及大西洋艦隊外。破例加入地中海艦隊。至該艦隊能加入本國演習之故。實因英法兩國之關係。日益親善。於地中海方面。無所顧慮云。

德皇欵待羅斯福　羅斯福抵德國後。偕其家族。謁見德皇及各皇族。旋於列卑律舉

世界紀事 二

行陸軍演習。德皇偕羅斯福同出閱兵。當德皇演說歡迎時。謂以一私人而有校閱德國陸軍之榮譽者。以羅斯福爲嚆矢云。

新式連發鎗之發明 普魯士國現發明一種新式連發鎗。於一分鐘。能發射四十八發。其有効達遠力可至二千三百碼。(每碼合中量二尺四寸)

法人試驗飛行船 法國飛行家列昔普斯駕飛船一艘。渡過英國海峽。安抵馬格勒海灣。共計歷程五十分鐘。昇降極其安穩。

西班牙之紛擾 西班牙之巴連沙地方。共和黨之暴徒蜂起。警察署長亦被暗殺。

第二次海牙會開會期 第二次萬國海牙公會定於西歷一千九百十二年十月二十三號在華盛頓開會。

北冰洋交通之計畫 俄國郵政大臣在國會提議。請興辦北冰洋交通事宜。俾西伯利亞西部。與西歐之商業。日益親接。

英法外交之滿意 法國外務大臣丕莊。與路透訪員晤談。告以此次與英國內閣人員會商之結果十分滿足。且預料將來英法兩國之感情及政治上之關係可永遠浹洽云。

日英俄之東方關係　日本與俄國提議維持將來遠東之平和。以冀兩國在遠東之利益。兩不相妨。共享太平。又英俄兩國亦將協議對於波斯之政策。因千九百零七年之英俄條約。有未盡完善之處。故此次提議。務冀協商妥洽。以免他國誤會云。

各國陸軍與自働車　近日各國陸軍。競用自働車。據昨年之統計。英國陸軍購置二十萬輛。德國陸軍倣之。擬備十萬輛。法國亦擬從新製造七萬輛。以供陸軍之用。

世界唯一之戰艦　美國曾擬造大戰鬪艦二艘。裝置十四寸口徑大砲。現此法案已通過議會。此艦出世時。其排水量及砲力。當爲世界最偉大之戰艦。

美國新戰艦進水　美國新築成之戰鬪艦。排水量二萬三千噸。已在紐約進水。

羅斯福不願再任總統　羅斯福致書塔虎脫。及前任國務大臣羅脫。謂彼決助塔君之政策。至下屆選舉。不願再任總統。且謂塔君之再選實共和黨之義務云。

美加條約問題　美國政府向英國提議。開一協議會。以商議美國與加拿大互訂通商條約之事。

世界紀事　四

亞爾然丁百年獨立祝典　亞爾然丁舉行百年獨立祝典。各國均派軍艦前往慶賀。

波斯拒外債　波斯皇以英俄兩國所訂借欵之約。多不便於波斯。且關涉政治問題。不肯依議。已將此意照會英俄兩政府。今德國願借欵與波斯。德國報紙聲言英俄無權干涉此事。

日本皇太子充陸軍參謀　日本皇太子於去年授陸軍參謀之職。賜將軍銜。今派至參謀處辦事。每星期四五兩日。必親臨視事處。

韓國統監之辭職　韓國統監曾禰子爵。現已決意辭職。將以陸軍大臣寺內子爵兼任是職。並以東方殖民公司總理宇川少將簡爲副統監。

松花江交涉近耗　中俄松花江航權問題。昨在哈爾濱開議。惟久未就緒。現俄國恐嚇我國政府。云將執自由行動之策。

法令

度支部奏定各省試辦宣統三年預算報告總冊式 附比較表式

試辦預算例言

總則

第一條 在京各衙門及各省應遵照本部清理財政章程第五章辦理將所管出入款項編訂預算報告冊並將上年收支實數逐類比較作爲比較表按限送部

第二條 在京各衙門及各省所編預算報告冊稱預算報告總冊冊面註明某衙門某省試辦某年預算報告總冊字樣其所轄各署局等所編清冊稱預算報告分冊冊面註明某衙門某省所轄某署局試辦某年預算報告分冊字樣分冊格式由各衙門各省自行訂定

第三條 分冊由在京各衙門各省清理財政局核定彙編後仍隨總冊送部以備參考

第四條　預算以每年正月初一日起至十二月底止爲一年度

在京各衙門預算

第五條　在京各衙門預算報告總冊及比較表參照度支部冊式表式酌量編訂

第六條　在京各衙門入欵無論自行經收或由度支部庫收發均一併列於歲入

各省預算

第七條　各省預算報告冊及比較表按照部頒冊式表式編造冊式內所列欵項但撮舉大要仍由各省參酌情形詳細塡註

第八條　各省駐防旗庫直接收支之欵均分別性質列入預算總冊各類之內

第九條　烏里雅蘇台科布多阿爾泰伊犂塔爾巴哈台西寧西藏庫倫川滇邊務等將軍都統參贊大臣預算報告冊及比較表須參照部頒各省冊式表式酌量編造

編訂預算方法

第十條　京外預算報告總冊應按冊式歲入歲出各分經常臨時兩門門分爲類類分爲欵欵分爲項項以下子目即於比較表內詳細開列

第十一條　京外各比較表應照部頒表式編造並須於每類之下說明大概情形類以下所有欵項子目應說明者即註於摘要格內
第十二條　各省所徵各項本色應另編預算册毋庸列入總册
第十三條　比較表內遇有廉俸公費餉乾役食之類應註明員數名數及每員每名若干遇有採辦工程等應擇要註明單位之價值於摘要格內
第十四條　各省預算總册准於歲出臨時門內酌列預備金一類在京各衙門毋庸另提預備金
第十五條　京外各衙門應以前三年收支實數爲標準酌估預算數目
第十六條　出入各欵無論向用何種平色銀兩及銀圓錢串等項皆以庫平足銀計算至收發時仍准照舊例辦理
第十七條　預算報告總册及比較表所列數目至釐爲止
第十八條　會計法未定以前京外各項官業收支全數暫分別列入總册其官商合辦事業盈虧歸官股項下者應將盈虧分別列入總册

第十九條　京外各衙門在宣統元年以前借用公債業已奏咨有案者如係未經繳足准於臨時歲入門內預計應收公債之款若干如應分年攤還或定期償還者亦可於臨時歲出門內預計應還本利若干

第二十條　表冊內所列款項子目均須滿收滿支不得將出入數目互相扣除如徵收釐稅支一成經費冊內必將所收釐稅全數列入不得扣除一成經費但以九成作數其一成經費可於歲出門內填載

附則

第二十一條　京外預算報告總冊送部後如遇意外出入准作爲追加預算限於八月底報部核定

第二十二條　此係初次試辦預算如有未盡事宜隨時體察情形由部改訂凡冊式表式長寬尺寸悉照本部所頒式樣辦理其字數行數疏密大小可酌量通變不拘定式

各省試辦預算報告總冊式

歲入經常門

第一類　部撥各欵（每類之下應載明共庫平銀若干以下同）

第一款（每款之下應載明共庫平銀若干以下同）　第一項　（款之下分爲項由各省酌量情形分別性質逐項塡註項之下毋庸分目另於比較表中詳列以下同）第二項　（每款下不拘幾項以次遞推）

此指常年撥款而言其特別撥款應入臨時門協款同

第二類　受協各款

第一款　第一項　第二項

第三類　田賦

第一款　地丁　第一項　（如正賦耗羨雜賦等項）　第二項

第二款　漕糧　第一項　（除本色外如漕折漕項屯衛糧租等項）　第二項

第三款　租課　第一項　（如官租學租蘆課漁課等項）　第二項

第四類　鹽茶課稅

第一款 鹽課稅釐 第一項（如鹽課鹽釐場課灶課加價等項） 第二項

第二款 茶課稅釐 第一項（如茶課茶稅茶釐等項） 第二項

第五類 關稅

第一款 常關 第一項（如洋貨土貨進出口稅船鈔罰款及工關竹木稅等項）

第二項

第二款 海關 第一項（如洋貨土貨進出口稅子口稅船鈔罰款等項） 第二項

第六類 正雜各稅

第一款 契稅 第一項 第二項

第二款 當稅 第一項 第二項

第三款 牙稅 第一項 第二項

第四款 印花稅 第一項 第二項

第五欵 菸酒稅 第一項 第二項

第六欵　雜稅　第一項（如牲畜稅斗秤稅礦稅及其他各項雜稅）　第二項

第七類　釐捐

第一欵　釐金　第一項（釐金名目甚繁凡大宗收入者應列專項餘可酌量歸併）　第二項

第二欵　正雜項捐　第一項（如房捐屠捐鋪捐等項）　第二項

第八類　官業收入

第一欵　各製造官局廠收入　第一項　第二項

第二欵　鹽務官運收入　第一項　第二項

第三欵　電報電話局收入　第一項　第二項

第四欵　官礦局收入　第一項　第二項

第五欵　官銀錢局收入　第一項　第二項

第六欵　造紙印刷等官局廠收入　第一項　第二項

第七欵　本省官辦鐵路收入　第一項　第二項

第八欵 官商合辦事業官股收下利益 第一項 第二項

第九類 雜收入

第一欵 各衙門徵收辦公費 第一項（如糧串狀紙等項）第二項

第二欵 司法入欵 第一項（如訴訟費及囚徒工作所得等）第二項

第三欵 官欵生息 第一項 第二項

此指常年存欵作爲基本金者而言其暫存生息者應列入臨時門

以上統計經常歲入共庫平銀若干

歲入臨時門

第一類 部撥各欵

第一欵 第一項 第二項

第二類 受協各欵

第一欵 第一項 第二項

第三類 田賦

第一款　荒價　第一項　第二項

第四類　捐輸各款

第一款　報捐各款　第一項　第二項

第二款　報効各款　第一項　第二項

第五類　公債

第一款　第一項　第二項

此指各省公債業經奏咨有案者而言或定額之公債未經繳足而未動用者分別爲項其未經奏咨者不得擅借公債

第六類　雜收入

第一款　官物變價　第一項　第二項

第二款　彩票利益　第一項　第二項

第三款　罰款　第一項　第二項

第四款　歸還官款金　第一項　第二項

第五款　官款生息　第一項　第二項

第七類　上年餘存各款

第一款　第一項　某某項下　第二項

此款係酌估上年(即宣統二年)開支外餘存之款

以上統計臨時歲入共庫平銀若干

以上統計經常臨時歲入共庫平銀若干

歲出經常門

第一類　解款

第一款　第一項　第二項

此指常年解款而言其特別解項應入臨時門協款同

第二類　協款

第一款　第一項　第二項

第三類　行政總費

第一款　督撫衙門經費　第一項（如俸廉公費役食雜支等項）　第二項

第二款　各巡道衙門經費　第一項　（巡道及所屬官員俸廉公費役食雜支等項）　第二項

第三款　各府廳州縣衙門經費　第一項　（各府廳州縣及佐雜各官廉俸公費役食雜支等項）　第二項

第四類　交涉費

第一款　交涉司衙門或洋務局經費　第一項　第二項

第二款　接待贈答各費　第一項　第二項

第五類　民政費

第一款　民政使或巡警道衙門經費　第一項　第二項

第二款　警務公所經費　第一項　第二項

第三款　調查局經費　第一項　第二項

第四款　禁烟公所經費　第一項　第二項

第六類　財政費
第一款　藩司或度支使衙門經費　第一項　第二項
第二款　糧道衙門經費　第一項　第二項
第三款　鹽務衙門經費　第一項　第二項
運司鹽道及一切鹽務衙門局卡經費統歸此款緝私各費亦在內
第四款　各海關經費　第一項　第二項
第五款　稅務司經費　第一項　第二項
第六款　釐捐各局卡經費　第一項　第二項
第七款　各廳州縣衙門徵收錢糧經費　第一項　第二項
如串票紙硃等項專為徵收錢糧之用者列此其普通行政費列在行政總費第三款內
第七類　典禮費
第一款　祭祀費　第一項　第二項

第二款　學宮費　第一項　第二項

此指　聖廟香燈及教官俸銀廩生餼糧等項而言其春秋丁祭各費仍列

入祭祀費內

第三款　時憲費　第一項　（如憲書工料等項）　第二項

第八類　教育費

第一款　提學使衙門經費　第一項　第二項

第二款　學務公所經費　第一項　第二項

此指附屬於提學司衙門辦理全省學務之公所

第九類　司法費

第一款　臬司或提法使衙門經費　第一項　第二項

第二款　各級審判廳經費　第一項　第二項

第三款　發審局經費　第一項　第二項

此指審判廳未成立地方而言

第四款 省城及各府廳州縣監獄經費 第一項 第二項

第十類 軍政費

第一款 將軍衙門經費 第一項 第二項

第二款 都統衙門經費 第一項 第二項

第三款 旗營餉項 第一項 第二項

將軍以下各官員兵丁等所需養廉俸餉等項皆歸以上三款分別開列以下各營準此

第四款 綠營餉項 第一項 第二項

第五款 防營餉項 第一項 第二項

第六款 新軍餉項 第一項 第二項

第七款 水師經費 第一項 第二項

第八款 營房礮臺及海軍船塢兵艦等歲修經費 第一項 第二項

第九款　陸軍水師武備各學堂經費　第一項　第二項
第十款　製造軍火軍裝軍械局廠經費　第一項　第二項
第十一款　購辦軍火軍裝軍械經費　第一項　第二項
第十二款　轉運糧餉費　第一項　第二項
第十三款　尋常操防費　第一項　第二項
第十四款　軍塘驛站經費　第一項　第二項
第十五款　兵差經費　第一項　第二項
第十六款　牧廠經費　第一項　第二項

第十一類　實業費

第一款　勸業道衙門經費　第一項　第二項

第十二類　交通費

第一款　文報局經費　第一項　第二項

第十三類　工程費

第一款　河工經費　第一項　第二項
第二款　海塘經費　第一項　第二項
第三款　營繕經費　第一項　第二項
此指祠廟廨宇城池倉庫等歲修之費而言其臨時營繕之費均列臨時門
第十四類　官業支出
第一款　製造官局廠經費　第一項　第二項
第二款　鹽務官運經費　第一項　第二項
第三款　官銀錢局經費　第一項　第二項
以上統計經常歲出共庫平銀若干
歲出臨時門
第一類　解款
第一款　第一項　第二項
第二類　協款

第一款　第一項　第二項
第三類　交涉費
第一款　臨時接待贈答各費　第一項（如接待專使及軍艦等項）第二項
第二款　派員出洋遊歷考察等經費　第一項　第二項
第四類　財政費
第一款　淸理財政局經費　第一項　第二項
第二款　造幣廠經費　第一項　第二項
此指未停鑄省分而言
第五類　民政費
第一款　調查戶口經費　第一項　第二頁
第六類　典禮費
第一款　旌賞費　第一項（如節孝建坊等項）第二項

第二款 祭祀費 第一項 第二項
凡遇有 欽賜祭葬等由藩庫動用公款者均列此款
第七類 軍政費
第一款 新軍開辦經費 第一項 第二項
第二款 營房砲台及海軍船塢兵艦等臨時營繕經費 第一項 第二項
第三款 臨時購辦軍火軍裝軍械等經費 第一項 第二項
第四款 臨時操防費 第一項 第二項
第五款 臨時兵差經費 第一項 第二項
第八類 工程費
第一款 臨時營繕經費 第一項 第二項
第二款 補助治水堤坊經費 第一項 第二項
第九類 公債費
第一款 原本 第一項 第二項

第二款　利息　第一項　第二項
第三款　雜費　第一項　第二項
　第十類　預備金
以上統計臨時歲出共庫平銀若干
以上統計經常臨時歲出共庫平銀若干
地方行政經費經常門
凡憲政編查館奏定地方自治章程內所列各項經費均歸自治預算範圍以內毋庸列入本冊其在地方自治章程以外者均屬地方行政經費應分別性質開列於後
　第一類　民政費
第一款　諮議局經費　第一項　第二項
第二款　省城及各府廳州縣巡警費　第一項　第二項
第三款　巡警學堂經費　第一項　第二項

第四款 善舉經費 第一項 第二項
第五款 官醫局及補助私立醫院經費 第一項 第二項
第二類 教育費
第一款 省城及各府廳州縣官立學堂經費 第一項 第二項
第二款 各府廳州縣學務公所經費 第一項 第二項
第三款 省城及各府廳州縣勸學所經費 第一項 第二項
第四款 圖書館經費 第一項 第二項
第五款 補助私立各學堂經費 第一項 第二項
第三類 實業費
第一款 農工商鑛各學堂經費 第一項 第二項
第二款 農事試驗場經費 第一項 第二項
第三款 墾務局經費 第一項 第二項
第四款 工藝局經費 第一項 第二項

第五款　鑛政調查局經費　第一項　第二項
第六款　商品陳列所經費　第一項　第二項
第四類　交通費
第一款　鐵路輪船各學堂經費　第一項　第二項
第二款　補助商辦鐵路經費　第一項　第二項
如各省抽收米捐畝捐鹽斤加價等項專爲商辦鐵路經費者均列此款
第五類　官業支出
第一款　官辦鑛務經費　第一項　第二項
第二款　官辦鐵路經費　第一項　第二項
第三款　造紙印刷等局經費　第一項　第二項
凡各省官辦各項事業其專屬行政性質者列入實業費交通費各類之內其營
有營業性質者列入官業類內由各省分別情形酌量塡列
以上統計經常經費共庫平銀若干

地方行政經費臨時門

第一類　民政費

第一款　選舉諮議局議員經費　第一項　第二項

第二款　補助地方自治經費　第一項　第二項

各省倡辦地方自治有暫以官款補助者及自治籌辦處自治研究所所需經費均列此款唯籌辦處研究所附設於學堂及諮議局內者毋庸列入此款

第三款　防疫經費　第一項　第二項

第四款　賑恤經費　第一項　第二項

第五款　臨時補助善舉經費　第一項　第二項

第二類　教育費

第一款　臨時補助教育費　第一項　第二項

第二款　遣派出洋留學生學費　第一項　第二項

第三類　實業費

第一款　賽會經費　第一項　第二項

第四類　工程費

第一款　修繕道路橋梁渡船等經費　第一項　第二項

第二款　治水堤防經費　第一項　第二項

以上統計臨時經費共庫平銀若干

以上統計地方行政經費經常臨時共庫平銀若干

各省試辦宣統三年預算比較表式（舉行政總費類爲例）

歲出經常門

第三類　行政總費　共庫平銀若干

款目	宣統三年預算之數	光緒三十四年或宣統元年實支之數	比較 增	比較 減	摘要
說明					
第一款 督撫衙門經費	七八三、五一六（兩……釐）				

法令

各省試辦宣統三年預算比較表式 舉田賦類爲例

款目	宣統三年預算之數	光緒三十四年或宣統元年實收之數	比較 增	比較 減	摘要
說明					
歲入經常門					
第三類	田賦		共庫平銀若干		
第一項 ○○	三九一、七五八				
第一目 ○○	三四六、○八○				
第二目 ○○	四五、六七八				
第二項 ○○	三九一、七五八				
第一目 ○○	三四六、○八○				
第二目 ○○	四五、六七八				

二十四

第一款地丁		七八三、五一六 兩 釐	
第一項○○		三九一、七五八	
	第一目○○	三四六、○八○	
	第二目○○	四五、六七八	
第二項○○		三九一、七五八	
	第一目○○	三四六、○八○	
	第二目○○	四五、六七八	

缺月挂疏桐漏斷人初定時有幽人
獨往來飄渺孤鴻影
驚起郤迴頭有恨無人省揀盡寒枝
不肯棲寂寞沙洲冷

文牘

浙江巡撫增韞代奏在籍編修邵章條陳官制摺

奏為在籍紳士條陳官制。謹據情代奏。恭摺仰祈　聖鑒事。竊據在籍紳士。翰林院編修邵章呈稱。查憲政編查館。逐年籌備事宜清單。第二年釐訂京師官制。第三年釐訂直省官制。而新定京外官制。期以第五年頒布。第七年試辦。第九年實行。誠有見於官制一端。於憲政前途。至關重要也。惟是行政事務。必循官制為範圍。立法機關。必據官制為標準。故近來臣工章奏。有擬請速行釐定。提前試辦者。竊敢貢其一得之愚。謹為我

皇上縷晰陳之。伏維立憲政體。必以立法司法行政三種。分任統治機關。立法機關。近今各國皆委之於議會。不待言矣。而司法機關。與行政機關。既屬截然異制。卽司法官與行政官。於釐定官制。必宜劃然分途。惟行政之範圍較廣。卽行政官之配置宜詳。各國於司法行政外。大率別為內務行政。外務行政。軍務行政。財務行政。而行政官之中。又有中央行政。與地方行政之別。地方行政之中。又有官治行政。與自治行

政之殊。綜謂官制愈繁。即釐訂匪易。今宜略採日本親任勅任奏任委任之制。釐定官等爲四等。第一等曰特簡官。第二等曰請簡官。第三等曰奏用官。第四等曰委用官。必有官等之資格。而後得授官等之位置。必有官等之位置。而後得受官等之報酬。故關於此通義有三。一曰官級之規定官級者所以釐定官等之資格也。謹案我國官制。自來以品級分。而肇始於周之所謂九命。漢之所謂祿石。皆所以辨高卑之等級也。自曹魏而後。始有九品之制。至梁分爲十八班。北魏始以九品分正從。而隋唐以來因之。蓋魏晉宋陳。初無從品之制也。唐開元二十五年。制定官品流內官九品三十階。唐制蓋於一品二品三品。各分正從。自四品至九品。又各於正從之中。分爲上階下階。故云三十階。其後乃廢上下階之名。而自一品至九品。遂定爲十八階之制。今擬廢去正從之稱。俾復魏晉之舊。並宜分別職事之有無。有職事者謂之職級。無職事者則謂之官級。而於官級之中。別定爲特簡官之資格凡二項。正其名曰一品大臣。曰二品大臣。不復分內外區域及職務事類。凡有職事相當者。皆於此二項中。各依官級簡任之。又別定爲請簡官之資格凡二項。無論京外。皆正名曰三品行政官。或三品司法官。曰四品行政官或四品司法官。有職事相當者。京官於京職。外官於外職。皆得各依官級。由衙各門開單請簡。又進定爲奏用官之資格凡三項。亦無論京外。皆正名曰五品行政官。或五品司法官。曰六品行政官。或六品司法官。曰七品行政官。或七品司法官。高等文官試驗。合格者以此三項爲限。其京官之分歸各署者。即各冠署名。外官之分歸各省者。則冠以省名。有職事相當者。各依官級奏用。又別定爲委用官之資格凡三項。自七品逮九品。皆正名曰某品佐治官。京外從同。此則以普通文官試驗合格者爲限。蓋嘗以我國舊日官制徵之。自三四五品京堂外。固有所謂七品小京官矣。近制又有所謂五六七品警官矣。似此別爲改定。不特盡去繁雜之稱。抑且明示高卑之級。是關於官級之宜釐訂者一也。官級既定。即資格攸分。由是而職任可言焉。二曰職級之規定。職級者。所以釐訂官等之位置也。謹案唐制有職事官散官勳官之稱。凡職事散官計級等者既相因而得。故同爲一官。其勳官則從勳加授於階爵之外。更爲節級。故別爲一官。今宜略仍唐制。擬定散官之名曰官級。定職官之名曰職級。離官與職而二之。凡有同一等之同一官級者。乃授以某級之職。而授有職級時。其官級自在也。未授有職級。或去職辭職時。其官級亦自在也。惟必依官等而任有職事。乃得爲有職級之官。如此則職任確定。有職事可名者。則名之曰某職官。無職事之候補學習官員。皆不得襲用舊時候補某官學習某官之名。其名義不符之官稱。皆可廢去矣。即如今制所稱候補三四五品京堂。亦未嘗加以候補某官之定名也。惟內而侍郎或內閣學士。尙有指名以某官候補者。而尙書以上則無之。外而督撫各司亦然。是亦宜求官稱之統一也。至於現在或差或缺。名目繁多。殊不足昭統一而示整齊。宜將此等名目。一律廢去。別爲經常職與臨時職二種。而經常職之中。又分爲甲乙二種。甲種則非同一官等之同一官級者。不得充是也。乙種則以同一官等爲限。而不必限以同一之官級。但求其職事相當者充之。如隸於外務部之各國公使參贊及領事官。如隸於學部之視學官。及專門以上各項學堂之監督以下各官。凡一切定爲經常職者皆是也。其臨時職之中。亦分爲二種。以重要者與非重要者爲類別。仍如經常職甲乙兩種之制。惟臨時職乙種。如有實在相需之才。得以僱傭之員參用之。此即庶人在官之遺意。並得暫時選用客卿。以符僱傭之廣義。至於職權之監督。亦有並宜議及者。大凡監督權之限制。除司法行政外宜以甲級直接監督乙級。乙級直接監督丙級。非有必不得已之事由。咸不得越級而有監督下級之權。則職有專司。而無紛亂之弊。權有定限。而無侵擅之虞。關於職級之宜釐訂者二也。職任既定。由是而俸給宜詳。三曰俸級之規定。俸級者。所以釐訂官等之報酬也。竊維近世公法之觀念。以爲俸給者。乃國家對於官吏。所以保其體制上必需之費用。而支給以定額之金錢也。其爲我國俸祿之制。有截然不同者。即近世各國俸給。皆按職事之繁簡而定之。而我國則概準官級高卑而給之。夫俸給固爲保官吏體制上必需之費。亦實爲對官吏職事上相當之報酬。故必視職事繁簡而設等差。以此爲俸制之原則。雖日本於同一官職。亦有隨官等之陞進而進俸給之等級者。然不過爲一種之年功加俸。而不得謂其違此原則也。惟我國俸制。向以榮譽爲基礎。有何等榮譽之身分。即有何等俸祿之支給。故不獨文武各官一律給俸也。如皇族如外藩如世爵世職。又如從前特用之翰林主事。有給全俸者。有給半俸者。初不問其職事之有無與其繁簡也。此與日本中古時代隨位階而有俸祿者正復相同。蓋可謂之官級俸給。不可謂之職級俸給也。惟其非職級俸給。故不得不變通而別定養廉之名。

近今又別定公費與津貼薪水等名目。於是俸制之範圍日廣。而俸給之名稱益淆矣。今宜採各國俸制原則。必以有官級而授有職級者乃給俸。其俸給之多寡。又必以職事之繁簡爲衡。擬請畧仿北魏太和之制。而易其品位之等差。準之以爲俸給之等差。蓋北魏之初。不待品分正從也。而每品正從之中。復分上中下三級。是一品又析爲六階矣。今既廢去正從之稱。自宜變通魏制。由一品逮九品。定爲俸給三十等。以爲稱事報酬之準則。惟特簡官官等一品二品凡二項。但宜就同一官等之中。定爲特簡官俸級六等。而不必按一品二品分之。請簡官官等三品四品凡二項。於同一官等之中。其俸給亦如之。奏用官官等五品逮七品凡三項。於同一官等之中。則定爲俸給九等。其下則爲委用官。官等七品逮九品。亦凡分三項。故於同一官等之中。其俸給宜並定爲九等。而七品一級之中。奏用官與委用官職級雖同。然職任之輕重自別。委用官之俸給固宜視奏用官之俸給而從殺也。蓋三倍九品之數。而別爲俸給二十七等。又參以委用官七品一級之俸級。而合以八九品各俸級。故曰定俸級爲三十等。是與唐代流內官三十階之制。其取義固殊。其取數自合。顧於官級職級等差。皆從其簡。而必此從繁者。不徒爲稱事之報酬計。亦兼爲職官之激勸計也。惟近來重祿之議。見於私家著述。暨臣工章奏。已數數及之。況以體制上必需之費用。職事上相當之報酬而言。尤有不可不酌量更易者。茲擬請於特簡官俸級六等中最優者歲給四萬兩爲率。最下者以一萬五千兩爲率。每級以五千遞降。請簡官俸級六等中。最優者以歲給一萬五千兩爲率。最下者以五千兩爲率。每級以二千兩遞降。至於奏用官俸級九等中。最優者則以歲給五千兩爲率。最下者則以一千兩爲率。每級以五百兩遞降。委用官俸級九等中。最優者則以歲給一千兩爲率。最下者則以二百兩爲率。每級一百兩遞降。又所以必按特簡請簡奏用委用之官等。而分別釐定者。固期無背乎制俸之原則。抑以酌量我國財政情形。俸太薄則不足以彰激勸。俸太厚則又何以供取求。今惟明定其範圍。而仍隱操其調劑。凡大小一切職官。其職事繁者。得授同一官等較優之俸級。其職事簡者。得授同一官等較次之俸級。資勞卓著者。又得酌其同一官等俸之級而遞進之。此於日本年功加俸之制。及漢代加秩進祿之法。殆皆有合焉。又惟於本職得給以全俸。其攝有他職者。但得給以他職之半俸。所以示限制也。俸給既定。凡現在之養廉津貼薪水等項名目。及京官經制之俸米。咸宜罷去之。至於準同一官等所定之俸級以外。又宜酌分為五種。曰世襲俸。如皇族、如外藩、如世爵世職等項之當給俸者是也。曰恩給俸。如職官以老病退職給俸。或特旨賞給全俸半俸是也。曰學位俸。但以庶吉士為限。所得酌給之俸是也。曰特別俸。如議員議長副議長。又如各學堂之教員。及其他之臨時職。所得酌給之俸是也。但此五種俸給。自宜酌量變通。而不得以官等所定俸給之數為比例。惟無論屬於何種俸給。均宜統籌於度支部。而不得由京外各衙門。為單行之規定。則俸制既歸統一。等級亦歸詳明矣。是關於俸級之宜釐訂者三也。要而言之。官級定則資格咸有所統宗。職級定則位置咸有所專屬。俸級定則報酬咸有所準則。顧三者之通義既明。而要義可舉者。亦有三。一曰任用宜重出身也。夫受何種之任用。必限何種之資格。則入官之始。差無冒濫。近如游學生考試。及將來通儒院畢業。授有學位之庶吉士。以逮大學高等專門學堂畢業。授有學位之進士舉人。乃得有受高等文官試驗之資格。其合格者。乃得有受高等文官任用之資格。其中小各學堂畢業。授有學位之貢生生員。乃得有受普通文官試驗之資格。其合格者。乃得有受普通文官任用之資格。其法律專門畢業。不由高等試驗。而應別爲法官登用試驗者亦如之。至現在候補學習之各項官員。其由舉人五貢以上出身。及有高等專門各學堂畢業文憑者。免其特別試驗。此外皆須經特別試驗。其合格者則分別其原官之高卑。作爲同一官等之官級。又依其試驗合格之等第。而分別任用之先後。其不合格者。咸依原官給頂戴。而擯之於任用資格之外。如此則任用之源乃清矣。二曰升調宜嚴限制也。蓋遷官遷職。宜劃分爲二。其尋常勞績及資深者。但得進其同一官等之官級。而職級不宜遽遷。其但有資而無勞者。並宜使之久於其任。以責其成效。而官級亦不得遽遷。至有以同一之職級而更調者。則必以同類之職事爲限。此外皆不得輕率更調。又經常職及臨時職中。有但限同一之官等。而不限同一之官級者。於有所更調時亦如之。他如向來奏調之例。宜仍如其舊。惟於任用時。除准其自辟之官屬外。其他但得以臨時職用。及不限同一官級之經常職用。而限於同一官級之經常職。仍不得輕率調用之。皆所以嚴限制而杜紛擾也。又案我國官品之制。猶日本之官等與位階也。然日本官與職分。而我同一職事之官員。則別設官等之高下與位階之等差。此其異焉者也。夫我國惟以一定之職級。必屬於一定之官級爲原則。故苟無職級之陞進卽不得有官級之陞進。今卽擬離職級與官級而爲二。在限於同一官級之經常職。及臨時職。其著有成績人地實在相需者。並仿漢代加秩進祿之法。既得就其同一官等之官級。酌予陞進。並得酌進其同一官等之俸級。而不必遽遷其職事之職級。迨至資勞久著。積遷至同一官等之最高官。乃得特進其官等。而職級與官級並遷。其未積遷至同一官等之最高官級時。則但宜略仿唐代行守之制。假其官級已遷高於職級者。得以高官級行卑職級之事。而職級不必與官級並遷。惟在同一官等中官級職級本皆居其最高者。則限以在職若干年。乃得進官等而並遷其官職。至於經常職及臨時職。有但限於同一官等。而不限同一官級者。如以高等官級行卑職級之事時。則但遷職級。而官級自無所須於並遷。以卑官級守高職級之事時。則但得遷官級。而職級亦無所須於並遷。大抵非官不得任職。離職亦不得遷官。其越官等而遷職者。則必並遷其官。越官等而降職者。亦必並遷其官。總期於官職分離。而仍嚴守官等之限制。則不特有裨於職任之確定。亦庶幾無戾於久任之觀成矣。若夫以本職而攝他職時。亦必宜以類相從。仍不得越二職之限。至凡在監督機關之下。而任有職事者。仍不得攝彼監督機關之職事。所以杜舞文弄法之弊。此則宜並嚴限制者也。三曰處分宜議變通也。大凡以禮去職。如丁憂疾病。及其他事故。並不關於懲戒處分各員。宜仍留其職任。而於去職之時。凡有期限可計者。得以相當之員權任之。俟去職之事由消滅。得隨時回復其原職。若此者是謂之去職。其由於本員之意思。而永久辭退者。則謂之辭職。其由於懲戒處分而罷黜本職者。則謂之免職。其尤重者並免其官。免官者並不得敘復。惟辭職免職各員。實有相需之時。均得以　特旨起用。不得乍辭而旋復。此免而彼庸。以罣　朝廷用人之大權。至於彈劾宜分爲二種。其以公事劾者。皆歸於懲戒處分。不宜悉準以刑法上之制裁。致罹於褫奪公權之罰。蓋今制無論公罪私罪。必先科以何等之刑。而後準以何等之處分。往往有處分不過降級罰俸及革職留任。其官員之身分自在也。而準以科刑必奪權之義。徵論實行與否。皆有所窒礙。至於以私事劾者。必宜倂奪其官職。削除其身分。卽依一般之刑法科之。而不必從重。以失刑亦不宜準官以當罪。其限於官員身分之犯罪。又別有刑法上瀆職之罪可科。此則於私罪之義差合。而公罪之義固無取也。故宜併廢去公罪私罪之稱。以明定官吏勸懲之法。此則宜並議變通者也。三通義而外。更綜此三要義。由是而釐訂京外官制。乃有整齊劃一之規。而無牽制參差之弊。究其成效所在。必使大小臣工。各循其職分。而絕無所觖望於其先。即各殫其才力。而不容有所希望於其後。無觖望則不致攖以身家之私計。而任一職咸效一職之用。無希望則不復騖於躐進之虛榮。而治一職必底一事之成。故所陳各節。蔽以兩言。即俸級必與職級相準。職級必與官級相離。是也。蓋官級屬於自然人。而職級所定。即分任此行政司關之統治機關。準官級而授職級。即本諸自然人而分。寄以各種機關。至於準機關事務之繁簡。以爲俸給厚薄之等差。則國家優遇臣工之義。亦即臣工效忠國家之義所由起也。嘗徵之於虞書。敷奏以言。明試以功。車服以庸。實爲我國自來官制之所準。亦即爲彼國近今官制所莫外。我　朝　列聖相承。凡所綜核名實。澄敘官方。因時以制宜者。固已無弗周備。足以駕漢唐而上紹虞廷。今復鑒時會之所趨。爲立憲之預備。夫關於憲政成立。必宜速定京外官制。俾昭行政事務之範圍。兼示司法機關之準據。謹臚陳管見。以備採擇等情。呈請代奏前來。臣覆核該編修所呈。據古證今。深通法理。於釐定官制。不無裨益。合無仰懇　天恩。飭下憲政編查館採擇施行。理合據情代奏。伏乞　皇上聖鑒。謹　奏。宣統二年三月十一日奉　硃批。憲政編查館知道。欽此

各督撫爲鹽務處致鹽政處電

北京鹽政處鑒。皓電敬悉。變通鹽章一案。仰荷虛懷下詢。愼重鹺綱。莫名欽佩。查原章窒礙之處。前次電奏已大概言之。今鈞電既籌及督辦與督撫各分權限。而下又云鹽政處仍不失直接行政機關。是仍無所謂限。無所謂分也。竊謂中央如頭目。各省督撫如手足。頭目主發縱指示。手足主捍衛。二者各有所司。交資爲用。若謂頭目能徑代手足之勞。忘奉其捍衛之具。而仍日日責手足以捍衛。此必無之事也。今原章內第一二章。一則曰督辦大臣管轄全國鹽務官吏。總理全國鹽務事宜。一則曰凡鹽務用人行政事宜。均由督辦主持。是鹽務內事。固已專屬於督辦一人矣。乃復以督撫兼會辦。使分管所屬鹽務事宜。既稱會辦。事必會商。稿必會合。既定分管。事權宜一。責任宜專。今則會辦不必主稿。督辦可以單銜。是僅有會辦之名。並無會商之實也。疏銷緝私與

用人行政不能劃分二事此理之易明者若僅以疏銷緝私責督撫不過紙上之空談即謂緊急不勞會商之事可由督撫相機辦理然平時既未能主持臨事將何從核辦如但以管轄緝私各營爲督撫權限則一武弁優爲之將何待督撫乎夫以中國幅幀之大官員之衆事亦滋繁而謂督撫一人心思才力竟能考察無遺並能辦事者遲速無誤此事之不敢必者也尊旨縱爲中央集權起見不知督撫之權皆係中央之權未有可專制自爲者若至督撫無權恐中央亦將無所措手時方多故獨奈何去其手足而自危頭目乎此可爲深慮者也茲荷垂詢遵經詳細會商酌擬辦法以備採擇一曰用人權限派署運司鹽道及派充鹽局總辦由督撫預保或臨時遴員咨請督辦會奏派任自當遵照辦理惟鹽局總辦有向不奏派者似可由督撫按格遴員一面咨明督辦其餘大小鹽員京外遙隔督辦未能周知除補缺應仍按班次外一切委署委差擬請概由督撫主持仍由該管官詳報督辦備案蓋督撫耳目切近屬僚賢否考察較眞即有不肖鹽員亦不敢肆無忌憚實爲整飭鹺綱之本原惟是督撫既于用人負其責任則凡鹽官之甄別舉劾大計密考似應仍由督撫核辦倘慮舉劾不當則濫保誤揭

自有定例。督辦有糾察之責。儘委調時考核奏明辦理。至水陸緝私各營。既歸督撫管轄。所有黜陟徵調。應亦由督撫主持。隨時咨明。一曰。行政權限。督辦總理全國鹽務。但當規畫大端。如有大興革及特別重要。暨關係數省或全局者。該管官得條具辦法。分稟督辦核示。督辦亦得隨時直接查詢。會商督撫辦理。其餘事件。仍照前由督撫主持。既免彼准此駁之嫌。而公事亦無停滯躭延之弊。所有產銷情形。課釐收數。暨報銷交代冊結。惟由該管官按月或隨時。詳報督辦查核。一曰。奏事權限。督撫例得奏事。尋常例摺。無妨由督撫主稿。今重要事件。既得由督辦單銜具奏請旨。似督撫專奏。亦無逾分之嫌。況事有急迫待辦。不及會商。或非電商所能詳盡者。實難過事拘泥。即會奏之件。有先未公商定稿。督撫確知為難行者。亦應陳述所見。上達宸聽。方不失內外相維之意。一曰。用欵權限。各國財政。中央既握其事權。卽應兩担其責任。今則各省積虧。不為不多。各督撫擔負。不為不重。攤欵既踵事增加。撥欵又非盡有着。新政經費。復日多一日。本量入為出之古說。削足適屨。勢實有所不行。凡遇本省緊要急需。及奏咨有案之濟協各款。雖未指定鹽欵。而急須撥解者。應請准于鹽欵內酌量挪撥。一面奏咨以

文牘　十六

免貽誤。又一省之大。鉅細用款。幾乎無日不有。若逐款須咨明立案。實亦不勝其煩。查前年度支部奏明外銷各項。果係實在應用。即予劃留。際此各省款絀用繁。凡有現已報部。而從前本係外銷之款。應請儘數截留撥用。仍彙造清冊。咨請核銷。如督辦動撥各省鹽款。亦請知照各省。以上各節。倘承採納。則凡與原章鑿枘之處。應請一併刪改。良等非敢堅持異議。實因鹽務爲民食國課攸關。且于地方關係甚大。督撫旣肩重任。未敢隱忍不言。至于各省鹽務糾紛。應如何調查地方習慣情形。參酌古今中外制度。規畫全局。變通盡利。此則私心竊禱于鈞處者也。區區苦衷。伏乞鑒察。良龍駿巽勛義銓韞同叩。宥

叢錄

江介雋談錄

野民

朱曼君詩

泰興朱曼君孝廉(銘盤)家貧負逸才。同光之際。吳武壯公(長慶)駐軍揚州。辟爲記室。久司文檄。爲時踰紀。而江浦。而登州。而朝鮮。靡役不俱。武壯以寒儒起家。既貴盛。捐金養士。招携豪俊。幕府時號才藪。若君與通州張季直殿撰(謇)。海州邱履平二尹(心坦)。海門周彥升廣文(家祿)。閩縣林怡菴上舍(葵)。揚州束惟皇明經(綸)。皆一時之選也。或曰君少年時不持檢度。頗耽狹斜遊。有杜樊川之風概。武壯素嚴正。尚理學。然愛君才。亦不禁也。武壯既沒。君漫遊遼左。光緒甲午五月卒于旅順。年甫四十。其婦妒而無子。夙與姬人不協。至是棄之遽歸。其姬趙賢能之婦人也。丐貲抱遺文挈藐孤(小字買奴不知其名)返里。季直殿撰愴懷舊雨。爲刊其遺稿。曰桂之華軒駢文詩集。錄其五律露筋祠云。遠望碧可愛。垂楊風細吹。淮南古時驛。湖上女郎祠。夜靜百蟲響。露涼雙袖滋。娟娟二更月。長與照蛾眉。碧泉云。湯池多處所。未聽碧泉名。終古無人浴。一泓如此清。風回成響細。滌靜測天明。流向前溪去。波瀾自不平。人日雜詩云。城上高臺迥。傳聞勝國爲。鳥巢乾雪墮。虵蛻晚風披。欲上看山色。無心贈好詩。江流何太苦。日夕更東馳。登燕臺山云。昔聞東國險。今日上燕臺。地向山根盡。天從海底回。勒銘陋秦迹。乘馬壯齊材。薄暮樓船動。風烟畫角開。月云。仰首看明月。由來似我家。閉門還伏枕。擊柝與清笳。漸覺飄桐葉。翻憐負蕙花。何能附潮信。一爲寄瑤華。七律蓬萊閣云。登州城上蓬萊閣。東控烟臺北大沽。坐覺文章變天地。甯聞人世有江湖。籌邊中旨憂方亟。說戰羣公口不孤。便竭東南萬民力。未應漢過不先胡。海色一首奉上所知云。海色蒼蒼欲變秋。海波終古盡東流。晚來潮信通江水。樓上征人望去舟。別將旌旗深駐馬。南山父老盼騎牛。平生風義同嚴杜。射虎相從意未休。（蒙按此詩乃貽吳武壯者）君駢文典麗喬皇。爲時所稱。詩醖藉中時露豪氣。蓋太白之倫也。

遺成詩

祥符周文之大令（沐潤）少時文藻敏贍。林文忠公撫吳日甚器之。集香山少陵句爲楹帖贈其尊人蘇州守介堂先生(岱齡)云。謝安子弟佳難得。庾信文章老更成。既成進士。授長洲令。不畏彊禦。有能名。後以挾妓飲酒褫職遣戍。有答人問被劾詩云。坐緣宰相犇麤去。特和將軍競病來。又云。靈雨幾曾桑下宿。使星還爲蒻蘭淹。豈緣風雅關防密。或是春秋責備嚴。摛辭典雅。綽有風趣。迨行次洛中。遇　文宗登極。賜環。君與諸弟皆知名。而昀叔季晛尤著。

詩貴比興

萍鄉文道希學士庚子之秋。有詠月絕句云。藏珠通內憶當年。風露青冥忽上仙。重詠景陽宮井句。菱乾月蝕弔嬋娟。(自注李義山景陽宮井雙桐詩。秋港菱花乾玉盤明月蝕)新建夏劍丞觀察有題沈鳳樓天寶宮詞句云。獨有數行河滿淚。可憐千尺井中泥。皆一唱三歎。寄託遙深。可謂善于比興者矣。

法雲上人句

法雲和尙。浙江昌化人。八歲出家。年登古稀。不廢麴蘗。而耽韻語。與袁爽秋太常爲方外交。嘗有題大滌山棲眞洞句云。松梳涼露意珠圓。月印寒溪心鏡澈。語殊微妙淸越可誦也。

瓊花

贛州道署廳事前有瓊花一株。自唐季廣陵兵燹而後。奇花凋蝕。惟瓊花觀遺址尚存。此本移植虔州。始于何時。已不可考。然虔州千年以來。贛爲州治。未遭兵亂。其存至今也亦宜。樹高拂簷。清陰匝地。二三月開。僅七八日卽謝。花大如繡毬。色純白。香極清微。花四圍八朶小花。絕類秋海棠。中心如金栗攢萃而成一花。花心有瓔珞。其無瓔珞者。名聚八仙。奇麗罕儔。爲花中逸品。然贛州僅此一樹。有分植他處者。枝葉亦茂。惟均不開花。能花者祇此一本而已。

正誤　第八期江介雋談錄輿簃詩唐亭誤刊作唐亭

春冰室野乘

春冰

乾隆朝 萬壽慶典之盛 二則

乾隆十六年十一月二十五日。爲　孝聖憲皇后萬壽。由西華門至西直門外之高梁橋。經棚劇場相屬於道。各省供奉皆窮極工巧。而尤以粵鄂浙三省爲最鉅麗。粵之翡翠亭高三丈餘。廣可二丈。悉以孔雀尾爲之。鄂之黃鶴樓形制悉仿武昌。唯稍小耳。最奇者。重樓三成。千門萬戶。不用一土一木。唯以五色玻璃甎砌成。日光照之。輝映數里。浙之鏡湖亭。以大圓鏡徑可二丈許。嵌諸藻井之上。而四圍以小圓鏡數萬鱗砌成墻垣。人入其中。一身可化百億。眞奇觀也。當時街衢中。惟聽婦女乘輿。官吏士民皆騎馬往來。不得乘車轎。慮擁擠也。熙來攘往。太和翔洽之盛。安得復覩于今日哉。

聞諸故老。　高宗純皇帝八旬萬壽時。福文襄爲兩廣總督。其進奉之物。係小栴木匣一枚。啓之。則一小屋。屋內中置屏風。屏風前一几。几上列筆床硯匣數事。有機藏几下。捩之。則一西洋少女高可尺許。自屏右出。徐徐拂几上塵。注水於硯。出墨磨之。墨既成。又從架上取硃箋一幅。鋪之几上。卽有一虬髯客。出自屏左。徑就几。搦管書萬壽無疆四字。書成。擲筆。仍返入屏後。女乃從容收去筆硯。仍置原處。始扃其戶而退。聞製此者。爲院房一吏。製既成。文襄閱之。躊躇曰。四字如能作滿漢合璧。則更佳矣。吏跽而答曰。可。容歸而思之。既歸。卽高臥。至夕乃起。起輒以布一疋。緊纏其首。升屋瓦上。坐達旦。如是者三日夜。乃躍然曰。得之矣。畧增機括數事。於是所書者。居然成滿漢文矣。文襄大喜。厚賚之。然其人腦力業已用盡。自此遂不能復記憶一事。平日巧思。皆烏有矣。此事傳者未免稍過。然詢之內府中人。知當時確有此事。特不如言者之甚耳。孰謂吾國人機巧遜晳種哉。或又云。文襄入都覲暇。先期以此匣進呈。內監索重賄。文襄靳之。監卽正色曰。機巧之物。非有知識。且爲器愈精。則愈易破損。設書至無字。而機關忽滯。戛然中止。孰則執其咎者。文襄無以難。竟被擯不得進御。此則更傳聞之誤。蓋文襄寵眷之隆。內監決不敢勒索重賄。卽有要求。以文襄之豪侈。亦決不吝此戔戔也。

宣宗沖齡神武

嘉慶癸酉林清之變。賊犯大內。　宣宗方在智邸讀書上書房。聞變。諸王貝勒。皆倉黃奔避。　宣宗。獨親御鳥槍。連發。斃二酋。賊錯愕。不敢前。禁軍入。遂悉就禽。　仁廟下詔褒異。加封智勇親王。遂定金匱緘名之局。人皆仰聖武之布昭。而不知智勇天錫。自髫齡時而已然也。乾隆五十四年。高宗木蘭秋獮。宣宗以諸皇孫隨扈。時聖齡纔八歲。一日至張家灣行宮。上親率諸王校射。宣宗侍側。俟諸王射畢。亦御小弓矢。連發。中其二。上大喜。拊其頂曰。兒能連中三矢。當以黃馬褂爲賚。果三中之。即置弓矢。跪上前。上問所欲。不對。亦不起。上大笑曰。吾知之矣。因命侍臣取黃褂衣之。倉卒間不得小者。即以成人之衣被之。乃謝恩。起而裾長拂地。不能行。乃命侍衞抱之以歸。御製詩集中。有詩紀其事。

徐健庵遺事

唐人通榜之法。士大夫公然行之。不以爲疑。自糊名易書之制行。此等事遂不概見。徐健庵尚書貴盛時。其中表楊某者。官翰林。一日。徐屏人語之曰。欲主順天鄉試乎。楊唯唯。健庵又曰。若是則吾有一名單。君入場。當留心物色之。未幾順天考官詔下。楊果得正主考。方摒擋入闈。健庵使其僕持一緘至。啓視則名單一紙。纍纍數十人。下悉注關節字句。皆當時名士也。楊入闈。悉如其指。榜發。都下大譁。言官以其事上聞。聖祖降旨定期親訊楊簪甚求救于健庵健庵從容慰之曰子姑歸毋恐獄行解矣楊惘惘歸恐懼猶未釋已而竟無事後始知有一近臣面奏言　國初以高官厚祿羈縻漢兒猶拒而不受今一舉人之微乃至輸金錢通關節以求之可見漢兒輩皆已歸心朝廷天下從此太平矣敢爲　皇上賀　聖祖聞奏爲之解頤故竟寢其事不究然此人亦健庵所使也

文苑

梅陽歸養圖送江侍御

林紓

直臣引退事堪悲。郤費山人一首詩。中尉今無張萬福。樞廷眞肯鄭當時。歸逢筍候宜醇酒。老就梅花豈夙期。戀闕心醲兼戀母。在天端有景皇知。

又

陳寶琛

少戇還君著作庭。天將雨露寓雷霆。遂初此去臣何慊。亂政從來國有刑。書壁會當思魯直。裂麻竟不相延齡。陔餘未乏酬恩地。勤爲鄉鄰講孝經。

又

張亨嘉

白日黃塵車擊軹。東門出祖江御史。纖兒撞壞好家居。誰司言職吾當恥。刳肝作紙血書辭。鼎鑊當前氣不靡。一朝大呼排九閽。懦夫驚駭走折趾。孤臣有母自當歸。天子深恩容不死。憶昔神州痛陸沉。帝京景物多殘毀。玄黃再造朝至尊。想望太平空一紀。今皇諒闇居攝賢。宣室求言意則美。公于此時益發紓。誓清朝列厲距嵩天心悔既未有期折檻埋輪徒爲耳吾聞諫臣君耳目國命與之相依倚苗裔常蒙十世宥何況及身遭播遞漢家廚顧半誅鋤滂母夷然收淚止公今猶得侍蓬萊主聖臣直非昔比歸來重著舊萊衣白髮倚閭眞失喜兒童走卒識公名持此安歸寧得已乞年徵詔起故山未許扁舟滯九鯉

又　趙熙

先皇爲國傷心極老母持家望子還一別未知歌哭在春風歧路問椒山

又　林紹年

世事由來似奕棋幾人蒿目獨憂時莫言未遂生平志戇直分明受主知

我亦當年柱下官封章無補淚決瀾送君轉自增心愧兩載曾容負豸冠

又　嚴復

氣盡漁陽摻心酸得寶歌龍湖攀已遠鳳穴事如何百六春將晚東南雨苦多迴文托蘇蕙若箇竇連波

見之心下大疑。時兩人坐處與女室門相距不遠。故語聲雖細。猶歷歷可辨。客曰大樂師。此鎗乃最新式者。精悍無匹。其及遠之力。比之奧國步軍所用者。足勝五十米突。梅曰然。吾在巴黎時已曾試驗之。固甚佳也。汝能即交一萬桿乎。客曰。君如不吝値。則一萬五千桿亦可依期交納。子彈配足。一切無誤。梅曰。其如索價太昂何。客曰。吾輩好友。恕吾直陳。若以愛國獨立之價値擬之。不應如是耶。女聆二人問答。已知此客爲英國軍械廠之代理人。又聞梅答曰。以我國獨立之利益相比擬。則此價殊不爲多。但汝必須依期交納。切不可疎忽。今夜已深。吾已兩夕未眠。汝可於明日攜合同來。訂準三月十四日運至旣路亞交納。到彼時自有人接應點收。此軍器須以禾稿封蓋妥善。復以農家之轆轤載入林拔地省境內。僞爲販馬料者。則自然無虞。客復沈吟曰。十四日耶。如此則吾須趕乘早船。由馬些兒起程。五天可至壓路仙島。由該處再閱十天。便可抵旣路亞。依預算之程期。可決最遲亦不踰十五日。便能交納。我輩接辦如此大批軍械。本不能如是迅速。可巧適有客定下一萬桿。因欵項不足。忽然退回。今可卽將此鎗轉付。如能照價還足。貨到交銀。則定能依期辦到。不致貽悞。梅曰。此有何難。欵已籌備多時。到時當如數照奉。錙銖不闕。但我輩之軍需。來亦不易。全賴國中殷富志士。仗義輸將。所得之欵。多屬平日窖藏之金葉銀塊也。於是手書一紙條付客曰。此爲吾黨中執事者之名單。將來驗收交價時。皆此數人司之。而沙顛梨亞稅關員名。亦在其內。貨到彼時。尋着彼等。必能會意放行無礙。惟千萬致囑。不可踰三月十五日之期。因已約定二十日起義。勿悞大事。客曰請放心。此事吾能承擔。斷不有悞。時女在內竊聽良久。盡得其隱。於是輕移步履回榻。坐下。自忖曰。不出我所料。此人果爲志士。欲在美倫倡亂。逐去奧人。吾今盡得其隱事。足以制其死命。如彼之挾制我者然。吾今執此爲護符。夫何憂哉。言訖局局笑不休。喜極。遂卸粧登榻酣眠。

第七回　釋偵探巧具英雄術　傾懷抱沈綿兒女情

次日梅善那凌晨即起而出。迨歸來用早膳。仍不見女出房。時店主婦自來進饌。因問曰衣士梯梨無恙耶。何此時猶未起也。店主婦曰。彼耽臥耳。無所疾苦。適吾促其起。彼盛氣詈吾謂何預爾事。吾將不往意也。吾苦不能耐。反唇譏之曰。汝豈以師朴爲未足。更欲討箠楚耶。梅聞言不樂曰。汝如此言。不太觸忤吾徒乎。店主婦曰否。是兒甚悍猛若鷙獅奮然而起。直欲以肱揮我。吾以彼年幼。亦未與校。但恐抵意時。汝欲馴服之。亦誠非易易也。言時女方自房中出。梅急悄語店主婦曰止止。彼出矣。觀女面雖强作沉默態。而已隱含怒容。舉止傲慢迥殊曩。時至廳事即欲徑行就坐。梅略以目視之。女乃向師道早安。梅隨應隨起身曰。汝之早膳行卽送來。吾已用畢。今須料檢行縢去也。言竟匆匆入房去。店主婦亦出。女悻悻獨坐。餘憤未消。彼僞侍者卽借進膳爲名。輕步登樓來探。女不爲意。食至兩簋。女偶有所觸。以足蹴地作忿恨狀。而彼偵者亦僞若不知。侍立於傍。愈益敬慎。惟以所見默誌於心中。膳畢。彼侍者呈進賬單曰。乞恕冒瀆。請姑娘簽名。并賜給小賬。女乃閒閒探囊。出小銀篋。取一佛郎置桌上。復脫下其右手手套。執筆欲書。方在間不容髮之頃。忽梅善那自房中突出。叱曰。無知孺子。汝將吾之貲財浪擲耶。此佛郎六枚。乃吾畀汝。欲使汝可以隨時示人。以明吾之待汝非吝者。汝必欲耗之何意。又轉身叱侍者曰。此乃吾賬。吾自給之。不勞汝持單來索。速持回賬房。無在此嘵嘵。此一佛郎。卽給汝作犒勞金。吾亦不靳。可速去。又掉頭顧女曰。衣士梯梨時已不早。將行矣。可速穿衣去。彼侍者見梅盛怒之下。不敢再置一辭。惟諾諾連聲下樓而去。梅見侍者已去。乃急闔扉轉身趨至女旁。握其手曰。此番驚汝矣。吾所疑懼者即此僕人也。彼偵汝甚久。但汝未之覺耳。今彼欲乘間伺汝之瑕。汝今茲所爲。固顯然類一貴婦人慣於自行會鈔。又復予彼一佛郎作犒勞。區區侍一飯之頃。乃賚以多金。誠非爵夫人不能有此豪舉。安得不益令彼生疑哉。于是正色訓之曰。此後汝切勿再與吾作梗。汝之服從。正汝之所以自爲計也。吾時或出以嚴峻之語。訶斥不情。在吾心亦深抱不安。但有不得已之苦衷在。蓋非如此不能以庇汝也。今後汝須恪守吾之訓言。刻刻以吾徒自居。言動視聽。毋或越此範圍。更願汝勿誤視余爲世界嗜利之鄙夫。徒事苛酷。欲因汝以爲利者。試由後溯前。一察吾之爲人。則爲幸多矣。言罷。殷殷執其手而吻之至再。女至此始啞然笑曰。吾知之矣。吾不怨汝矣。梅曰。如此吾又要恫喝汝矣。即揚聲曰。衣士梯梨可速治裝。越五分鐘。即須下船也。女急忙遵命整理。未幾已訖。遂與梅相將下樓。梅付膳費訖。携女登車。店主婦送出門外。乃曰。傭僕以適間進膳觸君之怒。惶慚不甯。竟不支傭値而逃去矣。梅師徒聞之。咸有戒心。亟乘車往河干。趁舟往馬些兒去。却說屈鐸部下有一名探。名翟勃樂。智慮過人。且因此案懸賞多金。不肯罷

國風報第一年第十二號目錄

國風報

大清郵政局特准掛號認爲新聞紙類
日本明治四十三年二月十三日第三種郵便物認可

（每月三期逢一日發行）

宣統二年五月初一日

第一年第十二期

定價表

費須先惠逢閏照加

項目	報費
全年三十五冊	六元五角
上半年十七冊	三元五角
下半年十八冊	三元五角

零售每冊	二角五分
本國郵費	每冊四分
歐美郵費	每冊七分
日本郵費	每冊一分

廣告價目表

一面	十元
半面	六元

惠登廣告至少以半面起算如登多期面議從減

宣統二年五月初一日出版
六月十一日再版

編輯兼發行者　何國楨

發行所　上海福州路　國風報館

印刷所　上海福州路　廣智書局

分售處

北京桐梓胡同廣智分局
廣州十八甫國事報館
廣州雙門底聖賢里廣智分局
廣州十八甫廣生印務局
日本東京中國書林

國風報

各省代理處

▲直隸 保定府西大街 萃英山房
▲直隸 保定府署 官書局
▲天津 府署東 原創第一家派報處
▲天津 浦東小關大行 公順京報局
▲天津 鄉祠南售報處 李茂林
▲天津 東馬路 羣益書局
▲奉天 省城交涉司對過 振泰報局
▲奉天 圖書館
▲盛京 昌圖府北大街 振泰報局
▲吉林 省城板子胡同 文盛報房
▲山東 濟南府芙蓉街 維新書局
▲河南 開封府城北書店街 茹古山房
▲河南 開封府西大街 文會山房
▲河南 開封府西大街 大河書局

▲河南 開封府西大街 教育品社
▲河南 開封北書店街 總派報處
▲河南 武陟三官廟街 永亨利
▲河南 彰德府 茹古山房
▲陝西 省城內竹笆市 公益書局
▲陝西 省城 萃新報社
▲山西 省城翦子巷 文元書局
▲山西 省城 書業昌記
▲貴州 崇學書局
▲雲南 城東院街沙朧巷口 天元京貨店
▲安徽 廬州府神州日報分館 陳福堂
▲漢口 黃陂街 昌明公司
▲安慶 府龍門口 萬卷書樓

國風報

各省代理處

- 蕪湖 徽州碼頭 科學圖書社
- 四川 成都府學道街 輸文新社
- 四川 成都 正誼書局
- 四川 成都會府東街 華洋冬報總派處
- 四川 成都南紗帽街 安定書屋
- 湖南 長沙 羣益圖書公司
- 湖南 常德府 申報館
- 南京 城夫子廟 啓新書局
- 南京 城淮情橋 莊嚴閣
- 南京 城花牌樓 崇藝書社
- 南京 城花牌樓 圖南書社
- 江西 省城洗馬池 開智書局
- 江西 廣信府文昌宮 益智官書局
- 江西 南昌萬子祠棱書巷內 廣益派報社

- 福州 督署後 教科新書館總派報處
- 廈門 關帝廟街 新民書社
- 溫州 府前街 日新協記書莊
- 溫州 瑞安太平石街 廣明書社
- 蘇州 圓妙觀西察院巷口 瑪瑙經房
- 揚州 古旗亭街 經理各報分銷處
- 常熟 常照派報處 朱乾榮君
- 常熟 寺前街 海虞圖書館
- 常熟 孚記書莊
- 星加坡 南洋總滙報
- 澳洲 東華報
- 金山 世界日報
- 紐約 中國維新報
- 香港 中環砵甸乍街 致生印字館

國風報第一年第十二號目錄

目録

泰山靈岩寺寶塔

諭旨

四月十七日　上諭前經降旨將宗室王公世爵等應選資政院議員人員分別選定並經預定召集日期令該院各項議員屆期一律齊集茲據資政院奏請續行欽選議員開單呈覽一摺所有單開之納稅多額互選當選人着孫以芾李士鉅周廷弼林紹箕席綬王佐良宋振聲李湛陽羅乃斷王鴻圖爲議員該員等務各按照定期與上次欽選各項議員暨各省互選議員一律齊集預備開院並各懍遵前旨竭誠協贊有厚望焉將此諭令知之欽此監國攝政王鈐章軍機大臣署名

十八日　旨郵傳部左侍郎汪大燮着充出使日本國大臣欽此　上諭汪大燮現在出差郵傳部左侍郎着李焜瀛署理欽此監國攝政王鈐章軍機大臣署名

上諭郵傳部左丞著李經楚署理梁士詒著署理右丞左參議著胡祖蔭署理陳毅著署理右參議欽此　一諭江蘇巡警道員缺著汪瑞闓試署欽此　上諭瑞澂楊文鼎奏遵旨查明湘省痞匪藉飢擾亂地方文武辦理不善分別參辦一摺此次湘民肇亂

該省城文武各員事前疏於防範臨時又因應失宜均屬咎有應得除開缺湖南巡撫岑春蓂業經交部議處外巡警道賴承裕操切偏執肇釁醸患鹽法長寶道柳延熙遇事庸懦應變無方長沙協都司貴齡左營守備周長泰消防所所長游擊龔培林警務委員知縣胡騰均保護不力著一併革職布政使莊賡良措置失常著開缺交部議處按察使周儒臣長沙府知府汪鳳瀛長沙縣知縣余屏垣善化縣知縣郭中廣身任地方亦難辭咎惟平日官聲尚好辦理善後亦頗敏愼周儒臣汪鳳瀛均着交部察議余屏垣郭中廣均著革職留任署長沙協副將楊明遠査拏匪犯尚能認眞著摘去頂戴勒令捕匪以觀後效餘著照所議辦理該部知道欽此　上諭瑞澂奏特參紳士挾私醸亂請分別懲儆一摺據稱該省議勸紳捐先辦義糶湘紳王先謙首先梗議事遂遷延變起之後歸咎撫臣激變電請易人殊屬不知大體孔憲教楊鞏二人於推戴藩司推陷撫臣持之尤力楊鞏本係被議人員朦捐候選道尤屬品行卑下葉德輝當米貴時積穀萬餘石不肯減價出售實屬爲富不仁等語前國子監祭酒王先謙分省補用道孔憲教均着交部嚴加議處吏部主事葉德輝候選道楊鞏均着即行革職交地方

官嚴加管束餘着照所議辦理該部知道欽此　上諭瑞澂楊文鼎奏會同籌辦湘省善後事宜一摺此次湘省變生倉猝雖因米價昂貴要求平糶而起實有莠民痞棍從中煽亂自非嚴懲不足以昭炯戒除業經格斃及正法各匪外所有續獲匪徒仍着悉心研鞫分別首從盡法懲辦以警刁頑其安分良民務須妥爲賑撫毋任失所至所陳一切善後事宜着卽相機妥速辦理用弭後患欽此　上諭趙爾巽奏提督因病出缺懇請代奏一摺已故四川提督馬維騏由武童隨前雲貴總督岑毓英轉戰滇邊三迤剿辦蠻夷各匪所向有功洊升總兵擢授提督巴塘番逆搆亂統兵進剿全台肅清平日整頓營務勞瘁不辭茲聞溘逝軫惜殊深馬維騏加恩著照提督軍營立功後病故例從優議卹任內一切處分悉予開復應得恤典該衙門察例具奏並將戰功事蹟宣付國史館立傳伊子四川試用同知馬佩璣著以知府分省補用以彰勞勩該衙門知道欽此監國攝政王鈐章軍機大臣署名

二十日　上諭鹿傳霖奏病體難支仍請開去軍機大臣要差並續假一個月一摺鹿傳霖著再賞假一個月並賞給人葠二兩安心調理毋庸開去軍機大臣差使欽此

上諭外務部尚書梁敦彥奏因病續假並請派署員缺一摺梁敦彥着賞假兩個月外務部尚書兼會辦大臣着鄒嘉來署理曹汝霖着署理外務部左侍郎外務部右丞著劉玉麟署理欽此 上諭湖南布政司着趙濱彥補授俞鍾頴着補授廣東按察使欽此 上諭湖南鹽法長寶道員缺着吳肇邦補授欽此 上諭湖南巡警道員缺著桂齡補授欽此監國攝政王鈐章軍機大臣署名

二十一日 上諭廣東瓊崖道員缺緊要著該署督於通省道員內揀員調補所遺員缺著榮元補授欽此監國攝政王鈐章軍機大臣署名

二十二日 上諭前據給事中陳慶桂奏廣東新軍滋事恐有寃濫情事請派員查辦一摺當經諭令張人駿澈底查究茲據覆奏查明當日滋亂情形始由新軍二標與警兵口角起釁繼因統帶官不准放假一標營兵首先鬨鬧革黨倪典借端煽惑各兵希圖起事昌言於衆詞極悖逆業經防軍當時格斃共擊死兵丁二十八名正法十一名先後拿獲亂黨四十餘名事雖敉平而該管官等措置失當幾致良莠不分宜於輿情不洽前協統張哲培平日撫馭無方臨事棄營逃避一標統帶劉雨沛於標兵喧鬧之

時卽已避匿次日又復私逃卽著袁樹勛拏交大理院治罪前充廣東老城巡警第一分局巡官試用巡檢陳慶齋縱容警兵鎖毆新軍兵弁釀成鉅案實爲厲階着卽行革職督練所參議道員吳錫永疏於籌畫臨事張皇統領水師親軍保升道員候補知府吳宗禹紀律不嚴失察兵丁剽竊均著交部議處署兩廣總督袁樹勛於兵勇交閧彈壓剿撫兩失其宜且據查當時新軍畏避出外者多在塲滋事者少事後來歸悉被遣散以致數年訓練尅期成鎭之兵一旦決裂敗壞實屬咎有難辭前據自請議處業經查明袁樹勛著交部議處其當日殉難之砲隊一營管帶齊汝漢著照協參領陣亡例從優議䘏一標一營隊官胡思深一標二營隊官宋殿魁二標二營前隊隊官李錚均著照正軍校陣亡例從優議䘏至增祺袁樹勛前奏參一標一營管帶胡兆瓊一標二營管帶王如周一標三營管帶楊卿炮隊二營管帶林金鏡工程營管帶陳宏蓴輜重營管帶許嘉澍均着交部分別議處餘着照所議辦理該部知道欽此監國攝政王鈐章軍機大臣署名

二十四日　上諭陝西勸業道員缺著光昭補授欽此　上諭陝西西安府知府員缺

緊要著該撫於通省知府內揀員調補所遺員缺著丁麟年補授欽此監國攝政王鈐章軍機大臣署名

廿五日　上諭五月初六日夏至大祀地於方澤遣莊親王載功恭代行禮四從壇派希璵扎克丹延秀承蔭各分獻欽此　上諭吏部奏遵議湖南官紳處分各一摺開缺湖南巡撫岑春蓂開缺湖南布政司莊賡良均著照部議革職湖南按察司周儒臣長涉府知府汪鳳瀛應得降三級調用處分加恩改爲降三級留任前國子監祭酒王先謙分省補用道孔憲教均著照部議降五級調用欽此　上諭直隸承德府知府員缺緊要著熱河都統會同直隸總督於通省知府內揀員調補所遺員缺著陳應濤補授欽此　上諭此次考取各省保送舉貢著於五月初二日在保和殿覆試欽此　上諭御史儼忠奏州縣懸案不結監禁多人無辜被累請飭認眞查辦以維憲政一摺近來舉行憲政訟獄一事尤宜實心清理惟各省審判廳尚未能一律成立各州縣辦理命盜案件難保無羈繫牽累等弊著各直省督撫認眞查核如地方官有懸案不結無辜久禁者從嚴參辦以副朝廷矜恤庶獄之至意欽此監國攝政王鈐章軍機大臣署名

論說

米禁危言

滄江

近日各省紛紛禁米出境。經湘亂後而益甚。江蘇浙江安徽江西行之。湖南湖北行之。最近則河南山東行之。奉天吉林行之。各省殆以此爲自衛唯一之政策。官吏有然。即人民亦有然。嗚呼此實速亂之階梯而取亡之心理也。彼禁米出境者。豈非欲藉此以維持境內之米價。勿使騰漲哉。夫近年以來米價飛漲。月異而歲不同。誠可以蹙吾民於死地。其亟思補救之宜也。雖然欲治病者。必當先審病之所由起。苟不爾者。未審症而妄下藥。必至殺人而已。今吾吏民亦知國中米價果以何因緣而日飛漲耶。其一則以貨幣購買力之比例而見爲漲也。疇昔有錢若干可以易米一斗者。今則倍之或兩倍之而僅易一斗。故命之曰米貴也。其二則以人民所得之比例而見爲漲也。疇昔各人一歲之所入。僅以其二十分之一。購米而足者。今則以其十分之一購米而猶懼不足故命之曰米貴也由前之說則米貴之故由於政府濫發惡貨幣以擾亂市面而括取吾民之脂膏以今日米價與疇昔米價比較其翔踊之一部分即其見蝕於銅元餘利官局鈔幣餘利者也由後之說則米貴之故由於國民生計全體萎悴一國勞力供過於求一國職業求過於供坐是庸率日微而人人不足以自爲養以今日米價與疇昔米價比較其翔踊之一部分則其見蝕於外國人之手者也合此兩大原因而米貴之惡果乃日遷流而不知所屆今欲平米價而不能致力於此二者以爲拔本塞源之計吾恐雖日僇一人而價之騰猶不能止也

吾先哲之訓以遏糴爲大戒而西方學者亦有恒言曰生計無國界夫遏鄰之糴猶曰不仁而況於同在一國者耶生計界凡百之物皆無國界而況於民生日用所必需之品耶夫物恒趨於價貴之處若水就下此生計學之公例也斯何故歟蓋同一物也而甲地之價貴於乙地則必甲地之求此物者過於供而乙地之供此物者過於求也是故以此物供之於甲地則得利豐而以供之於乙地則得利嗇懋遷之民必舍嗇而趨豐此不學而能者也而坐是之故物價已不期平而自卽於平故欲平物價惟有聽物

之自己太史公所謂善者因之其次利導之而斯密亞丹所倡生計自由主義全世界至今受其賜者胥是道也苟欲强而制焉則如水然搏而躍之激而行之拂逆其性終必橫決而已是故生計現象萬不容以國爲界强界以國則立此界以圖自利者其究也害必餘於所利界以國猶且不可矧乃更於國中而爲之界者耶曩昔吾國禁米出境外之舉屢見不一見識者猶以爲非計今乃以此道施於各省其愚眞不可及矣

吾民徒見夫米商之運米出境而官不之禁而米價即隨而騰貴也於是以爲價之所以騰全由於此此倒果爲因也夫商人何以運米出境必其運出之而能有利者也運出之何以能有利必四鄰周遭之米價先已騰貴也四鄰周遭既已騰貴則夫攝於其間者勢固不得以獨賤此如內湖與外湖之水有一竇以爲之通且沿緣以達於河海外湖涸落者內湖勢不得復漲盈也若曰吾將塞其竇耶雖未始不可行然自是遂變爲死湖不特膨水生害而更挹之亦終竭耳及吾之竭而又有何道能爲吾灌注也故夫民之仇米商而以嗜利爲其罪者米商之嗜利則誠是也若以爲罪則非也夫商也者以買賤販貴逐什一爲其本業其嗜利宜也苟其以不正當之手段罔不應得之利

則官吏固當禁之若猶是循生計之原則守法律之行為以逐時求贏雖帝者固不得而禁之禁之則是侵人自由侵一人之自由似屬小事而不知生計自由之大原則將從此而破壞而害固不可紀極也然使一方人民自為計果能以米禁之故而長保米價之平則雖稍侵一部分人之自由或亦非得已而不知其終不能也蓋米貴別有其大原因在運米出境雖為助成之一近因而其細抑已甚不務革其大因遠因而徒斤斤於小因近因決無補也此如外湖既涸者內湖自應俱涸居同一之地域受同一之氣候盈虛決無道以懸絕其涸之有先後則日夕間事耳區區小竇開之固無救於外湖即塞之亦豈有救於內湖今者全國米貴之現象正類是也蓋全國人口歲增而荒地不加墾闢農業不加改良所產之米不加多實不足於給於養此其第一因以幣制紊亂之故百物騰踊農夫資生所需日鉅牛種農器之費與之俱進米之出於市其成本之重較前倍蓰此其第二因新增賦稅無藝農民之負擔勢不得不加入米價而轉嫁諸買米之人此其第三因合以上種種事實故民之業農者終歲勤動猶不足資事畜毋甯廢田不耕相率為游民為盜賊而全國之產米益少供不逮求益甚此其第四

因農業以外之人民皆歲入不加進而受百物騰踊之害他物之需要或可節減而米之需要不能節減故於米貴之苦痛感之最先而最深此其第五因其他尚有附屬之原因不可枚舉夫此諸因者全國之所同而非一地方之所獨也由此觀之僅恃禁米出境而欲維持昔日之米價能耶否耶

頗聞政府今亦汲汲議平糶矣問其策則必曰一面販運外洋之米入口以爲挹注一面以官力限定各地之米懸一法價毋使奸商得居奇也夫以今日全國之米實不足以養全國之人則爲治標計販入外米誠宜也然亦當念生計無國界之理全世界之米價必與我國內之米價同一比率欲求更廉焉者決不可得而所羅掘以爲平糶之資者則仍吾民之脂膏也官吏方且將借此名而恣朘削之以自肥耳則民且益病究其極也所謂販運挹注者不過一名號然所實行者不過恃官力以勘定一法價而罰其取贏者耳若是則其結果且何如彼方以爲吾所限制者不過罔利之商人耳不知病商者猶小而病農者乃滋益大商人無利可弋不過停此業之貿遷已耳猶可事他業也若農民則費牛種農器之資若干租稅之資若干勞力槃養之資若干（即農民本身衣食住之費）

也苟缺此則不復能從事操作故名曰勞力榮養之資僅能產出此米者挾以適市而所易猶不能償其本則舉國之農有釋耒以坐待爲餓莩已耳何也勞亦死逸亦死死一也甯逸毋勞推其極必至全國無一農全國無一農則全國無一米而斗米之價乃逾於籯金矣此非吾過甚之言實則循現在政府之政策而不思變其結果必至如此也夫坐待爲餓莩惟騃而弱者爲然耳民不皆騃民不皆弱則茫茫後顧安得不股慄也

若夫禁米出境之謬見在愚民之爲自衛計者誠不足深責若乃地方長吏徒憚民變苟思免難輒徇其請而貿然行之則誤國之罪莫甚焉官吏者國家之公人也一方面固當爲所轄地方之利害計一方面尤當爲全國之利害計苟其事雖有利於一地方而有害於全國者猶不可行況於一地方無纖芥之補而於全國有邱山之損者耶夫今者舉國米價誠皆昂矣而甲地之米運至乙地而猶有利則必乙地之昂更甚而其供不逮求之勢更急也遏而不之濟其勢非釀大亂於乙地不止且甲地之米其價獨能稍賤於他地者必其地業農者衆而大多數人賚米以爲生也故遏之不使得善價是率其地之人以俱餒也故無論就何方面觀之米禁決爲有百害而無一利也今

者省與省之間既有禁矣而風潮所欵擊將府與府之間有禁焉州縣與州縣之間有禁焉充類至盡其不至全國人各各孤立斷絕交通焉而不止也德國之所以强在能合數十國爲一國而當其政治上猶未聯合也則生計上之聯合先之今我乃欲以一國而裂爲數十國政治上之分裂已不可收拾猶以爲未足而重之以生計上之分裂人未瓜分我而我乃合君民上下之力日日謀所以自瓜分者天下不祥之事孰過於是嗚呼吾覩米禁而不禁有無窮之感也

抑吾更欲有言者米禁之議大率倡自人民而官吏不過爲所脅而曲從之則似人民之愚昧實職其咎而官吏乃可從末減而非然也人民徒以無所得食之故不能不出於此以自衞以今世文明國之法意論之苟以自衞之故而殺人者猶無罪也他更何有今之政府官吏既以種種惡政陷吾民於死地及其救死自衞又從而刑之則罪莫甚焉雖然吾民之自衞是也而其自衞之策則非也吾民當知奪吾之米而蹙吾於死

者非鄰境買米之人也非本境販米之商也而實惟政府官吏所行之惡政苟政治組織循此不變更閱一二年則雖欲求如今日之米價又安可復得祇有四萬萬人相枕藉以死耳嗚呼我國民勿以吾爲危言悚聽也不知來視諸往試觀今日國民生計之現象與二三年前比較何如則可知二三年後之現象與今日比較何如矣懸厓轉石今亟及地禍變之速豈言思所能及要之自今以往橫於我國民之前者惟有兩途一日改造政府一日餓死何去何從則其決定當在今日也

時評

論直隸湖北安徽之地方公債

滄江

自前直督袁世凱奏辦直隸公債後。前鄂督陳夔龍因其成法。辦湖北公債。皖撫朱家寶又因之辦安徽公債。今直督陳夔龍又將辦第二次之直隸公債矣。此近年來諸顯宦唯一之財政政策也。是以國風報載筆者比而論之。

一 內債過去之歷史

吾國之內債。實至今未能成立也。而爲掩耳盜鈴之策。謬託於成立以自欺而欺人者。則自袁世凱之直隸公債始。初光緒二十年八月。中日戰役方酣。司農仰屋無計。戶部乃請息借商欵一千萬兩。月息七釐。償還期限八年。當時舉國人不知公債爲何物。其無應者固不待問。卒用強迫手段。勒令鹽商報效三百萬兩。北京四大恒（北京四大錢鋪其鋪名皆冠以恒字）合共報效二百萬兩。再益以官吏廉俸各報效三成。猶不足額。明年復募之於各省。於是廣東以闈姓及其他賭餉等名義得五百萬兩。江蘇一百八十四萬兩。山西一百三十萬兩。直隸一百萬兩。其他各省。十萬兩二三十萬兩不等。合計其數亦逾千萬兩。然無一不出於强迫。光緒二十三年。右中允黃思永再奏請借內債。於是昭信股票出定總額爲一萬萬兩。据置十年。年息五釐。恭忠親王首認二萬兩。特旨獎厲以爲天下勸。而民卒無應者。內外官吏。用盡手段以行勒索。經年餘而僅得四百萬。最多者江蘇百二十萬次安徽五十萬河南奉天各三十萬山東二十五萬湖北十萬其餘不能悉記除勒令官吏及富商報捐外人民絕無應者。此事殆消滅於無形之中。其後用之以移獎官階。然後民趨之若鶩。然於公債之性質。則背馳已遠矣。及光緒三十年。袁世凱創募直隸公債四百萬兩。其奏摺中極陳前此公債辦理之失宜。謂以利國便民之政。轉爲誤國病民之階。今當由公家嚴守信義。使民間利便通行。方足挽澆風而示大信於天下。且有挽回民心恢張國力皆在此舉之語。蓋毅然以矯積弊開風氣自任。其意氣有足壯者。此實後此各省地方債之模範也。今先述其條件。次乃評其得失。

二　直隸公債辦法及成績

直隸公債辦法大畧如下。

一債額　直隸公債四百八十萬兩

自光緒三十一年二月初一日起至八月初一日止每隔月收銀一次凡四次每次收百二十萬兩

一利息　第一年七釐以後每年遞增一釐最後之年增至一分二釐

一償還　自光緒三十二年起每年帶還本利六年還訖利息則自第一年之三十三萬六千兩至第六年二十九萬六千兩合計爲百四十五萬六千兩

一償還財源　償還財源以下列各定欵作保

一直隸藩庫提存官吏中飽每年三十萬兩　一直隸銀元局餘利每年四十萬兩　一長蘆運司庫提存新增鹽利每年三十五萬兩　一永平府以下七處鹽利銀每年十五萬兩　以上合計一百二十萬兩專儲備償此項公債本息無論如何要政不許挪用

一其他條件摘要

一債票分爲兩種大票每張百兩小票每張十兩　一凡本省之田賦　關稅　釐金　鹽課　捐欵皆得以滿期之債票交納　一債票任展轉買賣　一債票持換現銀不許加減尅扣　一許持債票至官錢局抵押現銀　一持債票五萬兩以上者准其每年十二月初一日赴官錢總局調查存付之作保欵項或約各票主湊成五萬兩公舉一人亦可　一經手官吏如查有留難侵蝕等弊分別參革監禁仍將侵蝕之欵加二倍照罰

時評 四

此種條件之是非得失。當於下方別論之。惟袁氏之初辦此債也。其意氣蓋不可一世。以為以彼之威望。此區區者必可一呼而集也。乃結果反於其所期。奏准之後。袁氏親邀集天津豪富勸其擔任。而應者僅得十餘萬。卒乃復用强逼之法。硬分配於各州縣。令大縣認二萬四千兩。中縣一萬八千兩。小縣一萬二千兩。官吏借此名目。開婪索之一新徑。時甫經團匪之後。瘡痍未復。怨聲載道。至第二次收銀期屆。應募者猶不及一百萬兩。袁氏坐是為言官所劾。計無復之。卒乃向日本正金銀行借三百萬兩。以塞責猶有不足。則强上海招商局及電報總局承受之。此直隸公債辦理之實情也。袁氏於正金之三百萬。諱莫如深。其颺言於中央政府。則曰此四百八十萬兩。皆由直隸人民及各省行商所應募。而不知其曖昧情形。固歷歷在他國之方策也。（直隸公債由正金銀行承受三百萬兩之事實詳見日本東亞同文會所輯支那經濟全書第一冊第八百九十葉至第八百九十三葉）而後此郵傳部。辦京漢贖路公債。農工商部。辦勸業富籤公債。以及湖北安徽等省辦地方公債。其奏摺皆極誦美此次直隸公債。謂為成效卓著。可謂夢囈。不知其為於此等實情。未有所聞耶。抑明知之而姑為此。以相塗飾耶。

三 湖北安徽公債辦法及成績

至宣統元年九月。鄂督陳夔龍以湖北歷年籌辦新政。息借華洋商款。已三百萬。償期已屆。而費無所出。善後局常年經費收支復不相償。則奏准借公債二百四十萬兩。宣統二年正月。皖撫朱家寶以安徽年來因擔認海陸軍費及 崇陵工程費以至籌備各種憲政。歲出入不敷者百餘萬。乃奏准借公債一百二十萬兩。此湖北安徽兩種公債之所由來也。

此兩省公債。其條件。悉依直隸公債。如陋儒之墨守其師說。故不必別舉。惟舉其債額及償還年限償還財源如下。

湖北公債

一債額　二百四十萬兩

自宣統元年十一月初一日起至二年四月初一日止每月收銀一次凡六次每次收四十萬兩

一償還期及利息

宣統二年（第一年）	償還本銀	四十萬兩	利息七釐	十六萬八千兩
宣統三年（第二年）	、、	同	利息八釐	十六萬兩

宣統四年（第三年）　〃　同　利息九釐　十四萬四千兩
宣統五年（第四年）　〃　同　利息一分　十二萬兩
宣統六年（第五年）　〃　同　利息一分一釐　八萬八千兩
宣統七年（第六年）　〃　同　利息一分二釐　四萬八千兩
合計　二百四十萬兩　七十二萬八千兩

一償還財源

一湖北藩庫雜欵每年六萬兩　一湖北鹽庫練兵新餉每年十萬兩　一江漢關稅每年六萬兩　一新增稅契項每年八萬兩　一官錢局盈餘項下每年二十萬兩　一鐵捐局盈餘項下每年三萬兩　共五十三萬兩

安徽公債

一債額　一百二十萬兩

自宣統二年三月初一日至八月初一日每月收銀一次凡六次每次收二十萬兩

一償還期及利息

宣統三年（第一期）　償還本銀　二十萬兩　利息七釐　八萬四千兩
宣統四年（第二期）　〃　同　利息八釐　八萬兩

宣統五年（第三期）	同	利息九釐	七萬二千兩
宣統六年（第四期）	同	利息一分	六萬兩
宣統七年（第五期）	同	利息一分一釐	四萬四千兩
宣統八年（第六期）	同	利息一分二釐	二萬四千兩
合計	百二十萬兩		三十六萬四千兩

一償還財源

一每年由藩庫撥十四萬兩　一每年由牙釐局出口米釐下撥十五萬兩　共二十九萬兩

蓋湖北安徽公債辦理章程。實不過將直隸章程照樣謄寫一通。所異者惟直隸之四百八十萬兩。湖北減其半。安徽又減湖北之半而已。至其成績如何。則湖北今方募集滿期。安徽今始交第二期。詳細情形。未及周知。要之其結果必更在直隸之下。則可斷言也。

四　公債條件評

此種公債條件。實為全世界各國所未前聞。吾無以名之。名之曰袁世凱式之公債而已。試舉其反於公債原則之諸點如下。

時評　八

第一　此種爲定期定額償還公債（公債償還法之種類有三此其一也詳見第七號論籌還國債會文中）而無据置年限此一奇也据置年限者何定募債後若干年乃行償還是也其在永息公債政府可隨時任意償還故不立此限未嘗不可若在有期公債及定期定額公債則未有不設据置年限者其据置多則十五年乃至二十年少則五六年此各國通例也蓋凡國家之借債必其有臨時特別之需費不便加稅不得已而出於此策也其所借之債若用諸生利事業（如鐵路及其他大工程）則以將來此事業所生之利爲償還資而生利不能驟也恒遲諸數年或十數年以後故据置年限不可以已若用諸不生利事業（如戰費及擴充軍備費）則將來以增收之租稅爲償還資租稅增收有二法一曰以新添稅目或新加稅率而增收者（如向來無印花稅而今新辦之則爲添稅目如鹽斤加價則爲加稅率二者皆名曰加稅）二曰自然增收者（如關稅釐金等不必加抽但以商務發達貨物來往頻繁即收項有盈餘謂之自然增收）夫自然增收必當俟產業發達之後不能驟也而現時所以不加稅而出於募債者則必其民負擔已重加稅則妨害產業之發達必俟民力稍蘇乃能議及也故据置年限亦不可以已今此袁世凱式之公債上半年方行募集下半年已事償還他國据置年限將滿之時在彼已爲償還清訖之日然則借債之目的果

何在豈非天下本無事庸人自擾之耶

第二　內債而指定財源以爲擔保此又一奇也現在歐美國債無所謂內外之分絕無有提供擔保者日本當日俄戰役時所借外債以海關稅作保日人引爲深恥然其他之外債仍無有也內債則更無有也今袁世凱式之公債例須列出擔保欵項雖有不得已之苦衷然在世界中固已寡二少雙也此更於次段別論之

第三　公債票可以爲完納租稅之用此又一大奇也公債票之性質與股分公司之股票同而與貨幣絕異凡完納租稅必以國家所定之法幣此天下之通義也各國雖有以公債息票代納租稅之例而不聞有以公債代納租稅之例今袁世凱式之公債乃竟以之代貨幣之用其政策之是非得失姑勿具論要之爲萬國所無也

第四　公債之息率每年遞增此則奇中之最奇者也各國凡同一種類之公債其息率皆始終如一如是然後債票便於市場買賣而流通始無窒礙此向來之公例也最近則英意兩國借換公債創行息率遞減之法英國前此借換「康梭爾」公債原息三釐借換後五年內減爲二釐七毛五第六年以後減爲二釐半意大利當一九

時評 十

○六年將全國公債八十萬萬「里拉」約當我三十萬萬兩悉行借換自一九○六年六月至十二月息率四釐一九○七年正月至一九一一年十二月凡五年間減為三釐七毛五以後則減為三釐半此法既出各國之財政家莫不讚歎謂其能適於金融變遷之大勢且直接減輕國庫之負擔而間接減輕國民之負擔也今袁世凱式之公債乃適與之相反人遞減而我則遞增且年年而增之六年而倍於其舊不謂為二十世紀之新發明不可得也

其他可議者如額面之太少也 日本額面最小之公債為二十五圓學者多議其非今小票債每張十兩則更小矣蓋收息不便也 派息期之太疏也 各國公債每年派息總在兩次以上此僅一次 償還之定期定額也 公債以永息者為最善有期者次之定期定額償還者無伸縮力最下 償還之不用抽籤法也 各國皆同惟此無之 皆其缺點也而其恢詭可詫猶不如前舉四項之甚 要之合此種種條件乃成為「袁世凱式公債」之特性為我國將來永劫之財政史上添一談柄 其尤可異者則效顰之徒乃日出而未有已也

五 募債失敗之原因

袁世凱式之公債雖其條件種種詭異可笑要之皆爲債權者之利也夫借款與政府僅半年一年而受其償此與各國之度支部證券無異也其受償最遲者亦不過六年而息率至一分二釐最有利之公司股份票不是過也而復有確實之擔保且其票可以代貨幣之用使在今日東西各國而有此等條件之公債出現微論其數僅區區數百萬也即欲募數十萬萬吾信其朝發募而夕滿額矣然以袁世凱當時之威望一鼓作氣以圖此舉加以威逼而所得僅乃三之一卒不得不以此種極優之利權畀諸外人湖北安徽之成績雖未深悉然其失敗更甚於袁蓋在意中矣即使幸而滿額亦不過殺越人於貨之類耳然則我國人民應募公債之風氣終不可得闢而吾國內債遂終古無成立之望乎曰是又不然 **吾以爲欲公債之成立其必不可缺之條件有五一曰政府財政上之信用孚於其民二曰公債行政纖悉周備三曰廣開公債利用之途四曰**

有流通公債之機關。五曰多數人民有應募之資力。五者缺一。則公債不可得而舉也。所謂財政上之信用者。謂財政之計畫得宜。財政之基礎穩固。歲出歲入。皆予民以共見。人民深信政府必無破產之患。而所借出之款。決不至本利無著。有資財者。與其冒險以營他業。毋甯貸與國家。安坐而享其息。是故應者若騖。其信政府也。信之於平日。而非以一時募債之有擔保與否爲斷也。今袁世凱式之公債。亦知前此之失敗。由於無信用。故特列出償還財源。聲明不許挪用。且許債主以調查財源之權。其用心蓋良苦。而不知恃擔保以維繫信用。則其信用之所存者。亦僅矣。故財政學者謂凡有擔保公債之國。即爲其國財政無信用之表徵。蓋善參消息之言也。今直隸湖北安徽財政之竭蹶。天下共知。即其奏請募債之摺。亦明言之。而將來之財政計畫。又未有絲毫使人民安心者也。督撫之隱衷。人民早窺見矣。而僅恃此指定之數項的欵。謂可以博信用。信用果如是之無價値乎。況其所謂的款者。又絕不可恃。即如直隸湖北兩省。所指定以銅元餘利爲大宗。而今者銅元價落更安復所得餘利若幣制須定造幣權集歸中央之後則此款之無著更不待問矣又況其所謂不許挪用者原不過姑備一解今日攤繳賠款不敢不應也明日催練三十六鎭兵不敢不應也又明日催認繳海軍費不敢不應也又明日籌辦某種某種憲政不敢不應也而其不可告人之款不待追索而自然挪用者更不可以數計曰不許挪其誰信之彼亦知人之決不吾信也乃曰若汝不信試來調查曾亦思人民安得有一人而持五萬兩之債票者又誰有此閑情到處訪問約會湊齊五萬兩而往調查者即曰有之而官吏之所以箝其口者豈患無術彼辦此公債者明知其如是也故不妨許以此權人民亦明知其如是也故毋甯不應募免交涉之爲得計彼此皆相喻於隱微中矣昔昭信票之初辦也識者目笑存之謂信而曰昭則其本無信可知彼袁世凱式之公債亦若是已耳今直隸公債本息居然還至第五期行將清訖論者或以此爲信用不渝之顯據吾以爲直隸公債亦幸而有正金銀行應募之三百萬耳苟非爾者則其成爲昭信票也久矣此非吾逆詐億不信之言蓋政府愚弄吾民之慣技實如是也**此第一條件不具也**所謂公債行政者各國之發行公債其募集登

錄派息等皆有種種機關凡全國之銀行全國之郵政局皆效其用務使債權者極其便利（其條目繁多不及備舉俟他日論公債政策時更詳之）今僅恃一官錢局而局中人於公債行政無絲毫之學識經驗又未嘗有公忠之心以任此事以債權者爲芻狗而已 **此第二條件不具也**。

所謂公債利用之途者何也凡物必有效用然後價値乃生此生計學上一大原則也狐裘誠美持以入熱帶羣島則無人過問宋板書誠精持以入蟹文諸國則一錢不售何也以其無用也無用則無價値無價値則不能爲生計上交易流通之一物品夫歐美日本諸國之公債實生計界交易流通之一物品也彼其生計社會必須公債以爲用之處甚多（其種類他日更詳舉之）故其商民之視公債如布帛菽粟之不可一日離荷政府一旦將所有公債而掃數清還之則全社會之機關且立滯故民之購買公債者其目的非待政府之還吾本也姑收薄息而利用此物以爲商業上種種便利計耳若不需用之時則適市而售之不患無人承受而現銀可以立得彼國之所以以薄息而能募多數之債者皆此之由今我民之購公債票者則何有焉微論政府無信用或反

喪吾本也即不慮此而吾以現銀購此債票不過以藏諸篋底以待將來之收回老本其週息雖云自七釐以至一分二釐較諸外國公債息率優異數倍而吾以此現銀在本國營業或以貸諸可信之人則何處不得此七釐乃至一分二釐之息者何必擔驚受恐以與官場交涉也哉其不願應募固其所也 **此第三條件不具也。**所謂流通公債之機關者凡人民持有公債票者若忽然需用現銀則必須立刻可以轉賣或可以抵押然後爲事便利而無所於閡欲求轉賣之便必賴有股分懋遷公司欲求抵押之便必賴有銀行苟缺此兩種機關則公債利用之途決不能圓滿而無憾也今袁世凱式之公債雖曰許持往官錢局商議抵押然民之憚與官交涉久矣此僅具文而已若夫轉賣之機關則全國更無一焉然則民之購之者非堅待至定期償還之時老本決不能回復誰則樂之 **此第四條件不具也。**所謂應募之能力者蓋公債之爲物實國民資本之結果也人民一歲所入除仰事俯畜所費外而猶有贏餘則貯蓄之以爲資本以圖生利而此種資本或以之自營農工商等業或購各公司之股份票或以購公債票自營業及購股份票獲利或可稍豐而折閱亦時所難免購公債票息率雖微而爲道最穩民或趨彼或趨此惟其所擇而要之非先有資本不爲功而募集公債積少成多尤必賴國中有資本之人居多數然後應募乃得踴躍吾國十年以來久已民窮財盡大多數人民並衣食且不能自給安所得餘裕以應募債原憲向黔婁稱貸雖愛固莫能助也　**此第五條件不具也**　夫吾固言之矣此五者缺一則公債之成立蓋不可期今乃悉缺之則無論其募債章程若何完善權利若何優異而民之不應如故也彼袁世凱倡辦伊始笑駡前人之辦理不如法自以爲若用吾謀事且立集乃敢於爲大言曰『挽回民心恢張國力在此一舉』**殊不知爲彼畫策之人殆不過一知半解之新學小生於生計學財政學之大原理曾無所識以至演此笑柄演笑柄猶可言也而遂展轉效尤流毒無已世凱所謂利國便民之政轉爲誤國病民之階者彼自當之矣夫今**

日所謂凡百新政者皆此類也又豈獨一公債乎哉

六　募債目的之當否

直隸湖北安徽之公債皆終於失敗不待問矣就令其果能成功而彼三省果宜募此債與否又我國民所亟當研究也夫募公債者凡以補歲入之不足也然就財政學學理論之凡因行政等費加增以致經常費年年不足者則其補之之道宜加租稅凡因臨時特別費加增而本年內偶然不足者其補之之道乃募公債今請溯彼三省募債之目的而論之袁世凱之在直隸其時全國練兵費咸集北洋恣其揮霍其募債似非出於窮無復之之計度不過爲功名心所驅欲舉前人所不能舉之業以自伐耳此可勿深論至若鄂皖兩次之募集則其目的具見原奏固明明藉以補每年不足之經常費也夫既已年年不足而僅恃借債以彌縫則安有所終極譬諸私人生計然苟爲置產營業之用則借債可也將來產業所收入或可償債而更有贏也若夫日常米鹽之不給終歲事畜之所缺則惟當殫精竭慮胼手胝足別求可恃之常欵以抵之耳求而不得則惟有節衣縮食以待之耳不此之務而日思舉債隨舉債隨即耗盡明年所入

時評 十八

一如今年其苦不足固已與今年等而所出者則加以前債之息是不足之坎陷益加深也及明年復舉債以塡之再明年而不足之坎陷愈益深如是展轉相引不及數年必至盡舉其一歲所入專償債息而猶不足故諺曰一度借債終身爲奴正謂是也夫政府之財政亦何以異是且如湖北今固以年年政費不足而借債也而緣借債之故年年反須割出現有之政費五十三萬兩以爲還債之用安徽固亦以年年政費不足而借債也而緣借債之故年年反須割出現有之政費二十九萬兩以爲還債之用其在借債之第一年收入二百四十萬兩而割出五十三萬兩收入一百二十萬兩而割出二十九萬兩誠絲毫無所苦第二年以後則將知之何稍審事理者而知其道之必終窮矣然則倡辦公債者將並此事理而不審耶曰何爲其然**此種公債之貽無窮之患於本省盡人皆知之即倡辦者寗獨不知知之而猶辦之則以於倡辦之人有所大利耳**吾今年任甲省募得數百萬儻來之公債供我揮霍資我運動明年吾調乙省償還之責任豈復在我所

謂精華已竭褰裳去之此後甲省人民年年代我負擔數十萬之債務其苦痛非我所恤也謂余不信則試問現今之直隸公債曾否勞袁世凱以籌還試問現今之湖北公債曾否勞陳夔龍以籌還而將來之安徽公債又豈勞朱家寶以籌還也哉所最難堪者則直隸湖北安徽之人民如負碑之龜永世不能弛此重荷耳 **嗟乎人民無監督財政之權此如一家生計而家主不得與聞雖陶猗之富可數歲而盡也**觀三省公債可以鑑矣

七 結論

嗟夫今者內而中央政府外而各省何一非窮空極匱羅雀掘鼠而無所爲計者而羣盲騁瞽騃猶復日日假籌備新政之名益洩之以尾閭大火之燎瞬息及棼而處堂燕雀熙熙然樂且無極也而其所以資樂之具則既已竭自今以往非年年加稅年年募債則其樂將並一剎那間而不能繼續夫募債與加稅其厲民雖一然其效力有強弱政府不敢悍然多議加稅故一二年來內外大吏所心營目注者惟在募債一途此三種公債之外復有郵傳部之京漢贖路公債與農工商部之勸業富籤公債雖屢失敗而

猶不懲將來繼起者正未有窮而各省之踵鄂皖後塵亦意中事也雖然吾敢以一言正告諸公曰中國政治機關苟非爲根本的改革則自今以往公等其無望能得一文之公債也何也前舉五條件不具之國斷未能募內債者而今日中國之政治機關則無道以使此五條件能具也若必欲得之則惟有强逼夫既曰强逼則何不竟持刀以入民之室紾其臂而奪之而何必更以汚公債之美名也雖然卽曰强逼而其勢仍不可以多得此又徵諸直隷湖北安徽之已事而可知者也然則無已其仍出於加稅乎夫必人民尙有納稅力然後可以得稅今者舉國之納稅力則已如羸夫舉鼎行將絕臏矣再加不已舍餓死外豈有他途民皆餓死稅更安出更無已則其惟借外債乎則數年以後度支部大臣一席非讓諸碧眼紅髯者而不止也故現今政府之財政策無論作何計畫而無一非以速亡嗚呼政府諸公亦嘗念此否耶國民亦嘗念此否耶

著譯

中國國會制度私議（續第十一號）

滄江

第二章　國會之組織（承前）

第三節　右院之組織（承前）

第一款　選舉權（承前）

第二項　平等選舉與等級選舉

普通選舉之衷于學理。適于我國事勢。夫既言之矣。但普通選舉之中。復有平等選舉與等級選舉之差別。平等選舉者。一人一權。舉國同等是也。等級選舉者。限于某種類之人。特有優異權。不與齊民伍是也。其方法亦有二種。一曰複數投票制度。二曰分級投票制度。

複數投票制度者。普通人民。一人得投一票。惟法定某種之人。得投二票或三票是也。

譯書

此制度約翰穆勒極稱道之。英國、匈牙利、瑞典、之選舉公共團體議員用之。其用以選舉國會議員者。今惟比、利、時、一國。比利時于一八九四年。改定選舉法。凡二十五歲以上之男子。一人得投一票。其滿三十五歲已結婚者。或雖鰥而有嫡子者。且每年納五佛郞之人稅者。又滿二十五歲而有價値二千佛郞之不動產者。或歲收百佛郞之地租者。皆得投二票。其卒業于高等學校者。及曾任法定之某種官職者。皆得投三票。此法律頒定之後。其年行總選舉。其選舉人總數一百三十七萬六百八十七人。內有一票者八十五萬三千六百二十八人。有二票者二十九萬三千六百七十八人。有三票者二十二萬三千三百八十一人。總票數凡二百十一萬一千一百二十七票。

分級選舉制度者。將有選舉權之人。統計其納稅之總額。齊其多寡。而分爲若干級。每級所舉議員之數同等是也。例如有選舉權者十萬人。其納稅之總額爲一百萬。其所應出之議員爲九十人。分之爲三級。則每級得科三十三萬餘。得議員三十名。以十萬人所納稅額比例分之。其第一級以五千人能納稅三十萬餘者。則五千人之投票。得舉議員二十人。其第二級以二萬人能納稅三十萬餘者。則二萬人之投票。得舉議員

二

三十人其第三級以七萬五千人乃能納稅三十萬餘者則七萬五千人之投票亦僅得舉議員三十人此法日本之市町村會選舉用之國會選舉用此法者今有普魯士而索遜瓦丁堡等國之制亦略相似普魯士之制類分全國公民第其納稅最多額合之而得直接稅總額三分之一者名之爲第一級選舉人第一級選舉人之外其納稅次多額合之而得所餘總額三分之一者名之爲第二級選舉人自餘則爲第三級選舉人每級各選舉議員三分之一而據一八九三年之統計則全國人民屬于第一級者爲百分之三有奇屬于第二級者爲百分之十二有奇屬于第三級者爲百分之八十四有奇云

此兩種等級選舉制度凡所以救普通選舉之流弊也蓋極端的普通選舉行少數之富者或不免爲多數之貧者所壓其在歐洲今日之社會尤所難免此調和之制所由設也然而普國之制其調查極繁重而計算難精確非稅法整理後無從實行我國現時不能學步固無待言且就其制度之本質論之亦未可稱美備蓋貧者壓富者固非國家之福即富者壓貧者亦非國家之福而此制則愈富之人其特權愈重故也不寧

四

惟是其所謂三級者。又非能合全國而均算之。以劃爲三級也。如普國之制。分全國爲若干之選舉區。每區各等其納稅之率。以爲三級。然同此率也。在甲區列于第一級。而在乙區列于第三級者。往往有之。其不公平莫甚焉。如甲區有十萬人。其納稅總額爲十萬元。而其中有多納稅者三十人。合其所納之稅。即當全區稅額三分之一。則平均須每人納稅千元以上。乃得有第一級之選舉權。乙區有八萬人。其納稅總額爲五萬元。而其中有多納稅者三百人。合其所納之稅。乃能當全區稅額三分之一。則平均每人納稅五十餘元。已得有第一級之選舉權。夫納稅五十餘元者。在甲區應編爲第三級者也。而在乙區乃得列于第一級。是不公之甚也。故此等制度在市鄉村會議員之選舉行之。猶可以收裒多益寡之效。然日本市町村會選舉用此制。學者猶多議之。若施諸國會選舉。則利不足以償其弊矣。

若夫比利時複數投票之制。就學理上論之。不失公平。就政策上觀之。頗多善果。學者或稱爲最良之選舉制。良非無由。但其中注重于財產條件者頗多。我國欲完全仿效之。尚須待稅法整理以後。今則病未能也。或先仿其一部分。凡有科第、官職、及學堂畢業文憑者。得有投兩票之權。亦未始不可。

第二款　被選舉權

被選舉權之資格。其制限恒視選舉權爲寬。此近世各國之通則也。今述諸國法制沿革。而比較之。推求其立法之意。以示我國所當采擇焉。

（一）財產制限　前此歐洲各國。其選舉權用財產制限時。被選舉權亦有制限。且視選舉權爲更嚴。如納稅若干得有選舉權者。其被選舉權必納稅更多。乃始有之。英國舊時之國法。法國一七八九年十二月廿二日之選舉法。及一七九一年九月三日之憲法。西班牙之哥特士憲法。與夫德意志諸國舊時之國法。其他一八四八年以前歐洲多數國之國法。皆以此爲原則。獨比利時一八三一年之憲法。其所規定。與此正反對。選舉權雖尙存財產制限。被選舉權則悉免除之。而一任衆望之所歸。此實近世法制之先河也。其次則盧森堡首倣其例。及一八四八年以後。歐洲各國于選舉權既陸續改用普通選舉之制。同時于被選權舉前此之制限悉廢止之。馴至一八八五年。英國亦從其例。日本憲法成立最後。其被選權亦不設財產制限。與選舉權異。今列舉各國之例。分爲三種。

（一）選舉權被選舉權皆無財產制限者。……德、奧、比、美、西、法、瑞、等國

（二）選舉權有財產制限被選權無之者。……英、日、意、瑞典、盧森堡、等國

(三)選舉權無財產制限被選權有之者…………葡萄牙

由此觀之。被選權以財產爲制限。現今世界。除葡萄牙一國外。殆無類例。此何以故。蓋推原制限之本意。不過欲使議員得適當之人才。而人物之與資產。決非可成正比例者。但使爲衆望所歸。則雖原憲黔婁。曾無損于參政之資格。此所以免除制限之一理由也。況就令强立制限。彼貧乏之議員臨時設法增納租稅以求中程。亦非難事。則有制限與無制限等。此又所以免除制限之一理由也。雖以日本憲法之幼稺。其關于此項。猶不能不采各國普通之制。抑可見公理所在。不容誣矣。我國必當效之。更何待疑。

(二)年齡制限　各國被選舉人之年齡制限。有與選舉人同者。如英、德、是也。英之選舉人以二十一歲爲及格。其被選舉人亦同。德之選舉人以二十五歲爲及格。其被選舉人亦同。有高于選舉人者。如美、法、意、日、是也。美法意選舉人皆以二十一歲爲及格。而美法之被選舉人。須二十五歲乃及格。意之被選舉人須三十歲乃及格。日本選舉人以二十五歲爲及格。其被選舉人則三十歲乃及格。亦有低于選舉人者。

丹麥是也丹麥選舉人以三十歲爲及格其被選舉人則二十五歲已及格此各國法制比較之大概也爲議員以參議國政必須稍富于經驗者乃爲適才故以三十歲爲制限誠不爲過但按諸實際則三十歲以下之人能中選者實甚希故此制限殆等于無效若其有之此則漢詔所謂有如顏回子奇不拘年齒者也然則年齡制限雖稍降格似亦無妨惟所關非鉅但如各國通例亦庶幾耳

(三)住所制限　前此各國舊制凡被選舉人必須在本選舉區有住所者乃爲合格至今美國尙仍此制自一八四八年以後歐洲各國皆廢止此制限其因沿未革者今惟餘瑞典與那威耳日本爲立憲之後進國亦倣各國通制不設此制限住居東京之人往長崎爲議員候補法律所不禁也原住居制限之本意蓋緣疇昔人民國家觀念未明誤以一地方所出之議員爲代表本地方之利益故必以有籍貫于本地方者乃得與其選亦無足怪今則學理大昌而議員爲代表全國非代表該選舉區之義各國憲法且有著爲條文者則籍貫制限徒示不廣而失立法之意明矣夫使被選之人必限于爲本選舉區之住民苟本區無適當之人才勢不得不濫竽充

數飾驚駘以爲上駟其損議員之價値莫甚焉而他鄉之人其有奇才異能爲我所知者亦以格於例而不獲以登薦剡此亦非使選舉人尊重良心之道也昔漢制郡守辟曹椽必限於本郡人士後以不便乃弛其禁今之被選舉權亦應如是矣況我國習俗省界縣界等謬見深中人心其爲國家統一之障害莫甚焉苟被選舉權猶與籍貫相屬將使無知之民與前此之學額同視此疆彼界較短量長則其於國會代表國民之意不亦遠乎故豁除住所制限非惟學理所當然抑亦我國情形所必要也。

(四)職業制限　各國被選舉人資格於其職業上每立種種制限今舉數國以明其例。

英國　左方所列各種之人不得被選爲右院議員。

(一)貴族　英蘇貴族絕對的受此制限惟愛爾蘭貴族非現任左院議員者則有被選權。

(二)僧侶　在英蘇之國立教會及羅馬舊教會奉教職者

（三）特種之官吏　⑴司法官。⑵管理選舉事務之官吏。⑶理財官。
（四）受領恩給者　謂凡受領王室之恩給者。但受文官恩給及外交恩給者。不在此限。
（五）承辦官業者
美國　凡現任合衆國之行政官司法官。皆不得被選爲議員。
法國　左方所列之各種人。不得被選爲右院議員。
（一）前代君主之遺裔
（二）服現役之海陸軍人（但將官及參謀官。不在此限。）
（三）受祿官吏（但國務大臣。各省次官、全權大使、星縣知事、警視總監、大審院長及檢事長、會計檢查院長、及檢查官長、巴黎控訴院長、及檢事長、大僧正僧正等、不在此限。）
（四）於選舉區內有管轄權之某種官吏。不得爲該管區所選出之議員。
日本　左方所列之各種人。不得被選爲右院議員。

(一)華族之戶主
(二)現役中及召集中之陸海軍人
(三)官立公立私立學校之學生及生徒
(四)神官神職僧侶其他之宗教師小學校教員及罷此等職後未滿三月者
(五)承辦官業人及承辦官業公司之役員
(六)有關係於選舉事務之官吏不得爲該管區選出之議員
(七)宮內官判事檢事行政裁判所長官及評定官會計檢查官收稅官吏警察官吏
(八)府縣會議員不得兼爲國會議員中選者例辭前職。

以上所舉各國制度。如法國之限制前代君主遺裔。純以維持共和國體。此我國所無。不必深論。如英國限制貴族之一部分。日本限制華族之戶主。皆所以貫徹兩院制之精神。使左右院不相侵越。我國既無貴族。則此亦無取效顰。今所亟欲研究者。則爲官吏得任議員與否之一問題。此實通於各國之大問題。而未易遽斷者也。今請述兩方之沿革及其理由。乃按諸我國情勢定取舍焉。

此項之制限。又分兩種。一曰禁止中選。二曰禁止兼職。禁止中選者。謂凡在制限內之人。其中選者。法律上直認爲無効也。禁止兼職者。謂凡在制限內之人。一旦中選。則或辭議員而保持前此之地位。或拋擲前此之地位而承諾爲議員。二者任擇其一也。明此二者之區別。則可以觀諸國之法制。

凡國會種種制度。殆皆濫觴於英國。被選權之限制官吏。亦其一也。英人立法之本意。原以防國會之勢力。爲君主所利用。故不徒禁現任官吏之爲議員而已。其現任議員。一旦經君主拔擢而爲官吏。則立失其議員之資格。必須辭職後再被選舉。乃得安其位。在前此爲保國會之獨立起見。殆不得不然。今則情勢已大變。而此舊習猶因而不革。則英人保守之天性然也。

美國則左右兩院議員。其任期中皆不得就官職。蓋三權鼎立主義。實爲美國憲法之特色。其劃爲鴻溝。不相雜厠。亦固其所。

其在歐洲大陸。則分爲法國法系與德國法系之兩大派。法國法系。以限制官吏爲

著譯　十二

原則。以不限制為例外。荷蘭葡萄牙等國屬焉。德國法系。以不限制官吏為原則。以限制為例外。此利時意大利奧大利匈牙利瑞士丹麥瑞典那威等國屬焉。今先言法國。

法國一七九一年六月十三日之法律。及同年九月三日之憲法所規定，凡任官職者。不得兼為議員。或就此。或就彼。任擇其一。其立法之意。本非欲排斥官吏於國會之外。亦非防政府侵國會之權。實以當時之國會。經年常開。曾無閉會之時。兩職相兼。則事實上無以完其任務也。自茲以往。其制度翻覆多次。而畢竟無以大異於其舊。一七九二年六月二十四日之憲法。全解除此制限。共和三年果月五日之憲法。又復之。拿破命之憲法。再解除之。七月革命後。以一八三〇年九月十二日之法律。又復之。當拿破命之既亡。路易第十八之初復位也。其選舉法一遵拿破命之舊。不加制限於官吏。既而不勝其弊。蓋當革命時代。地方官皆由選舉而就職。故地方官干涉選舉之弊。自無從生。及拿破命得政。實行中央集權。縣知事郡長。皆在政府監督之下。屢奉政府之諷示。悍然干涉選舉。以助政府黨之中選。路易十八承之。益利用此策畧。據一八二四年之統計。議員四百三十人中。官吏居其二百五十云。此種官吏議員純鷹犬於政府。國會殆爲政府之隸屬機關。而失其獨立之性質。積弊至此。窮則思變。有固然矣。當時國民已極力運動回復限制官吏之制。而無大效。僅于關係選舉事務之官吏。稍加節制而已。逮七月革命後。而此限制。大加擴張。凡縣知事郡長師團旅團司令官收入官支出官吏收稅官登記所長及判事檢事。于其管轄區域內之選舉區。不得爲被選人。又不徒在職中爲然耳。即退職後六個月間。尚受此限制。其縣知事及郡長及財政官吏。全禁議員之兼職。故雖在管轄地以外之選舉區被選出者。辭彼就此。只能擇其一。又仿英國之制。凡現任議員拔擢爲官吏者。則議員之資格隨消滅。此法案前此雖屢經提出。而屢次失敗。直至一八三〇年。始見施行。自茲以往。議員與官吏之職。不得相兼。遂爲法國確定之原則。拿破侖第三時代。更充類至盡。雖國務大臣。亦不許兼爲議員。及第三共和政體成立以後。始有例外之例。即國務大臣次官全權大使等十數種之官吏。許其兼職。前段所舉之制是也。

著譯

德國之沿革。與法國正當反對。德國所采之原則。則官吏與議員之職得相兼也。此原則自初期之憲法。已采用之。直至于今。守而勿失。其聯邦內間有數國。限制國務大臣及最高行政官廳之官吏。不得爲議員。此蓋受法國之影響。迷信三權分立主義使然。一八四八年以後。變革殆盡矣。此外則有數國。焉仍存例外之例。或限制某種官吏。于其管轄區域內。不得被選。所以防干涉也。或限制會計檢查官。不得兼爲議員。所以使會計檢查院。超然于政府國會兩者之外。而保其獨立之地位也。然此不過僅少之例外而已。其二者得兼之原則。未嘗緣此而破壞也。夫德國所以采用此原則者。其故安在。其一緣德國聯邦中。多屬小國。苟將官吏擯諸國會以外。則議員將乏適當之才。其二緣德國官吏之分限。受法律上圓滿之保障。當其執行權限內之職務。純具獨立之性質。非長官所得威刼。故官吏之爲國會議員者。不必其黨于政府。時且爲反對黨之領袖。雖兼職不足爲國會病。以此特別之理由。故其所采主義與法國適成反對。亦奚足怪。坐是之故。法國政府常欲援引官吏於國會之中。而人民反抗之。德國則反是。其政府常欲排斥官吏於國會之外。而人民亦反抗之。

當一八六七年北德意志同盟諸國之討議憲法案也。謂官吏往往在國會反對政府。破壞服務紀律。故所擬憲法草案第二十一條云『聯邦各國之官吏不得有被選舉權』此草案提出。滿場一致反對之。卒不得通過。故官吏之有被選資格。非特聯邦內之各國爲然也。即帝國國會亦有然。此德國法制沿革之大概也。

日本則斟酌於德法兩法系之間。而畧近於英國。如前所引選舉法。限制某種之官吏。不得有被選舉權。其餘普通之官吏。則但使無妨於其職務。許與議員相兼（衆議院議員選舉法第十五十六條）此蓋於日本之國情。頗適合云。

今請按諸學理。以評德法兩制度之得失。官吏與議員相兼。其弊有四。（第一）官吏爲議員者多。則將曠行政之職務。就中地方官爲尤甚。（第二）以官吏而爲議員候補。則緣運動選舉之故。常與政黨生關係。坐是對於一般人民。不能公平以盡其職。就令不加入政黨。而當競爭選舉時。要不能不市驩於一部之人民。隨在可爲執法之障。（第三）若官吏於其管轄區域。得爲議員候補人。難保不濫用職權。以自求中選。（第四）官吏以黨於政府爲恒。使官吏議員多。則政府易行其不正之勢力於國會以損國會之獨立反之若官吏在國會動與政府爲難則於官紀大有妨害法國制度凡以防此弊而設也雖然若將一切官吏悉擯諸國會以外其弊亦有二（第一）對於人民中之大階級剝奪其重大之權利揆諸法理實爲不公（第二）就國家全體利害言之官吏社會中其歷練政務學識才能卓越者不少禁之使不得爲議員則國會緣此而失許多優秀之人物就中小國寡才尤以爲病德國制度凡以防此弊而設也

由此觀之此兩制者各有利病殆難驟判其劣優若欲定所適從惟當察本國之國情以爲斷今請詗諸我國（第一）我國境土寥濶交通不便外省之與京師往返動逾年載外官兼任議員事實上已居不可能之數若京官與外官異其權利則法理寗得謂平（第二）我國地廣人衆而前此任官之法實不足網羅國中之奇士草野懷瑾握瑜之儔正苦於無以自表見國會既開可闢一途徑以盡其才若多數坐位爲官吏所壟斷國會且銷沈其朝氣（第三）我國官吏非如德國之久經訓練其政治上之智識實未見其能優異於齊民國會雖缺此一部分之人不足爲病間有振

奇之輩則辭現職以就議席諒非所吝（第四）我國官吏分限未能受法律上嚴重之保障故屬吏伺長官鼻息習以成性官吏議員多則國會必成政府之隸屬機關而損其獨立據此四理由則我國將來制度宜采法國主義而不宜采德國主義甚明雖然亦尚有例外焉（第一）國務大臣及各部次官宜不在此限蓋政務官與事務官其性質本自不同不能與普通官吏同視若國務大臣及次官不許入國會則國會與政府隔閡太甚而政治之運用將欠圓滑故法國當第二帝政時雖曾立此制限及第三共和後旋且廢之若美國之株守三權分立主義則既病于夏畦矣此我所宜鑑也（第二）各員外候補官宜不在此限我國候補候選等官之多爲萬國所未聞此輩無絲毫之職務原不必名之爲官吏社會而其中多中流人士才識優越者非寡以任議員頗爲適宜若其現任要差者則與實職同科自當援普通之例必辭差乃能就選又無待言

以上所舉四種制限其最重要者也此外各國制度尚有種種制度請一括總評之

（一）制限軍人　各國制度畧同蓋軍人服從之義務視官吏爲更重其性質本不

宜為國會議員。且以軍人投入政爭渦中。尤非國家之福。故各國率皆禁之。我國亦宜從同。

(二)制限僧侶　歐洲各國多有之。日本亦然。歐洲前此政教不分。僧侶恒跋扈於政界以害施政之統一。其限制之。蓋非得已。日本效顰。識者已笑為無病之呻吟。我國則更無取義矣。

(三)制限歸化人　各國多有此制限。蓋外國人新入籍於本國者。必須合於法定條件。乃得有被選權。此在新開之殖民地。誠為要着。前此杜蘭斯哇與英開戰。即為此問題也。但在普通之國。則初入籍而遽被選。實屬必無之事。此種制限雖視同無效可也。

(四)制限小學校教員　惟日本有之。其意殆以防運動作弊。又防以政治智識。混入兒童腦際。有害教育事業。但其理由皆似是而非。可勿采。

(五)制限生徒學生　惟日本有之。此制之陋。前於選舉權條下。已痛斥之。況乃被選權者。據日本法律。必三十歲以上者。乃能享有。夫已滿三十歲之人。徒以其尚

在學校故而剝奪此公權此何理耶其僨抑更甚矣此萬不宜采者也

六）制限承辦官業之人　英日等國有之其意蓋防其借議員之地位以圖私人之利益但日本自開國會以來爲此問題提出選舉訴訟者已非一次況左院議員之多額納稅者半屬此輩不禁諸彼而禁諸此法理上亦不得云乎故學者多主張削除之我國似亦不必效顰矣

（七）禁兼任左院議員　各國皆同當采

（八）禁兼任地方議會議員　各國皆同當采

復次以上所列制限皆被選舉權之特別制限也若夫禁治產者準禁治產者宣告破產者褫奪公權及停止公權者受處刑之宣告者既不得有選舉權則亦不得更有被選舉權此無待言

綜而論之則被選舉權之制限有消極的條件而絕無積極的條件此爲各國共通之大原則蓋政治能力之豐嗇與貨殖絕無關係故財產制限可不立而既爲衆望所歸者自必非不辨麥菽之徒故敎育程度制限可不立立法者苟明此義則執至簡以馭

之。正。無。事。擾。擾。爲。耳。

著譯

二十

未完

哈雷彗星談

藝衡

本年四月十一日。即陽歷五月十九日。哈雷彗星掠地球而過。前後四十日間。全球各處次第得以肉眼望見之。歐美人多奔走相告。謂其將與地球衝突。各國學校及報紙。日日演述其情形。今雖事過境遷。而敘其梗概。亦博物之一助也。乃雜譯諸報以爲此談。

●彗星之迷信●　我國自古相沿。以彗見爲不祥之兆。太史書之以爲君人者戒。自孔子作春秋以至各史之天文志五行志。記載惟謹。而陰陽家言。又往往舉當時所起之變亂以實之。如響斯應。迷信相襲。深入人心。故每遇一度出現。則全國騷然。雖然此不獨我國爲然也。歐洲亦有之。羅馬大將愷撒被殺之翌年。彗星見。羅馬人相驚以爲愷撒之寃魂。西歷千六十六年四月。（宋治平三年三月）那曼治公征服英士。彗星適見。遂自信此星爲已驅除。至今巴里博物館猶織當時情景爲畫懸之壁際。維多利亞女皇之冕。亦繪彗星以示無忘武功。又西曆千四百五十六年。（明景泰七年六月）土耳其人征服羅馬都城君士但丁堡。是年彗星見。歐人震恐。羅馬教皇命各寺院祈禱以禳之。每日亭午鐘聲大作。今西國教堂之午鐘昉于是也。由是觀之。此等迷信。無中外一也。蓋古代科學未精。人民每怖惑于自然之現象。而彗星者。形相瑰詭。易動人目。其現也突然。其沒也忽然。則民之視爲怪也亦宜。

奈端與重學 距今二百三十年前。英人有奈端者起。發明重學吸力之理。而迷信于以大破。奈端謂凡屬天體之能運動者。其軌道不出橢圓拋物雙曲三線。彗星亦運行不絕。雖與他行星小異。然亦不外此理。蓋凡物隨其運行速度

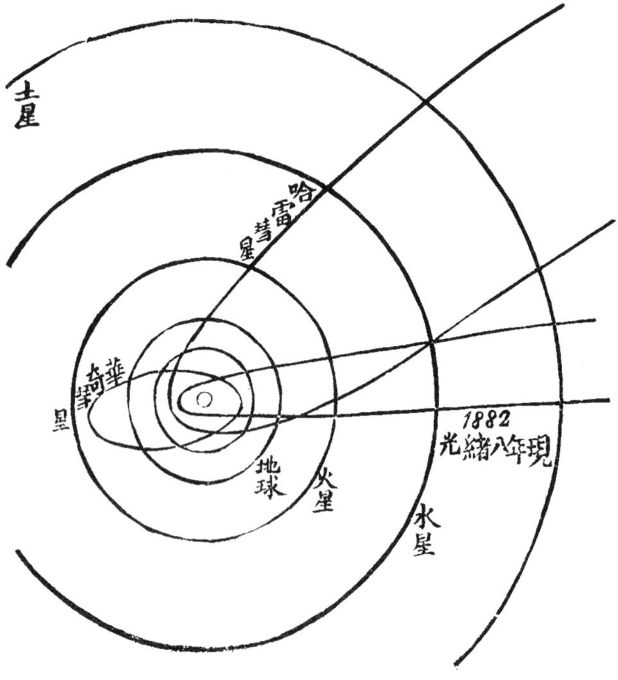

之大小而其軌道之變化不同。速度小即成橢圓線。速度大即成雙曲線。適居兩者之中。則成拋物線。例如以地球及太陽之距離而言之。有物于此。一秒鐘有四十二英里之速度。則太陽之周圍成拋物線。若較此小則成橢圓線。較此大則成雙曲線也。三線之中。橢圓線繞日而行。週期卽復見。雙曲拋物二線。一見之後。永不能再見之矣。奈端謂彗星亦屬于太陽系統之一體。惟太陽系各行星。皆爲橢圓線。而彗星則多爲拋物線。以故一見而不復再見者居多數。而就中橢圓線之彗。亦有數四焉。此則應歷若干年而見一次者。而今次出現之哈雷彗星。卽其一也。

彗星之形狀 彗星合頭尾中心三部而成。其形狀隨距太陽之遠近而變化不同。當其距日遠。形如星雲中一圓塊。光芒暗淡。漸近而光亦隨之俱長。及至近日點（最近太陽之點）。尾之大者有一〇〇、〇〇〇、〇〇〇英里。小者亦不下一〇、〇〇〇、〇〇〇英里。常反向太陽。晨出卽西指。夕出卽東指。

彗星之尾所以反向太陽者。蓋爲太陽所排斥故也。因其排斥力之强弱。而其尾亦有不同。我國常有彗星長星孛星之稱。請循此而分彗星之尾爲三種。若太陽排斥力大。

則彗星尾部成直線狀。即我所稱爲長星者是也。斥力較引力稍小或稍大。則成箒形。即我所稱爲彗星者是也。斥力較引力甚小。惟居引力四分之一或五分之一。則我所稱爲索星者是也。據俄國天文學者布黎特京氏所考。謂西歷千七百四十四年及千八百五十八年所現彗星之尾。具第一第二兩種。千八百六十一年所現者。具第一第三兩種。千八百八十二年所現者。三種皆具云。今將諸著名之彗星列圖。

彗星之物質 彗星之運行及軌道。皆與他行星不同。故至今尚未敢確定其爲何種

物質。然據諸天文學者所言。彗星乃合輕氣炭氣淡氣養氣鈉等諸原質而成除所孚太陽司巴格的拉之外。本身亦存固有之司巴格的拉。焉然此司巴格的拉距日遙。卽凝結。及近太陽。始生炭酸滿淹鉛等云。由此觀之。則彗星確爲無數之流星團結而成無疑。而其中部尾部皆流星之蒸氣。其光線蓋本身物質互相衝突而發非全爲太陽光線之反射也。

抑奈端所言。則彗星因爲太陽吸力所引。始繞日而行。然太陽何以獨吸其頭部中部。而排斥尾部邪。此吾人研究彗星最有興味之問題也。電氣學之元祖麥大威爾曰凡光皆有一種電磁氣之波動。物體之受此波動者。必受同等之壓力。苟明此理。則可知彗星尾部所以爲太陽排斥者。亦由陽光之壓力而已。蓋物質愈稀則壓力愈大。彗星既爲無數流星凝結而成。其質之稀可知。故其所受壓力尤大而見排亦甚也。

哈雷彗星

哈雷彗星何以名。以天文學大家哈雷氏之名名之也。自奈端發明重學吸引之理後二十年。哈雷觀測彗星軌道。謂西歷千五百三十一年千六百七年千六百八十二年所現之三彗。其軌道極相似。遂決三者皆同爲一星。并謂七十五年後此星必再見。及千七百五十九年。果復見。人皆服哈雷氏之明。乃冠此星以其名。此哈雷彗星之所由來也。

此星自得名後。至千八百三十五年而後見。今年復爲此星回周之期。于是世界各國莫不翹首企踵以歡迎此遠客。而吾儕亦以先覩爲快者也。

哈雷彗星自有史以來。出現已二十九次。其第一次在秦始皇七年五月。今詳列其屢次出現之年如左。

哈雷彗星出現表

第一次	秦始皇帝七年	西曆紀元前二百四十年
第二次	漢文帝後二年	紀元前一百六十三年
第三次	漢武帝後元二年	紀元前八十七年
第四次	漢成帝元延元年	紀元前十二年
第五次	後漢明帝永平九年	紀元後六十六年
第六次	後漢順帝永和六年	紀元後一百四十一年
第七次	後漢獻帝建安十二年	紀元後二百十八年

第八次	晉惠帝元康五年	同	二百九十五年
第九次	東晉孝武帝寧康二年	同	三百七十四年
第十次	宋文帝元嘉二十八年	同	四百五十一年
第十一次	北魏永安三年	同	五百三十年
第十二次	隋煬帝大業三年	同	六百七年
第十三次	唐嗣聖元年	同	六百八十四年
第十四次	唐乾元三年	同	七百六十年
第十五次	唐開成二年	同	八百三十七年
第十六次	後梁乾化二年	同	九百十二年
第十七次	宋端拱二年	同	九百八十九年
第十八次	宋治平三年	同	千六十六年
第十九次	宋紹興十五年	同	千一百四十五年
第二十次	宋嘉定十五年	同	千二百二十二年
第廿一次	元大德五年	同	千三百一年
第廿二次	明洪武十一年	同	千三百七十八年

第廿三次	明景泰七年	同	千四百五十六年
第廿四次	明嘉靖十年	同	千五百三十一年
第廿五次	明萬曆三十五年	同	千六百七年
第廿六次	康熙二十一年	同	千六百八十二年
第廿七次	乾隆二十四年	同	千七百五十九年
第廿八次	道光十五年	同	千八百三十五年
第廿九次	宣統二年	同	千九百十年

彗星與災變　古代中外之民皆言彗星與災變相麗雖然彼其爲物有一定軌道可以按圖而索布算而知安有所謂災變者乎然雖以今日泰西科學之昌明而此次哈雷彗星之出現愚民猶多震恐者吾居日本之窮鄉見其野老輒復蹙頞蹙怖而吾國故老則歷數最近數十年中凡彗見之歲恒有干戈一若形影相隨不可離者則甚矣迷信之錮習除之非易也竊嘗論之凡在專制之國其國中無時不含有釀亂之種子水旱疾疫刀兵無歲無之其在不遇彗之年則置之不論一旦遇彗則以爲彗實使然

苟欲附會固可以無所往而不合也而桀黠之夫好亂之民又往往利用愚民之迷信借此以助其篝火狐鳴之勢而成其斬木揭竿之機于是而彗果可以召亂矣吾之爲此文。豈徒以資談助。亦願當道者觀此中消息而知所警耳。

書評

登高而招　臂非加長也
而見者遠
順風而呼　聲非加疾也
而聞者彰

法令

法部奏定法官考試任用暫行章程施行細則

目錄

第一章　通則　第一條　法官考試任用暫行章程一應未盡事宜悉按此施行細則辦理　第二條　凡考試事宜京外統由法部總理主持其派員往考省分應由提法使詳明督撫遵照定章辦理　第三條　照原章第一條派員往考省分指定如左

一　四川　二　廣西　三　雲南　四　貴州　五　甘肅　新疆（會考於甘肅）　除前列六省外其餘各省一律赴京應試　第四條　考試試場及報考處所在京由法部在外由提法使先期指定出示曉諭

第二章　職掌　第五條　照原章第一條京師考官由法部奏請　欽派並請於法部堂官內　欽派一員會同考試其四川等省考官由法部遴選京員五品以上人員出具考語開單奏請　簡派會同各該省提法使考試每省以二員爲額　第六條　襄校官資格除原章第二條所載外京師司法各衙門有深通法律富於經驗之員績由法部堂官出具考語一同奏派　第七條　襄校官員額京師視與考人數臨時酌定外省以二員爲額如與考人數過多時得由監臨官遴選該省合於原章所定資格人員電咨法部奏請添派　第八條　京外考試設監臨官一員京師由法部堂官內奏請　欽派一員外省以辦考省分之督撫任之督率執事各員辦理考試事宜　第九條　京師考試設監試御史一員由法部咨取科道各官銜名奏請　欽派外省設監試官一員由提法使詳請督撫就道府內札派專司稽查關防　第十條　京師考試設提調官二員由法部丞參或參事郎中內奏派外省設提調官一員由提法使詳請督撫於道府或提法使衙門科長中選派管理內場事宜並辦理核算分數拆封填榜等事　第十一條　設內外收掌官彌封官各二員管理收掌彌封事宜

京師由法部堂官就本部各司員中遴選奏派外省由提法使詳明督撫就本署各科員中遴選札派　第十二條　設庶務官若干員辦理場內供給及雜務監場官若干員監察應考員生整肅場規京師由法部堂官就本部各司員中外省由提法使詳明督撫就本署各科員中分別遴派　第十三條　外省於本則第九條至第十二條所載派出執事各官仍咨報法部備案

第三章　關防　第十四條　凡考官襄校官暨監試提調內外收掌彌封庶務等官一經派定均須即日入場住宿未揭曉以前不得外出以昭慎重　第十五條　監臨官應在外場住宿以便稽查出入嚴杜弊端　第十六條　試卷於每卷末頁之左角內塡彌封紅號於卷面之浮簽上塡寫應考員生姓名及坐號收卷後由彌封官揭去浮簽交提調官呈由監臨官分送校閱其各項試卷非經考官評定分數後不得開拆彌封既拆彌封已知紅號之後不得復將分數增減開拆彌封時由監臨會同考官督率執事各員公同辦理　第十七條　一應考試場規由法部另訂施行

第四章　與考資格　第十八條　法官第一次考試凡年在二十以上六十以下而

合原章第四條資格之一者准其與試投考時應照左列各項辦理 一 在法政法律學堂三年以上畢業者應將文憑呈驗 二 舉人及副拔優貢其有貢單者應隨帶呈驗 三 文職七品以上者以實官爲限虛銜不得與考其有實官部照者仍須呈驗 四 舊充刑幕人員以歷充五年以上而現充刑幕者爲限應將歷充現充某地之刑幕詳細敘入履歷冊並由出具文結各員聲明確係品端學裕以備考核 第十九條 凡有法院編制法第一百十五條所列三項之一並有干禁煙條欵者一概不准與考其無前項情事須於文結內聲明

第五章 報考 第二十條 報考辦法列爲左之三種 一京師投考者 在京及交通便利省分來京應考各員生除實缺候補人員應由京師各衙門及督撫備文咨送外其候選人員及畢業生舉貢等有不及在本籍起文者得於到京後取具同鄉京官印結或本旗圖片報考惟刑幕一項應由游幕省分之地方官出具印文申送提法使切實考驗合格詳由督撫備文咨送其各項咨送員生名冊統由提法使彙造申送法部備案 二本省投考者 除實缺候補各員呈明本省督撫仍於提法使衙門報

考外其餘無論本籍寄籍寄居有合應考之資格者均報由所在地方官或旂官備文申送提法使屆期報考其刑幕一項由現在就幕之衙門或地方官出具印文申送提法使先行切實考驗合格方准與考　三新疆赴甘肅會考者　報考各員生除照本條第二欵辦法外由該省巡撫給咨赴甘會考仍一面將與考員生名冊咨送陝甘總督仍札知甘肅提法使備案其候選人員及畢業生舉貢等有不及在本籍起文者得在甘省取具同鄉正印實缺官印結（如同鄉無實缺者得由候補同鄉官借用地方正印官印出結）或本旂圖片即予報考其舊充刑幕者亦由就幕之衙門或地方官出具印文申送鎮迪道兼按察使衙門切實考驗合格詳請本省巡撫給咨赴甘報考　第二十一條　應考人員投考報到均應親自塡寫履歷並呈繳本人四寸照片

第二十二條　凡應第一次考試者於臨場納卷時每名繳卷費銀二圓此項卷費均由辦考各衙門列入考試經費內核銷仍分別咨部

第六章　考期　第二十三條　每屆舉行第一次考試由法部於四月以前通咨各省出示曉諭並登報廣告　第二十四條　第一次考試無論京外每屆定以八月初

旬舉行　第二十五條　考試齊集及分場日期由辦考衙門預先酌定宣示　第二十六條　各場考試如因人數過多得酌量情形分起排日舉行

第七章　第一次考試　第二十七條　照原章第六條辦法第一次考試分筆述口述二種先試筆述筆述不及格者毋庸再試口述　第二十八條　筆述考試分爲二場間日行之俱當日交卷其分場科目如左　第一場　奏定憲法綱要一題　現行刑律二題　現行各項法律及暫行章程二題　第二場　各國民法商法刑法及訴訟法各一題（准由各人於報考時呈明就其所學種類至少認作二題）國際法一題　主要科論說一題　第二十九條　口述考試列爲一場均按照原章第五條所列第二至第四主要科科目分起考問令書記從旁筆錄

第八章　核定分數　第三十條　筆述分數由襄校官按科分擬呈由考官公同核定口述分數由考官或襄校官考問詳註名冊再由考官公同核定　第三十一條　凡考試通計筆述口述各科分數滿百分者爲極則滿八十分以上者爲最優等滿七十分以上者爲優等滿六十分以上者爲中等不滿六十分者不錄　第三十二條

筆述各科計分按原章第五條第一至第五所列科目及論說一篇定爲六門其口述亦作爲一門併入筆述各門分數以七除之而定爲總平均分數　第三十三條　主要各科以滿五十分爲及格不及格者照章不錄其有一科不滿六十分者不得列優等不滿七十分者不得列最優等　第三十四條　筆述考試後合計兩場主要科分數及格而平均分數在六十分以上者先行發榜一次再試口述口述分數及格者照第三十二條辦法平均後再行分等發榜　第三十五條　考試等第分最優等中等三項如成績均優卽統列最優等稍次卽統列優等或中等總以考試成績爲斷不必强分高下致有倖獲抑置等弊　第三十六條　錄取各員姓名分數在京由法部繕具清單會同

欽派考官專摺奏聞外省由監臨會同考官造具清冊並連同試卷咨送法部具奏

第九章　授職　第三十七條　京外第一次考試錄取人員以正七品推事或檢察官用分發各廳學習其文職七品以上人員暫以原官分廳學習俟第二次考試合格再以品級相當之推檢奏留候補　第三十八條　在京考取人員於試畢後由法部

帶領引　見其簡員往考省分俟第二次考試合格再由法部帶領引　見　第三十九條　考試錄取人員直省開辦之初得由提法使擇其成績最優者暫行委署仍分報法部並督撫衙門備案　第四十條　直省籌辦審判處得力人員經第一次考試合格者開辦之初亦得照前條辦理　第四十一條　學習人員分發辦法由法部另行奏定

第十章　學習　第四十二條　學習人員之職務依編制法第一百十條之規定但直省開辦伊始需才甚亟時得於學習期內照本則第三十九條第四十條辦理　第四十三條　學習人員於學習期內應作修習日錄按月呈各該廳長官標閱於應第二次考試時一併呈驗　第四十四條　學習人員之品行及辦事成績每屆年終應由該廳長官造具簡明事實清册加具考語在京逕呈法部在外送由提法使彙報法部　第四十五條　學習人員如於職務有廢弛侵越及行止失檢者該廳長官應隨時儆告並將儆告之次數及事由記入該員事實清册內一併彙報其屢戒不悛者照編制法第一百九條辦理　第四十六條　學習人員照法院編制法以二年爲期滿

其有正當理由或疾病請假時須經各該廳長官查明方准給假因請假而所缺之學習日數如逾二月以上者應令其按日補習

第十一章 經費 第四十七條 考試一應經費預計實數在京由法部奏明行文度支部支領在外由提法使詳由督撫辦理仍申報法部核定 第四十八條 各項經費辦考衙門均須核實動用不得沿科場供應舊例致滋糜費在京由法部奏銷外省由督撫奏銷分咨度支部法部備案 第四十九條 四川等省考官及襄校官津貼川資視道里遠近統由法部酌定奏明由度支部支發除內場供給外其沿途車船夫馬由地方官代僱自行發價概不得有需索情事地方官亦不得另有餽送違者查明參處

第十二章 附則 第五十條 關於第二次考試施行細則屆時由法部另行奏定

第五十一條 本則所訂事宜如有應行增減及變通之處應隨時體察情形量加改正奏明辦理

荆軻飲燕市　酒酣氣益震　哀歌和漸離
謂若旁無人　雖無壯士節　與世亦殊倫
高眄邈四海　豪右何足陳　貴者雖自貴
視之若埃塵　賤者雖自賤　重之若千鈞

文牘

度支部奏釐定幣制酌擬則例摺 幷單

奏爲釐定幣制酌擬則例繕單具陳恭摺仰祈
聖鑒事竊幣制爲經國要圖條理至爲繁賾自邇
旨設局調查以來臣等督率局員於古今中外之制度各省商民之習慣以及金融消息物力盈虛逐一研求昕夕討論現已略有端緒謹撮舉綱要爲我
皇上縷晰陳之貨幣計數當先定名中國古制號稱圜法圜者圓也現鑄新幣擬請沿用九府遺法定名曰圓於復古之中隱寓象形之義且幣制與算法相關考之算術制圓則得弧角量角亦析分釐其圓以下各種輔幣應請分爲三等由圓十析則曰角由角十析則曰分由分十析則曰釐一氣相承層遞而上斯行用皆以枚計而秤量之習始除則名稱之宜先定者此其一名稱既已制定而品質尤宜斟酌中國向例銀銅並用究之大宗出入用銀實居多數現訂幣制揆之國家財政情形民間生活程度自宜

文牘 二

暫以銀爲本位一切官款收放商民貿易悉以此爲價格標準其窮民交易以及畸零數目萬不能統用一圓故又鑄造各種輔幣以爲補助庶貴賤相馭大小相權而法幣永以鞏固則品質之宜酌定者又其一品質既分等差價值因之而起計算不定何以相維查東西各國貨幣條例除美國外大率以十進位中國現行度量亦不外此法蓋度之分寸尺丈量之勺合升斗皆以十遞進並無畸零通行於世民實便之方今改定幣制應仿度量辦法將圓角分釐計算皆以十進永爲定價不得任意低昂市廛授受概免折算之繁難輕重互權永保相承之等級則計算之宜確定者又其一計算既有定衡而維持不可無術查補助貨幣限制用數已成各國通例誠以法律所定之價與實質所含之價原非一致倘漫無限制勢必充斥一面主輔莫分流弊何堪言狀近年以來東南各省銅圓充斥致令銀貴錢賤官民交困可爲前車之鑒臣等愚以爲輔幣一端原以供零星交易之需並非爲籌款而設銷路既屬甚隘來源何可太多自非鑄造有定程行使有定數恐十進之法終無術以維持則限制之宜明定者又其一謹本此義釐訂國幣則例二十四條繕具清單恭呈 御覽如蒙 俞允擬請 明降諭旨

欽定頒行。俾昭法守。抑臣等更有請者。治國之道。徒法不能自行。行政之方。相助乃能為理。必城鄉市鎮警察之巡邏得力。而僞造始有可防。必賦稅釐課官吏之收用在先。而法價乃有可保。應請 旨飭下各部院順天府各省督撫及將軍都統大臣督飭所屬。各就所管事項。遵照則例。切實奉行。不得稍有違背。一面轉諭該地商會宣演則例大意。務使家喻戶曉。於推行幣制。毫無阻礙。是爲至要。如或陽奉陰違有名無實蹈抑減之故轍而出入或有參差習泄沓之恒情而巡緝或多疲玩。一經發覺。即由臣部會同該本管衙門據實糾參請 旨辦理。至造幣總廠大清銀行關係幣制至爲密切該監督等責任重大。尤當激發忠誠。認眞經理。如此內外一氣。上下相維。庶足仰副朝廷慎重幣政之至意。除舊鑄銀銅各圓。由臣等督飭局員籌擬辦法。另摺奏明外。所有釐定幣制。酌擬則例。緣由謹恭摺具陳。伏乞 皇上聖鑒訓示。謹 奏。

謹將釐定幣制酌擬則例並加註案語繕具淸單恭呈 御覽

第一條 大清國幣單位定名曰圓。 謹案單位者整數起算之位也。單位以下爲小數。

第二條　國幣種類如左。銀幣四種。一圓　五角　二角五分　一角。鎳幣一種。五分。謹案此項鎳質礦產及鑄造法尚在調查。暫擬緩鑄。銅幣四種。二分　一分　五釐　一釐。謹案一分銅幣與舊日當十銅圓容易混淆。暫擬緩鑄。

第三條　一圓爲主幣。五角以下爲輔幣。計算均以十進。一圓分爲十角。一角分爲十分。一分分爲十釐。一切兌換均按此計算。

第四條　銀幣重量成色如左。一圓銀幣。重庫平七錢二分。含純銀九成。計六錢四分八釐　五角銀幣。重庫平三錢六分。含純銀八成。計二錢八分八釐。二角五分銀幣。重庫平一錢八分。含純銀八成。計一錢四分四釐。一角銀幣。重庫平八分六釐四毫。含純銀六成。計五分六釐一毫六絲。鎳幣銅幣重量成色另訂增入。謹案本則例所稱庫平係指農工商部會同本部奏定劃一度量衡章程內稱庫平一兩合法國衡數三十七格蘭姆又千分之三百零一。又本條所稱純銀。係指鍊淨之純銀。

第五條　主幣用數無限制。銀輔幣用數每次不得過五圓之值。鎳銅輔幣用數每次不得過半圓之値。過此限制。受者可以不收。惟向大清銀行及其分行分號代理店兌換之時。不在此限。　謹案一切整數。能以主幣授受者。無論十百千萬。自有主幣可用。輔幣之設。原所以供零星交易及找零之需。故輔幣用數。不得不嚴立限制。但兌換與行用不同。故不在限制之列。所以保輔幣之價値。堅小民之信用也。或慮兌換無限制。銀行所收。多係此種輔幣。且不免爲僞造之媒。詎知鑄造有一定限制。則來兌者正自無多。兌換有一定機關。則僞造者尤易發覺。此層自可無慮。

第六條　一圓銀幣。一面鑄龍紋。一面鑄大清銀幣一圓字樣。五角以下銀鎳銅幣仿此。　謹案將來銀鎳銅各幣。須另印精圖頒行各省。

第七條　一圓銀幣。無論何枚。其重量與法定重量相比之公差。不得逾庫平二釐。其五角以下各種銀幣。無論何枚。不得逾庫平一釐。　各種銀幣。每一千枚合計之重量與法定重量相比之公差。不得逾萬分之三。　謹案本條第一段定每枚分計之公差。第二段定千枚合計之公差。分計宜稍寬。合計宜稍嚴。

第八條　各種銀幣。無論何枚。其成色與法定成色相比之公差。不得逾千分之三。

謹案上條定重量之公差。本條定成色之公差。

第九條　一圓銀幣。如因行用磨損。致重量不及七錢一分。及五角以下銀鎳銅幣。因行用而磨損顯著者。得照數向造幣廠及大清銀行。兌換新幣。　謹案貨幣行用。不能無磨損。故定七錢一分爲磨損限度。逾此限度。卽應兌換。以保信用。

第十條　凡毁損之銀鎳銅幣。如查係故意毁損者。不得强人收受。　謹按上條謂行用磨損。准其兌換。本條謂故意磨損。卽不准行使兌換。所以防民間鑿孔盜戳磨削之弊也。

第十一條　各種輔幣鑄造之數。由度支部酌量情形。嚴定限制。　謹案輔幣行使。旣有限制。自不得濫爲鑄造。以免損壞幣制。

附則

第十二條　大淸銀行。爲國幣兌換機關。凡新舊幣交換事務。遴派專員。妥愼經理。

謹按新舊幣交換事務。自係銀行專責。惟銀行業務繁多。自應遴派專員經理此事。以重責成。

第十三條　新幣發行之際。國幣一圓五角。准合度支部庫平足銀一兩。　謹按此條。係定新舊交換及折合之標準。所稱足銀。係指純銀千分之九八五。

第十四條　新幣發行地方。所有從前鑄造之大小銀圓。暫准各照市價行用。一面由造幣廠及大清銀行。酌照市價。逐漸收換改鑄。一面由度支部酌量情形。再行明定限期。逾期一律停止行用。造幣廠及大清銀行。即照生銀收換。

第十五條　所有各省從前鑄造之銅圓制錢。仍准各照市價行用。由度支部隨時斟酌情形處理。　謹按十四十五兩條。定處置舊幣方法。其詳細辦法。由度支部斟酌擬訂。隨時專案奏明辦理。

第十六條　自本則例奏定日起。限一年內凡官款出入。向例用銀者。一律照各該處原收原支平色數目。折合庫平足銀。再合國幣。改換計數之名稱。　謹案劃一幣制。先使簿冊券單等類。一律改用國幣計算。匪惟於推行幣制收效甚捷。且於預算決算。便利諸多。故新幣未經遍布以前。不妨將舊幣名稱。限期一律改爲新幣名目。如向以兩計者。改以圓計。且照第十三條折合之法。並不繁瑣。故限一年不爲過促。如慮新圓一時不敷使用。則改換名稱以後。仍可暫以生銀及舊幣。按照原收原支平色數目。折合庫平足銀。再合國幣使用。似亦無所窒礙。

第十七條　自本則例奏定後。限一年內。凡官款出入。向例用制錢。或用銀而配制錢者。一律照本則例奏定日。各該處市價。將制錢數目。折合庫平足銀。再合國幣改換計數之名稱。其向用銀圓或他項錢文者。準照前項辦理。　謹案此條改換計算名稱。亦係先改簿冊券單上之名稱。而必以奏定日之市價爲準者。所以絕市儈之抑揚。免折算之爭論也。其辦法由部先期電飭各省。將各府廳州縣各項銀錢市價。調查報部。列表頒行各處。

第十八條　凡關稅及郵電輪路各種款目。自本則例奏定後。限一年內。由本管各衙門。按照原收原支平色數目。折合庫平足銀。再合國幣奏明改換計數之名稱。　謹案關稅鉅款。交通要政。關係幣制。尤爲重要。故宜限期改換名稱。以利新幣之推行。

第十九條　凡民間債項。以銀兩計者。即照各該處平色折合庫平足銀。再合國幣改換計數之名稱。　其以舊用銀圓銅圓制錢。或他項錢文計者。照本則例奏定日。各該處市價。折合庫平足銀。再合國幣改換計數之名稱。凡未依本條。於債務上改明計數之名稱者。嗣後如有爭訟。即照本則例奏定日市價。作爲標準。判令歸結債務。　謹案本條及第十七條所稱他項錢文係指天津京錢新疆紅錢等類。

第二十條　自本則例奏定之日起。所有各省現鑄之大小銀銅圓一律停鑄。

第二十一條　度支部設立國幣化驗所。聘用專門技師。將造幣廠鑄成之國幣抽提分批化驗。列表刊布中外。　謹案抽提分批化驗。無論業已流通市面或甫經鑄造之幣。抽提若干枚。飭所化驗。以保信用。

第二十二條　凡在大清國境內。以大清國幣交付者。無論何人。無論何款。概不得拒不收受。　謹案此條定國幣行用之權力範圍。係屬各國通例。

第二十三條　凡違犯本則例第三條第二十二條者。准有關係人告發。經審判衙門審實後。處以十圓以上千圓以下之罰金。　謹案違犯第三條。如兌換强行折扣。致壞十進之制者是。違犯第二十二條。如交付國幣拒不收受者是。

第二十四條　本則例如有應行修改之處。由度支部奏明辦理。

文牘 十

度支部奏籌擬舊制銀銅各幣辦法摺

奏為籌擬舊鑄銀銅各幣辦法。以維幣制。恭摺仰祈　聖鑒事。竊維推行幣制。事極繁難。而尤莫難於處置舊幣。中國圜法紊亂。匪伊朝夕。銀元一項。自光緒十六年開鑄。至三十四年止。各省局廠。報告鑄數。大銀元約共四十餘兆。小銀元約共一千四百餘兆。為數甚鉅。今欲收回改鑄。以色耗收換轉運提鍊利息五者所費。約計虧耗需銀二千萬元。當此庫儲支絀。籌措維艱。故論者有擬壓抑舊元。使與生銀等價。而後收回改鑄者。照此辦法。官家所耗較少。而民間受虧則鉅。尚非兩全之策。擬請於新幣發行省分。所有舊鑄大小銀元。暫准照市價行用。一面即照市價逐漸收回改鑄。新幣約計該處新幣發行之數。足敷應用。即豫定以某年月日為限。舊時銀元。為該處不合法律之幣。停止通用。祇准照內含實值兌換國幣。如此則市面之流行。以漸而減少。價值之變動。以漸而低廉。收回改鑄。民間亦不致過損。此籌擬舊銀元大概之辦法也。至銅元一項。開鑄以來。鑄數值銀約在一百兆以上。加以私鑄之來源不絕。鈔票之濫發尤多。物價奇昂。官民交困。當此改革幣制。既不可遽禁其行用。復不可長任其流通。再四籌維。殊無善策。今之論者。約有二說。一則盡收舊銅元換鑄新幣。一則補救舊銅元。使成十進由前之說。利在壓低其價而改鑄之費。始有所取償。由後之說。利在提高其價而法定之値。始可以仰企。二者皆有抑揚幣値擾動市情之患。臣等酌度情形。折衷二說。新幣發行伊始。舊銅元姑准民間照市價行用。惟用數無限。則錢盤習慣。終未由除。勢將阻礙新幣。是非分年酌定限制不可。應請於新幣發行。省分由督撫出示。以某月日爲新幣發行日期。即從是日起算。第一年銅元用數。每次以値銀幣三元爲率。第二年銅元漸少。限制自當稍嚴。每次用數以値銀幣一元爲率。用數既限。則社會之需要必少。一面即由臣部隨時設法收回。勘以數成改鑄二分及五釐銅輔幣。並選其當十文之精者數成。暫行作爲一分輔幣。隨同新幣以法價運銷內地。如此行之二三年。改鑄運銷。爲數當已不少。其所留遺市面者。不過十之二三。屆時或宣布作爲輔幣。或明示禁用期限之處。應由臣部察體市情。斟酌辦理。此籌擬舊銅元大概之辦法也。綜而言之。內地之銀元有限。外來之銀元無窮。故收換之功。尤以防浸灌爲急務。官鑄之銅元雖停。私鑄之銅元難禁。故挽救之策。尤以緝僞造爲要圖。浸灌不防。將吸收終無止日。僞造不緝。將充斥末由稍衰。貽害於幣制前途。何堪設想。此則臣等所當與各部院各疆臣。協力同心。以共圖匡救者也。如蒙 俞允。即由臣部行知京外各衙門。一體欽遵辦理。除銅元銀角等票。有礙輔幣。應遵限制通用銀錢票暫行章程辦理。並制錢及他項錢文。由臣部體察各地情形。隨時妥籌辦法。再上年翰林院侍講學士周爰諏奏銅元流弊日滋。宜化畛域。以利民用杜外私以保國權一摺奉旨交臣部會同外務部具奏。現在此項辦法已經釐定。毋庸再行議覆。合併聲明。謹 奏。

唐蔚芝侍郎上度支部條陳幣制書

伏承 大部。以幣制事宜。關係重大。博採羣議。詢及芻蕘。敢貢其愚。以備 鑒擇。茲將幣制管見。分為五端。臚列如左。

一本位 以金本位為趨向。而必預儲現金。鑄造實幣。乃定金本位之制。今宜暫定銀本位之制。

今經濟界之持論。蓋有二種。甲開通主義。以為凡百制度。或可自為風氣。惟國幣當從貿易情形而定。亦當從流通之範圍而定。貴幣足以操縱賤幣。多數所用之幣足以操縱少數所用之幣吾國公私所欠外債累累歲以鎊虧制國用者因之牽掣預算無從而定此不用金之害中于國家財政者也海禁既開商民營運資力稍厚者動關國際貿易吾國商人學問經驗舉不及外國商人然外商既計本科利之逸內商多擔一金鎊漲落之危縱有所謂投機事業而外商就貨價一次投機內商必就貨價與鎊價兩次投機內商之程度低於外商而所擔之危險倍於外商以是處商戰之會不敗何待此不用金之害中於國民生計者也乙保守主義以爲銀賤金貴正內商輸出物品之大好機會外人持少許之金幣可以當我多數之銀幣則利我之物價低廉競相購致銀價恨其未極賤耳若果極賤束薪皆可出洋我之土貨暢銷卽輸入之金融足恃一改用金輸出之途立窒輸入之途更寬何者洋貨以磅貴而漲價以價漲而滯銷此爲無形之抵制用金以後洋貨必且益無阻礙而悉數灌輸也蓋今日銷土貨抵洋貨之策惟永定銀本位之制爲最得也

以上二說甲說爲計久遠乙說爲顧目前比而論之當採甲說不當徇乙說夫乙說之所謂土貨者原料耳原料出口祗可偶洩其所有餘不當恃爲國際貿易之長策

原料盡去則工業永無發達之日國民罕有生業可操其病在民生者一外商之購我土貨大率亦多以貨價相交易洋貨滯銷土貨亦將受影響卽如乙說洋貨滯銷而土貨之出洋如水赴壑但吾民不事工作則新事業不興民之生計如舊乃國中天產物之日銷於外以致價値飛騰所利者少數轉運原料之商人所害者全國需用原料之居戶馴至百物騰貴民不聊生其病在民生者又一夫此二病相因而至苟民有新職業可操則物價之貴自緣生活程度之高浸假職業凋敝而物價獨以外溢而增長是率國民而轉於溝壑已耳故曰苟定幣制必以金本位爲趨向也

顧或者謂急於用金可用虛金本位之制以紙幣代金幣而仍用銀幣爲兌換之品特定一銀與金之比價每銀一圓不認爲主幣而認爲金幣一圓幾分之一此從前美人精琦之所主張也愚以爲銀圓與金圓之比較既定則塊銀與銀幣之比價將至無定各國所以用銀幣爲輔幣而不妨定其比價者以輔幣之需用少也今定虛金本位而以銀圓爲兌換之品則並非找零之輔幣實爲無制限之正幣且金紙幣初行民未習用又知其爲虛位益不足以言信用市面將全恃銀圓爲周轉僅與金

幣定一定之比價焉耳然則塊銀之價愈低鑄銀圓之利愈重銀圓之工費較之銅元尤省利之所在法不能禁又將患濫鑄銀元與私鑄銀元之充斥矣故曰預備現金敷鑄造實幣之用乃可定金本位今宜暫定銀本位也

雖然非謂金本位之可以緩定也今日無論如何必實力籌備現金悉心以金本位爲定向早一日定金本位即早免一日之害

二重量 以七錢二分爲準而不當於幣冪載重量文字 今之爭重量者有二說甲主七錢二分乙主一兩甲乙二說其理由皆有習慣一義甲說之所謂習慣則以墨銀通用已久近十年來又廣鑄龍元皆畧爲七錢二分之重此後用元自以仍其舊貫爲便此言七錢二分之爲習慣也乙說之所謂習慣則以公私出入各款向以兩計租賦俸餉無論矣甚者海關稅則亦已久定爲用兩將來新幣亦仍用兩則一切無煩更張此言一兩之爲習慣也合二種習慣之說則七錢二分之習慣似不如一兩之習慣何則新幣本與舊幣示區別非幸其與舊幣相混淆向之用七錢二分非有必需七錢二分之理由不過適然得七錢二分而已若一兩果全國通用則何必

不以幣制就之平此說似矣不知吾國之所謂兩絕非劃一之重量新幣祇能用庫平則試問向來公私用款其用庫平者有幾即用庫平矣又有每百加二加二三加二四之種種不同則劃一全國至不一之一兩與舍棄用兩之制而用不計重量之元其需別定比例率蓋相等耳如是則一兩之習慣乃反不如七錢二分之習慣何也七錢二分之習慣尚爲大槪從同而一兩之習慣乃隨地而異也

至於海關稅則之用兩或視爲事涉國際此尤大謬不然向來各省海關關平從無劃一之分量各隨其當地之平色申若干以爲當地之關平關平與關平既不同則向以市平爲關平之比例今以國幣爲關平之比例有何出入不第此也光緒二十八年以來新商約本約定中國須劃一幣制而後外國始允加稅免釐其劃一幣制之方法則設專條以附之其文曰完納關稅仍應按照向來關平大於庫平銀數比較核算補足平色此中國商約大臣之照會列入光緒壬寅中英約附件之甲第一者也又曰劉宮太保所見實與本大臣所見相同諒貴國政府必設立鑄局以鑄國家銀幣其銀色及輕重自行定奪此項銀幣可由商人以照重照色之銀條易換惟

須加例徵之鑄費。所鑄之銀幣。將用爲中國國家通用之銀。或並聲明此是合例之銀。若用以完納關平銀之稅項。或以還抵關平銀之債負。只可照其市價折算而已。此英國商約大臣之照會。列入該約附件之甲第二者也。嗣後美日等國商約卽以此列入正文。外人方渴望我之新幣。并預算關平之抵換方法。何勞我國人爲之遲回至從前。尚有疑外人樂用墨銀。將抵制我新幣使不流通者。近來已人人知其紕謬。故言幣制而顧慮於國際者。皆囈言耳。

甲乙兩種習慣之說。既各不同。則新幣果何所折衷。主用兩者。有不屑沿襲墨銀分量之意。夫幣自有制。沿襲與否。不係乎分量之異同。所取者實際之便利耳。我國生活程度尙不能廢一文之錢。自一文始。十進而爲一銅元。又十進而爲一毫。又十進而爲一元。大小相維。此爲最便。墨銀分量。適與十進之率爲宜。可以從劃一幣制之後定爲每千文值一元。一改用兩。則起數之點必需重定。若從十進。則起點較大。生計驟高。物價驟長。於民生不便。若不從十進。則正幣與輔幣之比例數有畸零入算。多一周折。說者謂歐洲之正幣輔幣。亦多不從十進。不知後起者勝於前。自我作法。

不妨擇至便之途以自處何必取不便之法而盲從之乎

至調停於用兩用元之說者謂元半適合庫平一兩但鑄元半之幣以代兩則一元之定量仍存可以十進之此說實亦甚巧以愚論之元半不必別鑄一幣但鑄半元之輔幣與七錢二分之整元相加卽爲庫平一兩暫濟目前社會未忘計兩用銀之習久之計元不計兩則國制固已定矣故曰重量宜以七錢二分爲準夫幣爲圜法不與權法相蒙故無論用兩用七錢二分皆不當以重量載於幣冪此在各種輔幣亦無不然不徒正幣而已也觀於現在之大小銀幣皆載重量於冪文何嘗實當等重之塊金則亦可知其無謂矣

三成色 惟用兩乃有足成與否之可言以一兩爲幣又需足成則加銅以堅其質又彙火工之耗以元易銀虧折多矣各國以塊金鼓鑄成幣必就其中收回工費苟或反之國家將以鑄幣爲甚大之漏卮何所取義而爲此乎今既欲不從一兩則所謂七錢二分乃累數而非的數向來鑄元自有通用之成色不必復斤斤致辨矣

四輔幣 輔幣層級不可太少而行使不可太多層級少則每一種之行使必多以無

母權其子也輔幣之重量成色較正幣更可從劣而不慮其私鑄者以行使無多之故私鑄者冒禁令費工本而爲之既成無多數之消路則何所取利於私鑄或又謂小本經紀零售祇有輔幣積少成多不能禁其兌換則私鑄之大宗兌換可從而影射於其間不知幣制一定行使者用正幣與用輔幣價値無可取巧則必不樂多賣輔幣以自取重累所有交易有偶然專用輔幣之處亦必有專用正幣而聽市肆找給輔幣之處轉展流通雖小本經紀必不至盡收輔幣其以盡收輔幣爲慮者乃今日錢法未定銅元既漫無限制而彼此退找買物者往往受虧因不惜多賣銅元以取微巧耳幣制既定之後斷無此事卽一日所收之輔幣偶多積數日周轉而仍得相權之數斷無急急取大宗輔幣爲兌換者其層級當奈何大率當分銀輔幣三級鎳輔幣一級銅輔幣三級銀輔幣三級者半元及二毫一毫也鎳輔幣一級者半毫也銅輔幣三級者當十當五及一文制錢也其當二十之輔幣似無足取

五銅元 銅元本輔幣耳前條既詳其層級又必列爲專條者則以近日影響於幣制爲尤甚也前年始奏定幣制銀輔幣與正幣有比例銅輔幣則否夫輔幣與正幣或

有比價或無比價此何得謂之劃一且亦何必有此劃一是以銅元成充斥之害而劃一無實行之期誠如前條所陳之層級比例定而限制嚴庶爲能探其本但今日無限制之銅元各省恃以罔民而取盈者既有年矣一旦不准多用行使之道立窮究其終極不能不減折舊銅元而即以新銅元及各級輔幣與正幣收買之銷燬以還其銅質供再鑄之用此必號令極嚴信期限極迅速然後爲功是在操縱之得其道矣

順天府府尹王乃徵籌備第三屆憲政事宜並各級審判制度暨清訟辦法請飭交議摺

奏爲臚陳順天籌備第三屆憲政事宜。並請以各級審判制度。暨現行清訟辦法。飭交詳議。事竊順天籌備第一第二屆憲政事宜業經前尹臣於上年依限奏報本年正月。並經前尹臣奏陳。遵

旨設立籌備憲政處。暨籌設簡易識字學塾情形在案。

伏查本年第三屆應行臚陳事續。除簡易識字學塾外。如地方自治。已奏明歸直隸自治總局主持考核。調查歲出入總數。屬於廳州縣者。已奏明由直隸督臣彙報。屬於臣

等署內及各局所收支經費業經澈底清查。塡造表冊。按季報部。至廳州縣巡警。順屬萌芽最遲。而畿輔之間。盜風素熾。關係警務尤重。自上年冬間。經前尹臣遣員馳赴各州縣。切實調查。甫於本月蕆事。現經臣等詳加考核。悉心籌畫。務使城鄉巡警。日臻完備。力矯因循。復擬增廓舊設巡警馬步隊。變通規制。遴選得力員弁。責以巡邏。以輔地方警務所不及。一俟辦理有成。即行　奏報。此本年第三屆籌備憲政之實在情形也。

惟各級審判廳。遵章應於本年一律成立。在前尹臣奏案。誤以順天高等審判廳當設於直隸省城。嗣上年十二月。欽奉　頒布法院編制法。附有司法區域章程。於京師高等審判廳。係以順天府轄境爲區域。臣等因查各級審判制度。實尙有不能不詳加研究者。京師高等審判廳。既與各省同級。而監督之權。於各省則有提法司。於京師惟直隸法部。在審判遞級上行。原無窒礙。而法部監督及於初級。不免繁瑣。且今日之籌辦。不能不責成地方行政長官。卽各廳之行政。未嘗不關涉地方行政權限。若以下級歸府尹。則上級行政。與下級行政不一貫。若并下級歸法部。則各廳行政與地方行政必兩妨。自非別有明文。凡法令之能通行各省者。轉不便於順天。此不能不研究者一

文牘　二十二

也。京師地方審判廳。其管轄區域。只及京師內外城。及京營地面。是大宛兩縣所轄餘境。應劃屬地分廳。在各國司法行政各分區域。不必相符。案牘全在法庭。而裁判各有定籍也。詳覽司法區域章程各條。皆以不與行政區域相歧爲主。原以司法獨立之初。尙多關涉地方行政之事。區域相歧。則條理易紊。執行多阻。今破兩縣轄境。使城外遠隸他分廳。既不便於赴訴之人。且於戶婚田土案件。尤多轇轕。以兩縣合隸一廳。則首善之地。慮其太繁。以一縣分屬兩廳。則牽連之事。慮其多糾。或移兩縣於城外。而劃京師爲特區。或分審判爲兩廳。而依舊界爲轄境。此不能不研究者二也。順天一府。其屬二十有四。地大訟繁。自非直省一府之比。章程既以一高等審判廳。專轄順天。又以一地方審判廳。專轄內外城。本與外府審判編制有別。而獨於所屬州縣。建設分廳。仍從外府與直隸州之例。夫外府之得設分廳者。爲便民也。得不設分廳者。爲省貲也。順天轄境遼闊。且爲首善觀瞻所繫。規模不宜儉於外府。外府以一地方審判廳轄全境。其所設分廳。皆在轄境以內。今京師地方審判廳。不包括二十四屬。是於總廳轄境以外。設分廳。而京城以外無地方審判廳矣。此不能不研究者三也。順天州縣旗民雜處。凡詞訟所自起。皆外府所不聞。雖受治於法權者同等。而法庭行政與地方行政之交涉。實與外府迥殊、遵內務府去年奏案。以詞訟分歸愼刑司審判廳。而順天州縣。又仍有訊辦案件。其範圍當若何。權限當若何。必法令有明文。而後規畫可預定。蓋民刑分庭之締搆有濶狹。卽籌辦經費之多寡有增省。此不能不研究者四也。以上四者於籌辦之次第。司法行政監督權之樞紐。關係甚大。解決宜明。應請　飭下憲政編查館詳議奏布。又順天清理積訟。爲目前要事。而辦法尤難。京畿數百里中。內府莊園王公圈地。所在皆是。一紙文書。便成原告。屢經追究。完結無期。論司法獨立。旣於成立之高等審判廳。卽以各屬上訴案件。悉隸該廳。行政官吏。亦樂諉卸責成。惟是清界催租。每在地方行政範圍之內。卽審判歸廳。而辦理仍不能不責諸州縣。況積年案牘。散在各州縣衙門。舊例新律。勢難盡出一貫。驟以委諸法庭。案情猝難了解。審查仍歸州縣。判斷卽多周折。而法官復不得侵地方行政之權。則禁格旣生。傳集更累。將來司法一律成立。新案必歸法庭。決無疑義。現當籌備限內。審判權與行政監督權。應如何暫行變通。冀能剋期蔵事。應請　飭下法部議定。以便遵行。所有順天籌備第三屆憲政事宜。

並請以各級審判制度。暨現行清訟辦法　飭交詳議緣由。理合恭摺具陳。伏乞

皇上聖鑒。謹　奏

中國紀事

陸軍部新訂軍律　陸軍部新定軍律四條。一凡尅扣軍餉。無論數目多寡。官階大小。皆以貽誤軍政論。二凡採辦軍械之員如從中漁利貽誤軍務者。問明卽行正法。三凡兵丁聚衆滋事。拆毀警署。毆傷警兵者。卽行正法。四凡營中兵目有私自逃匿在百名以上者。自統帶以至隊長。分別按失察例懲罰。擬卽通咨各省。遵照辦理。

司法官由部主持　法部通咨各省。略云查憲政編查館核訂法院編制法。內開。嗣後凡屬全國司法官。務如任用法官各項。統由法部主持。又請飭法部於考試任用法官時。務須欽遵頒定暫行章程。凡非推司檢察官者。未經照章考試。無論何項實缺人員。不得奏請補署法官各缺。查吏部每次京官分發時。有簽分大理院之員。此項人員。並未經法官考試。遽行分院。於任用章程。殊有不合。擬請無論何項出身人員。均毋庸再行簽分。統照本部奏准之考試細則。考試任用。此後凡全國司法官等。均歸本部總理主持等情。業經奉　旨允准。應卽一體查照云。

電查各省錢幣兌換率 度支部以幣制業已奏定。亟應調查各省錢幣兌換之數。現已電致各省督撫。飭各府廳州縣。自四月初十日起。至二十日止。將各地方之制錢銅元銀元。及通行平色銀兩。按日兌換之價值。分次詳確電部。

海軍處商撥經費 海軍處經費。前經奏定由度支部酌撥外。餘由各省攤認。關海軍處以需用孔亟。先後咨由度支部陸續解過一千萬。而各省報解者。尙復寥寥。洵貝勒意欲度支部將該部暨各省所認之款。如數墊解清楚。曾一再與澤公商量。澤公謂本部所認之款。自應照解。至各省之款。應俟各省解到。再行照撥。并謂前次之所以墊付者。以海軍處急需。故稍事通融。若欲全墊。則庫儲支絀。實有未逮。洵貝勒則云。無論如何。總須再撥五百萬。其餘各款。稍緩時日。分期劃付。仍不得俟各省解到。再行交付云。

收回大沽口之定議 洵貝勒以現在開辦海軍。堪以修築軍港者。象山島外。以大沽口最爲合宜。於去年過英時。曾面求英皇。懇請歸還中國。英皇云大沽不能再築砲臺。載在約章。未便更改。即還貴國。亦無用處。洵貝勒歸國後。仍於政務處提議兩次。謂無論有用無用。莫若藉海軍爲名。向英收回。故於二月間將此情形。專摺奏聞。並請飭下外務部會同辦理。奉　旨照請。旋會同外部與英使開議。後英使得本國政府電覆。可以照辦。但要求三事。其大要謂大沽仍歸中國。但不得修建砲臺及軍港。中國得於大沽設軍械製造局。設臨時軍港中國已一一應允。英國亦允於六日間撤兵回國。俟立約後。當即次第實行。

津浦路續欵合同簽押　津浦路續借欵四十萬元。經外部侍郎鄒嘉來。暨郵傳部徐尙書。與英國代表普林志。德國代表克爾的斯。將正式合同簽押。

日人圖佔渤海灣　日人接租旅大後。於我國渤海灣之漁業。常出干涉。今年錫督派員在渤海灣征取魚稅。且派兵船保護漁船。日人竟謂此海爲彼所領有。要求錫督承認。彼國自得旅大後。有海岸三海里之領海權。其延長線共二十六海里云。

洛潼借欵已交付　洛潼鐵路向公益銀行籌借款項二百萬兩。每百萬交現銀九十五萬兩。以八年爲期。首六年只准納息。由第七年起。每年還欵一百萬兩。如該鐵路公司願於首六年內還本。該銀行允其照數減息。並不以路作押抵。及保荐工程師以干預一切路政。已於四月初一日付欵五十萬兩。其一百五十萬兩。准於初十日交付。

鄂督奏參馮啓鈞之罪案　鄂督奏參湖北巡警道馮啓鈞已奉旨　革職永不敘用。原摺畧謂該道於巡警章制毫不講求。任用私人。縱容劣弁。徇私忘義。厚自封殖。馴致所謂保商衛民之巡警道。反以擾害商民。武昌漢口兩處警察。常年經費殆二十萬金。所轄之員弁長士統計殆三千人。然該道所委人員。大都不由學堂出身。下至遊民劣役大都竄穴其中。直以警衛之區。視若逋逃之藪。歲費數十萬鉅款。以養此無用人材。尤可異者。該道兼統緝捕營一營。派候補千總徐升充當管帶。徐升係漢陽縣已革捕役。朦混入伍。該道獨加任用倚若腹心。遂致該千總藉勢怙惡肆意橫行。其隸名於該營冊籍者。皆該千總之黨類。其魚肉良懦。擾害閭閻。積案纍纍。從未懲辦。皆由該道袒庇而養成之。湖北吏治積痼甚深。而以該道之溺職殃民爲最著。倘不立加罷斥。則警政無以振興。吏治無以整頓。請　旨將該道即行革職永不敘用云。

晉撫參案之始末　晉省文水縣民抗拒禁烟。聚衆滋事。胡侍御思敬以晉撫奏報不實。奏參其縱庇私人。濫殺多命。旋交直督查辦。直督覆奏已將參案內之夏學津奏參至於丁撫則謂其嚴禁種煙。分所當爲。於此案措置。尚無不合云。

日人經營南滿之現狀　日使胡惟德電致軍機處。畧謂探聞日政府以安奉路軌。既已改寬。則商港之經營。不可或緩。現已決定以大連灣爲南滿洲第一商港。營口爲第二港。其第三港。在鴨綠江沿岸擇宜修築。俟安奉鐵路改築竣工。卽將見之實行。

日人願還奉天侵地　日本南滿鐵道會社當日俄戰後。曾圈佔奉天商埠地九百餘畝。是時該會社硬稱此項地畝係東清鐵路公司收買。應作爲戰利品。繼又圈佔陸軍官用地一區。約百餘畝。迭經交涉司向日領交涉。促令交還。頃日領事業據南滿會社查明該地。確係商埠用地。已承認交還。至陸軍官用地。亦願一併還附。昨已照會交涉司。請定期派員交割。而司署查明該地內有日警察署與線路用地。亦係商埠用地。尚未議及。擬磋商妥洽。方能收回。

日人擬擴充琿春權力　日俄戰後。中日協約。我國允日本之要求。開放東三省十六處商埠。以爲報酬。琿春卽其一也。日人得尺進尺。藉保護韓僑爲名。暗地擴充其權力。現駐六道溝之日領事。忽向延琿甯道交涉。欲援內地通商各埠辦法。獲得領事裁判權。幷在琿春設警察出張所云。

松花江交涉問題　松花江交涉一案。俄政府因與東三省督撫屢議未決。電飭該國駐京公使。要求外務部。從速議結。外部已電東督將關於此案全分案卷。檢齊送京。並將歷屆與議人員。酌選數員。飭令來京。以便與俄使定期開議。

吉林擬募千萬公債　吉撫以吉省銀價日昂。市面彫敝。多因濫用官帖。現銀缺乏之故。亟宜維持圜法。改錢本位爲銀本位。擬由官銀錢號先發行銀元票二千萬元。收回官帖。以期漸次變易。惟發行紙幣。須籌的實資本。方足以應支付而昭信用。故擬就本省商民。募集公債一千萬元。以作票本。前於諮議局開會時。提出此議。嗣據該局會議。以本省商民交困。欲募此項公債。誠恐不易募集。莫若招徠鄰省富商。興辦局業。廣集公司股本。擴充彩票。庶可吸收外幣。以資補助。吉撫之意。大不謂然。已令該局於下次開會。再爲切實商議。

世界紀事

英國與日本新關稅　日本之新關稅發表後。英國議會以該新稅法之影響。及於英國貿易不少。特質問政府。如何對待。泰晤士及各報皆謂英國之貿易政策。本取自由主義。故其結果。他國雖增加關稅。率亦不能施其報復手段。日本深知此意。故有是舉云。

愛爾蘭政黨暴動　愛爾蘭紐買基脫地方。昨因政爭騷亂。竟日民居被毀者甚多。巡警無法彈壓。乃開鎗轟斃數人。

南非洲聯邦政府開幕　南非洲聯邦政府。已在柏里托利亞行開幕禮。英皇致電聯邦國民。謂新定之憲法。必能賴上帝默佑。增進南非洲之幸福。擴張帝國之勢力。

蘇彝士運河公司之獲利　蘇彝士運河公司千九百十年所入。較之昔年。增多英金五兆鎊。自有該運河以來。以此年獲利爲最優。其原因實由印度商業及滿洲豆業增加所致云。

德國之輿論　英國大喪。德皇赴吊。英國報紙。盛稱此事爲兩國和親之劵。惟德國各報。皆謂此次德皇之赴英。純然家族的訪問。與政治上無涉。英國報紙。牽强附會。殊非公正。德國斷不能因此減縮軍備。

普國選舉法　普魯士國貴族院以對八十二票之百二十七票。以大多數可決選舉法修正案。惟下院否決之。故德國首相波忽希撤回此法案。且述德皇之證言。謂選舉權之擴張。未易實行。

德葡通商條約　德國與葡萄牙新訂之通商條約。已互批准。定西歷六月五日實施。

德國海軍會操　德國波羅的海大洋艦隊。已於西五月一號由羅伊魯拔隊。與北海艦隊會操。

墺國軍費之增加　墺國財政大臣於維也納宣布新定軍費。約需英金三千七百五十萬鎊。

三國聯盟之鞏固　意國外務大臣赴德。與德國首相在孚洛倫會談。謂決意與墺國內閣維持三國聯盟。以保和平。

比國之總選舉　比利時之議員總選舉。僧侶黨得占多數。

法土劃界之協約　阿非利加之突尼斯與土耳其之國境協約。以西五月十九日畫押。相持數年之法土國境問題。至是解決。

摩洛哥之財政　法國與摩洛哥所訂借款之約。法國管理摩洛哥財政者。須收摩洛哥稅關所入百分之九十。僅餘百分之十。與摩洛哥國王。

俄國議會之新法案　自波蘭選舉代議士之法案。已提出於俄國議會。又陸軍大臣提出帝國國防改正法案。

俄國在松花江之自由行動　哈爾濱俄國總領事得駐京俄使之訓令。謂此後懸掛俄旗來往松花江之商船。其船鈔無庸繳與中國海關。可照海關應征之數。交華俄道勝銀行暫行存貯。或交與該銀行所派長駐碼頭收款之代表。照數發給收據。

克列特島之猥狽　克列特島議會之回教代議士。以不肯宣誓忠事希臘王。遂被除名。現保護克列特島之列强。要求取消此事。否則占領該島。

美國海軍費可決　美國上院。可決一億三千萬圓之海軍費支出法案。

世界紀事　四

美國之同盟罷工　美國依利奴士州之坑夫。約二千五百餘人。同盟罷工。

美國飛行家之成績　美國飛行家克爾提斯。已獲紐約世界報所懸之獎金一萬元。因彼己駕飛船。由阿魯班尼。飛渡紐約之高芬納島。計程一百五十英里。歷程五小時。

女選舉權之要求　美國要求選舉權之婦人四十餘萬。齊集華盛頓。要求下議院各員。贊成彼等要求選舉權利。

萬國衛生會議　下回之萬國衛生會議。定於西歷千九百十二年九月二十三日。在華盛頓開會。

英美德法與粵漢鐵路　英美德法已將粵漢鐵路借款合同畫諾。該路所借之款。由四國均分擔任。粵漢路線之總工程師兼經理採辦材料。須用英人。川漢路線。則用德人。倘該路線須展長。則應由美德法三國。均享權利。

日俄新協約　日俄兩政府之新協約。行將就緒。約中大意。擬於滿洲確定日俄兩國之勢力範圍。保持相互之利益。

士官學校之中國學生　日本陸軍士官學校。舉行畢業禮。中國畢業者五十三名。內步兵科二十六名。騎兵科十名。砲兵科十二名。工兵科五名。

叢錄

江介雋談錄

野民

觚齋詩

俞恪士觀察一字觚齋。喜爲詩。清深微妙。如覩魏晉人談玄。然寄興之中。每寓深慨。若不能自已者。則時爲之也。錄其春寒登樓寫意云。雨暗池冰合。春寒鳥背高。閉門無世法。來日在醇醪。待暝諸天寂。因風獨樹號。萬家愁入夜。孤影下亭皐。南安道中云。日沒羣峰爭向西。片帆東指客程迷。江山寥落同螢照。城郭蒼茫與雁齊。久坐欲呼河漢語。苦吟如索肺肝題。風含百種淒涼意。吹入人間作笑啼。步月偶占云。低簾燈影映殘荷。別夢依依奈遠何。夜久一螢深入露。月明雙眼靜生波。庭前獨樹看人老。天外愁雲任鳥過。欲逐清輝向寥廓。秋風心事更蹉跎。曉起小園探梅次夏午詒編修韻云。破曉一禽鳴。陰陰樹如浴。朝霞猶未升。但覺天微綠。孤花誰與春。幽人夢遥屬。烟外一枝寒。臙脂點初旭。隔斷板橋塵。自補秦淮錄。送馬惕吾赴贛州云。垂老將安歸。光陰付碩梗。稍通當世務。往往自矛盾。難與時人言。逢君一吐鯁。往者讀 明詔。燦然具綱領。中原萬鈞弩。挽之徒射影。蒙馬以虎皮。一鬨終自窘。翻羡十年前。民勞俗尚整。風氣所趨重。道德司繩準。苟適得其反。聖哲甘泯泯。送君步城隅。惜此須臾景。須臾亦何惜。來日殊未省。且作暫時人。淚盡惟一哂。

映盦詩

夏劍丞觀察一字映盦。詩學宋人。亦有學郊島柳州者。茲錄數首于此。夜行郊外口號云。淅淅衣在草。疏疏風搯楊。一星如小月。銜焰上秋牆。夜氣漸成露。鬢絲催作霜。郊行不籠燭。無意附微光。題勞勞亭云。千山挂柳眼。萬里懸草心。元鳥一生客。墜羽當馬吟。勞勞道旁人。物來相煎侵。離日有長短。別恨無古今。示貞長云。秋雨淚一線。能使百草殤。微霜不著頭。能使髮改蒼。思君昨日言。舊割忽發創。平生酸辛事。徧歷九迴腸。譬如四百病。取之一一嘗。齎粉短夢間。燈簾夜荒荒。柹葉翻故枝。索索鳴空廊。知君沈苦吟。如給侍不在旁。陳伯弢約游天平山既歸賦詩簡之云。在囂氣久鬱。登山意彌超。目中獲奇瑰。胸次先抃包。凌晨出霜野。杲日排烟霄。鶴市絕修港。漁風揚輕軺。遠觀岫斌媚。臨晛石嶕嶢。汀曲再移棧。山行乃卽轎。前導拾級健。後舁躡履妖。載踰石闕。險倏仰蒼屛高。慮堂秋既深。墓木靑未彫。式微范氏子。展禮歲東皋。丹楓臥寢門。白雲帶巖腰。今感發商。吹古耳通潛。韶仲淹讀書處。午明小窗寮。棠芴露纖纖。蔓纓垂交交。苔壁出骨瘦。鉢泉破乳跳。西嵌上天梯。擬跡飛鳥巢。止骭短衣襟。使臂如猿猱。突出臨絕頂。曠覽悉纖毫。聖處言不傳。小儒舌已撟。病嬾忘力疲。躍蝂作勢趫。夙蒙及茲豁。內鑑無由逃。有生憂患中。一世苛痒搔。荒乘敢辭遠。秋物苦不牢。步下盤磴紆。歸遵皇路遙。晚色罔弗醺。埃風一何饕。舟師戀城郭。善駛鼻吸潮。迴帆入雲屋。捩柁近酒槽。誰謀二三策。姑列左右肴。㢠老折腰具。人言爲斗筲。投詩褒碧子。相與治衡茅。又警句如秋感云。一尺眼前月。萬重心上灘。江夜云。缺月初吐山。其色黃如酒。斷句云。南塘水波冷。割此一匹練。蘆花散爲餌。薄與鷗鷺噉。比鄰鵝鴨欄。曖曖夕陽眷。皆幽峭明秀。接迹唐賢。

大鶴道人詞

北海鄭叔問內翰文焯一字小坡。自號大鶴道人。家本世族。不樂仕進。偃蹇江海。僑寄吳門。工文章。儁逸似六朝人。善倚聲。妙解音律。著有詞源斠律一書。其爲詞也。發言芬悱。按拍清厲得清眞白石之遺。著有冷紅比竹餘音諸詞集。玆錄楓橋夜泊調寄霜天曉角云。風燈亂葉。蛩響和愁疊。直道千山飛雨。開簾見滿江月。　空徹。飄影絕。荻灣秋載雪。鷗外一星漁火。紅不到。畫闌缺。鄧尉山看花夜還調寄點絳脣云。雲岫低鬟檣枝欹月晴波趁。祠山風信。莫便吹紅陣。　香滿歸篷。夜市燒燈近。殘寒褪。小闌花韻。打疊春人困。（自注山中春事以祠山風信爲落梅時節）浣谿紗三首。臘盡雷米成堆。吳中農諺也。壬辰歲先立春一日。聞雷異有野老爲言其瑞。走筆賦之云。吳諺新傳臘盡雷。似聞羯鼓繞花回。春槃明日薦緗梅。　南雪乍占檐鵲喜。北雲爭共渚鴻飛。經年好計不成歸。從石樓石壁往來鄧尉山中云。一半梅黃雜雨晴。虛嵐浮翠帶湖明。閒雲高鳥共身輕。　山果打頭休論價。野花盈手不知名。烟巒直是畫中行。半夜鐘（自序云石林詩話嘗辨張繼楓橋詩夜半鐘聲以爲吳中自古已然引南史邱仲孚夜讀以鐘鳴爲限兼据樂天飛卿于鵠諸作爲夜鐘之證而譏歐公未嘗至吳余獨愛唐劉言史夜泊潤州詩有千船火絕寒宵半獨聽鐘聲覺寺多之句自來賦夜鐘者無此淸逸也）云。落葉昏燈古寺。荒松巖響答鶴聲長。數峯江上夜蒼蒼。　旅榜夢回孤枕月。寒山僧臥一樓霜。南譙漏斷更迴腸。少年遊云。誰家年少簇金鞍。醉夜踏花還。不管東風。暗塵臺樹。歌舞借人看。空餘燕子。銜花去。別院話春寒。未了黃昏。一番風雨。何處倚危闌。

壬午朝鮮靖亂記

朝鮮國王李倧來歸 本朝。世奉正朔。倧以順治二年薨諡莊穆六傳至玄孫昑。諡莊順昑三傳至曾孫玜。玜薨。諡宣恪世子昊前卒。追封王諡康穆孫炅嗣。炅薨。諡莊肅無子。宣恪妃金氏命從子昪入嗣。奉玜。後昪薨。諡忠敬亦無子。康穆妃趙氏命從子熙入嗣。奉昊後。以繼玜也。熙乃昊從弟昰應之仲子昰應旣以子貴號爲宣大院君熙嗣位時同治二年年幼。康穆太妃臨朝。委任興宣大院君昰應綜理國事。昰應秉政十年。敵不侵疆。國內又安。旣反政。王熙柔仁。妃閔氏擅權。擢用嬙戚。開海禁。聯外交。而擯於內治。戎政隳廢。大院君寖不平。光緒七年。其子載先潛謀犯王宮行廢立。事覺。辭連大院君。得置不問。而亂機始萌矣。按大院君有子三人王熙居次載先似是幼子也

八年六月。朝鮮都監營兵以索餉譁變。攻日本使館。戕日人。日使花房義質跳而免。亂兵遂入王宮。王熙與妃及世子坧皆奔避。大院君徐出鎮撫之。日本乘釁以兵艦至朝鮮。使臣參判金允植侍講魚允中在天津聞變。遂乞師。時北洋大臣李文忠公以母喪給假百日歸葬。張靖達公樹聲署直督。以聞於 朝。 德宗命廣東水師提督吳武壯

叢錄　六

公長慶字筱軒皖人　率登州屯戍之卒三千人東渡。謂之援護之師。七月初四日。吳公發登州。初七日。抵朝鮮馬山浦登岸。周彥升朝鮮載記備編云仁川迤南百餘里海口俗名馬山浦屬南陽府中國援護之師自此入按即南陽灣也　十一日。進壁漢京。漢京在漢江之北故名　城外南壇山。日軍時已入漢京。聞之恟懼。遯至仁川口。十三日。執大院君昰應致之天津。而亂定。大院君既至天津　詔安置保定府待以客禮令閉門思過閱數年朝鮮國王李熙疏請乃遣歸　周彥升家祿朝鮮樂府有南壇山一篇詳紀其事云。四日發東皋。七日抵三韓。十一徑冠岳。十三趣南壇。南壇冠岳相對出。按冠岳山在漢江之南南壇山在漢江之北先經冠岳乃至南壇也含青滴翠雙煙鬟。將軍不看青山色。下令且壁南壇山。囊沙糗糒一齊下。深溝千尺流潺湲。前有漢江後木覓。四圍絕壁中當關。延陵都尉儒者將。輕裘緩帶坐雕鞍。淮南健兒好身手。長槍簇立青琅玕。南別宮前齊下馬。刀光劍氣暑月寒。延陵微笑手麾卻。當年令公騎且單。谿堂石樓迤邐入。賓主握手談笑歡。臨行固謝勿答謁。千乘驟至如驚湍。斯時營門納從騎。千人饌具倉卒間。太公驚疑欲有問。回顧不見所從官。南山日落照衣袂。欲去苦辭紗縠禪。延陵袖中出片紙。罪狀若此何能寬。是非功罪有一定。咫尺自去朝　天顏。長纓三尺不繫頸。登車肅揖何閑閑。自從出師甫十日。從容杯酒禽渠姦。至今壁壘尚嚴整。蒼松翠柏柯交攢。登高卻望太公宅。雲峴宮在青雲端。

嘗聞之。吳公既靖朝鮮之亂。而善後及與外人議約諸端。皆北洋大臣尸其權。吳公有違言。又上疏言事。未白文忠。遂成郄。十年春。朝　命吳公率三營移屯金州之旅順口。留三營戍漢京。以公部將吳提督兆有統之。是年閏五月。吳公嘔血卒于旅順。臨終與人牋有云。固年命之相促。亦人事之云然也。則當時之事。益可徵信已。附記甲申冬朝鮮相國洪某通日使館誘王出匿於他所。日使以兵衛王宮。謀逐我師。我戍將覓王得之郊外古廟中。斬洪某。討餘黨。奉王歸。乙酉中日議約。吳續二使徇日本之請。訂互撤兵。反有事遣兵。互先咨照之約。於是朝鮮介於兩大之間。牲牢玉帛待於二境。越數年而有甲午之役。朝鮮附日本而自立。乙未建國號曰韓。改元光武。亦越丁未。韓皇幽廢。太子坧繼立。寄命於強鄰宇下矣。李氏五百年宗社不祀忽諸。哀哉。

紀夢

長樂林詒書學使開謩言。嘗夢至一處。華表巍峨。豐碑屹立。旁有人指示曰。此汝前身葬處也。林驚視石柱聯云。南渡東都餘片土。明前漢後少完人。語意沈痛。不解何指。方欲俯視墓碑姓名。忽爲鐘聲驚寤。

佳句

陳伯弢大令有句云。萬里一身如墜葉。三江二月有輕雷。語極自然。卻人百思不易得。

叢錄

入

俞恪士觀察有句云。夜久一螢深入露。月明雙眼靜生波。意殊幽雋。亦未經人道語。可謂異曲同工。

春冰室野乘

春冰

鴉片遺事

人知道光朝烟禁之嚴。吸食者罪至繯首。而不知　國初時已禁令森嚴。特罪未至死耳。　世宗時曾飭部議奏。通行禁止。販者枷杖。再犯邊遠充軍。偶讀　硃批諭旨。得一事。可備禁烟掌故。雍正七年。福建巡撫劉世明奏稱漳州府知府李國治。拏得行戶陳遠私販鴉片三十四斤。業經擬以軍罪。及臣提案親訊。則據陳遠供稱鴉片原係藥材。與害人之鴉片烟。並非同物。當傳藥商認驗。僉稱此係藥材。爲治痢必需之品。並不能害人。惟加入烟草同熬。始成鴉片烟。李國治妄以鴉片爲鴉片烟。甚屬乖謬。應照故入人罪例。具本題參云云。閱之不禁失笑。執今日之人而語以鴉片非鴉片烟。雖三尺童子。猶嗤其妄。而當時劉世明敢以此語欺謾於　聖主之前。誠以當時吸食者絕少。尚不識鴉片爲何物耳。然此物初入中國。宮禁先受其毒。明神宗三十年不召見廷臣。卽爲此物所累故也。以　世宗之舊勞于外。而竟不知鴉片烟爲何狀。　本朝家法之嚴明。於此。益可。見矣。

成得大逆案

成得者。內務府廚役也。 仁宗駕幸圓明園。成得突起行刺。立被擒。 上命諸王大臣六部九卿會訊之。默無一言。但云。事若成。則公等所坐之處。即我坐處而已。 上寬仁。不欲窮詰與大獄。遂命並其二子誅之。得之處決也。已至市曹。縛諸樁。乃牽其兩子至。一年十六。一十四。貌皆韶秀。蓋尚在塾中讀書也。至則促令向得叩首訖。先就刑。得瞑目不視。已乃割得耳鼻及乳。從左臂魚鱗碎割。次及右臂。以至胸背。初尚見血。繼則血盡。祇黃水而已。割上體竣。忽言曰。快些。監刑者一人謂之曰。 上有旨。令爾多受些罪。遂瞑目不復言。訖不知何人所使也。禽得者爲御前侍衛某額駙。額駙勇力爲侍衛中第一。人尚不如得。嘗與得校藝。以長二尺許木樁十餘枚。排列爲一行。植其半於地。堅築之。樁相去各半尺許。額駙與得各臥于地。以股橫掃之。樁應股而出。得一舉股能掃去十二樁。額駙不過七樁而已。是日不知何以不敵。遂被擒。蓋 天威所臨。早已褫其魄也。

奏疏紕繆

國朝滿洲入仕之途甚寬。各部院筆帖式。目不識丁者。殆居多數。循資比俸。亦可至員外郎中。然不能得京察一等。無外補之望。乃以保送御史爲出路。朝廷視滿御史甚輕。但保送即記名。不必考試也。故滿御史多不能執筆作書。間或上疏言事。然亦他人爲之捉刀。光緒甲午冬。東事正亟時。一日早朝。福山王文敏在午門外。與同列論及軍事。太息曰。事急矣。非起檀道濟爲大將不可。蓋指董福祥也。一滿御史。在旁聞之。殷殷問檀道濟三字如何寫。或書以示之。次日即上奏。請起用檀道濟。又有一御史上疏。力保孫開華。不知開華已死數年矣。又某京堂上奏言。日本之東北。有兩大國。曰緬甸。曰交趾。壤地大於日本數倍。日本畏之如虎。請遣一善辦之大臣。前往該兩國。與訂約共擊日本。必可得志云云。聞　德宗閱此疏。甚爲震怒。將降旨斥革。恭忠王在側。言如此將使滿洲大臣。益爲天下所輕。乃止。昔康熙時。一老侍衞直乾清門數十年。清寒甚。聖祖見而憐之。因授爲荊州將軍。詔下。妻子皆狂喜。而某獨不樂。戚友來賀者。輒對之痛哭。駭問其故。則曰。荊州要地。東吳之所必爭。以關瑪法之智勇。尚不能守。何况於我。

叢錄 四

此去必死于東吳之手矣衆知其不可理喻咸匿笑而已然此人猶能讀三國演義猶自知才力之不勝在今日飛鷹走狗之徒上萬萬矣（瑪法者國語貴神之稱）

李奉貞

勝國末造奇女子最多其能執干戈以衛社稷者秦良玉最烜赫外若沈雲英劉淑英畢著輩皆見諸名家集中爲之碑版歌詩功雖不成而名足以不朽矣獨國朝閨閣之知兵者不少概見咸豐朝唐縣李武愍公孟羣有從妹名奉貞者知書一騎射六韜孫吳風角占驗之書靡不精究而奉母不字武愍以知府奉胡文忠檄督師討賊招奉貞同往奉貞即戎裝從行在軍中畫策決勝往往建奇功武愍由郡守數年間擢至藩司帮辦軍務半奉貞力也武愍一日以輕兵追賊失利被圍十餘重他將悉束手不敢救奉貞獨率所部馳赴之鎗林彈雨中突圍而入手斬勍賊數十級賊衆披靡卒護武愍歸甲裳均赤萬衆駭視驚爲天神後文忠以大軍攻漢陽寇堅守久不能克奉貞與方伯謀夜襲之邓軍深入中賊伏援兵不至遂血戰死年纔二十餘奉貞死武愍軍氣餒熠未幾亦戰死矣往時見某說部紀奉貞事獨深致不滿亦可謂不成人美者矣武愍

擢幫辦時年亦甫二十七商城周文勤時長軍機與李氏世姻 上一日從容語及武愍。因垂詢曰。李孟羣相貌。不知如何英偉。卿當識之。文勤故與武愍父子不協。即奏曰李孟羣固勇於任事。但惜其年太少耳。 上聞之。怫然曰。如卿言。少年人皆不能辦事耶。文勤亟皇恐謝罪出。蓋 文宗嗣服之初。春秋鼎盛。銳欲有爲。文勤之言。適中 上所忌也。未幾。文勤即緣事罷軍機大臣。畢著事。國朝詩別裁。載諸小傳。謂其父爲流賊所殺。著募兵。爲父復仇。卒殲賊。考明末流寇未嘗至山東。著父之死。實在崇禎十五年。正 太宗文皇帝親統大兵南下時也。著實與我朝兵戰。歸愚誤考。遂以流賊書之 後來館臣重訂。竟不加改正。尤爲巨謬。

楊忠武公遺事

道光十一年。回部酋長郡王銜伯克伊薩克入覲。伊薩克素強盛。雄長諸伯克。且有誘擒張格爾功。益驕侈自肆。輿馬繁多。所經回疆諸城。諸伯克悉盛供張以結其歡。比入關。猶責地方官供應。弗少戢。時楊忠武公遇春爲陝甘總督。忠武故督師回疆。諸回部皆仰若天神者也。伊酋將至。布政使白公將郊迎於數里外。公曰。毋須此。第視我行事。明日。將入城。公遣牙官持令箭招之。使入。伊薩克乃單騎從數人來。公令諸材官部卒有頂戴者皆冠帶華服。惟不佩刀。轅門外至堂下。鵠列兩行。皆滿。伊酋至轅門下馬步行見兩旁官皆屏息立無聲傴僂不敢仰視至堂下憩少時有命入見登堂則堂上虛無人焉一巡捕官導之行歷聽事數重乃至公便服居一小室中高座二童子侍側地施紅罽伊酋及門未踰限已跪地摘帽叩頭公令一童子扶以入賜小杌命坐伊酋至叩首始敢就坐公溫語慰諭之因自拂其髯曰吾老矣視在回疆時奚若曰、更精神公曰汝亦老須髮加白矣吾叨受　大皇帝厚恩當思及時報稱爲子孫計毋生它妄想伊又叩頭曰謹受教公乃謂之曰　大皇帝念汝少住即行無多帶從者宜往謁諸官皆有食物犒汝恐汝飲啖也隨令一童子扶之出伊酋汗流竟體裏衣皆溼上馬行數十步神始定明日遽行騎從減十之六公它日語僚屬曰蘭州爲入關第一省會當示以天朝威重他省加禮乃知恩也偶讀此感念前歲達賴入覲時事不禁今昔之感輒泚筆紀之

廚役高識

甘肅牛制府鑑少時家綦貧徒步走千餘里至西安肄業關中書院無以給饔飱資常寄食於院中之廚役某叟家某叟偉其氣宇知必大用不責償也牛後通籍報以千金

及督兩江。某叟猶健在。年逾七十矣。家亦小康。因往訪牛。牛留之署中。及鴉片戰事起。牛附和奕山伊里布等。力主和議。陷陳忠愍裕靖節於死。某叟乃大憤。馳書告其子。舉家中產業凡以牛贈金營運所殖者。悉斥賣之。匯其銀至江南。計逾二千金。乃持以謁牛曰。牛先生。昔吾所以解衣推食者。以子氣貌英偉。將來必大用。爲國家名臣耳。豈望報乎。今子乃誤國至此。吾義不受子之惠。請以昔所贈及歷年所得子金。悉還之子。吾仍爲廚役。不慮餓死也。牛亟起謝。竟拂衣去。告貸于鄉人。乃得歸。聞牛同鄉述此事。惜竟不知其姓名矣。牛先生者。牛昔爲諸生時。某叟常以相稱者也。

適士來書

前曾憶錄詩鐘數聯。茲又得適士來書云。庚子辛丑間。海上某報發起詩鐘社。一時名句頗多。或詠醉蟹情絲云。濁世不容公子醒。群愁多爲女兒牽。又一聯云。一世橫行終入甕。七襄苦織不成章。皆極超渾。上句皆有寄托。濁世句敦厚溫柔。尤得風人之旨。惜不知作者姓氏。爲耿耿耳。嵌珠雖穩而易工。良然。顧其佳者亦正可諷。丁未旅粵。暇輒從朋輩爲詩鐘之會。一日拈得臣滿二字。用嵌珠中之虎頭格。虞和甫觀察云。臣門車

叢錄　八

馬登龍日。滿屋圖書伏蠹年。虞固閩人。所作均以工整勝。此其一斑也。又況晴皐大令云。臣門冷落容羅雀。滿地淒涼怕聽鵑。陳伯瀾刺史云。臣心常與葵同向。滿鬢羞將菊亂簪。自然名雋。較虞尤勝。又用燕頷格嵌屋心二字。伯瀾云。老屋欲傾松作柱。禪心未定絮沾泥。用鳶肩格。嵌人南二字。晴皐云。杜陵人日淒涼甚。庾信南來感慨多。陳少蘅大令云。天上人間今夜月。北征南下隔年霜。又陳壎伯大令用虎頭格嵌臭珠二字云。臭逐不妨來海上。珠還何日返天南。皆佳句也。拙作臭珠云。臭如蘭蕙交如水。珠辟塵埃玉辟寒。又千土二字用蜂腰格云。隔院秋千雜絲竹。東華塵土夢觚稜。嗜痂者以爲後一聯感喟蒼涼。別有懷抱。然視以前諸聯則瞠乎後矣。

文苑

辜李灘　堯生

人煙竹一村秋水綠當門素業惟蠶蠋青山課子孫朱陳新嫁未懷葛古風存我本無家客香茅托數根

采藥池　前人

漢武尋仙藥泠泠賸此池巖分五色水石長千年芝秋稽遺殘徑山薑隱斷碑人言龍女過清夜玉簫吹

華巖頂夢曼陀廔主人　前人

楊子經年別書來雁未還吟詩歸夢穩薄宦鬢毛斑細雨鳴遙夜清鐘動萬山道心論炯炯疏火照禪關

九老池　前人

一勺山中水長流滿玉湑僧供初地汲雲涌上池春翠羽浮花乳蒼龍浴法身夜深狐

拜月窈窕似仙人。

小身金天王像　　蟄庵

至道塞天地。其小本無外。峨峨金天王。迺可繫裙帶。夢中識眉宇。約略竪指內。被體萬瓔珞。承以青霞蓋。昔者吳道子。善寫天蓬態。小身維摩像。絹素易損壞。幸託金剛力。常存粟粒界。稽首西方仙。四十九佛會。天龍與神鬼。圍繞佛所在。惟王遍護衞。一一證無礙。邇來五千年。象法漸積敗。我有竺國經。護惜比金薤。久憂蟲鼠耗。頗嫌塵土穢。得王爲守藏。不覺額手拜。稍修香火緣。願王發光怪。戈劍髮如神。在靈不在大。

秋懷四首和曼仙韻　　曼陀

秋星散落青荷浦。別夢淒迷白玉龕。枕上閒尋峯十二。畫中曾見月初三。虛傳早雁來天北。苦憶荒雞似汝南。遲莫美人無限感。獨憐流涕向江潭。

浩浩天風瑟瑟衣。金鼇背上踏花歸。誰家薜荔通青瑣。別有夫容酹紫微。碎管殘絃空自惜。新縑故素兩相違。憑闌已被姮娥笑。不及當年破鏡飛。

檻隙風搖玉一簪。夜闌涼透九華衾。篝燈寫影千重裂。海水量愁十倍深。鳳轉鸞回成幻想蛩哀鶴怨助淒吟三生便是梧桐樹未到秋殘已不禁鳳腦燒殘滿院涼亂鴉啼過舊宮牆銅蠡寂寞停琴久玉兎淒淸搗藥忙花影何人收碎碧機聲前夜斷流黃瑤臺露氣如鉛瀉涇到眞珠第幾行

新游仙

何震彝

妙年夙註鏐虹籍選侍通明第一人控取斑龍追許椽嗾將仙犬吠劉晨浿敎內史傳消息驟遠虛皐起愛嗔蘭畹自芳偏不擷獨箋天問續靈均王母雲旗風亂翻花鈿侍從獨承歡華淸春水新陽沐巫峽行雲舊館壇桂海驂鸞悲小刼芸房搜蠹有餘酸素馨斜畔昏黃月移照西泠透膽寒甲乙靈飛啓秘封形圖從此受恩穠頻年要典窺蕭鳳忽地奇災走藥龍珠箔飄鐙憐躑躅玉璫緘札慰嬌慵絕勝天上人間感何止蓬山一萬重寶節珠幢並有輝訪碑碧落倦忘歸投壺一笑驚天姥受籙三淸忤月妃海外鳳麟曾共識淮南雞犬不能肥祇應寫韻西山去回首昭陽事已非

後游仙

文苑 四

湘賢託興去位不及逝者爰廣而賦之亦哀窈窕思賢才之志也

虛堂鼓瑟動湘靈音奏和平衆喜聽祕殿淸班容管領神霄隱事費調停熊經最善藏精魄雅記粗能說洞冥懸圃夜光歸路好九華新語刻銀屛秦時毛女老婆娑綠髮方瞳服食和製賦班姬空自好談詩周姥未全訛掖庭先進雞皮少門下仙曹卿樣多自有化胡鉛汞術東華娖隊厭新歌第一仙人擁絳紗豐頤盛鬋玉無瑕蕊宮專席稱都講祕閣讎書屬內家飄瓦時聞吹夢雨傾觴無復賣流霞長生久視傳眞誥桃李公門頃刻花絳帔春容侍上眞看花飽覽十洲春七籤雲笈都經眼二等金釭穩稱身姽嫿聊酬前席問淸揚暫躡屬車塵一從蛻棄氛埃後情海波瀾太偪人

手。必欲獲夫人歸案得金而後已。故一路追踪。凡有男女同行者。必格外留意。迨至杜來施。聞有夫婦兩人乘馬北去。遂向北追尋。久之方知其悞。乃復折回。旋聞有意樂師携一及笄女徒回國。又大觸其疑。因趕至里昂。往各處查訪。不意事端湊巧。正詢着其同船之婦。納鋪兒劇場之尙衣侍者。彼婦見問。卽曰。怕高利士。誰人不識。此樂師在意大利頗有聲譽。此次正與我由杜來施同舟至此。其中有一事可稱異聞。彼携一女徒。頗能愛戀其師。凡學徒之能愛其師。吾夙未之見。此誠創格也。翟勃樂曰。汝何以見得彼愛其師乎。婦曰。頃在船時。有一澳弁墮水。其師躍下救之。女以爲其師俱沒。遂大慟。經吾勸止。乃出一綾帕拭淚。其帕角上繡有勳章。非貴夫人不能有此。則尤奇之奇者也。偵探曰。或彼樂師在其本國。授有勳位。亦未可知。言罷匆匆便去。逕來窺伺彼師徒二人之舉動。適遇其師徒等出外遊覽。彼追隨竟日。確見大有可疑。因復易裝。應該旅館之招。爲散僱侍僕。以便深窺其隱。但覺女習課甚苦。而其師又遇之甚苛。因又不敢遽信。然亦不肯捨去。爰更改裝躡而偵之。是日梅膂那。携衣士梯梨從里昂登舟。未幾卽有一軍官下船。身軀雄偉。鬚髮頒白。濃髭掩口。左袖下垂。中空若無臂。人問之。則云曾經滑鐵爐之戰。被傷割去者。此老人亦不多語。惟有烟癖。坐下即吸烟不輟。而目光如電。惟環繞衣士稀梨一身。見其短裙蔽膝。步履若有不適。觀其肢體與其衣裝年貌。則又詫其發育太早。時復暗自點頭。如有所得。迨午餐時。又細細體察。見其飲食舉止。絕類大家。非貧戶少女之態度。愈覺疑團滿腹。但其師待之甚嚴。純用苛法。跬步不離。甚至在船面上。即命之立於其前。背誦意文。未幾即帶下艙去。將彼安置於房內。已乃復登船面吸烟。彼老軍官故乘隙下艙去。借事經過其房。僞爲失足。身欹于房門之上。順勢以手旋其門環。覺門已下鑰。若幽女於內者。乃自忖曰。彼小娃定曾忤其師遭禁於內。吾何太愚。安有男爵夫人之情夫。忍出此手段。待其所歡耶。遂復至船面。不再措意。不知此時正女在房中習靜。自扃其扉。無意中乃因却敵也。彼老探于時頓萌退志。欲俟船泊岸時。便決然舍之而去。不料閱一時。其師携女徒復登船面。憑眺山景。女偶足踐膩物。身欹欲顛。其師急伸臂抱而扶之。彼老探于此格外留神。覺其手圍細腰時。其一種溫存之意。溢於辭色。遂決曰。此人縱果爲其師。然彼鍾情於此女固無疑也。但此麗姝。果爲男爵夫人與否。須俟抵馬些兒時。乃可決之。舟行間。梅偶他適。女獨立眺筌。老探遽行近其傍。作老人聲語之曰。小姑。汝觀此邦風物。樂而忘倦乎。對面之古炮臺。頗有動人之佚史在。汝願聞之乎。五十年前。此地爲軍事監獄。乃我國與奧人大戰。擄奧軍二千人。羈囚於此。時吾方爲少尉。領二十人於此監守也。女聞言慌曰。先生恕我。請勿言。吾師有嚴命。不許吾與男子共語也。老探曰。汝何膽怯若此。吾如許大年。與汝相語。亦何所妨礙。女惶遽戰慄而言曰。吾師性嚴厲。少乖忤其命。輒受重責也。時梅已復來。女急搖手止之。使勿再語。方一舉手。老探已瞥見其指上隱約有一綫指環痕印。顯然爲已結婚之憑證。於時面有喜色。且行且哂曰。吾且不語。勿因吾之言談。使汝受責。行且怨我也。其時彼心下暗思。砵他利士夫人爲寡婦。觀此又得一確證。惟相其面貌則甚溫良。殊不類兇人。即以罪案之情節論之。此女亦殊不類能下毒手者。雖然世間面美心惡者豈少也哉。相人術固未可盡信也。彼假軍官乃另擇閒靜處坐下。吸煙而其全神則仍注視二人身上。迨舟抵丫非倫。行客皆舍舟登陸。梅亦攜女改乘驛車。行甫一程。復改坐汽車。彼老探則緊隨其後。跬步不離。直抵馬些兒時。已夜間十一句鐘。此處爲法國名港。濱臨地中海。商務繁盛。此時女則形神不安。而梅亦甚爲留意。

蓋女早已將彼軍官之言。悉告其師。梅亦暗中窺其動靜。惟未得要領。迨下車時。人衆擁擠。肩臂相摩。梅故掠彼老軍之空袖而過。力護女衝出人叢。大呼曰。馬車來。載我往納鋪兒大旅店。能疾馳者獎以倍值。衆車夫聞賞爭馳。至梅乃擇一輕便者。挽女同登。御者鞭馬疾馳。向納鋪兒旅店而去。正行之際。女從車窗回望。語梅曰。彼人又尾我輩之後來也。梅曰。吾正欲其如此。語時頗自得。少頃車抵旅館門首。梅携女下車。見旅館屋宇高敞。門臨海岸。舟楫甚便。頗宜旅客。既入店。店夥即導往選擇寓室。見有一所三間相通之屋。偏在一隅。頗堪避囂。遂賃之而居。甫入室中。梅善那不違命備夜膳。急向女曰。衣士梯梨可速將半臂卸下。散汝髮使亂如蓬葆。女錯愕不知何意。急問曰。師欲何爲。梅曰。吾此時只有此一策可以救汝。望汝見原。衣士梯梨正在如命而行。梅疾趨出房外。潛至梯口。向下窺探。未久。即疾趨回房。闔扉。走至女前。猛將女所穿之黃衣撕碎成片。女心邑邑。掩面而啼。梅低聲告之曰。汝今可僞作呼痛乞饒聲。若吾正在撻汝狀。但勿太聲張。驚擾四鄰可也。女即如教。裝作諸態。梅曰得之矣。遂以手輕拍其臂至盡赤。乃舍之。復潛行至門邊。女則仍然痛哭。哽咽不成聲。如幼徒方被夏楚者。梅忽啓扉。手執一獨臂人入。蓋老探方在門外竊聽。不虞門啓。突被拘執。拽入房內。梅冷笑曰。汝奧偵探。敢自裹一手。假裝斷臂來給我耶。吾今更將汝此手。合縛于一處。看汝有何殊能。可脫身也。乃自於腰間解下腰帶。彼老探方欲撑拒。但只一手。安能爲力。竟被梅善那牢牢背縛。推倒椅上。行動不得自由。梅出匕首。加其頸。怒目睨之曰。何物澳狗。敢橋扮軍官。來偵吾秘密。且於船上誘吾女徒與語。冀於中有所得。以敗我意國青年黨之密謀耶。汝今玆之來。將更欲與此獸人語。累之更受鞭朴耶。因又揚刃指其喉作勢。示以如或聲張。卽先殺却之意。可憐翟勃樂多年老偵探。負一時盛名。至此竟無可爲計。不得已哀告曰。請君息怒。吾非奧人。乃法人也。我法人未有愛奧人肯爲之盡力者。梅曰。汝非愛奧人。特愛奧金耳。我在里昂旅店中。英商來晤時。已見汝潛伏於門外竊聽。汝今尙欲飾辭强辯。汝非受奧人賄囑。而何言訖。復擧刃作欲刺狀。老探情急央懇曰。君且少待。容吾直告。吾爲法國警署派出之偵探員。來此逮捕在逃要犯者。梅曰。欲捕誰耶。此給人之飾說。誰肯信者。老探曰。此言眞確非妄。汝試探吾囊中有捕犯之票在。梅如言探之。果得。故高擧呼曰。誠非謊言。票在此矣。女方瑟縮一隅。見而愈恐。彼老探又接言曰。吾奉警署之票。廣捕砵他利士男爵夫人。乃鴆夫謀產偕情人潛逃案也。言時以目視女。示意之所在。梅曰。汝謂此女。爲砵他利士夫人乎。乃行近前拽女起曰可將汝赤腫之臂示之。又顧老探曰。請看男爵夫人爲汝被撻至此。吾不許男爵夫人與汝交一言也。老探曰。然則彼之受汝羈勒。亦正如吾之此時矣。但御下過苛。亦爲法律所不許。汝知之乎。梅曰彼若違吾訓誡。吾亦不妄責彼。但彼日在吾左右。盡悉吾隱故不得不嚴御以鉗其口。否則意國前途。且受其禍矣。女聞之。從旁叫苦曰。請毋多說。愈增吾罪。梅厲聲曰。緘汝口。速歸房去。吾尚須更撻汝以洩忿也。遂以手捉女臂。推之入房。自外扃其扉。回身與老探對坐。猶恨恨之聲不絕。少頃怒漸息。自取一煙卷燃吸之。霽顏謂老探曰。君雖爲名偵探。然非政治家。更非奧國細作。且購軍械事。昨既被聞。吾亦不妨向汝直言。料汝亦不敢洩吾之謀。汝當知法之前王飛獵乃奧人所立。今已出奔。是奧乃法之仇也。汝之今王。亦願我意一舉成功。俾得互相依恃。聯爲聲援。汝法國大將澳地倫巴律及古廉武兩君。亦預于此謀。汝若甘爲吾意愛國黨公敵。以賊吾謀。吾恐汝及屈鐸兩人之頭。立時墮地矣。汝如不信。可觀憑證。乃以往日古廉武來函數事示之。老探閱畢。驚懼不已。因附和曰。請君放懷。吾斷不敢敗君之謀。吾昔日亦曾從軍屢與奧人戰。吾今甚願隨君馳驅疆場。若蒙收錄。俟起義時。定投效麾下也。梅僞喜諾。旣釋其縛。隨探囊出金元盈握與之曰。茲有不腆之物。以爲君壽。此非所以鉗君之口。因君同志。聊作聘幣耳。願去滿飲一巨觥。爲我意國前途祝。乃携之至房門外。握手而別。老探滿心歡悅。自下樓往酒肆買醉去。梅俟老偵探行後。乃啓關放女出。女曰。師奈何犧牲一身。以國家前途作孤注。爲救妾之計乎。今意境密邇。儻此人果爲奧探。借捕妾爲名。實以偵汝。則機事敗矣。奈何。梅曰。汝亦知吾有大志乎。女曰。託庇以來。已略察知一二。昨聞師與英商一席言。更不啻舉以告我矣。梅聞言。訝其智慮周密。事事關心。不覺變色曰。不料吾之密謀。汝已盡悉。女見其憂惶之狀。乃慰之曰。師勿憂疑。妾荷厚德。斷不作負義之舉。但師當此謀而未遂之際。何故傾懷而出。捐身命以救一萍水相識之人耶。梅見問何故云云一語。便猶豫久之。不能答。女更以言促之。梅不能隱。乃曰。僕憐夫人之遇。漂泊無所歸。慕夫人之才。明慧可爲助。因而敬夫人。愛夫人也。耿耿之衷。原不應於此時遽白。懼人謂我乘人之危而妄肆其要挾也。今爲夫人語言所窘。不復能隱。自知唐突。尙冀諒而恕之。女曰。君得毋因妾知密謀。懼其出首。故說一愛字以相牢籠耶。梅曰否否。謂予不信。有如皦日。于時兩人互相愛慕。均不禁情見乎辭。

第八回　閉戶清歌驚來不速客　違言竟夕辯論介紹書

次日梅携女出游。爲買新衣及應用之品。歸來午膳畢。梅復出外。女獨坐旅館無聊。取出曲本習之。不覺縱聲而歌。正在興酣之際。忽聞門外輕輕叩扉聲。甫啓扉。一婦人緩步而入。容顏妍麗。年約二旬餘。女覩此不速之客忽來。甚爲驚詑。彼婦微笑曰。弗介自來。君得毋嫌其孟浪否。女起相迎。讓坐。婦曰。吾名姚珍娜。匈牙利人。游法而回。偶道經此。昨夕聞汝師責汝過酷。吾心頗不直之。彼雖享大樂師之盛名。而其待汝則殊覺野蠻。乃至吾不忍聞。幾欲出而干涉。女聞言駭極。慮其爲偵探。故以言餂己。可於喜怒中伺隙探人隱事。于是正容答之曰。萍水相逢。極荷姑娘盛意。但吾師之督責。亦由于欲吾藝成。不得不自盡其職。吾若能勤修不懈。彼亦未嘗橫以鞭撻相加。吾今尙有許多功課須溫習。想姑娘閒話亦已終矣。幸毋使妾更曠課。致觸師怒。言時故回頭視門若恐師至者。婦人莞爾曰。旣如此。汝可於吾前溫習課程。勿因我致汝廢學也。吾頃聞汝

國風報第一年第十三號目錄

國風報

大清郵政局特准掛號認爲新聞紙類

日本明治四十三年二月十三日第三種郵便物認可

每月三期逢壹日發行

宣統二年五月十一日

第壹年第拾参期

定價表	項目	報資
費須先惠逢閏照加	全年三十五冊	六元五角
	上半年十七冊	三元五角
	下半年十八冊	三元五角

零售每冊	二角五分
本國郵費	每冊四分
歐美郵費	每冊七分
日本郵費	每冊一分

廣告價目表	
一面	十元
半面	六元

惠登廣告至少以半面起算如登多期面議從減

宣統二年五月十一日出版

編輯兼發行者　何國楨

發行所　上海福州路　國風報館

印刷所　上海福州路　廣智書局

分售處

北京桐梓胡同廣智分局
廣州十八甫國事報館
廣州雙門底聖賢里廣智分局
廣州十八甫廣生印務局
日本東京中國書林

國風報

各省代理處

▲蕪湖 徽州碼頭 科學圖書社
▲四川 成都府學道街 輸文新社
▲四川 成都 正誼書局
▲四川 成都會府東街 華洋冬報總派處
▲四川 成都南紗帽街 安定書屋
▲湖南 長沙 羣益圖書公司
▲湖南 常德 申報館
▲南京 府城夫子廟 啓新書局
▲南京 城淮淸橋 莊嚴閣
▲南京 城花牌樓 崇藝書社
▲南京 城花牌樓 圖南書社
▲江西 省城洗馬池 閈智書局
▲江西 廣信府文昌宮 益智官書局
▲江西 南昌萬子祠袴畫巷內 廣益派報社

▲福州 督署後 教科新書館總派報處
▲厦門 關帝廟街 新民書社
▲溫州 府前街 日新協記書莊
▲溫州 瑞安太平石街 廣明書社
▲蘇州 觀前街倉橋浜 瑪瑙經房
▲揚州 古旗亭街 經理各報分銷處
▲常熟 常照派報處 朱乾榮君
▲常熟 寺前街 海虞圖書館
▲常熟 孚記書莊
▲星加坡 南洋總滙報
▲澳洲 東華報
▲金山 世界日報
▲紐約 中國維新報
▲香港 中環砵甸乍街 致生印字館

國風報第一年第十三號目錄

春冰

鍾山雪景

北極閣

諭旨

四月二十六日　上諭河南開歸陳許鄭道員缺着江瀚補授欽此　上諭雲南普洱鎮總兵員缺着王世雄調補謝有功着調補山西太原鎮總兵欽此監國攝政王鈐章軍機大臣署名

二十七日　上諭浙江巡警道員缺著楊士燮補授勸業道員缺著董元亮補授欽此監國攝政王鈐章軍機大臣署名

二十八日　上諭浙江嘉興府知府員缺着□霖補授欽此

五月初三日　上諭此次引見之廷試游學畢業生進士項驤林大閭程鴻書陳籙唐有恒劉鍾華均着授爲翰林院編修林志琇濮登青顏惠慶朱光燾王煥文均着授爲翰林院檢討王兆枬吳匡時均着爲翰林院庶吉士劉崇倫王若儼均着以主事按照所學科目分部補用舉人魏宸組楊汝梅夏錫祺張競仁潘承福于樹楨陳遵統厲家福王秉耆周秉琨馮閱模王頌賢郭經周藻祥辛漢金泯瀾會耀垣雷休朱祖鉉祁耀川彭望恕陳定保王若宜均着以主事按所學科目分部補用劉勛麟唐演羅昌李家

桐吳肅汪振聲淩士鈞錢漢陽高近宸麟趾畢毓華劉成志王愷憲錢家治陳爾錫彭
樹滋金保康李祖虞梁宓張清澤劉瑩澤丁灤高方潞沙曾詒張瑾雯安永昌盛在琨
趙鴻藻馮國鑫劉學誠黎炳文余琛楊禧涂壽田劉濬章世炎蹇先榘邱在元黃鳴盛
劉頌虞吳瀹張德馨熊懋儒張汝翹李讜張慶苹丁兆冠林大同盛在珦朱學曾黃玉
墀趙曾翔王毓崑曹敦錄崔斯哲汪祖澤毛邦偉孫德泰趙保泰郭玉清易翔均着以
內閣中書補用王淮琛戴彬陸近禮曾貞邱心榮王庚西張文烺柯鴻烈郭開文張德
滋吳淞馬彝德王倫章計萬全涂景新王雙岐朱章年姚生范張務本傅振舉邵修文
吳達彭光祜朱文焯狄梁孫褚辛培謝存胡光第徐煇嚴維坤袁翼過耀根陳培琛黃
豫鼎李棟熊成章張翊謝健陸龍翔劉德昭吳成章薛光鉞金鴻翔劉文嘉傅廷楨楊
湘吳經銓何膺恒孫蔭蘭梁楚珩彭應蕃王侃楊永貞吳天寵陳光莊環珂蕭度董修
武鄭釗王治昌王泰鎔蕭友梅葉衍華汪翔張毓驊郝延鍾陳天輔張清樾廖治湯中
何崇禮戴汝佳劉重熙孟繼旦汪郁年趙一德李成林金殿勳張伯楨胡晴崖馮世德
爲輔吳榮炳劉懋昭談錫鼎蔡寅區金均楊光湛王國櫟許孝綬郭衞村許企謙何奇

陽區惠周祚章鍾震川駱通康寶忠石德純曹祖蕃張更生李懷亮汪其砥金天祿侯毓汶均着以小京官按照所學科目分部補用謝曉石陳英才梁志和蔡耀卿徐天叙均着以知縣分省即用左文炬覃壽公鄧蕚春梁廖德典何道濰孫潤家李杭文黃錫齡江洪杰趙翼雲林覲光陳經龔廷楝劉彥卿陳學釗張青選均着以知縣分省試用分部郎中王煥功譚汝鼎均着按照所學科目分部俟奏留後以本部郎中即用分部員外郎沈其昌袁榮葵均著按照所學科目分部俟奏留後以本部員外郎即用分部主事陳緯虞熙正陳福頤馬家麟張文廉孫方尚均著按照所學科目分部俟奏留後以本部主事卽用湖北補用知縣曹溶湘著仍以知縣歸原省卽用指分浙江試用知縣傅定祥著仍以知縣歸原省補用欽此監國攝政王鈐章軍機大臣署名

初四日　上諭壽勳奏遵旨校閱陸軍第一第二兩鎮一摺據陳此次校閱該兩鎮官兵學術暨內務外場各項情形近更擴張戰備益整新規成績昭然深堪嘉許仍著陸軍部督飭專司訓練大臣認眞訓練力求進步俾成勁旅用副朝廷修明武備振厲戎行之至意餘依議欽此　上諭鎭國公溥植屢次請假當差懶惰著開去差使停止俸祿欽此監國攝政王鈐章軍機大臣署名

初六日 上諭湖廣總督着瑞澂補授欽此 上諭湖南巡撫着楊文鼎補授欽此監國攝政王鈐章軍機大臣署名

初七日 上諭湖北布政使着王乃徵補授欽此 上諭順天府府尹着丁乃揚補授欽此 上諭廣東廉州府知府員缺著長潤補授欽此監國攝政王鈐章軍機大臣署名

初八日 上諭貝勒載瀛奏因病未痊懇恩續假並請開去御前行走差使一摺載瀛着再賞假一個月准其開去御前行走差使欽此監國攝政王鈐章軍機大臣署名

初九日 上諭前禮部左侍郎張亨嘉着仍在南書房行走監國攝政王鈐章軍機大臣署名

初十日 上諭前據翰林院侍讀榮光奏請仍在天津城西南隅設立車站一摺當經諭令郵傳部確查茲據查明津城西南隅設立車站諸多不便並繪圖具說據實奏陳津浦鐵路天津總站旋因設在南開弊端百出業經查明改定乃該侍讀一再瀆陳淆亂是非甘爲夥販地皮奸商所嗾使置大局於不顧實屬有玷清班翰林院侍讀榮光著交部議處欽此監國攝政王鈐章軍機大臣署名

論說

立憲政治與輿論

長輿

自九年預備之　詔下數年以來諮議局資政院次第成立國會之開即在旦夕我國國民皆有參與政治之權即皆負監督政府之責我國數千年之獨裁政治固將一進而爲輿論政治矣夫專制時代一國之政教法令皆秘之少數官吏掌握之中自非肉食無能過問吾儕小民不敢爲出位之議國家大計莫得置喙也其或誼辟賢相知民嵒之可畏未嘗不覘民情之好惡以爲施政之權衡然其時之輿論僅立於輔助之地位而未嘗有監督之實權其效力固已僅矣若夫暴君汙吏顯與輿論爲仇雖受治者不忍痛苦激而爲不平之鳴然彼挾雷霆萬鈞之力嚴腹誹巷議之禁亦將不勝壓抑重足屏息而莫可如何專制政體之下固無輿論發生之餘地也立憲時代則不然一切庶政無不取決於輿論上之則有民選議會以爲立法之府制一法舉一事非得議

論說　二

會之可決則不能見之實行下之集會出版皆得自由舉國國民咸得表發其政見以判論國政之得失苟有利之當興弊之當革皆可侃侃直陳其意見而無所屈撓政府不職失國民之信任則爲輿論所不容不能復安其位是故行政官吏立於輿論監督之下雖甚不肖皆有所畏憚而不敢爲非一國之內治外交且必藉輿論爲後援立憲時代之輿論其勢力固若是其偉大也雖然有勢力之輿論非必卽有價值之輿論也

夫所貴夫輿論者非謂其挾大多數之勢力足以左右政權其勢盛而莫之敢抗也凡人之生莫不有利己之天性其論事也卽不能無私意攙於其間故一二人之所謂爲利者不必果爲公利也一二人之所謂害者亦不必果爲公害也惟舉羣之人而皆曰利皆曰害則其所謂利害者當較公而不至辟於其所好惡此輿論之所以可貴也然而利之與害恒相倚伏事固不能純利而無害也且羣俗變遷時宜各異曩日之所謂利者今日或以爲害今日之所謂害者明日又或以爲利羣治至賾事幾至微必其羣之智識能洞察時勢之眞相深知國家之大計然後其所主張之利害能切中於事理而造福於國家若其智識程度不足與時勢相應其所主張之利害往往與事實相背

馳則所謂輿論要不過庸耳俗目之凡識合羣盲不能爲離婁合衆聾不足爲師曠雖有大多數之主張固不足成爲輿論也卽令智足以及之矣又必當公其心以審事理之正靜其氣以察事勢之平然後天下乃有眞是非之可見若激於一己之意氣而發爲偏宕之詞徇一時之感情而故爲恣睢之論一受激刺遂奮踊而不能自持血脉僨張熱狂逾度一犬吠形白犬吠聲如是之輿論雖至堅悍而有力然不足以利國家而反爲害蓋輿論之價値固比例於民智民德之高下而爲輕重者也我國國民數千年來馴屈於專制政體之下固未嘗有輿論也卽其所謂清議者亦至脆薄而不足道我

德宗特下立憲之　詔庶政公之輿論於是民氣日益發舒輿論亦漸成立比年以來政府舉措有不當於民意者輿論得挾其所見起而與之抗爭雖以政府之腐敗官吏之專橫亦且懾於衆議不能不屈己以從衆輿論勢力之發達不可謂非今日可喜之現象雖然吾固嘗言之矣有勢力之輿論固非必卽有價値之輿論也且夫輿論之效力非將以嚮道政府而監督其謬誤哉譬之行路嚮道者必先自識途然後能指他人之迷路否則反率之而入於歧途故輿論苟不正當則必不能舉嚮導監督之實豈

獨不能舉嚮導監督之實而已。且爲憲政之梗而反以誤國。我國今日之輿論。勢力則誠有勢力矣。然果正當與否。我國民不可不深察也。數年以來。輿論之抵抗政府者不一端。其激戰最劇。抵爭最烈。幾於舉國一致。成爲極有力之輿論者。莫如抵拒外債一事。夫以我政府之昏憒。舉鐵道之公債。而幷以路權授人。喪失利權。貽害國家。我國民起而抗之。其持議至爲嚴正。其熱心至可敬佩。夫孰敢議其非者。然天下事理。固非一端所能盡也。夫交通便利。一國富源所自出。而鐵道則交通之重要者也。然工重費繁。舉事不易。且我國幅員至廣。待興之事業至多。而百姓困窮。民間之財力有限。使必待民力既充而後圖之。則曠日而不能集事。事即能集。其後時而失利者。固已多矣。夫事亟待興。而貲無所出。勢不能不出於舉債之一途。此固東西各國之成例。其輿論未之或非也。然而舉債之難易。視其國情而大異。財政整理之國。民間之信用素深。故其舉債不假外求。雖千萬之鉅款。一呼可以集事。若其國財政紊亂。民間之信用不孚。則國內應募之人。必將寥寥無幾。且民無積儲。自營衣食而且憂不給。雖甚愛國。亦安有餘裕。以應國家之需。當此而欲集巨資。舍外求固無他術也。夫今日歐美國債。固無所謂內外之分也。方募集巨債之始，其全額募之於內國者極稀，數年之後，資本增殖，國富日充，曩者外流之公債票，不轉瞬而盡歸其國。美國之經營事業，其資本多貸之於英，千八百七十一年，美國外債之額十萬萬元，八年之間，頓減六分之五，八年以前，歲輸外債利息於外國者六千萬元，八年而後，乃僅一千二百餘萬，法意諸國，亦罔不然。故歐美國債，方利用外資而藉其助力，我國百事待舉，而民力實不能勝，使必藉自力以舉之，則俟河之清，恐終無舉之之一日，而歐美之富力，日益膨脹，外人日挾資本，趨赴吾國，以求爲尾閭之泄，吾人雖聲嘶力竭以拒之，而終無拒之之術，則何若利用其資本，以先濬我富源之爲得計也。夫所惡於外債者，固謂政府辦理不善，因是而喪失利權也。夫政府辦理不善，監督而匡正之可也，否即攻政府而去之，無不可也。乃以政府辦理不善之故，遂視外債如蛇蝎，并爲一談，牢不可破，日爲是無益之號呶，而待輿之事，反至墜而不舉，因噎廢食，無亦過甚邪。天下固有陳義至高，而實不切於事勢，理論至正，而未易見之實行者，今日之輿論，得無近是邪。輿論者將求福國利民也，不熟察時勢之眞相，不深維國家之大計，徒貿然爲是高而難行之理論，則亦何用輿論爲也。

論說

若是之輿論時曰迂論輿論者多數人之意見結合而成者也夫所謂多數者非謂雷同附和紛然爲一鬨之市也一事之生必各竭一己之智識與其經歷而有得者以研求事理之眞相然後本其心之所自信確見爲是者而是之確見爲非者而非之故大多數之確見爲是者則曰公是大多數之確見爲非者則曰公非蓋合多數人之判斷以求是非之眞雖不中庶不至於背謬也我國今日之輿論其果皆出於精密審斷者乎今日而曰爭回路礦也鬨而應者千萬人明日而曰商辦鐵路也鬨而應者亦千萬人彼其所主張者固非必謬誤也然應聲而來盲從而去其能深察此事之眞相與其所主張之理由者則十無二三焉輿論之初起飈舉霧集不及數月則已音沈響寂消滅於無何有之鄉矣若是之輿論時曰浮議凡人之論事也有成見以梏之則其識必有所蔽有感情以驅之則其意必有所偏如是而察一羣之事變則必不能得其眞而衡其平以凸凹之鏡受物之形違眞失實固其所也一人之心理然國民之心理亦莫不然輿論者國民心理之所表著者也夫心理能持平者則輿論必公心理有偏倚者則輿論亦私非必忘國家之大計狥一己之私利然後謂之私也先有袒護國民之成

六

見私意已著於心本故一値事變之起即有愛憎忿好於其間不復能見其事之是非曲直如是而望其持正固已難矣我國新兵之鬨變學生之滋事固數見不鮮者也彼主軍政司教育之人教率無方激成變故其罪誠無可逭然新兵學生之破壞紀律擾亂秩序甚者暴戾恣睢釀成大變亦豈能爲之曲諱而輿論必從而袒護之當事者苟持正而加以裁判則必衆口詆排一若名爲新兵學生即神聖不可侵犯彼既有輿論爲之後盾遂如天之驕子雖恣意妄動而莫敢誰何故卽謂新兵學生之滋事皆由輿論逢惡而長亂亦不爲過也以輿論而至於逢惡長亂是豈提倡輿論者所及料也且人心不同如其面然故論一事也此以爲是者彼則或以爲非制一法也此以爲利者彼則或以爲害識見不能强同輿論自難一致故多數贊成之事必有少數反對者立同異於其間意見互殊黨派漸起是固當平其氣以察之徐求眞理之所在必不能迫異論者强與我同也苟爲私意之所役則始因事理之堅執繼爲意氣之相持熱狂之度愈高偏至之論愈甚煽構激盪黨同妬眞甚且置國家福利於不顧而務伸己說以求勝勢必以多數制少數流爲輿論之專制雖文明諸國之政黨固未必能盡袪其弊

也我國輿論方始發生而其氣甚張其勢至悍彼之所主張者不必悉中事理也然苟有持異論以相駁難者則必竭力以抵排之醜詆痛呵甚囂塵上甚且出其橫暴蠻悍之手段以刼奪異論者言動之自由至是輿論無復絲毫之價値而憲政且蒙其不利若是之輿論是曰詖辭專制政體之下輿論之不能發達也刼於在上者之威力故朝廷雖有失德國家雖有秕政莫能持正論而與之爭至於立憲時代則人人皆得本其本心之所自信自由發表其意見而無所屈避故國民苟有過舉則矯而正之納之軌之物中此正輿論之天職也我國民之過舉亦多矣歐風東漸以來道德之藩籬盡撤狙詐颷起人皆假公義以濟其私羣俗之墮落遂有一落千丈之勢假令有輿論以制裁之猶未大潰其防也乃主持輿論者懾於其勢之洶洶不敢直言以攖衆怒坐視羣治之敗壞噤口結舌而不一言嚮之懾於少數專制而不敢持正者今則懾於多數專制而不敢持正夫輿論雖成於多數人之結合而主動者實不過中心之數人使有守正不阿者主持淸議則以輿論造輿論安見不能革此澆風乃刼於衆議之披猖雖明知其非亦枉己以苟求容悅甚者迎合國民虛憍之心理爲之噓其燄而揚其波或且

利用民氣之囂張鼓扇之以自張其勢竊恐輿論日益發達羣治日益墮落也若是之輿論時日曲說凡此數者皆輿論之大戒而民智民德缺乏之明徵也嗚呼天下之亂也必先亂其是非然後兵革乃從其後故雖昏濁之朝苟有清議撐柱其間激濁揚清力持正論猶可決而未潰傾而未顛若并清議而無之則黑白顛倒紀綱弛墮泯泯棼棼國運亦隨之而盡況乎立憲時代輿論實政治之源泉顧以迂浮詖曲者當之而欲其舉監督嚮導之重責蘄國利民福之增進寗有幸邪欲造健全之輿論必先求完粹之智德此則國民所當自勉也已

騮馬新跨白玉安
戰罷沙場月色寒
城頭鐵鼓聲猶震
匣裏金刀血未乾

時評

讀宣示幣制　明詔恭注

明水

（此文得見　上諭後立即屬稿未悉其中章程如何俟讀度支部原摺後當更續論　著者識）

中國以速頒幣制。爲救時第一義。本報既已大聲疾呼。言之再四。天相國家。誕牖　聖衷。遂以宣統二年四月十六日奉宣布幣制之　明詔。自今以往。國家財政。國民生計。皆將盪瑕滌穢。聿覩新象。此吾儕小民所誠歡誠抃。感極而繼之以泣也。此次　明詔。經內外臣工積年之籌畫獻替。而後折衷於　睿裁。吾儕惟有竭誠奉戴。豈敢更生異議。惟是　詔旨文簡義豐。於推行之法。未及縷布。誠恐官吏人民。於大義有所未融。而舊習因以不改。則其辜　聖意。褻國權莫甚焉。輒述所感。敬爲疏通而證明之。如或一言可采。則亦芻蕘狂夫之榮也。

敬繹　詔旨。其體大思精。欽佩莫名者凡四事。

時評

一曰國幣之名稱　前此中外臣工或堅持以兩爲單位之說夫兩本爲度量衡之名今乃欲用之於貨幣求諸各國雖未嘗無成例可援但以我國慣用生銀習俗已深中人心牢不可破於貨幣計枚不計重之義舉國能深知其意者實屬寥寥苟定幣制而襲用此名恐無以新天下之耳目今　明詔特定圓角分釐等名號所以確定人民對於幣制之新觀念意至遠矣

二曰貨幣之本位　貨幣本位吾黨素所主張者爲前此度支部奏准之虛金本位制然欲行虛金本位則提高銀幣之價原不可不須以時日況虛金本位實由銀本位蛻變而成非確立銀本位之後則虛金本位亦無自施行故吾黨雖主張虛金本位然謂必當以銀本位爲過渡（說詳第十號幣制條議）今　詔旨云『暫就銀爲本位』暫之云者不以此而遂即安也然則　聖意所在蓋將以銀本位爲虛金本位之預備其所以權乎先後緩急之序者審矣

三曰貨幣之系統　圓角分釐全用十進之法整齊嚴肅簡易明瞭最爲便民且於一分銅幣（即今之銅元）之下更置五釐一釐之兩種其一釐銅幣即當前此之制錢吾

黨向來謂以銅元爲最低級輔幣與吾國民生活程度太不相應極主規復制錢之議今繹　明詔已燭幾先山居谷汲之民自是獲蘇息矣至其中銀輔幣有二角五分之一種與十進法稍爲矛盾而按諸舊習此級亦非必不可少者故此級徒增煩雜似爲無謂然亦非有害則此小節不足計也

四曰貨幣之行政　詔書聲言『將來所有賦課釐必用制幣交納放欵亦然』又申言『官私各欵皆以大淸銀幣收發交易不得拒不收受亦不准强行折扣』貨幣流通之機要實在於是若能實行則幣制基礎將從茲大定至於與舊幣交換之法雖未見度支部原奏未審其內容何如然亦可見　朝廷已注意於此矣若夫杜絕僞幣爲保護國幣第一義　聖諭諄諄及此蓋深探其本也

以上犖犖四端雖僅舉一斑而　聖謨宏遠已可概見當此水深火熱之餘忽有撥雲見天之舉此吾儕所爲歡抃而繼以感泣也雖然尙有爲　詔旨所未及言而我臣民當恭繹　皇上言外之意以奉行之者抑五端焉

一曰本位銀幣純量問題　國幣不名曰兩而名曰圓所以革易國民慣用生銀之

時評 四

觀念可謂深探其本矣而一圓主幣之重量定爲庫平七錢二分此就總重量而言耶抑就純重量而言耶（純重量者指一圓中所含淨銀也總重量者兼指其所攙之雜質也蓋全用銀則太軟非雜他質不能成幣故總量與純量決不能一致也）若就純量言則合諸雜質必重至八錢有奇不得復命以七錢二分今定爲七錢二分者殆以其與前此各省所鑄龍圓大小略等耳則其必非指純量殆可一言而決但既指總量則其純量決不及七錢二分抑又甚明而本位幣者則以其本身之價値爲百物價値之標準者也故必當確定其純量宣示天下實爲鞏固幣制之第一義若求其精密則吾以爲僅聲明庫平若干重猶虞未足蓋吾國度量衡制尙未確立將來造幣公差恐緣此而生距離以致起格里森原則之作用也故他日頒定幣制謂宜聲明一圓之淨銀純量重庫平若干錢若干分卽當若干格林幾分之幾庶幾標準一定而民無惑矣今也不舉純量而惟囫圇其詞曰重庫平七錢二分雖曰此七錢二分中含淨銀若干含雜質若干政府自有一定之準繩然而民聽則固已淆矣夫先定總量然後就其中提出純量則是以總量爲主而純量從之先定純量然後就其外加成總量則是以純量爲主而總量從之

雖曰殊塗同歸然本末固不可以倒置也且須定新幣制豈不欲以矯正人民喜用生銀之陋習乎哉今也不舉純量而惟舉總量或反爲助長此陋習之媒不可不察也蓋持一新幣秤之適得七錢二分因曰此爲七錢二分之幣此正根本於秤量生銀之心理而最足爲幣制之梗者也今部臣以此上塵　聖聽得毋其自於此種心理尙有剗除未盡者耶願我臣民勿誤會　詔書之本意而已

若夫本位銀幣之純重量吾黨素來所主張者爲六錢六分六釐其理由前已言之（見第九號幣制條議）今不復述

二曰本位幣自由鑄造問題　自由鑄造者人民持本位幣材託造幣局代鑄局中例必代勞而給之以同一純量之制幣也（自由鑄造四字乃直譯英文驟視之若許民私鑄其實不然切勿誤會）輔幣例不許自由鑄造惟主幣乃許之用跛行本位制或虛金本位制之國其銀幣例不許自由鑄造惟金幣乃許之（其理由詳第十號貨幣主位制說略）今　詔書既言暫就銀爲本位則此種一圓主幣例當許自由鑄造而此問題則與本位幣純量問題極相緊接者也今曰主幣一圓重七錢二分則必人民交納七錢二分之生銀於造幣局乃給以一

時評　六

圓之制幣而一圓制幣純量實不過六錢若干分託鑄者坐虧其數釐乃至一分之利誰肯爲之此無異拒絕自由鑄造而已夫自由鑄造實維持主幣之一妙法萬國所同道也加以我國今者經始之際舉國無一制幣造幣局懸價購買生銀以爲幣材爲事至繁重且在官方不飭之今日流弊更恐滋多故自由鑄造之制就世界普通學理言之就我國特別情形言之皆在所必當採而今茲乃未一言及何也得毋欲以六錢若干分之淨銀冒七錢二分之名號思從中取差餘之利而惡自由鑄造之有所不便耶信如是也則幣制基礎將緣此而隳壞蓋本位幣之實價即其名價名價即其實價不容於其間稍示差別若鑄本位而欲求出息是無異國家之自殺而已我公忠體國之部臣應不如是既不如是則何所靳而不立自由鑄造之制以求上下交便也哉

三曰輔幣行使制限問題　行使輔幣必當立制限此幣制上一最要之條件本報亦既屢言之矣（詳見第十一號幣制問題書後）今　詔旨中於此義未嘗言及此最不可解也既不立此制限則將聽輔幣與主幣之交換各隨市價爲漲落乎則是仍用生銀安得

日有制幣且　詔旨中所謂各以十進永爲定價不許强行折扣者不將悉成具文耶若恪遵　詔旨舉行定價不折扣之實乎則格里森原則之作用必大起而所有主幣將朝出鑪而夕匿影矣（參觀第三號格里森貨幣原則說略）須知輔幣之成色必劣於主幣而名價必大於其實價若不以法律嚴定其比價而聽市價之自名則人民必將一一校其所含銀之純量以擬其値輔幣之名價成爲虛設主輔分成兩橛各不相涉而幣制系統遂等於無有矣又以其成色劣而名價大之故苟其行使之效力與主幣均則如以臣並君以庶匹嫡人民必將純用輔幣將主幣鎔化之取其材以易輔幣而可以獲大利於是幣制之主腦乃無所託命矣**是故言幣制者他事猶或可商略獨至輔幣行使立限則絕無可容商略之餘地**而今者　詔旨未嘗及此則部臣熒惑　聖聽實職其咎也夫部臣之用心吾知之矣彼見夫現在銅元之市價已下落不知紀極也又知行使立限而下落之勢且更劇也故有所憚而不敢置議及此殊不知欲維

持銅元價格舍政府收受無限制兌換不啻水外更無他法（參觀第十一號貨幣問題書後）苟行此法價必立平顧此法雖妙然於政府乃大不利故諱疾忌醫抵死不肯采行欲顓頊以應付之觀幣制調查局所發問其肺肝如見矣　**曾不思此法不立則一切幣制必破壞而無復餘而爲此擾擾果何爲也哉**　嗚呼以度支部中博士如鯽豈其於此至簡單至淺近之理猶有所未瑩而竟無一人能持正論吾實爲大部羞之先哲有言有可以與民變革者有不可以與民變革者苟其事爲天下之公理萬國所共由斯不可與民變革者也豈其獨我而能立異夫輔幣行使之必立限正此類也　**苟不此之省吾見新幣制之益爲民病已耳**

四曰新幣通行期限問題　詔中稱「將來新幣發行地方所有生銀及從前鑄造各項銀銅圓准其暫照市價行用由部飭幣廠銀行逐漸收換並酌定期限停止行用」夫以初時新幣鑄出無多則辦法畧予通融似亦非得已雖然此法果

能不爲幣制之梗乎。此不可不熟審也。何也。生銀及從前所鑄銀銅圓以下省稱舊幣既准其行用。則是與新幣有同一之効力。新幣亦不過僅得厠於彼等之林。聊備一格。彼等既有市價。則新幣之對於彼等。亦自有其市價。夫彼等本非制幣。則其互有市價。猶可言也。新幣既爲唯一之制幣。而乃隨市價爲漲落。不可言也。然已許新舊一律並行。而欲禁市價之不起。是猶畏影而就日。止沸而揚羹也。竊嘗論之。貨幣最要之職務有二。一曰爲交易之媒介。二曰爲價格之標準。而中國前此所謂貨幣。則只能充交易媒介之用。而不能充價格標準之用者也。前此侯官嚴氏譯斯密亞丹原富命貨幣之名曰易中。蓋專就交易媒介之職務言之。此實吾國人數千年對於貨幣之思想。實則於貨幣性質見之未瑩也。以一國之大而無一物焉以爲價格標準。故生計現象。乃至糾紛而不可理。夫今之須定幣制。豈非懲於此弊而欲拯之耶。雖然價格標準者舉國

時評　十

中不可無一而又不容有二者也有二則亦等於無標準已耳今既立制幣而仍許非制幣者得與並行是二之也雖曰不過暫局將來會有停止之期然以吾國秤量生銀之錮習中於人心者已深今事屬經始即以風行雷厲之手段拔其根株猶懼不蔇況乃泄沓而假借之吾恐數月以後人民以市價折算新幣習焉成風後此更欲易之而不可得則此新幣者不過爲市面添一種媒介物益增其混雜而頒定幣制之本意乃消滅而無復存矣

日本人有根岸佶者（其人爲一著名生計學家調查中國生計最悉著書論中國貨幣舊習十餘萬言）謂中國幣制編定雖易施行實難蓋國家雖無法定之一物以爲價格標準而各地人民實各各自有其理想的標準例如上海有所謂九八規元者果何種貨幣爲九八規元茫乎不可得而指也而無論何種貨幣彼皆以九八規元申之而求其比準九八規元者卽上海市面一種無形之本位也自餘各地莫不有之且同在一市中而此種無形之

本位。又不止一個。國家無論須若何完美之幣制。彼等且熟視無覩。而仍以之納於其無形本位之中。則是多一種新幣。徒益其計數之煩雜也。根岸氏之言如是。此雖局外臆測。然亦可謂洞中癥結矣。今欲確定幣制。其第一著。當務與此種無形之本位奮戰而勝之。若許生銀舊幣得與新幣並行。則非惟不與奮戰。而反助之長。毋乃不可乎。夫人民所以造出此種無形之本位者。非必好為此擾擾也。徒以一國中而無一物焉以為價格之標準。為事必不可行。而國家既不以法律制定之。民乃不得不就所習慣而公認其一。然其所感不便。固自不少也。故一旦為立一法定之標準。因勢利導。風行草偃。其事本甚順。特自立法而自壞之。斯民乃迷所適從耳。故吾以為今次之幣制。稍緩施行猶之可也。既已施行矣。則斷不可更許生銀與舊幣得與並存。以淆亂價格之標準。若慮初時所鑄新幣尚少不敷分配。則毋甯畫分地段。先就一省或數府州縣數大市鎮行起。然後以次普及。**但在施行新幣之地段。則舊幣及生銀之効力。當絕對的抑制之。只能與普通貨物立於同等之地位。而**

時評　十二

不許與制幣立於同等之地位　此實維持新幣制之第一關鍵也。以吾解釋　詔旨知。　聖意必當在是。所謂期限前得准暫照市價行用者殆爲新幣制未實施以前言之耳。特以　詔中尚有「將來新幣發行地方」一語。恐官吏奉行者或致誤會。而一面發行新幣。一面仍認生銀及舊幣。則此　詔之效力。遂將消滅。故斤斤辨之如右。

（未完）

叢譯

中國國會制度私議（續第十二號）

滄江

第三款　選舉方法

第一項　直接選舉與間接選舉

第一目　利害比較之學說

直接選舉者。由有選舉權之人民直接選出議員也。亦謂之單選舉。間接選舉者。由有選舉權之人民。選出選舉人。再由選舉人選出議員也。亦謂之複選舉。在間接選舉制之下。其有選舉權之人民。稱爲原選舉人。亦稱爲第一級選舉人。原選舉人所選出者。稱爲選舉人。亦稱爲第二級選舉人。間接選舉制。德意志聯邦中之普魯士、巴威倫、索遜、巴典、曷仙、索遜威瑪、索遜古堡、俄特及俄羅斯之右院議員選舉用之。美國大統領之選舉亦用之。法美兩國之左院議員選舉亦畧用之。直接選舉制。則自餘各國之左院議員選舉大率用之。此兩制者。各有其利害得失。今比而議之。

(甲)直接選舉優于間接選舉之點

(第一)直接選舉則被選人必爲選舉人直接信任者。故可以代表其意見。間接選舉。反是。被選人雖爲第二級選舉人所信任。未必爲原選舉人所信任。故多數人民之意思。不能直接反映于國會。

(第二)直接選舉則選舉人對于選舉直接而感其利害。其熱心自緣而增加。間接選舉原選舉人緣自己之意思不能直接反映于國會。故視投票爲不足輕重。不免淡漠視之。

(第三)直接選舉僅執行一次而已足。間接選舉則須兩次手續。煩雜國家與人民兩皆增其勞費。

(第四)雖用間接選舉法。實則選舉之結果。自原選舉人選舉時而已決定。蓋第二級選舉人恒受命于原選舉人。以投票。故第二級選舉人成爲贅疣。

(乙)間接選舉優于直接選舉之點

(第一)選舉之目的凡欲以組織最良之國會而欲達此目的則當使選舉人能鑑別被選人之才能性行擇最良者而舉之而多數之原選舉人程度較低鑑別之識慮不足用間接選舉其第二級選舉人之智識必較原選舉人爲優而所舉易于得人其在教育未普及之國而行普通選舉者則間接之優點益著

(第二)且選舉必遵從「舉爾所知」之一格言而多數原選舉人蟄處鄉僻交通不廣所能知者惟在其隣里鄉黨近習之人而恒于全選舉區適當之人物多非其所習强令之選舉亦不過以耳爲目往往受運動煽惑而所舉者非本于其自由意志用間接選舉則第二級選舉人地位較高交通較廣對于議員候選者較易周知其在廣土衆民之國而行大選舉區制者則間接之優點尤著

(第三)用間接選舉則第二級選舉人所就者爲名譽職能使之生自重心而愼重將事且既受原選舉人之委托以行選舉其對于原選舉人負道德上之義務益當以公心行之

此兩制度利害比較學說之大概也準此以談直接之利四而間接之利三其間頗難

軒輊雖然所謂直接優于間接者其最重要者不過第二第三兩項若夫其第一項謂用間接制則多數選舉人之意見不能直反映于國會按諸近世學理國會者所以表示國家意思而非表示選舉人個人之意思故議員所代表者乃國家而非其舉主也故各國法制多以選舉人不得以自己之意見束縛所選之人著爲明條故苟使議員能得人則雖與選舉人意見不相洽亦非爲害是此說不足以病間接制也又其第四項謂第二級選舉人恒受命于原選舉人以投票此在美國選舉大統領誠有此種現象但美國之所以爲此者(一)因其所舉者僅爲一人故原選舉人之視線得集于一點(二)因美國政黨有特別之組織故能以間選之名而行直選之實若在他國選多數議員則罕有此弊徵諸普魯士而可知也故此亦不足以病間接制不甯惟是假使第四項所舉者爲間接制必至之現象則間接制固可以反映多數選舉人之意思而第一項之謂害者其說又不能成立矣若夫第三項謂間接制增國家及人民之勞費此誠不可諱之缺點雖然事苟有益于國家雖稍勞費亦安得避況乎在廣土衆民之國無論用大選舉區制用小選舉區制其手續皆極繁雜勞費要不能簡改用間接制

雖曰分兩次執行而當每次執行時其勞費皆不甚則兩者之利害亦正足以相消也要之天下無論何種制度皆不能有絕對之美惟當以所施之國適與不適爲衡離國情以泛論立法政策總無當也

第二目 我國當采間接選舉制之理由

吾黨于我國之右院議員選舉主張用間接制非敢謂間接制其性質必有以優于直接制也特按諸我國情形有不得不爾者請言其故

據前所論間接制之利益第一項欲得善良之國會宜使選舉人能鑑別被選人之材能性行而第二級選舉人鑑別之識恆較原選舉人爲優我國以種種理由不能行制限選舉前既言之矣既不用制限選舉當此教育未普及之時選舉人之智識能力誠不免有缺乏之感惟用間接制可以略矯此弊此吾黨主張間接制之第一理由也

據前論第二項選舉人當以各舉所知爲正鵠我中國果由何道得以達此目的乎是當有先決之一問題即比例人口當平均幾何人而選出一議員之問題是也欲決此問題又當更有先決之一問題即將來中國國會右院應有議員若干人之問題是也

今請次第論之。

(第二)一院中議員之總數。在勢不能太多。若議員太多。苟人人忠於其職。則議決往往荏難。苟不忠於其職。則以伴食而多耗國家之歲費。抑又爲取反之。若其數太少。則選舉區必太大。不能完滿以代表各地方之人民。斟酌盡善。誠哉其難也。今考各國右院議員之總數及其比例於人口之標準如下。

英國	議員總數六百七十人	以每四萬五千人出一議員爲比例標準
德國	議員總數三百九十七人	以每十萬人出一議員爲比例標準
法國	議員總數五百八十四人	同上
意大利	議員總數五百〇八人	
奧大利	議員總數四百二十五人	
匈牙利	議員總數四百五十三人	
美國	議員總數三百八十六人	以每十九萬人出一議員爲比例標準
日本	議員總數三百八十一人	以每十三萬人出一議員爲比例標準

由此觀之。現今各國右院議員之總數。最少者不在三百人以下。其德瑞聯邦各小國不在此數最多者不逾七百人以上。我國幅員之大。人口之衆。雖非他國可比。然右院議員之總數要不過在八百人或千人之間。若過此以往。非惟政策之不利。即事實上已有許多窒礙矣。

（第二）既以此假定爲前提。則試以之比例於人口。我國人口。據外人所調查。謂凡四萬萬餘人。但未嘗有精密之統計。不敢信其正確。即曰相去不遠。然此爲十年以前之數。此十年間增殖已不少。故有謂我國人數實不下六七萬萬人者。今折衷假定之。則大約在五萬萬人內外。最爲近之。若議員總數爲一千人者。則平均五十萬人選出一員。若總數爲八百人者。則平均六十五萬人。選出一員。

（第三）更徵諸我國人口疏密之率。即以本部各行省論。據外人所統計。每一英方里。平均約得二百六十六人。據此則五十萬人所散布之地。應爲二千餘英方里。六十五萬人所散布之地。應爲三千餘英方里。就使用一人一區之小選舉制說詳次項而山東江蘇等人口最密之省。猶且須以千英方里爲一選舉區。其廣西甘肅等人口最疏之省則須以六千乃至八千英方里爲一選舉區若用大選舉區制則其所占面積更不可思議矣要之我國每一議員所屬之選舉人其散布之地平均總在二千英方里內外此推算雖不中不遠矣

(第四)據以上所推算以散處二千英方里內五六十萬人而使之選一議員(此就小選舉區制言)之或以散處一萬英方里內之二三百萬人而使之選四五名之議員(此就大選舉區制言之)其對於候選員之才能性行果由何術得以周知之既不能周知而使之貿貿然以行選舉則人民非徒不感選舉之興味漠然視之而已其勢必爲野心家所利用而資爲運動不能舉代表民意之實而徒以瀆選舉之神聖此雖我國天然之事實非人力所能奈何然苟有道焉可以減輕其弊則固不可以不勉用間接制則可略以數萬之原選舉人而選出一名之第二級選舉人原選舉人對於第二級選舉人之性行較易周知而以自由意志委任之第二級選舉人對於議員候選者則調查別擇較易爲力而良議員之中選乃有可期此吾黨主張間接制之第二理由也

間接選舉之法亦有三種(其一)爲普國選舉右院議員所用之法即前段所述由一

般人民。選出第二級選舉人。復由第二級選舉人。選出議員是也。(其二)爲美國選舉左院議員所用之法。其議員由各州之左右兩院議員選舉。而各州之議員。實由人民選舉。故亦可謂之間接選舉也。(其三)爲法國選舉左院議員所用之法。先組織一選舉會。以行選舉。而選舉會則以人民所選舉而成之種種團體組織之。故亦可謂之間接選舉也。法國左院議員選舉會。每縣一會。其會所含之分子。則一爲本縣所選出之右院議員。二爲本縣之縣會議員。三爲本縣之郡會議員。四爲本縣內各鄉鎮會臨時所選出之代表人也。第一種與第二第三種之異點。則第一種由人民選出之選舉人。以選舉爲唯一之職務。選舉告終。則無復他事。旋卽解散。第二第三種所用之選舉人。本非以選舉議員爲其職務。而別有他種職務。不過借其機關以兼行選舉耳。故選舉雖告終。而其機關仍如故。第二種與第三種之異點。則第二種惟借一常設之單獨機關。以行選舉。第三種則臨時聯合數種複雜之機關。別爲一機關。以行選舉也。我中國欲行間接選舉制。則此三種者。當何擇乎。若采美國制。則國會議員選舉權。全屬於省議會。省議會之權。未免過重。有股大於腰之患。且舉政爭之旋渦。悉趨集於省議會之

著譯　十

中將以增省界之謬見馴致害國家之統一此大不可也若采法國制則黨派之競爭將浸入地方自治之範圍而交受其病且我國之左院尚應有一部分代表各省之議員此種議員之選舉法大率應倣法國選舉會之制若右院議員之選舉而亦同之則於兩院制之精神抑非有合故亦不可也然則我國而不采間接選舉制則已苟其采之則自當以采普國制爲宜雖稍勞費固非得已也

又用間接選舉制則有相沿而生之一困難問題焉蓋此第二級選舉人其中選也非直得爲議員又非有他種利益絕無權利而惟盡義務非人情之所樂如此則願爲選舉人者必少即被選矣或放棄其職務不詣議員選舉場以投票而選舉機關遂以破壞此不可不慮及而預防之者也普魯士等用間接制之國凡第二級選舉人既承諾中選後苟當選舉議員時而不執行其職務則科以嚴罰我國既采間接制則此法必當並采之（其應若何科罰之法於次項論強制選舉條下詳述鄙見）蓋此爲國民對國家之一種公義務不履行者罰之揆諸法理匪云不當雖然徒有懲而無勸猶恐或視爲畏途故凡任第二級選舉人者當其詣選舉場以執行選舉時除由國家支其旅費並給以日俸外（計日給俸謂之日俸說詳次節）仍當

別圖所以獎厲之法。竊謂將來賞勳之制若定。凡任第二級選舉人者。則給以一種勳章。以躋其在社會上之地位。則人自樂爲之矣。夫行應行之公職務而得賞。似不衷於法理。然此種職務乃特定之職務。非盡人而必須履行。其人既費其營私業之時日以戮力於國家機關之組織。則國家有以酬其勳勤。亦不爲過。在人民奉公思想大發達之國。誠不必鶩此虛榮。若我中國今日則似不宜惜此不費之惠也。

第二項　選舉區

第一目　各國制度及學說比較

將全國分爲若干區域以行選舉。謂之選舉區。各國制度。有不劃選舉區者。有劃選舉區者。其劃選舉區之國。有用大選舉區者。有用小選舉區者。有大小選舉區並用者。請略述其法制。而比較其利害。

（第一）無選舉區制與有選舉區制

無選舉區制者。舉全國爲一選舉區也。今惟比利時及瑞士聯邦中之一二小國行之。有選舉區制者。分全國爲若干選舉區也。比利時以外之各國現皆行之。以言夫正當之學理。必以無選舉區制者爲正鵠。蓋議員所以代表全國國民必當以全國輿望所歸之人充之若分區選舉恐人民或生誤解以本區選出之議員爲代表本區此其弊一也且選舉比例於人口實爲今世立憲國之通則然全國人民所居之地非可以人力强齊之例如法定每十萬人選一議員而甲地之人只有六萬而其地又與他地不相聯屬則固不能不使之出一議員乙地之人有十九萬五千人以所增者未及十萬故亦僅能出一議員則甲地之一票其効力視乙地之一票兩倍而强凡分選舉區總不能免此此其弊二也且現世所行選舉制度以連記商數投票法爲最良（別詳次項）而此法則惟無選舉區制乃能行之故無選舉區制謂之最文明之制焉可也雖然此制有一缺點焉値議員有出缺之時須行補缺選舉若有選舉區則某區所選議員出缺卽由某區補選而已足若無選舉區則每補選一次必須合全國以舉行故此制度惟在幅員極狹之國乃能行之而稍大之國則不能我中國萬無學步之理可勿論也

（第二）小選舉區制與大選舉區制　小選舉區制亦稱之爲一人一區制每區選議員一人若其應選二三人則析之爲二三區也英法德奧匈荷意美等國采之大選

舉區制者。每區可選出數名之議員。比例於其區人口之多寡以爲率也。瑞士那威西班牙葡萄牙日本等國采之。今各舉一二國以爲例。

英國之制

英國之選舉區。分爲三種。一曰縣。二曰市。三曰大學區。約平均五萬四千人而選一議員。但施諸實際。又有種種變通。據今制則人口一萬五千以下之市。編入縣中。不列爲獨立之選舉區。其一萬五千以上五萬以下之市。則選議員一人。五萬以上十六萬五千以下之市。則選二人。自此每加五萬則增選一人。其縣所選出之議員。亦以此爲標準。但五萬人以下之市則有之。五萬人以下之縣則無有耳。而凡選出數名議員之市。則分之爲數選舉區。縣亦然。每區例選出一人。故所行者實爲小選舉區制者也。其大學區則不比例于人口。惟法律所指定之八大學共選九人。由大學卒業生投票。平均約二千人而選一人云。又阿士佛、金布黎治、達布稜三大學區。皆每區選出二人。爲大選舉區制。此其例外也。現今各縣中。其小者爲一選舉區。其大者析爲二十六選舉區。各市中小者爲一選舉區。大者爲六十一選舉區。英倫、蘇格蘭、愛爾蘭合計。共選出議員六百七十人。其選舉區之數。即比例之。

德國之制

德國以十萬人選出一議員爲標準。但施諸實際。亦有種種變通。(第一)選舉區之界。不得越出於聯邦內各國之國界。(第二)聯邦中各國。其有人口不滿十萬者。亦選出議員一名。(第三)各國中每十萬人選議員一名。但以十萬起算其奇零之數在五萬以上者。即可以增選一人。例如有八十四萬九千人之國。仍選議員八名。其有八十五萬人之國。即得選議員九名也。現在選一名之國十有一。選二名之國三。選三名之國四。選六名九名十四名十五名十七名二十三名四十八名二百三十五名之國各一。都凡三百九十六人。採一人一區之小選舉區制。凡爲選舉區三百九十六。

法國之制

法國無論何種法制。變革皆極煩數。其選舉法亦然。一八七一年之法律。以一縣爲一選舉區。每縣選出議員數名。實爲大選舉區制。一八八九年改正之。以郡之行政區域。爲選舉區域。全國凡八十九縣。縣之下有郡。每郡不論人口多寡。最少亦出議員一名。其人口十萬以上之郡。則每十萬增選一名。而選出若干名者。即析之爲若干區。是爲小選舉區制。即現行制也。

意大利之制

初建國時。行小選舉區制。一八八二年。改爲大選舉區制。其議員總數五百〇八名。分爲百三十五區。每區最少者選出二名。最多者五名。一八九一年。復改爲小選舉區制。分全國爲五百八區。即今制也。

日本之制

日本初開國會時。採小選舉區制。明治三十五年。改爲大選舉區制。以府縣之行政區域。爲選舉區域。議員總數三百八十一人。分配於三府一廳四十三縣。每府縣少者一人。多者十一二人。實極端之大選舉區制。各國罕見其比。但其中有一例外焉。即郡部市部之別是也。日本地方制度。府縣之下爲郡。故其原則。將每府每縣下之各郡。合爲一選舉區。名爲郡部議員。但各府縣中。有人口二萬五千以上之市。則別爲一獨立之選舉區。而不隸於其府縣。是爲市部議員。日本選舉法。以平均十三萬人選一議員爲原則。故十九萬五千人以下之區選一人。十九萬五千人以上三十二萬五千人以下之區選二人。三十二萬五千人以上四十五萬五千人以下之區選三人。凡郡部議員。以是爲差。然市部則僅三四萬人者。亦得選一人。其人多之市。乃與郡部同一累進法。亦十九萬五千人以上乃得增選二人。此其大較也。雖名爲用大選舉區制。但因有市部、郡部、之別。其小市甚多。全國之市五十三。而其僅出議員一名之市四十七。則市部議員。實可謂之爲一人一區之小選舉區制也。又北海道凡選議員六名。分爲六區。是亦小選舉制。日本選舉區之總數凡一百〇九云。

請言此兩種制度之得失。(第一)大選舉區制。視小選舉區制。其議員之分配。較易公平。蓋國家之畫分選舉區。非能如餅師之揑麵屑以爲餅。得隨意斷鳧續鶴也。必略依於行政區域以爲界。如英國之縣及市。法國之郡。日本之府縣及市。皆是也。用小選舉區制之國有時其一區域之住民遠不逮其比例標準者亦不得不許其選出一人如法國以每十萬人選一議員爲比例標準而僅有三四萬人之郡亦爲一選舉區而得選一人也有時其一區域之住民於比例標準之外而有奇零之數則折衷其議員之增減極難適當如以十萬人爲比例標準則在法應有二十萬人乃得別爲一區而十九萬九千人麕集之地亦依然爲一區而僅選一人夫在甲地而或以三四萬人而得選一人在乙地或以十九萬餘人而亦得選一人則人民之選舉者同是一票而價値乃相倍蓰其不平莫甚焉此種弊害惟無選舉區乃能盡除苟有選舉區則無論如何區劃終不能免但大選舉區制則游刃之餘地較恢而偏倚不至過甚蓋大選舉區制斷無人口不逮比例標準之事而比例標準外奇零之數納入大數中而懸隔亦不至過甚例如二十萬人之區選舉出議員二名一百零九萬人之區選出議員十名其票之價値固相去不遠也此大選區之所長也雖然若大選舉區制與小選舉區制並用則其分配之不公平視專用小選舉區制者爲尤甚日本是也日本既以大選舉區爲原則而復有例外之市部小選舉區以雜之

著譯　十八

故三萬人之小市得選一人十九萬人之大市亦僅選一人其選舉權之差異凡六倍以上是小市市民一票之權其價值等於他區之五六票故前二年日本之總選舉有愛知區之清水氏以七千三百三十八票而中選有隱岐區之中沼氏以二百票而中區其間相去凡三十六倍半不甯惟是有滋賀區之藪田氏以四千十四票而落選其餘朽木區、長野區、石川區、以三千票落選者尚有多人而小倉市、佐賀市、丸龜市、弘前市、秋田市、等中選之人大率不滿三百票夫以三四千人所宗仰者不得爲議員以二三百人所私愛者乃反得之則國會代表民意之謂何矣日本選舉法之進退失據至是而極此雖由投票方法之不得其宜（日本選舉法最大之謬點在以大選舉區而行單記投票制次項更詳論之）抑亦選舉區之分割失當有以致之此我國所當引爲殷鑑者也（第二）小選舉區制以人口少故有選舉權者亦少運動作弊較易大選舉區一區之有權者動十數萬人豈能盡人而賄之此又大選舉區制之優點也（第三）小選舉區祇能代表多數黨而大選舉區則可以兼代表少數黨例如小選舉區有選舉權者凡五千人屬甲黨者三千屬乙黨者二千而因其區內僅有一名之員額則甲黨之候選者必中選而乙黨之候選者必落選其二千票純歸無効若在大選舉區例如其區有四名之員額有選舉權者凡二萬人屬甲黨者一萬屬乙黨者六千屬丙黨者四千苟各黨之計畫得宜則甲黨固可得二人乙黨丙黨亦可各得一人（其方法次項詳之）如此則與國會代表人民之本旨最爲相近此又大選舉區制之優點也（第四）用小選舉區制時或其區內乏材勉以下駟充數用大選舉區制則範圍廣而人才較易得此又其優點也（第五）大選舉區制優點雖多其缺點亦有焉則投票調查之手續太煩雜易生混亂起爭議是也（第六）不甯惟是每遇議員出缺應行補缺選舉之時必須合全區以行之其勞費視小選舉區爲大也由此觀之此兩制者各有其利害而大選舉區制則利餘於害焉近來各國之趨勢咸向於此蓋有由也但大選舉區亦應有範圍其大不可過甚則第五第六之兩弊雖不能盡免而可以畧減大約每區選出之員不過五名斯爲得中矣此意大利之舊制也若如日本現制則太流於極端固不足取

（第三）投票區　投票區者於各選舉區之下更分爲若干之小區以司投票是也其

在大選舉區無論矣。卽在小選舉區。而每區之住民。總在數萬或十數萬。其人或處邑。或處野。若必集諸一地以投票。無論不能有此廣場以容納之也。且人民動須船車。往返廢業。而重以耗財。則棄權者必衆。而選舉之效力。乃大減。故爲利便選舉人起見。於一區之內。多設投票區。使人人得就近投票。合各投票區所投票彙齊於選舉區之中央。而公開之。此各國通行之制也。如日本以東京市爲一選舉區。共選議員十一人。而東京市有十六區。卽分之爲十六投票區。同時投票。投畢。乃將十六區之票。彙齊於東京市役所而檢點之。以合計得票多之人爲中選。各國之制。亦皆例是。

第二目　中國劃分選舉區私案

選舉區必當略依傍於行政區。既如前論。然則我國當以何種之行政區爲選舉區之界乎。此最初所起之問題也。我國現在之行政區最低級者爲州縣。以一州縣爲一選舉區。則其幅員與日本現行之選舉區略相等。理論上已嫌其太大。雖然。以我國情形按之。則並此而不能。何也。既以一州縣爲一選舉區。則每州縣最少應出議員一名。而我國十八省及東三省新疆合計爲直隸廳三十七爲州一百四十七爲廳三十九爲縣一千三百二十六都凡一千五百四十九廳州縣各出一人已應得一五四九員而大州縣之人口恆數十倍於小州縣若以公平之比例遞進之則非有萬餘議員之額不副分配若以一府一直隸州爲一選舉區則在僻瘠之府其人口尙不能逮比例標準（據前所假定當以五十萬或六十五萬人出一議員爲此例標準）其在繁盛之府或一府而應選出議員十人二十人未免陷於極端大選舉區制之弊且有大選舉區與小選舉區參用之弊日本之諸弊我皆將受之且現制所謂府之一行政區域按諸學理實爲贅疣將來必應在裁廢之列（其理由別論之）今以之爲選舉區無有是處若以一省爲一選舉區則我一省之大埒歐洲之一國此與無選舉區無異非用連記商數投票制度則選舉將不能執行而此制度爲中國今日所萬難遽行可無疑義（此制度之概略及中國不能遽行之故次項別詳之）且遽有補缺選舉時騷擾及於全局其不適又無俟論然則以上諸法無一而可中國劃選舉區不其難哉此無他焉我國幅員太大而各省之情形又相去懸絕故欲立一整齊畫一之制度實事勢上不可致之業故也

吾所主張。謂我國之選舉區。即第二級之選舉區由此區以選出議員者當採大選舉區制。以省爲其界。在一省內比例人口分爲若干區。每區選出議員少者一人。多者無過五人。其原選舉區。即第一級之選舉區由此區以選出選舉人者當採小選舉區制。以州縣爲其界。在一州縣內比例人口分爲若干區。每區限選出第二級選舉人一人。請略述其區制之法及其理由。

以每五十萬人選出一議員爲比例標準。各省所分配議員之數略如下。

(省名)	(人口)	(議員數)	(選舉區)
奉天	四、二四〇、〇〇〇	九	二
吉林	三、七〇〇、〇〇〇	七	二
黑龍江	一、〇六〇、〇〇〇	二	一
直隸	二〇、九三七、〇〇〇	四〇	八
山東	三八、二四七、九〇〇	七六	一五
山西	一二、二〇〇、四五六	二四	五
河南	三五、三一六、八〇〇	七〇	一四
江蘇	一三、九八〇、二三五	二七	六

安徽	二三、六七〇、三一四	四七	一〇
江西	二六、五三二、一二五	五三	一一
浙江	一一、五八〇、六九二	一三	三
福建	二二、八七六、五四〇	四六	九
湖北	三五、二八〇、六八五	七〇	一四
湖南	二二、一六九、六七三	四四	九
陝西	八、四五〇、一八二	一七	三
甘肅	一〇、三八五、三七六	二一	四
四川	六八、七二四、八九〇	一三七	二七
廣東	三一、八六五、二五一	六四	一三
廣西	五、一四二、三三〇	一〇	二
雲南	一二、三二四、五七四	二五	五
貴州	七、六五〇、二八二	一五	三
新疆	八、八〇〇、〇〇〇	一七	三
合計	四二五、〇五三、〇二九	八三四	一八七

著譯 二十四

據上所推算。則全國議員總數八百三十四人。爲選舉區一百八十七。然此不過據外人所著之統計表。略示大概耳。若精細調查。則議員或應不止此數。要之。以五十萬人爲比例標準。則議員之總數不逾一千人可斷言也。至於所示之各省選舉區數。係以每區選出五人爲標準。但施諸實際。則緣夫地理上種種差別。勢不容刻舟求劍。其選出一人或二三四人之區。當所在有之。大約全國選舉區。應在二百五六十之間。此則當俟諸實地調查之後。非今所能武斷也。其人口繁密之地。可以一縣爲一選舉區。稀疏者或合數縣十數縣以爲一選舉區。其小省而人極少者。則劃一省爲二三選舉區。此其大較矣。

此所言者。爲第二級選舉區。卽由之以選出議員者也。但既用間接選舉制。則選舉分兩次執行。於選舉議員以前。尚有選舉第二級選舉人之役。尤不可不分區以行之。此之謂原選舉區。欲定原選舉區之數。又不可不先推定第二級選舉人之總數。攷普國之制。以人口七百五十人以上千七百四十九人以下爲一原選舉區。而用三級選舉之制。每一原選舉區。例出選舉人三員。故平均二百五十之原選舉人。而出第二級選舉人一員。其總員數約在十五萬內外。普國選舉議員之比例標準。約七萬三千五百人而選一人。故亦平均二百五十之第二級選舉人。而出議員一員。我國人口十五倍於普國。故比例標準不能視彼同無俟言。雖然推原間接選舉制。立法之本意。凡欲使原選舉人得向於其所知之人以投票。苟其比例標準所定太高。則不能周知也。如故而間接制之特長不能表見。故吾所主張者。謂當約以五千之原選人而出第二級之選舉人一員。採一人一區之小選舉區制。其市鄉有三千人以上者。即爲一獨立之原選舉區。其不滿三千人者。則合於他區。其有九千五百人以上者。則析爲兩區。有一萬四千五百人以上者。則析爲三區。其累進之率例是。若用此比例。則全國第二級選舉人之總數約十萬乃至十一萬人。原選舉區之數亦如之。其對於議員之比例標準約每百三十人而選出議員一人。

其原選舉區既用一人一區之制。且其比例標準甚低。故不必於選舉區下再分投票區。其第二級選舉區。既用大區之制。且所轄之境域或甚寥廓。故必於每區之下。更分設投票區。而此種之投票區。即可以各縣之縣治充之。

(未完)

知不務多　務審其所知

言不務多　務審其所謂

行不務多　務審其所由

法令

憲政編查館會奏呈進現行刑律　黃冊定本請　旨頒行摺

奏爲呈進現行刑律　黃冊定本請。旨刊印頒行。以資遵守。恭摺會陳。仰祈
聖鑒事。宣統元年十二月二十三日。臣奕劻等奏核議現行刑律繕冊呈　覽一摺。
並聲明由臣館將前後　黃冊咨交修訂法律大臣、遵照向章、另繕　黃冊、會同請
旨刊印頒行等因。二十四日欽奉　諭旨著依議。欽此欽遵。咨交去後。臣家本等
督飭提調等官。將律例正文。依類排比。復因殺靑之役。衆手疊更。校讎之功。艱於掃葉。
凡訛奪及小有牴牾之處。悉心斠正。又上年十二月二十八日。頒行法院編制法。
本年三月十六日。奏准變通秋審舊制。所有審判之覆核。京控秋審之會錄解勘。與從
前辦法不同。均照新章更正。計修改五十七條。刪除十條。加具按語。除另繕清單進呈
外。統計原擬編定現行律。輯刪者律文四百十四條。例文一千六百六十六條。經覆核勘正
者二百六十一條。現又照新章修改刪除者六十七條。仍將舊律服制八圖弁冕簡端。

繕寫工竣。分裝二函。恭呈　御覽。應俟　命下。臣等兩館公同刊印。頒發內外問刑衙門。一體遵照。至舊律軍流等罪。向於律後附道里表。以備臨時查照簽發。此次修訂流罪。照章改習工作。雖不盡實發。仍有應行到配之犯。軍罪雖改爲安置。而極邊及煙瘴二項。仍應指定道里。即由臣等知照陸軍部。將舊表分別去留。補行刊發。以符名實。再臣奕劻等上年進呈核議現行刑律　黃冊之時。附片聲明現行律戶役內承繼分產婚姻田宅錢債各條應屬民事者。毋再科刑。仰蒙　俞允通行在案。此本爲折衷新舊。係指純粹之屬於民事者言之。若婚姻內之搶奪姦占。及背於禮教違律嫁娶。田宅內之盜賣強占。錢債內之費用受寄。雖隸於戶役。揆諸新律。俱屬刑事範圍之內。凡此之類。均應照現行刑律科罪。不得諉爲民事案件。致涉輕縱。合併聲明。此摺係法律館主稿。會同憲政編查館辦理。所有會奏呈進　黃冊定本緣由。伏乞　皇上聖鑒。謹　奏。

現行刑律修改各條清單

計開

名例上●五刑○原修改例文　一凡婦女犯罰金罪名依律處罰其犯該徒流以上除例內載明應收所習藝者一律按限工作不准論贖外其尋常各案准其贖罪徒一年贖銀二十兩每等加銀五兩至徒三年贖銀四十兩流二千里贖銀五十兩每等加銀十兩至流三千里贖銀七十兩應安置發遣者照滿流科斷如無力完繳按銀一兩折工作四日其未設有女犯習藝所地方照工作時日改爲監禁俱限滿釋放　謹按宣統元年十二月二十三日憲政編查館進呈核訂現行刑律內稱有關十惡既爲常赦所不原姦罪各條尤係風化人心所繫倣照竊盜辦法增入應處罰金刑者改擬工作一條是姦罪之應處罰金者尙不能與平人一例同科則姦罪內之應處徒以上刑者更無轉擬贖鍰之理本條自應於除筆增入犯姦一項以符核定之本意謹將修改例文開列於後○修改　一凡婦女犯罰金罪名依律處罰其犯該徒流以上除犯姦及例內載明應收所習藝者一律按限工作不准論贖外其尋常各案准其贖罪徒一年贖銀二十兩每等加銀五兩至徒三年贖銀四十兩流二千里贖銀五十兩每等加銀十兩至流三千里贖銀七十兩應安置發遣者照滿流科斷如無力完繳按銀一兩

法令 四

折工作四日其未設有女犯習藝所地方照工作時日改爲監禁俱限滿釋放○原續纂例文 一凡京外職官下及軍民人等犯徒流以上非常赦所不原者准其捐贖徒一年三品以上官捐銀一千兩四品官捐銀五百兩五六品官捐銀四百兩七品以下及進士舉人捐銀三百兩貢監生員捐銀二百兩平民捐銀一百兩每徒一等三品以上官加銀二百五十兩四品官加銀一百二十五兩五六品官加銀一百兩七品以下及進士舉人加銀六十五兩貢監生員加銀五十兩平民加銀三十五兩由徒入流三品以上官以五百兩爲一等滿流贖銀三千五百兩四品官以二百兩爲一等滿流贖銀一千六百兩五六品官以一百五十兩爲一等滿流贖銀一千二百五十兩七品以下及進士舉人以八十兩爲一等滿流贖銀八百兩貢監生員犯流二千里贖銀四百六十兩每等加銀七十兩平民犯流二千里贖銀二百七十兩每等加銀四十五兩遣置各照滿流捐贖俟銀數完繳俱准免罪若斬絞緩决各犯如遇恩赦查辦減等後有呈請贖罪者法部核准奏明各照所減罪名捐贖 謹按此條係照光緒二十九年刑部議覆陞任山西巡撫趙爾巽條陳犯罪習藝摺內附訂捐贖新章增纂入例向

章本以常赦爲斷此次修訂將大赦纂入律文範圍稍廣惟編查館續纂之例旣將詔金內之情節較重者改處工作則情節相類之應處徒以上刑者自難輕予捐贖致涉牴牾擬請將例首非常赦所不原句改爲除詐僞犯姦畧誘和誘及常赦所不原外以歸一律謹將修改例文開列於後○修改　一凡京外職官下及軍民人等犯徒流以上除詐僞犯姦略誘和誘及常赦所不原外准其捐贖徒一年三品以上官捐銀一千兩四品官捐銀五百兩五六品官捐銀四百兩七品以下及進士舉人捐銀三百兩貢監生員捐銀二百兩平民捐銀一百兩每徒一等三品以上官加銀二百五十兩四品官加銀一百二十五兩五六品官加銀一百兩七品以下及進士舉人加銀六十五兩貢監生員加銀五十兩平民加銀三十五兩由徒入流三品以上官以五百兩爲一等滿流贖銀三千五百兩四品官以二百兩爲一等滿流贖銀一千六百兩五六品官以一百五十兩爲一等滿流贖銀一千二百五十兩七品以下及進士舉人以八十兩爲一等滿流贖銀八百兩貢監生員犯流二千里贖銀四百六十兩每等加銀七十兩平民犯流二千里贖銀二百七十兩每等加銀四十五兩遣罝各照滿流捐贖俟銀數完

繳俱准免罪若斬絞緩決各犯如遇　恩赦查辦減等後有呈請贖罪者法部核准奏明各照所減罪名捐贖◉應議者犯罪○原修改例文　一凡宗室犯案到官該衙門先訊取大概情形罪在流遣以上者隨時奏交大理院會同宗人府審明專摺奏結如在徒罪以下咨送宗人府會同大理院訊明照例定擬罪應擬徒者由大理院咨送法部按季彙奏罪止罰金者照例完結毋庸奏　聞若到官時未經具奏之案審明後罪在流遣以上者仍奏明請　旨至東三省移居宗室所犯案件俱歸各該省高等審判廳審理仍依此例按照罪名輕重分別奏咨完結　一凡宗室覺羅除犯該罰金及初犯徒流遣或再犯徒罪或先經犯徒後犯流罪仍由宗人府分別折罰圈禁外如有三次犯徒或二次犯流或一次犯徒一次犯至極邊或烟瘴安置者均擬實發盛京如二次犯徒一次犯流或一次犯流一次犯至極邊或烟瘴安置者均擬實發吉林如二次犯應安置或三次犯流或犯至外遣者均擬實發黑龍江若宗室釀成命案按律應擬斬絞監候者宗人府會同大理院先行革去宗室頂戴照平人一律問擬斬絞分別實緩仍由宗人府進呈　黃冊　一已革宗室之紅帶已革覺羅之紫帶除有

犯習教等重情另行奏明辦理外其犯尋常處罰並徒流以上等罪交大理院照例科斷應銷檔者免其銷檔仍准繫本身帶子　謹按宣統元年十二月二十八日憲政編查館奏核訂法院編制法摺內聲明嗣後宗室有犯在流遣以上由大理院審理徒罪以下及覺羅有犯均由高等審判廳審理等因在案是會審之制已經廢除且係分別罪名並不專屬大理院審理以上三條自應查照更正以昭畫一謹將修改例文開列於後○修改　一凡宗室犯案到官罪在流遣以上者交大理院審理如在徒罪以下及覺羅犯罪交京師高等審判廳審理至東三省移居宗室所犯案件俱歸各該省高等審判廳審理　一凡宗室覺羅除犯該罰金及初犯徒流遣或再犯徒罪或先經犯徒後犯流罪仍由宗人府分別折罰圈禁外如有三次犯徒或二次犯流或一次犯徒一次犯至安置者均擬實發　盛京如二次犯徒一次犯流或一次犯流一次犯至安置者均擬實發吉林如二次犯應安置或三次犯流或犯至外遣者均擬實發黑龍江若宗室釀成命案按律應擬斬絞監候者大理院知照宗人府先行革去宗室頂戴照平人一律問擬斬絞分別實緩仍由宗人府進呈　黃册　一已革宗室之紅帶已革

覺羅之紫帶除有犯習教等重情另行奏明辦理外其尋常各案照例科斷應銷檔者免其銷檔仍准繫本身帶子●犯罪存留養親○原修改例文　一凡死罪案件除謀故殺及連斃二命秋審時應入情實無疑之犯雖親老丁單毋庸聲請留養外其餘各案核其情節秋審時應入可矜者如有祖父母父母老疾應侍及孀婦獨子伊母守節二十年者該督撫查取各結聲明具奏法部隨案核覆聲請留養其餘秋審並非應入可矜之案該督撫於定案時止將應侍緣由聲明不必分別應准不應准字樣統俟秋審時法部會同各部院核定後先將此項人犯開單進　呈恭候　欽定俟奉有
諭旨法部行文各該督撫將准留各犯飭令該管州縣取具犯屬族鄰人等甘結加具印結詳報並追取收贖銀四十兩如案關人命以一半給死者家屬養贍一半入官將該犯保釋存留養親若定案時非例應留養之人迨至本屆秋審或已經秋審一次歸入舊事緩決以後核其祖父母父母已成老疾或伊母守節年分符合以及成招時家有次丁嗣經身故或被殺之人先有父母後經物故與留養之例相符者亦准其隨時隨案奏請留養　朝審案件一體遵行至留養之後復有不安分守法別生事端無

論罪名輕重即照現犯定擬不准再行聲請　一毆妻致死之案除親老丁單或孀婦獨子應准查辦留養外如父母已故別無兄弟子孫該督撫於定案時將應行承祀緣由聲明法部俟秋審後與尋常留養人犯一體開單進　呈其或定案時聲請留養之犯遇有父母先存後故與承祀之例相符者該督撫亦於秋審時確查報部統俟奉有諭旨再行取結辦理惟所追贖銀儘數入官　一凡卑幼毆死本宗期功尊長定案時皆按律問擬概不准聲請留養其有所犯情節實可矜憫奉　旨改為絞監候者統俟秋審情實二次蒙　旨免勾奏明改入緩決之後由該督撫查明該犯應侍緣由於秋審時報部核辦至毆死本宗緦麻外姻功緦尊長如有親老丁單應行留養均俟法部於秋審時分別准留不准留開單奏明辦理　謹按宣統二年三月十六日憲政編查館奏議覆臣家本等請變通秋審覆核舊制摺內稱外省秋審由督撫布政司會審京師　朝審派覆核大臣及會同九卿審錄之制均即停止等因奉　旨依議欽此欽遵在案以上第一條法部會同各部院句應節刪　朝審應改為京師秋審後二條督撫字樣應改為按察司或提法使以符定制謹將修改例文開列於後○修

改　一凡死罪案件除謀故殺及連斃二命秋審時應入情實無疑之犯雖親老丁單毋庸聲請留養外其餘各案核其情節秋審時應入可矜者如有祖父母父母老疾應侍及孀婦獨子伊母守節二十年者該省按察司或提法使查取各結聲明具奏法部隨案核覆聲請留養其餘秋審並非應入可矜之案於定案時止將應侍緣由聲明不必分別應准不應准字樣統俟秋審時法部核定後先將此項人犯開單進　呈恭候
欽定俟奉有　諭旨法部札行該省按察司或提法使將准留各犯飭令該管州縣取具犯屬族鄰人等甘結加具印結詳報並追取收贖銀四十兩如案關人命以一半給死者家屬養贍一半入官將該犯保釋存留養親若定案時非例應留養之人迨至本屆秋審或已經秋審一次歸入舊事緩決以後核其祖父母父母已成老疾或伊母守節年分符合以及成招時家有次丁嗣經身故或被殺之人先有父母後經物故與留養之例相符者亦准其隨時隨案奏請留養京師秋審案件一體遵行至留養之後復有不安分守法別生事端無論罪名輕重卽照現犯定擬不准再行聲請　一毆妻致死之案除親老丁單或孀婦獨子應准查辦留養外如父母已故別無兄弟子

孫該省按察司或提法使於定案時將應行承祀緣由聲明法部俟秋審後與尋常留養人犯一體開單進 呈其或定案犯聲請留養之犯遇有父母先存後故與承祀之例相符者該省按察司或提法使亦於秋審時確查報部統俟奉有 諭旨再行取結辦理惟所追贖銀儘數入官 一凡卑幼毆死本宗期功尊長定案時皆按律問擬概不准聲請留養其有所犯情節實可矜憫奉 旨改爲絞監候者統俟秋審情實二次蒙 旨免勾奏明改入緩決之後由該省按察司或提法使查明該犯應侍緣由於秋審時報部核辦至毆死本宗緦麻外姻功緦尊長非有親老丁單應行留養均俟法部於秋審時分別准留不准留開單奏明辦理◉徒流人又犯罪○原修改例文 一凡流遣應行發配人犯於經過處所滋生事端者核其所犯罪名俱照在配復犯例分別治罪 謹按流遣在配復犯二條已經憲政編查館修併本律例末照在配復犯例句應改爲依已決又犯律以免歧異謹將修改例文開列於後○修改 一凡流遣應行發配人犯於經過處所滋生事端者核其所犯罪名俱依已決又犯律分別治罪◉老小廢疾收贖○原修改例文 一每年秋 朝審人犯現在年逾七十經覆核

擬以可矜蒙　恩宥免減流者俱准其收贖　謹按新章停止九卿審錄之制在京秋候人犯既無　朝審例內朝字應節刪謹將修改例文開列於後○修改　一每年秋審人犯現在年逾七十議矜蒙　恩宥免減流者俱准其收贖

名例下◉給沒贓物○原修改例文　一京城現審案內凡應追贓罰贓變贓贖銀兩俱將該犯發交本旗籍該管官定限一年追完如逾限不行追交法部大理院卽行查叅將承追各官照例議處　一京城現審竊盜案內無主贓物及一切不應給主之贓如係金珠人參等物交內務府銀錢及銅鐵鉛錫等項有關鼓鑄者交度支部硫磺焰硝及磚石木植等項有關營造者交農工商部洋藥及鹽酒等項有關稅務者交崇文門其餘器皿衣飾及馬驘牲畜均行文民政部札行內外城巡警總廳督同該區官當堂估値變價交度支部彙奏並將變價數目報法部及大理院查核儻有弊混及變價不完由法部及大理院奏叅　謹按以上二條俱追交贓罰及分別變價之例查叅奏叅兩節均部院會同彼此權限似未分明自應遵　旨劃歸法部辦理所有大理院字樣均應節刪謹將修改例文開列於後○修改　一京城現審案內凡應追贓罰贓

變贓贖銀兩俱將該犯發交本旗籍該管官定限一年追完如逾限不行追交法部即行查叅將承追各官照例議處　一京城現審竊盜案內無主贓物及一切不應給主之贓如係金珠人參等物交內務府銀錢及銅鐵鉛錫等項有關鼓鑄者交度支部硫磺焰硝及磚石木植等項有關營造者交農工商部洋藥及鹽酒等項有關稅務者交崇文門其餘器皿衣飾及馬驘牲畜均行文民政部札行內外城巡警總廳督同該區官當堂估値變價交度支部彙奏並將變價數目報法部查核倘有弊混及變價不完由法部奏叅●化外人有犯○原修改律文　凡化外(來降)人犯罪者並依律擬斷隸理藩部者仍照原定蒙古例　謹按此條沿用唐律本指化外人之入中國籍者而設宣統元年閏二月初七日經憲政編查館奏請頒行國籍條例奉　旨依議欽此欽遵通行在案凡外國僑居內地之人既許其歸附自應刪除化外人名目以堅其內嚮之忱所有律目律文化外人應一律改爲入國籍人以符定制又蒙古各部屬隸屏藩二百餘年與歸化之人甫隸版圖者不同亦應移列於前以示區別謹將修改律文律目開列於後○修改●蒙古及入國籍人有犯　凡蒙古人犯罪照理藩部蒙古例

定擬其餘藩屬並因歸化入籍者仍依律科斷○原修改例文　一蒙古案件有奏送大理院審理者即移咨理藩部將通曉蒙古言語司員派出一員帶領通事赴大理院公同審理除內地八旗蒙古應依律定擬者會審官不必列銜外其隸在理藩部應照蒙古例科斷者會審官一體列銜　朝審案內如遇有蒙古人犯知會理藩部堂官到班會審遇有照蒙古例治罪者亦一體列銜　謹按宣統二年二月二十九日憲政編查館奏稱嗣後凡內外蒙古死罪案件不論所行何律概歸理藩部主稿咨送大理院覆判會同具奏奉　旨之後如係立決人犯即由部行文該將軍都統執行監候人犯由理藩部大理院分咨法部俟秋審時由法部會同理藩部辦理遣罪以下人犯應發遣者由理藩部咨送大理院覆判應改折者即由原審衙門判結其在京蒙古案件咨交京師地方審判廳審理仍由部派通曉蒙古之語通事一員繙譯等因奉　旨依議欽此欽遵在案本條應查照新章更正謹將修改例文開列於後○修改　一凡內外蒙古死罪案件不論所引何律概歸理藩部主稿咨送大理院覆判會同具奏奉　旨之後係立決人犯由理藩部行文該將軍都統處決係監候人犯由理藩部大

理院分咨法部秋審時由法部會同理藩部辦理其遣罪以下人犯應發遣者由理藩部咨送大理院覆判應改折者由原審判衙門判結其在京蒙古案件咨交地方審判廳判理仍由部派員繙譯

公式◉事應奏不奏○原修改例文　一都察院步軍統領衙門遇有各省呈控之案俱不准駁斥先向原告詳訊其實係冤抑難伸情詞眞切及地方官審斷不公草率辦結並官吏營私骫法確鑿有據又案情較重者卽行具奏如訊供與原呈迥異或係包攬代訴被人挑唆情節顯有不實及原告未經在本省赴案成招挾嫌傾陷藉端拖累應咨回本省審辦之案亦於一月或兩月視控案之多寡彙奏一次各案情節於摺內分晰註明如距京較近省分將原告暫交大理院散禁提取本省全案卷宗細加查核再行分別酌辦倘有案情較重不卽具奏僅咨回本省辦理者各堂官交部嚴加議處

謹按自法院編制法　頒行京控事件專屬大理院本條自應查照更正以　獨立之基礎惟都察院職司糾彈與步軍統領衙門專掌捕逮者不同揆諸各國新制雅與行政審判爲近現在行政審判未立未可遽撤藩籬凡官吏營私骫法及被參冤抑

之類俱屬行政事項仍應歸該院呈控擬請於例內修訂明確以明責守而飭官常謹將修改例文開列於後○修改　一大理院遇有京控之案先由總檢察廳詳核原呈分別准駁果係寃抑難伸情詞眞切或案情較重者即交該院分庭審明咨回本省再審於一月或兩月視控案之多寡彙奏一次各案情節於摺內分晰註明如距京較近省分將原告暫行散禁提取本省全案卷宗細加查核再行分別酌辦其關係行政事務如官吏營私骫法及被參寃抑之類仍於都察院呈控○原修改例文　一各省具奏案件除例內載明應奏各案或事關重大或駁令覆審或由死罪減等例內載明請
旨定奪及聲明援例兩請者仍專摺具奏外其餘尋常命盜死罪案件一律改爲彙案具奏分罪應斬絞立決者爲一項罪應監候者爲一項每摺酌量多寡至多以八案爲率並備錄供招先行分咨法部大理院逐案詳核奏覆其由死罪徑行減擬遣流人犯並正犯病故案內餘犯應擬遣流人犯以及尋常遣流人犯與徒罪有關人命等項均詳叙案情專案咨部　謹按憲政編查館奏定法院編制法凡外省未設審判廳地方一應彙奏專奏死罪案件暫行由該院照章覆判具奏咨報法部施行又本年二

月二十九日奏定核議死罪施行詳細辦法凡外省未設審判廳地方所有遣流以下案件例應咨候部覆者仍由各督撫照例咨報大理院核定咨部由部轉咨施行各等因先後奏蒙

俞允欽遵在案本條分咨法部及專案咨部等語均應查照更正以符定制謹將修改例文開列於後〇修改　一各省具奏案件除例內載明應奏各案或事關重大或駁令覆審或由死罪減等例內載明請　旨定奪及聲明援例兩請者仍專摺具奏外其餘尋常命盜死罪案件一律改爲彙案具奏分罪應斬絞立決者爲一項罪應監候者爲一項每摺酌量多寡至多以八案爲率奏交大理院覆判仍另錄供招先行咨院以備詳核奏覆其由死罪徑行減擬遣流人犯並正犯病故案內餘犯應擬遣流人犯以及尋常遣流人犯與徒罪有關人命等項均詳敘案情專案咨交大理院核定仍按季咨報法部列入司法彙報◉官文書稽程〇原修改例文　一法部大理院尋常移咨外省案件如行查家產關提人犯俱以文到之日爲始依限查覆於覆文內將何日接到部院咨文有無逾限之處隨案聲明儻一時未得淸晰必須輾轉咨查不能依限查覆者亦即聲請展限如逾限不完又不聲明緣由經部院行催後

卽行查參將承辦之州縣及各該上司俱交部議處　謹按新章大理院現審案件毋庸咨送法部覆核其司法行政各項統由法部主持例首法部應節删部院應改爲該院至查參一層應由大理院知照法部辦理謹將修改例文開列於後○修改　一大理院尋常移咨外省案件如行查家產關提人犯俱以文到之日爲始依限查覆於覆文內將何日接到該院咨文有無逾限之處隨案聲明倘一時未得清晰必須輾轉咨查不能依限查覆者亦卽聲請展限如逾限不完又不聲明緣由仍由該院行催並知照法部查參將承辦之州縣及各該上司俱交部議處

職制●交結近侍官員○原修改例文　一各旗王公所屬人員除服官在京者如遇年節生辰仍准其向各府往來外其現居外任因事來京者概不許於本管王公處謁見通問違者處十等罰如有夤緣餽送等弊計贓從其重者論該管王公容令謁見者交宗人府照違　制律議處若私通書信有所求索借貸及先自餽遺希圖厚報者交宗人府計贓治罪　謹按新章宗室有犯應分別罪名輕重由大理院或高等審判廳審理本條交宗人府計贓治罪句應改爲交該審判衙門以符定制謹將修改例文

開列於後○修改　一各旗王公所屬人員除服官在京者如遇年節生辰仍准其向各府往來外其現居外任因事來京者概不許於本管王公處謁見通問違者處十等罰如有夤緣餽送等弊計贓從其重者論該管王公容令謁見者交宗人府照違制律議處若私通書信有所求索借貸及先自餽遺希圖厚報者交該審判衙門計贓治罪●上言大臣德政○原改修例文　一督撫等官或陞任更調降謫丁憂離任而地方百姓赴京保留控告者不准行將來告之人交與該部治罪若下屬交結上官派斂資斧驅民獻媚或本官留戀地方授之意指藉公行私事發得實亦交部從重治罪其有賄囑百姓保留者審實將與受官民俱照枉法贓治罪至民人附合結黨妄預官府之事者處十等罰　謹按京師審判事務現俱歸審判各衙門審理本條交部治罪等句應查照新章更正謹將修改例文開列於後○修改　一督撫等官或陞任更調降謫丁憂離任而地方百姓赴京保留控告者不准行將來告之人審實治罪若下屬交結上官派斂資斧驅民獻媚或本官留戀地方授之意指藉公行私審實從重治罪其有賄囑百姓保留者審實將與受官民俱照枉法贓治罪至民人附合結黨妄預官

府之事者處十等罰
婚姻◉娶親屬妻妾○原修改律文　凡娶同宗無服（姑姪姊妹）之親及無服親之
妻者（男女）各處十等罰若娶（同宗）緦麻親之妻及舅甥妻各徒一年小功以上
（之妻）及收父祖妾者各以姦論（自徒三年至絞）其（親之妻）曾被出及已改嫁而
娶爲妻妾者（無服之親及伯叔母兄弟妻不與）各處八等罰　妾（父祖妾不與）各
減（妻）一等（被出改嫁者遞減之若原係妻而娶爲妾當從妻論原係妾而娶爲妻
仍從妾減科）　若娶同宗緦麻以上姑姪姊妹者亦各以姦論（除應死外）並離
異　謹按宣統二年二月二十八日修訂法律館議覆御史崇芳奏同姓爲婚未可弛
禁一摺擬請於娶親屬妻妾律文同宗無服之親句下增注同宗謂同宗共姓不論支
派之遠近籍貫之同異皆是二十一字等因奉　旨依議欽此欽遵在案自應纂入
小註以資遵守謹將修改律文開列於後○修改　凡娶同宗（同宗謂同宗共姓不
論支派之遠近籍貫之同異皆是）及無服（姑姪姊妹）之親及無服親之妻者（男
女）各處十等罰若娶（同宗）緦麻親之妻及舅甥妻各徒一年小功以上（之妻）及

收父祖妾者各以姦論（自徒三年至絞）其（親之妻）曾被出及已改嫁而娶爲妻妾者（無服之親及伯叔母兄弟妻不與）各處八等罰　妾（父祖妾不與）各減（妻）二等（被出改嫁者遞減之若原係妻而娶爲妾當從妻論原係妾而娶爲妻仍從妾減科）　若娶同宗緦麻以上姑姪姊妹者亦各以姦論　（除應死外）並離異　倉庫下◉收支留難○原修改例文　一凡錢糧物料等項解送到部當該官吏限文到三日內即行査收掣給批迴如無故不收完給批者照律計日治罪至書役人等指稱估驗掣批挂號等項費用名色借端包攬索詐者許解官解役卽於該衙門首告交送大理院照蠹役詐贓例治罪係官革職問罪該管官失察者交部議處　謹按新章大理院特別權限僅宗室犯罪在流遣以上及犯謀反謀叛謀大逆各罪與　特旨交審重要官犯暨未設審判廳地方京控案件四項本條交送大理院一項係指索詐之書役而言並不屬大理院管轄之內應改爲送交地方審判廳以符定制謹將修改例文開列於後○修改　一凡錢糧物料等項解送到部當該官吏限文到三日內卽行査收掣給批迴如無故不收完給批者照律計日治罪至書役人等指稱估驗掣批挂

號等項費用名色借端包攬索詐者許解官解役即於該部首告交送地方審判廳照蠹役詐贓例治罪係官革職問罪該管官失察者交部議處

賊盜中◉竊盜○原修改例文　一京城內外巡警廳巡警大宛兩縣及五營內務府捕役並步軍統領番役拏獲竊賊者俱限即日稟報本管官如晚間拏獲限次早稟報該管官訊明被竊情由將事主年貌姓名住址及所失贓物詳記檔案即令事主回家不必一同解送如贓物現獲即出示令事主認領儻不法捕役及巡捕人等違限不行呈報任意勒索事主許事主赴都察院呈告將捕役人等照恐嚇取財例治罪其該管官有失於覺察及任意縱容者交部分別議處　謹按此條許事主赴都察院呈告係沿從前五城舊制現在各級審判廳以次設立京控之案概不歸行政衙門審理則此項懲治捕役之事更無須在都察院呈控擬請將例內都察院改爲地方審判廳以昭畫一謹將修改例文開列於後○修改　一京城內外巡警廳巡警大宛兩縣及五營內務府捕役並步軍統領衙門番役拏獲竊賊者俱限即日稟報本管官如晚間拏獲限次早稟報該管官訊明被竊情由將事主年貌姓名住址及所失贓物詳記檔案即

令事主回家不必一同解送如贓物現獲即出示令事主認領倘不法捕役及巡捕人等違限不行呈報任意勒索事主許事主赴地方審判廳呈告將捕役人等照恐嚇取財例治罪其該管官有失於覺察及任意縱容者交部分別議處

賊盜下◎略人略賣人○原修改例文　一內地姦民及洋行通事買辦設計誘騙愚民出洋承工其受顧之人並非情甘出口因被拐賣威逼致父子兄弟離散者不論所拐係男婦子女已賣未賣曾否上船出洋及有無倚藉洋人但係誘拐已成爲首絞立決入於秋審情實地方官獲犯審實一面按約照會領事官將被拐之人立即釋放送回一面錄供解審該督府提勘後即行具奏仍逐案備招咨部其華民情甘出口承工係照條約章程辦理者不在此限　謹按解勘之制現擬逐漸變通例內該督撫提勘八字擬節刪咨部並改爲咨院以符定制謹將修改例文開列於後○修改　一內地姦民及洋行通事買辦設計誘騙愚民出洋承工其受顧之人並非情甘出口因被拐賣威逼致父子兄弟離散者不論所拐係男婦子女已賣未賣曾否上船出洋及有無倚藉洋人情事但係誘拐已成爲首絞立決爲從絞監候入於秋審情實地方官獲犯

審實一面按約照會領事官將被拐之人立即釋放送回一面錄供解審具奏仍逐案備招咨院其華民情甘出口承工係照條約章程辦理者不在此限

人命◉殺死姦夫○原修改例文　一凡姦夫自殺其夫姦婦雖不知情而當時喊救與事後即行首告將姦夫指拏到官尚有不忍致死其夫之心者仍照本律定擬該督撫切實聲明法部議奏時聲敘量減一等擬流三千里於摺內雙請候　旨定奪

謹按例內法部議奏句擬改爲大理院覆判以符定制謹將修改例文開列於後○修改　一凡姦夫自殺其夫姦婦雖不知情而當時喊救與事後即行首告將姦夫指拏到官尚有不忍致死其夫之心者仍照本律定擬並切實聲明大理院覆判時聲敘量減一等擬流三千里於摺內雙請候　旨定奪◉戲殺誤殺過失殺傷人○原修改例文　一凡婦人毆傷本夫致死罪干絞決之案審係瘋發無知或係誤傷及情有可憫者該督撫按律例定擬於案內將並非有心干犯各情節分晰敘明法司核覆時減爲擬絞監候於摺內雙請候　旨定奪　謹按例內法司核覆句擬改爲大理院覆判以符定制謹將修改例文開列於後○修改　一凡婦人毆傷本夫致死罪干絞決

之案審係瘋發無知或係誤傷及情有可憫者該督撫按律例定擬於案內將並非有心干犯各情節分晰敘明大理院覆判時減爲擬絞監候於摺內雙請候旨定奪

鬬毆上◉宗室覺羅以上親被毆○原修改例文　一凡宗室覺羅在家安分或有不法之徒借端尋釁者仍照律治罪外若甘自菲薄在街市與人爭毆如宗室覺羅罪止折罰錢糧其相毆者亦係現食錢糧之人一體折罰定擬毋庸加等若無錢糧可罰即照凡鬬辦理至宗室覺羅擅入茶坊酒肆滋事召侮先行動手毆人者不論曾否腰繫黃紅帶子其相毆之人即照尋常鬬毆科斷其宗室覺羅應得罪名大理院按例定擬犯該徒罪以上者照例鎖禁拘禁犯該罰金者應否折罰錢糧之處交宗人府酌量犯案情節辦理　謹按新章宗室覺羅有犯歸大理院高等審判廳審理本條大理院下應增入京師高等審判廳以符定制謹將修改例文開列於後○修改　一凡宗室覺羅在家安分或有不法之徒借端尋釁者仍照律治罪外若甘自菲薄在街市與人爭毆如宗室覺羅罪止折罰錢糧其相毆者亦係現食錢糧之人一體折罰定擬毋庸加等若無錢糧可罰即照凡鬬辦理至宗室覺羅擅入茶坊酒肆滋事召侮先行動手毆

人者不論曾否腰繫黃紅帶子其相毆之人即照尋常鬬毆科斷其宗室覺羅應得罪名大理院京師高等審判廳分別按例定擬犯該徒罪以上者照例鎖禁拘禁犯該罰金者應否折罰錢糧之處交宗人府酌量犯案情節辦理

鬬毆下◉毆大功以下尊長○原修改例文　一凡致死本宗期功尊長罪干立決之案若係情輕（如卑幼因捉姦拒姦或因尊長强姦圖姦而殺又如卑幼實係被毆情急無處躱避徒手抵格適傷致斃或與他人鬬毆誤傷致死之類）該督撫按律例定擬於案內將死者淫惡蔑倫罪犯應死並徒手抵格及誤傷致死並非有心干犯各情節分叙明晰法部核覆時亦照本條擬罪聲明應否改爲斬絞監候於摺內雙請候旨定奪其毆死本宗緦麻及外姻小功緦麻尊長者照律擬絞監候毋庸援例雙請

◉毆期親尊長○原修改例文　一期親弟妹毆死兄姊之案如死者淫惡蔑倫復毆詈父母經父母喝令毆斃者定案時仍照律擬罪法部核擬時隨本改擬流三千里請旨定奪其案內情節未符者仍照毆死尊長情輕之例照律擬罪於摺內雙請不得濫引此例　一期親卑幼聽從尊長主使共毆以次尊長尊屬致死之案訊係迫於

尊長威嚇勉從下手邂逅致死者仍照本律問擬絞決法部核擬時將應行減擬罪名於摺內雙請候　旨定奪不得將下手傷輕之犯止科傷罪如尊長僅令毆打輒行疊毆多傷至死者卽照本律問擬不准聲請◉毆祖父母父母○原修改例文　一子婦拒姦之案審明實係猝遭强暴情急勢危倉猝捍拒或伊翁到官供認不諱或親串鄰右指出素日淫惡實跡或同室之人確有見聞證據毫無疑義者如毆傷伊翁仍依毆夫之父母本律定擬法部核覆時將應否免罪之處恭候　欽定如毆斃伊翁亦依毆夫之父母本律定擬法部核覆時將可否改爲絞監候之處奏請　定奪倘係有心干犯事後裝點揑飾並無確切證據或設計誘陷伊翁因而殺傷及事後毆斃並非倉猝捍拒致死者仍照本律定擬不得濫引此例　謹按以上四條內法部核覆核擬等句均應改爲大理院覆判以符定制謹將修改例文開列於後○修改◉毆大功以下尊長　一凡致死本宗期功尊長罪干立決之案若係情輕（如卑幼因捉姦拒姦或因尊長强姦圖姦而殺又如卑幼實係被毆情急無處躱避徒手抵格適傷致斃或與他人鬬毆誤傷致死之類）該督撫按律例定擬於案內將死者淫惡蔑倫罪犯

應死並徒手抵格及誤傷致死並非有心干犯各情節分叙明晰大理院覆判時亦照本條擬罪聲明應否改爲斬絞監候於摺內雙請候 旨定奪其毆死本宗緦麻及外姻小功緦麻尊長者照律擬絞監候毋庸援例雙請◉毆期親尊長 一期親弟妹毆死兄姊之案如死者淫惡蔑倫復毆詈父母經父母喝令毆斃者定案時仍照律擬罪大理院覆判時隨本改擬流三千里請 旨定奪其案內情節未符者仍照毆死尊長情輕之例照律擬罪於摺內雙請不得濫引此例 一期親卑幼聽從尊長主使共毆以次尊長尊屬致死之案訊係迫於尊長威嚇勉從下手邂逅致死者仍照本律問擬絞決大理院覆判時將應行減擬罪名於摺內雙請候 旨定奪不得將下手傷輕之犯止科傷罪如尊長僅令毆打輙行疊毆多傷至死者卽照本律問擬不准聲請◉毆祖父母父母 一子婦拒姦之案審明實係猝遭強暴情急勢危倉猝捍拒或伊翁到官供認不諱或親串鄰右指出素日淫惡實跡或同室之人確有見聞證據毫無疑義者如毆傷伊翁仍依毆夫之父母本律定擬大理院覆判時將應否免罪之處恭候 欽定如毆斃伊翁亦依毆夫之父母本律定擬大理院覆判時將可否改爲

絞監候之處奏請　定奪倘係有心干犯事後裝點揑飾並無確切證據或設計誘陷伊翁因而殺傷及事後毆斃非倉猝捍拒致死者仍照本律定擬不得濫引此例

訴訟◉教唆詞訟○刪除　一凡欽差馳審重案如果審出虛誣除赴京控之人照誣告例治罪外其有無訟師唆使扛幫情節原審大臣即就案嚴行根究按例分別問擬失察之地方官從重議處如無此種情弊亦卽隨案聲明　謹按法院編制法大理院爲最高終審衙門以後自不宜沿用欽差馳審之制卽使偶有此事亦係一時權宜辦法且本例祇言根究有無訟師唆使扛幫情節自有教唆各本律例可引無須特設專例此條擬請刪除

捕亡◉罪人拒捕○原修改例文　一凡卑幼圖姦强姦有服親屬未成被尊長忿激致死之案悉照本夫及親屬殺死圖姦强姦未成罪人例減一等定擬如減科仍與服制毆殺本罪相等者應再減一等至爲從幫毆有傷之犯除係死者有服卑幼仍照毆故殺尊長本律例定擬法部核擬時將應行減擬罪名於摺內雙請候　旨定奪外其餘無論凡人尊長槪照鬥殺餘人律定擬　謹按例內法部核擬句擬改爲大理院

覆判以符定制謹將修改例文開列於後○修改　一凡卑幼圖姦强姦有服親屬未成被尊長忿激致死之案悉照本夫及親屬殺死圖姦强姦未成罪人例減一等定擬如減科仍與服制毆殺本罪相等者應再減一等至爲從幫毆有傷之犯除係死者有服卑幼仍照毆故殺尊長本律例定擬大理院覆判時將應行減擬罪名於摺內雙請旨定奪外其餘無論凡人尊長概照鬭殺餘人律定擬◉稽留囚徒○原修改例文　一凡各省距省窵遠之各廳州縣問擬遣流人犯各督撫於出咨後即令造册先行定地並發給咨牌存俟奉到部覆即行僉差起解不准稍有稽滯仍將發給咨牌並起解日期報部查核　謹按例內部覆二字擬改覆文以昭渾括謹將修改例文分列於後○修改　一凡各省距省窵遠之各廳州縣問擬遣流人犯各督撫於出咨後即令造册先行定地並發給咨牌存俟奉到覆文即行僉差起解不准稍有稽滯仍將發給咨牌並起解日期報部查核

斷獄上◉囚應禁而不禁○原修改例文　一各省招解流罪以上人犯及起解秋審人犯令各州縣酌量地方情形如有相距在五十里以外不及收監者先期撥役前往

於寄宿處所傳齊地保人等知會營汛會同原解兵役支更巡邏防範往回一體辦理倘有疏虞地保營汛俱照原解兵役治罪地方官從重議處　謹按新章外省秋審人犯毋庸解省審勘例內起解秋審人犯應即節刪以昭畫一謹將修改例文開列於後
○修改　一各省招解流罪以上人犯令各州縣酌量地方情形如有相距在五十里以外不及收監者先期撥役前往於寄宿處所傳齊地保人等知會營汛會同原解兵役支更巡邏防範往回一體辦理倘有疏虞地保營汛俱照原解兵役治罪地方官從重議處○原修改例文　一各扎薩克蒙古徒罪以上人犯一面報部一委員解送應監禁之地方官監禁　謹按新章蒙古案件遣罪以下人犯應發遣者由理藩部咨送大理院覆判例內報部擬改爲分報理藩部大理院以符定制謹將修改例文開列於後○修改　一各扎薩克蒙古徒罪以上應發遣人犯一面分報理藩部大理院一面委員解送應監禁之地方官監禁◉陵虐罪囚○原修改例文　一凡內外問擬死罪監候之犯每遇秋審事畢發回責令獄官監看薙髮一次遣流人犯每月薙髮一次仍令留頂心一片　謹按新章外省秋審人犯毋庸解省審勘例內每遇秋審事畢發回

句擬改爲每年以昭畫一謹將修改例文開列於後○修改 一凡內外問擬死罪監候之犯每年責令獄官監看薙髮一次遣流人犯每月薙髮一次仍令留頂心一片◉鞫獄停囚待對○原修改例文 一各省審辦無關人命徒罪案件卽照承審一切雜案扣限依次上詳無須解審俟督撫批結後由該臬司按季彙齊於每季後二十日內造冊詳報該督撫該督撫於十日內出咨報部總不得過一個月之限有關人命徒罪案件仍照審理命案例扣限解審由督撫專案咨部核覆如有審辦逾限及造報遲延者交部議處 謹按例內咨部核覆句擬改爲咨院覆判以符定制謹將修改例文開列於後○修改 一各省審辦無關人命徒罪案件卽照承審一切雜案扣限依次上詳無須解審俟督撫批結後由該臬司按季彙齊於每季後二十日內造冊詳報該督撫該督撫於十日內出咨報部總不得過一月之限有關人命徒罪案件仍照審理命案例扣限解審由督撫專案咨院覆判如有審辦逾限及造報遲延者交部議處

斷獄下◉官司出入人罪○原修改例文 一凡駁飭改正之案法部卽檢查該府州縣原詳實據核辦如原詳本無錯誤經上司飭駁致錯擬罪名者將該上司議處如原

詳未奉飭駁該上司代爲承當除原擬之員仍按例處分外將該管上司照徇庇例嚴議　一知府直隸州有將各州縣審擬錯誤關繫生死出入大案虛公研鞫究出實情改擬得當經上司核定奏奉部議准行者交與吏部查明奏請送部引　見　謹按前條法部擬改大理院議處句擬改爲知照法部辦理後條部議擬改爲大理院核議以符定制謹將修改例文分列於後○修改　一凡駁飭改正之案大理院即檢查該府州縣原詳據實核辦如原詳本無錯誤經上司飭駁致錯者知照法部將上司議處如原詳未奉飭駁該上司代爲承當除原擬之員仍按例處分外將該管上司照徇庇例嚴議　一知府直隸州有將各州縣審擬錯誤關係生死出入大案虛公研鞫究出實情改擬得當經上司核定奏奉大理院核議准行者交與吏部查明奏請送部引見◉有司決囚等第○原修改例文　一每年　朝審句到法部將人犯綁出之日步軍統領衙門派步軍翼尉一員護送行刑時著給事中及法部侍郎一人監視　一每年秋審句到後大學士會同法部將已句未句情節摘叙簡明事由奏　聞行知各督撫於處決時揭示通衢曉諭　朝審由法部榜示其各省官犯俱俟　朝審句到

後奏　聞頒發　一秋　朝審情實之犯有經十次未句者法部查明奏　聞改入緩決不得擅改可矜其服制人犯俟兩次免句之後大學士會同法部堂官將人犯招冊覆加詳勘其有實在情節可寬摘敘實情確加看語請　旨改入緩決　一秋　朝審官犯法部於每年年終彙開清單具奏一次單內將所犯事由罪名及監禁年分並該犯年歲詳細註明　一各省秋審如係新事初次入秋審者照舊備敘案由確加看語以憑會核其舊事緩決人犯摘敘簡明畧節依次彙為一本具奏俱不必敘入問供以省繁冗至會審時法部分送招冊內除情實未句及初次入秋審者仍刷印招冊分送詳核外其舊事已入緩決者不必重複備冊分送會審止於會審時逐一唱名進

呈秋審本內亦開列起數名數具題若舊事內有一二案尚須商議並該督撫前擬情實後改緩決前擬緩決後改可矜之案仍聽法部摘出臨期印冊分送部院公同會議　朝審案犯一體辦理　一秋審時督撫將重犯審擬情實緩決可矜具題限五月內到部法部將原案及法司看語並督撫看語刊刷招冊送各部院給事中各道各一冊八月內在　金水橋西會同詳核情實緩決可矜分擬具題請　旨定奪俟

命下日先後咨行直省將情實人犯於霜降後冬至前正法其咨文到地方限期雲南貴州四川廣西廣東福建限四十日江西浙江湖南甘肅限二十五日江蘇安徽陝西湖北限十八日河南限十二日山東山西限九日直隸限四日奉天限十五日吉林黑龍江限一個月限內遲延不到者該督撫將遲延地方官查明指參其截止日期雲南貴州四川廣西廣東以年前封印日福建以正月三十日奉天吉林黑龍江陝西甘肅湖北湖南浙江江西安徽江蘇以二月初十日河南山東山西以三月初十日直隸以三月三十日如有新結重案俱入次年秋審　一凡內外問擬斬絞各犯察有父祖子孫陣亡者除十惡侵盜錢糧枉法不枉法贓强盜放火發塚詐僞故出入人罪謀故殺各項重罪外如所犯係尋常鬥殺及非常赦所不原各項死罪核其情節應入情實者在內由法部大理院在外由該督撫於取供定罪後即移咨八旗陸軍部查取確實簡明事蹟聲叙入本俟秋審　朝審辦理　句到時法部於進呈　黃冊內將本犯父祖子孫陣亡事蹟黏簽聲叙恭候　欽定其前項人犯應入緩決者亦照前聲叙准其緩決一次後即予減等一人優免一次後不准再行聲請　一各省應入秋審人犯

除例應情實及實緩介在疑似並矜留暫難確定各案仍照舊一體歸入秋審冊內核辦外其應入緩決毫無疑義者各該督撫定案具奏時妥擬確實出語隨本聲明酌入緩決每年冊送後尾時將隨本奏准擬緩各案另分一冊法部彙齊此項人犯案由罪名再行繕單覆奏一次即毋庸會畫具題　謹按以上八條俱從前辦理秋　朝審之例惟新章九卿審錄既停在京審錄與各省秋審辦法並無歧異凡各例內　朝審字樣分別節刪以昭畫一此外督撫會審及造送招冊等項亦應查照此次定章更正謹將修改例文開列於後○修改　一法部秋審人犯　句到時先期知照步軍統領衙門臨時派步軍翼尉一員護送行刑時著給事中及法部侍郎一人監視　一每年秋審句到後大學士會同法部將已句未句情節摘敍簡明事由奏　聞劄行各省按察司或提法使於處決時揭示通衢曉諭京師秋審人犯由法部榜示　一秋審情實之犯有經十次未句者法部查明奏　聞改入緩決不得擅改可矜其服制人犯俟兩次免句之後大學士會同法部堂官將人犯招冊覆加詳勘其有實在情節可寬者摘敍實情確加看語請　旨改入緩決　一秋審官犯法部於每年年終彙開清

單具奏一次單內將所犯事由罪名及監禁年分並該犯年歲註明　一每年秋審新事人犯凡例應情實及實緩矜留未定應歸入秋審冊內核辦者備敘案由確加看語以憑核辦並刊刷招冊暨舊事情實未句人犯招冊分送給事中各道存查至緩決人犯除新事隨本擬緩者由法部繕單具奏外其舊事人犯亦由法部彙齊摘敘簡明節略繕單具奏毋須備冊以省繁冗　一各省秋審人犯按察司或提法使定擬情實緩決可矜造具秋審後尾限五月內申送法部法部就原案加具看語刊刷招冊咨送給事中各道各一冊按　句到日期前五日請　旨定奪俟　命下日先後咨行直省將情實人犯於霜降後冬至前正法其咨文到地方限期雲南貴州四川廣西廣東福建限四十日江西浙江湖南甘肅限二十五日江蘇安徽陝西湖北限十八日河南限十二日山東山西限九日直隸限四日奉天限十五日吉林黑龍江限一個月限內遲延不到者該督撫將遲延地方官察明指參其截止日期雲南貴州四川廣西廣東以年前封印日福建以正月三十日奉天吉林黑龍江陝西甘肅湖北湖南浙江江西安徽江蘇以二月初十日河南山東山西以三月初十日直隸以三月三十日如有

新結重案俱入次年秋審　一凡內外問擬斬絞各犯察有父祖子孫陣亡者除十惡侵盜錢糧枉法不枉法贓强盜放火發塚詐僞故入人罪謀故殺各項重罪外如所犯係尋常鬥殺及非常赦所不原各項死罪核其情節應入情實者在內由各審判衙門在外由各省於取供定罪後即移咨八旗陸軍部查取確實簡明事蹟聲叙入本俟秋審辦理　句到時法核於進呈　黃冊內將本犯父祖子孫陣亡事蹟黏簽聲叙恭候欽定其前項人犯應入緩決者亦照前聲叙准其緩決一次後即予減等一人優免一次後不準再行聲請　一各省應入秋審人犯除例應情實及實緩介在疑似並矜留暫凡祖父母父母因子孫觸犯呈送發遣之案該州縣於訊明後不必解勘止詳府司核明轉詳督撫核咨俟院覆准即定地起解若係嫡母繼母及嗣父母呈送發遣仍照舊解勘〇刪除　一法部現監重犯每年一次　朝審法部堂議後即奏請　特派大臣覆核俟核定具奏後摘緊要情節刊刷招冊咨送給事中各道各一冊於八月初間在　金水橋西會同詳審擬定情實緩決可矜具題請　旨定奪其情實者與各省秋審人犯法部按　句到期前五日覆奏一次經　御筆句除者正法其餘

仍監固　一凡每年秋審某省即令某道御史一體上班　朝審令京畿道御史同掌道與審秋審句到時遇某省本章卽著某道御史承辦　朝審案件令京畿道專辦

一直省每年應入秋審案犯令各督撫提解省城率同在省司道公同會勘定擬至緩決人犯解審一次之後情罪無可更定及隨本奏准擬緩者只令有司叙由詳報停其解審其曾擬情實未經句決之犯及前擬緩決後改情實並緩決人犯內情可矜疑者仍照例解審　一各省每年秋審臬司核辦招冊務須先期定稿陸續移咨在省司道會同虛衷商榷聯銜具詳督撫覆核定擬至期會審司道等官俱赴督撫衙門辦理

一秋審人犯解省之時俱令各州縣徑行解司仍報明該管各府審後亦卽由司給發護牌分發各州縣收禁仍彙文行知各該府　一直省委員押解秋審人犯止令逐程交替不必長解守候其交替之時將人犯並解役當面點交前站委員收明始回本地其審畢發回時亦照此逐程發遞　一各省秋審重犯解勘後俱發回各州縣監禁俟接部文後即於犯事地方處決　一各省府州秋審人犯應解由臬司轉行解院審理其距省窵遠之府州所屬秋審人犯均免其解省如江蘇省之淮安徐州二府及海州

所屬安徽省之鳳陽潁州二府及泗州所屬江西省之南安贛州二府及甯都州所屬浙江省之溫州處州二府所屬湖北省之鄖陽鄖陽宜昌施南四府所屬湖南省之永順沅州二府及靖州並鳳凰永綏乾州晃州四廳所屬河南省之汝甯府及光州所屬山西省之大同朔平平陽蒲州四府及解絳二州並口外歸化等十二廳所屬陝西省之漢中興安楡林延安四府及綏德州屬甘肅省之慶陽甯夏二府及涇階肅安西四州所屬並西甯府所屬之循化貴德丹噶爾三廳大通一縣四川省之甯遠重慶夔州綏定四府及酉陽忠二州叙永石砫二廳所屬廣東省之潮州廉州高州雷州瓊州五府及崖州所屬廣西省之泗城鎭安太平三府及奉議百色上思三廳所屬並思恩府所屬之武緣縣雲南省之廣南順寧麗江普洱永昌昭通六府所屬貴州省之黎平府本屬及所屬（直隸州準此）秋審人犯均責成該管道員雲南省迤西之景東廳責成迤南道迤南之鎭沅廳責成迤西道各於冬季巡歷時將已經審奏約計次年熱審可以接准部咨及已經接准部咨各案逐一親加研鞫造冊加結移報院司彙核不必會同該府黨有鳴寃翻異者即將本犯解省聽候院司覆審如有續行補入之案補勘移

報儻該道不實力奉行或有寃抑不爲昭雪或任犯混供率行解省該督撫嚴參究治其餘距省寫遠之府州所屬例內未經賅載者亦照此辦理　謹按以上八條皆從前在京部院會審在外督撫司道會審及秋審解勘之法均與新章不符擬請一併删除

◉斷罪引律令○原修改例文　一除正律正例而外凡屬成案未經通行著爲定例一概嚴禁毋得混行牽引致罪有出入如督撫辦理案件果有與舊案相合可援爲例者許於本內聲明仍聽部院覆核　謹按例內部院覆核句應改爲大理院覆判以符定制謹將修改例文開列於後○修改　一除正律正例而外凡屬成案未經通行著爲定例一概嚴禁毋得混行牽引致罪有出入如督撫辦理案件果有與舊案相合可援爲例者許於本內聲明仍聽大理院覆判◉婦人犯罪○删除　一斬絞監候婦女秋審解勘經過地方俱派撥年老穩練之婦件送其業經解勘一次情罪顯然無可改擬者下次卽停其解審如有外省定擬情實可矜具奏經部院各衙門會核改擬緩决者次年秋審核准無異亦卽停其解審　謹按秋審解勘之例新章業經停止此條應卽删除◉死囚覆奏待報○原修改例文　一秋　朝審處決重囚及一應立決人犯

如遇冬至夏至以前五日爲限俱停止行刑若文到正值冬至夏至齋戒日期及已過冬至夏至者於冬至七日夏至三日後照例處決　謹按　朝審字樣他條均擬刪去此條應一律節刪謹將修改例文開列於後○修改　一秋審處決重囚及一應立決人犯如遇冬至夏至以前五日爲限俱停止行刑若文到正值冬至夏至齋戒日期及已過冬至夏至者於冬至七日夏至三日後照例處決◉斷罪不當○原修改例文一凡斬絞案件如督撫擬罪過輕而部院核議從重者駁令再審如擬罪過重而部院核議從輕其中尙有疑竇者亦當駁令妥擬儻法部大理院所見既確即改擬奏覆不必展轉駁審致滋拖累　一凡直省督撫於一切刑名事件務各研究確情毋稍遷就其由部院駁審之案無論失出失入一經訊得實情卽當據實平反毋得固執原奏含糊了結如駁至三次仍執原議部院覆核應改正者卽行改正將督撫等交部議處一外省審奏案件遇有不引本律本例定擬妄行援照別條減等者法部大理院卽將本案改正仍由法部將該督撫臬司參奏毋庸再行駁令另擬　一卑幼毆死本宗期功尊長尊屬之案於敘案後毋庸添入詰非有心致死句專用實屬有心干犯勘語以

免牽混其例內載明情輕如被毆抵格無心適傷之類仍於勘語內聲明並非有心干犯援例雙請儻有聲叙未確經法部核覆時改正具奏將承審之員隨本附參交吏部分別從重議處　謹按以上四條凡部院核議覆核駁審等字樣均應改爲大理院覆判至議處督撫及承審官應由大理院知會法部辦理至各省刑名事件其應研訊確情不獨督撫爲然應改爲問刑衙門以昭渾括謹將修改例文分列於後○修改　一凡斬絞案件如各省擬罪過輕而大理院覆判從重者駁令再審如擬罪過重而大理院覆判從輕其中尙有疑竇者亦當駁令妥擬儻大理院所見旣確卽改擬奏覆不必展轉駁審致滋拖累　一凡各省問刑衙門於一切刑名事件務各研究確情毋稍遷就其由大理院駁審之案無論失出失入一經訊得實情卽當據實平反毋得固執原奏含糊了結如駁至三次仍執原議大理院覆判應改正者卽行改正仍知照法部將承審官交部議處　一各省審奏案件遇有不引本律本例定擬妄行援照別條減等者大理院卽將本案改正知照法部將該承審官參奏毋庸再行駁令另擬　一卑幼毆死本宗期功尊長尊屬之案於叙案後毋庸添入詰非有心致死句專用實屬有心

干犯勘語以免牽混其例內載明情輕如被毆抵格無心適傷之類仍於勘語內聲明並非有心干犯援例雙請儻有聲叙未確經大理院核覆時改正具奏將承審之員隨本附參交吏部分別從重議處

文牘

署鄂督瑞澂署湘撫楊文鼎會奏遵查湘省痞徒擾亂地方文武辦理不善情形分別參辦摺

奏爲遵 旨會同查明湘省痞徒藉飢擾亂。地方文武辦理不善詳細情形。分別參辦恭摺據實臚陳仰祈 聖鑒事。竊臣瑞澂承 軍機處電傳三月初九日 諭旨。瑞澂電悉。昨已有旨派楊文鼎暫署湖南巡撫。馳往該省嚴拿亂匪。一切善後事宜。會同該署督妥速籌畫。並將辦理不善各官查明參辦。現在大局雖已少定。著遵前 旨嚴拿首要。解散脅從。所有辦理不善之開缺巡撫岑春蓂及該管地方文武各官均着會同認眞查辦。善後事宜。尤須妥慎籌畫。以靖地方。至東西各國官商教士務飭妥爲保護。以免疏虞。欽此。又准開缺湖南巡撫岑春蓂電傳奉 軍機處電傳三月十二日 諭旨。瑞澂。岑春蓂電奏悉。所參之郭中廣等各員。著瑞澂楊文鼎再行覆查具奏。其各屬州縣廳通飭認眞防範。毋任再生事端。欽此。仰見　朝廷惠民戡亂。懷柔遠人。考核情罪。
務歸允當之至意。欽悚莫名。臣瑞澂自接湘省警報後。一面調派水陸兵隊赴援。一面
即密派文武幹員。馳往分投密查。臣文鼎抵任後。一面將購糧辦匪。暨布置善後情形。
先行電陳。仰紓　聖慮。一面博訪周諮。於此次亂事始末原委。具悉其詳。證諸臣瑞澂
訪查所得。亦屬相符。謹會同將實在情形。爲我　皇上縷晰陳之。緣湘省素爲產米之
區。從前米價。至貴不過四千餘文。近來銀貴錢賤。百物奇昂。米價亦因之增長。上年岳
常澧等屬水災。米穀失收。又以鄂省沿江濱湖州縣被災甚重。萬不能遏糴自封。自冬
徂春。採運既多。省城米價。每石漸漲至七千餘文。開缺撫臣岑春蓂體察情形。知救災
恤鄰。勢難兼顧。遂於二月初奏蒙　俞允。禁止米穀出口。按照條約應自宣禁之日起。
扣足二十一天。方能實行停運。此二十一天中。華洋商販爭相購運。米穀出口較多。米
價驟漲至八千五六百文。當奏禁之初。岑春蓂即已督飭司道地方官。籌議減價平糶。
責成巡警區官。查造城廂貧戶丁口細冊。以爲開糶張本。並令各鄉清查團穀。各就各
團。籌辦均糶。正在分投催飭趕辦間。三月初三日午後。南城貧戶。以覓食維艱。聚衆至

敖山廟巡警分局。要求早開糶廠。人多口雜。擁擠喧譁。署善化縣知縣郭中廣出城彈壓開導。告以平糶須先查戶造册。現戶册將次造齊。一俟覆查清楚。卽可開糶。務各安心守候。勿生事端。衆人亦卽解散。初四日岑春蓂以愚民聚衆。必有痞徒鼓煽。何以巡警局不早訪拿。當將巡警道賴承裕申飭。適是日早巡警公所在南城外拿獲滋事人劉永福一名。解送城內巡警公所收押。民間以爲公衆請求平糶。並未犯法。何致遽出捕人。隨復聚衆。向敖山廟警局索還被捕之人。勢甚洶洶。署城守協副將楊明遠長沙縣知縣余屏垣善化縣知縣郭中廣聞報。先後出城彈壓。並當衆曉諭官所捕人。須訊明情節。分別辦理。並不重懲。衆謂米貴若此。食力之民日事工作。今被收押。其家勢將餓斃。情願當場責釋。不願由巡警局拘繫廢時。兩縣以其言尙近情。允許照辦。派人至警務公所提回。而巡警道賴承裕甫被撫臣申飭。且以被捕之人一經聚衆要挾。便准省釋。亦非政體。堅持不允。民間見往返數次。人未提釋。不免惶急。痞徒從中播弄。衆憤益深。該道聞衆聚不散。遂親率隊馳往彈壓。諭以如不解散。當照亂民懲辦。時衆已聚至數千。不服開導。痞首王大漢等。卽將賴承裕扭辮兇毆。城守協楊明遠奮前救護。以身擁蔽頭面亦受毆傷。長沙善化兩令。時正在場大聲喝禁。衆謂與縣主無干。將其格開。隨帶差勇。亦皆嚇散。無可如何。嗣巡警道之護勇。見事危急。脫去號衣。混入人叢。詭言將賴承裕解送撫轅。遂舁賴承裕由間道避匿。時已昏黑。衆隨其後。不知被誆。遂爭赴巡撫衙門。喧嚷麕聚。藩司莊賡良聞警趕到。臬司周儒臣長沙府知府汪鳳瀛是日正在學司署考試司法研究所紳班學員。聞警亦即馳往。其餘文武及兩省縣。相率踵至。同向大衆剴切開導。無如人聲鼎沸。語不能聞。昏黑之中。誰何莫辨。撫署衛隊。抵攔不住。轉被痞衆磚石擲傷無數。岑春蓂急懸牌示。准明日平糶。每斤減價至五十文。衆仍不散。隨將頭二門衝毀。湧至大堂。司道請開槍示威。岑春蓂恐黑夜多傷人命。不肯應允。首府請去鉛彈。但放空槍。齊隊衝出。岑春蓂恐倉卒間軍士彈不辯去。仍多誤傷。直至無可如何。始命軍隊用槍桿驅打。衆乃退出轅門。猶聚不散。聞痞徒挨家傳語。勒令明日全城罷市。其時已分派常備軍及巡防隊。分投保護各署庫各局所各教堂。以爲之備。四更後撫署前來衆已退散。而亂民爭向各碓坊以官平糶價強糴穀米。霎時間各碓坊存米。被搶一空。初五日黎明。岑春蓂卽飭首府縣。邀同郡紳在席氏家祠傳集城廂各都團總。各碓坊米鋪。公議急糶辦法。令各碓坊暫向官倉領穀碾米出糶。每穀一石作價二千文。准糶後繳價。糶價每升減至四十文。俟官設平糶局開辦日爲止。並令各街團總家諭戶曉。各自約束子弟傭工。不准出外滋事。官紳正在議辦團防商量善後事宜。忽聞撫署前衆又麕集鬨鬧。拆牆毀屋。縱火焚燒。經常備軍開槍抵禦。擊斃數人。亂民猶抗拒不退。就中有外來匪徒。乘機分往各處教堂學堂拆屋縱火。每至一處。尾隨之人。塡街塞巷。分防兵隊。無從辨別良莠。又未奉有命令。不敢開槍。致痞衆任意猖獗。其時地方官步行街衢。向衆勸導解散。咸置不聞。紳士又以撫臣信用已失。迫令藩司示諭。岑春蓂見衆怨萃於一人。似專與撫臣爲難。遂電奏自請治罪。懇 恩飭派藩司護篆。一面徇紳士之請。權令藩司莊賡良以巡撫名義。署衙出示。直至申酉之間。亂民始漸離散。撫署大二堂。及附屬羣房。概被焚燬。餘燼猶熾。幸各處防護軍隊。當事機急危之時。竭力將日本領事官各國教士各學堂教習護送出城。得保無恙。不意夜間城外四處火起。城內兵隊無多。分防各要地。勢難抽撥。又在深夜。未敢開城出敵。而城外駐泊之師船軍隊。亦以分地扼紮。兼顧爲難。致大西門外商埠稅關洋行貨棧躉船焚搶多處。其北門外之英領事公館。近小西門之日清公司等所。經地方文武盡力保護。幸免波及。初六日清晨。大西門外亂民猶復屯聚喧嚷。紛紛搶刦。並得警報匪徒將渡至對河水陸洲。焚燒稅務司理船廳各公館。及搶刦省城紳富之說。紳士大恐。會集席氏祠。商議定亂方法。始主用重典之說。長沙府知府汪鳳瀛請於藩司。馳至撫署。調取巡防隊四十名。偕同管帶徐振岱出城。飛渡至水陸洲。據稅司公館告稱。匪徒先來探視。定期午時放火。今見官軍趕到。當可無虞。隨派隊四出巡邏。匪已逃散。因續調巡防隊二十名。分別守護稅司船廳公館。遙見大西門火場。喧聲震天。異常紛擾。因率隊二十名。渡回省岸。適候補道胡得立帶隊巡哨出城。遇別隊弁勇拿獲搶犯二名。胡得立卽飭當塲正法。汪鳳瀛徐振岱率隊同時趕到。兩面驅逐捕拏。亂黨始一鬨而散。其時長沙縣亦拿獲匪犯三名。訊明立在署前正法。城內外於是大定。此初三四五六等日亂民擾害地方。經獲犯正法。始克平靖之實在情形也。臣等查此次湘民肇亂。當要求平糶時。尚係貧民迫至放火焚署。則全係亂民游匪。良由湘省生聚繁多。從前湘軍徧於各省。生計較舒。近來各省改募徵兵。湘軍撤遣回里。半多游手失業。最易生事又泥木兩項工匠素來蠻橫近因省城建築各項工程爲外省匠人包攬心懷恨恰值飢民起釁痞徒煽惑遂爾附和其間又有外來游匪餘孽乘機肆擾不謀而合遂致一發不可收拾釀此大變幸賴　朝廷威德鄂省所派軍隊即於初七日馳援抵省始能鎮定大局安堵如常省城地方文武各官事前疏於防範臨時因應失宜均屬咎有應得惟其中尙應分別核辦以昭公允除開缺撫臣岑春蓂已經奉　旨交部議處外查巡警道賴承裕操切偏執肇釁釀患鹽法長寶道兼長沙關監督朱延熙遇事庸懦應變無方長沙協都司貴齡左營守備周長泰消防所長遊擊龔培林警察委員知縣周騰保護不力均擬請一併革職藩司莊賡良在湘年久民生疾苦應已周知辦理賑糶是其專責乃平日未能和衷商辦預先籌畫迨匪徒擾亂措置亦有失當之處殊難諉過擬請　旨開缺交部議處兼署學司臬司周儒臣長沙府知府汪鳳瀛長沙縣知縣余屏垣善化縣知縣郭中廣身任地方亦難辭咎惟平日官聲尙好現在辦理善後事宜亦頗敏慎自應分別辦理周儒臣汪鳳瀛均擬請交部察議余屏垣郭中廣均擬請革職留任藉示薄懲署長沙協副將楊明遠當匪亂時保護外人甚爲出力查

拿匪犯。亦能認眞。功過並足以相抵。惟究有彈壓緝捕之責。擬請摘去頂戴。勒令捕匪。以觀後效。中軍參將連陞。先期派赴岳州截阻米穀出境。並未在省。應免置議。除撤任各員派委接署。並將籌辦善後各事另行奏陳外。所有遵　旨查明湘省匪亂始末情形。及查辦文武各官分別懲處緣由。是否有當。理合會同恭摺。據實具陳。伏乞　皇上聖鑒訓示。謹　奏宣統二年四月十九日奉　硃批另有旨欽此

署湖廣總督瑞澂奏特參籍紳挾私釀亂請分別懲儆摺

奏爲特參在籍紳士挾私釀亂。請　旨分別懲儆。以肅綱紀。恭摺仰祈　聖鑒事。竊維治世以禮。定亂以法。而遏亂之萌。尤在禮法修明。庶幾綱紀以立。湘省自咸同軍興以來。地方官籌辦各事。藉紳力以爲輔助。始則官與紳固能和衷共濟。繼則官於紳遂多遇事優容。馴致積習成弊。紳亦忘其分際。動輒挾持。民間熟視官紳之間。如此侵越。亦遂藉端聚衆。肆其要求。於是閧堂圍署。時有所聞。而禮法乃蕩然無存矣。此次湘省之

亂。凡辦理不善保護不力之文武各官。臣已會同署撫臣分別參辦。不稍寬假。惟當三月初五日。警電到鄂之初。臣即接據在籍紳士七人公電。係前國子監祭酒王先謙領銜。署言撫臣槍斃良民。致激衆憤。請電奏速易妥員等語。殊爲駭詫。當以該紳等夙負時望。身列朝籍。不應如此謬妄。即經派員詳加確查。始悉其中原委。及湘紳挾私釀亂各情。查開缺湖南撫臣岑春蓂在湘數年。雖才識不甚恢閎。而居官尚稱勤愼。上年辦理該省賑務。亦頗盡心。至今湘人中之公正者。尙能稱道。惟平日辦事。與紳不甚融洽。拒絕請託。亦間有之。紳遂積不相能。而尤爲齟齬者。一爲吏部主事葉德輝。一爲分省補用道孔憲教。一爲候選道楊鞏。積怨甚深。銜之已久。初五日亂亟時。衆遂倡言更易撫臣。推戴藩司。而孔憲教楊鞏二人持之尤力。其實並非眞有愛於藩司。實欲藉此以排陷撫臣。卽亂民亦非實欲得撫臣而甘心。因紳士既倡此議。遂亦羣相附和。觀於撫臣已經宣示權宜交印藩司。而擾亂如故。焚燒如故。則可知悉屬匪徒乘機作亂。並非飢民滋事矣。初四日巡警道被毆。撫署被圍。拒傷兵隊。其情已不可恕。初五日又復聚衆。將撫署大門二門。全行焚燒。形同叛亂。護隊開槍擊斃。更屬實逼處此。而紳士反以槍斃民命爲言不知是何居心巡撫爲通省行政長官衙署乃 國家建置天下豈有焚燒拒捕之頑民恐該紳等亦無詞以解初六日因匪徒愈加恣肆揚言將搶刼紳富於是衆始大怒請官重辦乃令格殺勿論派候補道胡得立及府縣立誅數人亂遂大定匪徒星散此可見亂事初起時若早懲創亦不致如此糜爛夫以拒捕毆官焚燒衙署之人則目爲頑民極力保護一聞搶刼紳富禍將至已則立請重辦無非懷挾私見不顧大局以上情形既據委員查明報告復經臣博訪周諮衆口一詞實已無從隱飾再查本年二月間官紳會議平糶初欲由官籌款交紳經辦後知公款實在窘迫始議勸募紳捐先辦義糶聞該紳王先謙首先梗議事遂遷延初五日亂民焚署軍隊開槍該紳猶歸咎於撫臣岑春蓂指爲激變亂民恃有袒護勢益鴟張公電請易撫臣亦係該紳領銜殊屬不知大體聞該紳在籍平日包攬詞訟好利忘義聲名狼藉道路皆知孔憲教素行不謹鄉評極劣造言生事顛倒是非承辦學務玩視教育素與王先謙葉德輝楊鞏等互相黨援力排異己其子頗與下流爲伍此次事變甚有謂其子在附和之列者雖事無証據足見平日不能約束相應請 旨將王先謙孔憲教二員交部從

嚴議處用示懲儆。葉德輝性情狂妄。武斷鄉曲。包庇倡優。行同無賴。當米貴時。家中積穀萬餘石。不肯減價出售。致爲鄉里所側目。實屬爲富不仁。猥鄙無恥。楊鞏本係被議人員。朦捐候選道。品行卑下。爲正紳所不齒。專營私利。廣置房產。泥木兩項工。匠類多聽其指揮。此次擾亂工匠居多。雖無指使確據。然頗貽人口實。以上二員。均擬請即行革職。交地方官嚴加管束。如再妄爲滋事。即行從重治罪。臣念湘亂之始。固由於地方官辦理不善。而肇亂之源。實由於劣紳隱釀而成。現值 朝野籌備憲政之際。正官紳協合進行之時。如任聽此等劣紳。把持阻撓。則地方自治。恐無實行之望。必將阻窒新機。無以上副 朝廷勵精圖治之至意。此尤履霜堅冰。所當引爲大戒。臣旣查訪得實。誼難緘默。不得不據實上陳者也。臣爲整飭綱紀起見。是否有當。理合恭摺具陳。伏乞皇上聖鑒。訓示。謹。奏宣統二年四月十九日奉 硃批另有旨欽此

署粵督袁樹勛奏中央集權宜先有責任政府及監察機關摺

奏爲時局艱危。敬抒管見。恭摺仰祈　聖鑒事。竊臣自牧令起家。蒙　先朝知遇之隆。擢任監司。洊膺疆寄。其間就躬所親歷。內政外交諸大端。常以能見諸實行。不遠於情事爲趨向之鵠。自奉憲政籌備之　詔。兩年以來。核實進行。事之應辦而無待遲回者。則計日程功。而惟恐不及。事雖應辦而不無窒礙者。則時有獻替。而未敢少阿。凡應興應革各事宜。前經先後臚陳。　聖明在上。或曲予優容。或勅交部議。誠如　諭旨內外相維。庶政皆然。溥海臣民。同深欽仰。顧臣有不能已於言者。則最新之學說。所謂中央集權是也。夫中央者。對四方而言也。中央無權。則四方何所附麗。集之誠是也。然四方無權。中央亦將孤立。則集之亦必有道矣。稽之古訓。所謂四方風動之休。所謂推之四海而準。動則必有發生之機。準則必有比差之率。其注重中央明矣。三代以上。封建諸侯。流弊至周。判爲十二。合爲七國。天子拱手於上。幾若贅旒。爲中央最無權之時代。秦廢封建。裂都會而爲郡邑。廢侯衛而爲守宰。自漢以後。相沿未改。雖其間設官分職。代有不同。唐臣柳宗元謂有叛國而無叛郡。有叛將而無叛州。在閉關時代。中央集權之明效。蓋如此也。今者時殊勢異。郡邑之制。固未少改。即中央之權。亦未少替。以近事論。

中興諸臣身握疆符一切兵權財權雖力任籌畫之勞支配之責而盈虛酌劑亦無事不受成於　朝廷用能內外一心光著盛業蓋權者稱量之物物不可以畸輕畸重也故權焉以平之是集其權而非集其所權之物也以權任諸中央以所權之物布護於四方無輕重不齊之患百姓足君孰與不足而於是天下太平矣或者曰今寰球大通非曩時閉關之比故一切政策當集於中央非空言集權所能救濟是說也臣尤疑之各國造邦制度不同其地理習慣亦迥異歐美疆土號稱富強者其幅幀率視吾國二三行省而吾國以二十二行省之大其間山川阻塞未盡交通者十而六七督撫坐鎮一省任事以後非積久歲月尙不能周知情僞而中央以最遠之視察欲懸斷於數千里之外平時又未詳審調查如各國社會皆爲政府盡力偶遣員出外詗察少僅兼旬多或數月非道聽即臆斷而自以爲得之矣且各國之中央集權也則尙有最要之政策焉曰政府負責任惟政府能負責任故一切籌畫支配皆在政府酌盈劑虛亦在政府而吾國則不然歷年各省關繫國家行政經費如海陸軍各項無一非責之各省督撫又地方偏災或意外損失並九年籌備種種新政各經費無一非責之督撫是中央

集權而四方負責任也天下事安有權不之屬而能負責任者乎僕夫失轡則馬且奔踶而立蹶矣且臣尤有進者各國政府負責任而其事尤與議院相維繫議院者所以監察政府而使政府負完全之責任者也蓋君天下者莫患夫肆亡等之欲如秦皇廢封建置郡縣其制則公其心則私故二世即不能振尙書所載民視民聽周禮詢於國危國遷在昔聖君亦以人民監察爲鞏固其責任之必要非自剝其權實亦稍寬其責也議院未立則政府負無限之責任而無所監察揆時度勢且猶不可況不負責任哉九年籌備清單既以人民程度未及而遲國會召集之期則監察機關尙未完備爲目前政府計欲集權亦必先自負責任始欲負責任必自組織內閣始然臣以爲卽使政府眞能負責任以吾國之地理習慣種種如彼其異將來外省主管各官咸直接於中央政府督撫介居其間威信皆無所施已成贅旒之勢若遽加裁撤揆時度勢似又有不能是所剝削者四方辦事之實權而與爲凌替者四方固有之責任手足不完好萬無捍衛頭目之理此大可慮亦大可危者至於九年以後召集國會能否實行監察則尙非臣所敢知也臣又按督撫一職當三代時之牧伯漢時尙稱州牧晉魏以還有都

督總管持節刺史經畧節度諸名稱。至前明始定名總督。曰廵撫。我　朝因之。而明定其職掌。爲統轄文武軍民。考察布按諸道及府州縣官吏。以時舉劾而黜陟之。又兼督軍務。兼理糧餉。其職務爲至重。其任用爲至專。誠以吾國幅幀至廣。中央不能一一直接。則分寄耳目於督撫。是督撫者即中央之代表也。督撫之賢不肖。則三載有考績之明文。臨時有進退之　勅令。斷不慮其權重而自專也。今時事變遷。在中央欲統一機關。因而別謀組織。遂並前此督撫奉行之職務。亦削而去之。不爲駢枝拇指。即無異十羊九牧。而內外幾無負責任之人。又何以對耽耽環視者之協以謀我乎。方今學說朋興。人材競進。師其所長。以捄我所短。亦羣治進化所必需。然或陳義過高。或言論偏激。則亦有遠於情事。而轉受實禍者。前大學士臣曾國藩有云。言治術則莫若綜核名實。言學術則莫如取篤實踐履之士。物窮則變。救浮華者莫如質。又云。方今時事孔棘。追究厲階之生。何嘗不歸於發難者。彼豈實見天下之大計。當痛懲而廓清之哉。豈預知今日之變。實能自我收之哉。其言至爲沈痛。臣不敢謂今之嘐嘐於時者。無識大計。知時變之人。而發之是否。即能收之。臣固未敢遽信。竊願　皇上用人行政。以綜覈名實

文牘　十六

爲。先。取篤。實。踐。履。者。以救。浮。華。之。弊。而又。參。酌。古。今。中。外。之。情。勢。爲新。官。制。區。分。權。限。張。本。須知。事。事。應。有。一。我。在。是。吸。取。非盲。從。是。貫。通。非附。和。臣受恩深重。知而不言。益用疚。作。應否　勅下政務處憲政編查館核議。仰體內外相維之　諭旨。通盤籌畫。斟酌損益。以裨事實而救艱危之處。出自　聖裁。所有微臣敬陳管見各緣由。理合恭摺具陳。伏乞　皇上聖鑒訓示。謹　奏。

中國紀事

新內閣官制　內閣新官制。刻已議定新內閣之組織。擬設國務大臣一員。副大臣四員。下分制誥、編輯、統計、印刷、庸勳、五局。制誥局則以舊內閣及禮部所管各事併入。編輯局則以憲政編查館併入。統計局則以政務處併入。印刷局則以憲政館所屬之政治官報局併入。庸勳局則以吏部所辦各事併入。又舊內閣所管擬謚一事。亦分隸於庸勳局辦理。

派員分路考查憲政　憲政編查館以各省逐年籌備憲政事宜。非遵照奏案派員親往各省考查。不足以昭核實。但道路有遠近。交通有便否。擬分兩期辦理。第一期分爲四路。直隸東三省爲一路。派該館編制局科員陸宗輿。山東山西河南爲一路。派該館考核專科帮辦黃瑞麒。湖北江西安徽江蘇爲一路。派該館編制局科員劉福姚。浙江福建廣東爲一路。派該館考核專科科員林炳章。分途前往各省。切實考查。查竣回京。將所查情形。詳細報告。由館核明具奏。其辦理核實著有成效者。請　旨褒奬。其逾限不辦。或陽奉陰違。與所奏不符者。請 旨嚴懲。至陝西甘肅新疆四川廣西雲南貴州等省。道途較遠。又湖南一省。亂事甫平。經湘撫奏明籌辦憲政展緩三月有案。均請作爲第二期。於秋季再行派員前往考查。

通咨司法行政權限一覽表 法部通咨京內各部及各直省將軍督撫。略謂司法行政權限。最易混淆。亟宜分析淸楚。俾資遵守。方能按照立憲年限。次第舉行。查京師及各省檢查審判等廳。均已成立。而權限一時尚未劃淸。難免與行政衙門互相推諉。及掣肘侵越等事。特將司法各項事宜。逐一詳細註明。俾與行政應管事項。劃淸界限。併訂有司法行政一覽表。咨到之日。希即照咨飭屬遵守云。

劃一國幣之辦法 澤尚書謀劃一國幣。特行具奏。略云推行幣制。以統一鑄造爲先。誠以鑄幣本中央特權。斷無任各省自爲風氣之理。查光緒二十九年前財政處奏准在天津設立造幣總廠。乃各省所設銀銅各廠。仍復錯雜其間。所鑄形式既異。成色亦復參差。現在幣制既經釐訂。亟應將各省所設銀銅各廠。一律裁撤。專歸天津總廠鑄造。惟中國幅員遼濶。非一廠所能敷用。擬請將漢口廣州成都雲南四處之廠。改爲分廠。統歸天津總廠管理。東三省情形。與他省不同。擬就奉廠基地。暫改分廠一所。俟總廠鑄數漸充。再行酌量留撤。其餘各廠。則一律裁撤。至所留各分廠。現今所鑄無論何項貨幣。一律暫行停止。應俟祖模頒發後。再行開鑄。以昭劃一。奉　旨依議。

彙訂外債總表　度支部決於本年年終。會同外務郵傳農工商等部。妥訂全國外債總表。奏請頒布。故特由財政處通致各省監理官度支使布政使。即將該省所有各項外債確數。劃分本息。及償還完結之時期。於八月以前。據實詳細報部。以便參核彙訂總表云。

清理各關稅　澤尚書以各關擔負之新舊賠款。爲數甚鉅。非將關務切實清理。不足以資挹注。因決定由度支部劄派專員分往各關從事調查。聞已派定郎中一員。主事二員。錄事四員。前往江海各關認眞調查。

整頓水師　海軍大臣以整頓水師。於興復海軍大有關係。所擬整頓之辦法。一凡關於水師之專門學堂。講武堂。製造局。及添置軍械軍裝各事。均歸海軍處直接管理。二凡關於水師之經費。必須實行清理。各省水師經常費若干。臨時費若干。廉俸薪餉若干。及前所支銷之數。一律造成淸冊報告呈核。凡各省之水師官缺。如提督總兵副將以至千總等員。皆須大加更改。其所屬水師管兵之數。均飭各省詳報。分別留汰。

擴充兵器製造廠之計畫　政府以現在各省新軍將次編成。軍械需用日多。而製造兵器所。僅有德州武昌二處。規模甚小。出品甚微。勢必仰給外人。須即建設完全製造機關。現已擬定設南局於萍鄉。設北局於河南。擴充武昌兵器局爲中局。從事製造。以謀統一。

教育普及之次第　學部以普及教育。雖爲憲政之要義。惟各省民情不同。地勢亦異。亟應分別期限籌辦。擬以教育已興省分爲一期。教育甫興省分爲二期。教育閉塞省分爲三期。蒙古及各省土司爲四期。西藏爲五期云。

各口岸貿易額　昨年各口岸輸出入之貿易額。除盛京岳州漢口溫州廣東北海外。其他各口岸。比之前年。皆見增進。前昨兩年之貿易額如左表。

	光緒三十四年	宣統元年
	海關兩	海關兩

天津	一〇二四一八二、八八九	七五六二八〇、四二七
芝罘	二二九五三三、六二〇	一六四九〇七、九八三
膠州	二六九三三一、二九〇	二四八九八三、八一五
盛京	一七〇〇六七、一二二	一八六八七九、二六三
宜昌	二〇〇六四、〇三一	一五九二四、九三八
沙市	三八〇七、二三八	三一九七、一九八
江夏	五二一三〇、七二〇	二八二二一、〇七七
岳州	八四一四、一三七	二七二八一、四五九
漢口	七三五七九三、七八二	七六四八四一、七八五
九江	一七三五一八、三〇九	一一一七九、五〇一
蕪湖	二〇六一一八、三五三	二〇四九四五、九九三
南京	三七二三六、八二〇	三一四三〇、〇七一
鎮江	三一一二七三、七七八	三一〇二五五、七〇七

中國紀事

六

上海	二九五八六三八、六三六	二四六五四二五、四七九
蘇州	二五七七八、八三五	二四一〇五、九八八
杭州	一五二四八〇、二〇三	一三九六九九、三五五
寧波	一八二四七六、七三八	一五九九六二、八二六
溫州	七〇一五、一〇七	九八五〇、八四三
三都澳	五六九八、六四一	三七八二、三八〇
福州	二四七九〇九、八〇三	二三三一〇三、三一七
廈門	二四〇三四三、九九八	二一二七二九、二〇三
汕頭	四二〇〇三四、〇〇九	三七六三六三、九一〇
廣東	六二九五九〇、九三五	八三七五四二、五八八
江門	九六〇〇五、九四九	四五〇一一、三三〇
三水	二三九七六七、六九一	五五一二二、三六八
梧州	一四一七四六、〇七八	一三〇七六〇、〇二〇

南寧	二一八二二、七五六	一六一四七、六一〇
瓊州	六四四四二、一九八	六四一八〇、六四三
北海	二九七八三、六一九	三一一四九、三四八
秦皇島	七六六四一、〇一五	二四〇七六、四〇四
牛莊	三五〇一四八、四七五	二九六〇一二、三三二
大連	二八八二九、七五二	二〇三一一六、〇五三
大東溝	一七九九、三一九	一五九〇、六八七
安東	一〇七七三七、一七四	六八六八一、四九〇
綏芬河	九七三八二、四〇四	七二三三二、七八七
哈爾賓	六四三二四、五五五	……
滿洲里	三七二七一、八四八	二七二六四、四六七
三姓	一九四四七、八三九	……
瑷琿	一七三六九、四零六	……

總計　九七六五九五九、○七二　八三六二三四○、六三五

江南財政支絀之內容　甯屬清理財政局具禀江督署言本省出納最鉅。而爲財賦總匯之所。除運庫外。惟江藩庫財政局兩處。運司所送宣統三年預算冊表收支各欵。尙有餘存。江藩司所送宣統三年預算冊。全年實收銀三百七十六萬四千二百廿八兩二錢五分五釐。實支銀三百九十九萬七千一百九十六兩一錢八分六釐。以入抵出。計不敷銀二十三萬二千九百六十七兩九錢三分一釐。財政局所送宣統三年預算表。全年實收銀五百四十四萬三千五百九十五兩八錢七分八釐。實支銀七百八十三萬四千一百三十八兩八錢八釐。以入抵出。計不敷銀二百三十九萬五百四十二兩九錢三分。就兩處而言之。共已不敷銀二百六十二萬三千五百十兩八錢六分一釐。其餘各署局之收。不敷支者。尙不知凡幾。通盤籌算。虧短甚鉅。以向稱財賦之區。而困絀竟至於此。若不亟圖補救。長此積虧。何以爲繼云。

南洋勸業會開會　南洋勸業會以四月廿八日開會。到者五千餘人。先由審查長楊侍郎士琦宣講　諭旨勸業之意。次由會長張安帥宣布開會詞。其詞曰。欽惟　大

清宣統紀元之二年四月二十八日。爲第一次南洋勸業會開幕之第一日。是會仿東西洋各國之國內博覽會而設。亦卽我國古者以工事列肆。以貿易立市。今乃合肆與市而爲一。取通商惠工務材訓農諸端。徵聚名物。薈萃於一時一地。使吾國人參觀互證。知所從違。用收集思廣益之效也。伏承　明詔式頒。重以各省協贊。滬甯及各地商董。共與圖成。海外僑商。輸載遄返。友邦與國。皆以物品來與參考。會事於今日粗以成立。夫是會發議於去年春初。端前大臣旋解任去。徂夏涉秋。經營伊始。籌備未及週歲。訪采遍於寰區。事事物物。多難周備。各處出品。限於期短。良楛或未精擇。在所不免。無事諱言。惟我國版圖綿衍。寒燠中和。天時悉備。山原燥濕。地利無窮。民智物阜。大有可爲。則夫取長補短。擇善辨宜。若者以農殖。若者以工勸。若者以商振。是在四方人士。各以觀摩。從知感奮也。而教育之振興。武備之修簡。機械之精求。亦罔不於是會期之。本大臣有厚望焉云云。旋會中諸員及董事報告成績。計用欵七十萬。次宣布內外各官及紳士等祝詞。餘各依次舉行。頗極肅穆。是日共送特別入場劵三千張。外賓至者八十三人云。

中國紀事　九

中國紀事　十

中俄交涉　外務部與駐京俄使開議二事。一係阿里羣河劃界問題。先年中俄兩國。係指定河之中心深處爲界。嗣因年久。河身冲移。界道無考。然河中孤島。尙存。現擬即以該島爲界。與之力爭。一係滿洲里車站歸屬問題。因該車站貫入東淸路線。俄國要求劃歸彼管云。

俄國擬造西恰鐵道　駐俄薩使電致政府。略謂俄政府以中國京張鐵路告成。必極力經營蒙古。由此線推至庫倫。以達恰克圖。俄政府有鑒於此。特決議由西伯利亞鐵道分線。亦推廣至恰克圖。以示抵制。當速謀對待。幷請示辦法。

蒙邊之危機　近來俄人入蒙。絡繹不絕。庫倫一處。已有旅團步兵四千五百名。騎兵三千名。工砲兵一千五百名。運糧兵一千名。醫兵樂兵各一隊。並在該處建築堅固兵營八區。距庫倫十里許。築有器械庫一所。所佔地基約八方里。貯藏軍需。爲永久駐兵之計。他如步騎各兵之駐葛順者。五千餘名。駐烏里雅蘇臺者。六千餘名云。

世界紀事

英國貿易之發達　西歷五月英國之外國貿易輸出額增加英金一千四十一萬四千六百六十一鎊。輸入額增加四百八萬千五百六十五鎊。

德國議增皇室經費　德國國會。提議增加德皇御用經費。除社會黨外。均贊成是議。

德意同盟之目的　意國外相游歷德國後。德意兩國政府。發表一公文。畧謂兩同盟國之意。在與墺國政府。永遠維持三國同盟之平和云。

德國歡迎濤貝勒　濤貝勒抵德後。德國皇太子代表德皇。宴之於波但宮。德太子演說先慶貝勒之來游。次言深望德國軍隊之組織。足供中國新編軍隊之參考。濤貝勒答詞先述何幸得參列世界最强陸軍之觀兵式。且深信軍隊之足以維持世界之平和云。

墺帝出巡　墺地利老帝出巡新領之布希尼亞及希爾斯哥二州。到處均受歡迎。甚爲滿足。

世界紀事 二

匈國總選舉 匈牙利國議會之總選舉。政府黨得大多數。主張維持與墺聯合之政策。業已告捷。主張分離者均歸失敗。

俄帝巡狩 俄帝將以西六月巡幸波羅的海。幷往黎格爾。祝黎格爾聯合俄國二百年之大祝典。

俄國大吏東游 俄國財政省及遞信省大臣。擬巡閱滿洲。並游北京。以便決定對待遠東之政策。

法國與摩洛哥 摩洛哥羣島王西特以該島主權。讓與法國。其讓與條約。法國許其尊重土人之回回教及其風俗習慣。月給島王以六百八十磅之養老金。至其王族。亦免其納稅。

法意議員致書俄國會 法國下議院議員百名。上議院議員五十名。意國下議院議員一百二十八名。聯名致書俄國國會。請保存芬蘭之憲法。

法美之關稅 法美兩國之關稅戰爭。幾至決裂。現已協商妥洽。互課最低率之關稅。

公議萬國貿易通律 萬國貿易通律。定於西歷六月二十三號。在海牙開會公議。與會者共二十九國。

土國之路礦權　土耳其內部近准美國資本家在小亞細亞興造鐵路。並許其有開採各礦權利地約八萬方密達。德國因此出而抗議。

土墺協商巴爾幹問題　土耳其外務大臣利輔巴薩。與墺國外務大臣阿倫塞爾。在維也納商議關於巴爾幹一切事件。均甚浹洽。

土耳其之强硬　克列特島問題。土國議會。決執强硬主義。土國宰相宣言此島問題。只容土國及保護該島之英德俄意四國容喙。與希臘無與。若希臘妄行干涉。土國只有對希臘宣戰云。

美國新黨之組織　美國新組織一政黨。該黨之首領。爲前總統羅斯福。前國務大臣格爾腓。及前林政大臣丕莊。該黨宗旨在擴張民權。及反對國內之利權專有者云。

蘇彝士河減稅　蘇彝士運河之通航稅。將減去百分之十五。定以千九百十一年六月一號實施。

埃及之財政　埃及政府。發表昨年之財政成績。計歲入千五百四十萬二千八百七十二鎊。至其歲出。經常則千三百五十六萬八千四百二十六鎊。臨時則六十七萬三千百七十四鎊。實餘百十六萬千二百七十鎊。

日本添設殖民省　日本政府以日韓合邦之議。行將解決。台灣樺太滿洲各處。其人口約在二千二百餘萬以上。面積又甚廣。實爲一大殖民地。現僅由內務大藏陸軍各省分屬。殊難兼顧。故決議特設殖民省。與陸軍海軍農商務等省並立。專司擴張殖民之政策。及經營殖民之範圍。

滿鐵之獲利　南滿洲鐵道會社昨年所獲利益。計五百七十七萬千六百九十九圓。（前半期百六十八萬五千八百六十六圓。後半期四百八萬五千三十三圓）所獲之利。比之前兩年。實增二倍乃至二倍半云。

旅順之開放　旅順開放爲通商口岸。定以西曆六月十五日實行。

日俄協約之進步　日俄訂結新協約之交涉。行將就緒。畫諾之期。計亦不遠。且該協約擬即公布。並不守秘密云。

叢錄

春冰室野乘

春冰

左文襄家書之滑稽

左文襄之捷秋試也與同年生湘潭歐陽某同舟北上一日文襄伏几作書歐陽生問何爲曰作家書耳有頃舟已泊文襄匆匆登岸縱眺書稿置几上尚未緘封也歐陽生因取視之書中敘別家後情事了無足異者惟中間敘及一夕泊舟僻處夜已三鼓忽水盜十餘人皆明火持刀入倉以刃啓己帳己則大呼拔劍起力與諸賊鬥諸賊皆披靡退至倉外已又大呼追之賊不能支紛紛逃入水中頗恨己不習泅致羣盜逸去不得執而殲旃也歐陽生讀之大愕自念同舟已十餘日果有此事己何以不知然家書特鄭重其事又似非子虛因召文襄從者問之亦愕然不知又召舟人問之皆矢言實無其事未幾文襄徐步返舟歐陽生急詰之文襄笑曰子非與我同夢者安知吾所爲

耶歐陽生曰夢耶何以家書中所言又若眞有其事也曰、子眞癡人矣昨晚吾偶讀後漢書光武紀見其敍昆陽之戰雲垂海立使人精神飛舞晚即感此夢乃悟前史所敍戰事大半皆夢境耳安知昆陽之役非光武偶然作此夢者子胡爲獨怪我耶信矣癡人之不可與說夢也

張樵野侍郎遺詩

南海張樵野司農起家簿尉中年始折節爲學淹通掌故駢文直逼晉宋餘事爲詩亦復清蒼深重接武少陵眉山視高達夫之五十爲詩有過之無不及也嘗得其遺詩一卷皆遣戍西行時關內外途中所作爰擇其尤者錄之九月晦渭南道中得廉卿祭酒書述敝居及壻兒蹤跡奉答一詩云無限艱危一紙書二千里外話京居覆巢幾見能完卵解網何曾竟漏魚百石齋隨黃葉散兩家春與綠楊虛霸橋不爲尋詩去每憶高情淚引裾一氣關生情文交摯何大復尋陽江上之作無以過之留別鄧錦亭軍門云交臂京華感慨深祇憑秋鴈寄邊音艱難三箭痕猶在倉卒離筵酒共斟瘴海同鄉知韋叡天山舊蹟訪裴岑長途旌旆勞相送萬古難忘此夜心其歌行渾灝流轉尤深入

坡老之室。周式如太守以錢叔美入關圖爲贈賦詩奉酬云。松壺畫筆時所珍。派別宋元逾三文。入關圖爲蔣侯繪。玉門歸鞚斷邊塵。款署南陽歲癸未。閱世行將八十春。桃花如笑簇鞭影。晴川野館山嶙峋。矮松紅柳互映帶。大旂獵獵懸城闉。風沙萬里羌無垠。至此似覺天迴溫。伯生賈郎原通人。丹青賴爾能傳神。一藝升沈會前定。坎壈豈獨曹將軍。海王聲價日驟長。廣搜始自潘文勤。伊余藏弆本非儉。巢覆散作涼秋雲。天涯作伴祇王惲。米船未許充勞薪。使君投贈吉語眞。髣髴仙梵空中聞。蹇驢一夕壓球璧。怪底寶氣騰氤氳。廿年京邸相過頻。屢困南箕傷溷茵。便宜坊夜炙鴨臛。迢迢情味猶在脣。從茲中外頓契濶。一麾西邁慳片鱗。無端遇合歲云暮。巖譴何敢行逡巡。此身九死不忍述。合檢寒具供陶甄。天教生入作左券。願乞山水作壓民。嗚乎。孰料玉門既出。遂無生入之望也哉。司農富名蹟。收藏石谷卷軸至多。嘗建百石齋以儲之。自被禍後。桓玄寒具。遂成雲烟之散沒矣。其度烏稍嶺寄督部陶公並懷拙存徵士云。鎮羌破驛不任住。大風吹送龍潭去。烏梢嶺勢原平夷。往來輒與昏霾遇。行人視此如險艱。材官亟勸勿猶豫。沙溝石滑叢冰積。獨木危橋一川注。幾經跋涉達山趾。三五人家雜牧豎。

叢錄 四

坡陀數折如龜穹時見烟墩閒電柱嶺巔孤峙韓湘祠覘及逐臣徵吉語嚴程何暇叩山扉但見氷匡浮紺宇自從秋度四天門河潼二華忘朝暮疲極虛瞻玉女盆飢來安得仙人露六盤青嵐倍幽雋醉酒山靈或題句征途計日過伊涼羌笛吹殘玉門樹郵亭三九猶晴暄天不絕人況編戍獰颸豈有終朝鳴四顧青蒼散妖霧沿山舊壘相委蛇云是防邊最要處前年鼙鼓驚西甯漢回血戰洮湟腥董軍捷奏太子寺公侯從此資干城急移勝兵控山海更募健兒充神京甓齋經畧逾萬里夾袋別己儲三明花門活佛並蘇息脊晝出沒無麌麀隴雲藹藹補官柳竹頭木屑皆有情沈蒲教肅气靜穆上流節鉞流休聲莊浪水利以時拓盡收刀劍趨牛啡荷戈日廑仁人矜調護苦待冰橋成谿壑回春在何許去德滋遠心搖旌紀羣高梁今咸英侍行求己言爲經靈光殿賦不足擬說偈宜使蟒淚零時艱更期保玉體補綴雲物酬昇平摘句如和張子漁咏梅云寒侵脩竹猶堪侶世有孤花貴善藏已無水部吟東閣幾見星躔指少微別墅豈曾萌遠志西州誰爲寄當歸方朔善諧嗔阿母朝雲香夢伴東坡調羹事業原虛語酒暈無端入醉哦路逢驛馬香何戀冷憶弓蛇影未弛寄趙次珊方伯云五雲樓閣調羹

手。萬里關河。負米心皆興象深微。別有寄托。

司農之進用。由於閻文介之汲引。初以山東道員。召爲太常寺少卿。充總理各國事務衙門大臣。駸駸大用矣。會京朝士大夫。以其出身不由科第。故挾全力擠之。直總署未數月。復出爲大順廣道。旣而美使缺。文介復力保。遂再授少常。出使洊至侍郎。加尚書銜。司農於合肥。晩年頗隙末。而於朝邑風義。顧始終弗替。文介之薨也。遺疏忤 孝欽。意。郵典獨薄。禮官以賜謚請。幾靳不予。後卒得轉圜者。司農力也。

朱提督洪章遺事

曾忠襄之克秣陵也。大將李臣典蕭孚泗。咸膺上賞。錫封子男。而不知悉黔將朱洪章。一人之功。李蕭皆噲伍耳。洪章、黔之鎭遠人。胡文忠爲鎭遠守。洪章以親軍隸麾下。文忠壯之。及陳臬湖北。遂挈以自隨。肅清武漢。實爲首功。文忠太夫人壽。洪章使酒罵座。忤其曹偶。文忠慮不爲諸將所容。因遣從曾文正軍。文正因使帥精銳數千人。隨忠襄擣金陵。忠襄部下。皆湘將。洪章以黔人孤立其閒。每有危險。輒以身當其衝。以此知名。忠襄。益倚重之。初開地道於龍脖子。垂成而陷。健兒四百人殲焉。皆洪章部下也。二次地道成。忠襄集諸將問孰爲先入者。衆皆默無言。洪章慣願一人爲前驅。從烟燄中躍上缺口。以矛援所部。肉薄蟻附而登。諸將從之入城。遂復。臣典於次日病卒。忠襄好語慰洪章。使以首功讓臣典而已次之。洪章慨然應諾。及捷報至安慶。文正主稿入奏。乃移其次第。以洪章爲第四人。於是李蕭皆封子男。而洪章乃僅得輕車都尉。殊不平。謁忠襄語及之。忠襄笑而授以佩刀曰。捷奏由吾兄主政。實幕客李鴻裔高下其手耳。公可手刃之。洪章一笑而罷。其後終雲南鶴麗鎮總兵。張文襄督兩江時。洪章猶在。然閑廢久矣。文襄爲奏起之。使募十營駐守蘇浙間之金山衞。軍紀肅然。市廛不擾。未幾以積勞觸發舊傷卒於軍。吳人至今猶感其惠云。

謎語彙錄

隱語始春秋時。其後流爲鐙謎。遂爲文詞游戲之一種。至近時而益工。佳者必表裡皆現成語。兩不相涉。而恰能傳神阿堵中者。斯爲上乘。若徒以字面關合。或更乞靈僻典。縱極工巧。要不免笨伯之誚矣。昔人謂詩有別才。非關於學。若謎語者。殆純恃別才者矣。二十年前。京師此風最盛。昔潘文勤嘗以臣東鄰有女窺臣已三年矣。射唐詩一句。

滕以古吉金數事。直可數百金。出月餘。竟無人敢問津者。後爲江南一士人所射得。蓋總是玉關情一句也。運實於虛。斯眞能傳神阿堵中者矣。余所聞佳謎不下百餘條。今不能記十之二三矣。雨窗獨坐。偶憶及數條。彙錄于此。

王太監遺容。射唐詩一句。承恩不在貌。

聾子的耳朵也是個樣子。此京師諺語 射毛詩一句。不聞亦式。以也是兩字扣亦字。運思之巧。眞匪夷所思。

分明摩詰印章。爲何顚倒殘缺至此。射毛詩一句。維王之邛。

豈曰小補之哉。射周易一句。大无咎也。

優字射毛詩三句。惟其優矣。人之云亡。心之憂矣。

虛帳不必實付。射唐詩一句。花開堪折直須折。

咸豐朝以制錢缺乏。京師嘗行鈔票。既而價漸低落。至不能直半價。戶部猶不肯廢罷。而入市買物。無人肯收受者。相率以此充戚友婚喪之餽遺品。京師人謂之曰紅白分子 有以此爲表。射毛詩云。不可使得罪于天子。以云可使。怨及朋友四句者。此眞文章天成。妙手偶得者矣。

謎語有最可發笑者。玉皇神牌。射毛詩一句。上帝板板。

秀才一卓。射禮記二句。其數八。其味酸。

紅羅雙繡鳳頭鞋。射毛詩一句。赤舄几几。

嬌的的越顯紅白。射唐詩一句。桃花帶雨濃。

一聲聲是衣寬帶鬆。射元人名。脫脫。此條有以我將你鈕叩兒鬆我將衣帶兒解兩句爲謎面者不如此句之得神也

周太史蘭隽語

同治中吳縣周伯蓀太史蘭。督陝甘學政。歸與伶人張天元者狎。天元頗風雅。從太史習詩字。過從無虛日。太史戲呼之曰天兒。後因事有違言。蹤跡漸疏。而奉新許仙屏河帥振禕亦自陝甘學差歸京。天元遂棄周而事許。一日有人戲問太史曰。日來與天兒相見否。太史歎息曰。天而兒而同音。旣厭周德矣。吾其能與許爭乎。聞者爲之拍案叫絕。此眞天造地設之妙。所謂巧不可階者矣。前輩吐屬名雋乃爾。

左文襄聯語

先外祖巴陵劉湘浦先生。諱樹森。弱冠以刑名學遊幕秦中。歷佐諸節使幕四十餘年。爲文章宗法柳州。簡練峭潔。奏牘之文。一時無兩。每遇極繁賾瑣屑之事。他人數十語所不能盡者。先生輒以數語了之。而曲折奧窔無不畢舉。以是名動　九重。咸豐中曾卓如中丞望顏入覲。　文宗曾以先生名垂詢。士論以爲至榮。先生之薨也。左文襄以一聯輓之曰。約秦法三章。弱楚材一个。聯長盈丈。作擘窠書。字徑幾二尺許。爲文襄生平極得意書。有勸諸舅氏以此泐諸墓門者。以尺度過長。竟不果。

黃公度京卿遺詞

嘉應黃公度先生詩筆爲同光間大家。而倚聲之作。不少概見。頃得其賀新郎一闋。亟錄之。題爲乙未五月芸閣南歸飲集舁船。各撫貨新郎詞。以志悲懽。詞云鳳泊鸞飄也況。眼中蒼涼。烟水此茫茫者。一片平蕪。飛絮亂。無復尋春試馬。又漸漸夕陽西下。水軟山溫留扇底。展冰奩。試照桃花寫影。如此淚重灑。　尋思羅袖臨行把。竟明明蛟綃分翦。公然割舍。天到無情何可訴。只合埋憂地下。但何處得開酒社。相約須臾毋死去。儘丁歌甲舞今宵且。看招展花枝惹。蒼涼激楚。直摩稼翁之壘。

史撫部詩

史撫部念祖之工文。前己略述之。玆又得其古近體詩十數章。撫部起家簿尉。中年始折節向學。與樵野侍郎同。侍郎之詩高華。撫部之詩疏宕。皆一時異才也。古意云美人不世出。嫁必輕薄兒。奇士不世出。遇必亂離時。天公最有心。可以見操持。征夫吟云丈夫當請纓。揮手勿復慮。懷中兒問爺。但道封侯去。苦雨行云。天不雨。東皐禾麥不出土。天欲雨。道上行人征戍苦。欲雨不雨心京京。吁嗟天亦難爲情。駐軍趙旗屯除夕發家書云。大捷欣看露布馳。春風入壘酒盈卮。幾千萬語無人道。二十一年有限時。誰滅孫盧回浩劫。已收淮蔡是偏師。家書先寫平安字。戰狀從容報母知。即席贈歌者云。溢浦琵琶恨未深。六絃添出寫秋心。弓彎破夢翩翩舞。絲裊無痕宛轉音。惜別大難藍尾酒。用情容易白頭吟。他年重訪淸江道。綠葉成陰何處尋。野寺納凉同五兄蓮叔云。螢光溼雨明滅飛。昏月挂樹松風吹。露凝落葉墮微響。宿鳥撲撲驚高枝。古碑臥地斷可坐。翁仲無言拱道左。溪東大冢鬱林莽。野狐出沒逐燐火。半晌問答聲響息。童携鐙來滿眼黑。轉念身世各努力。兄弟夜吟亦難得。英山云。松花一徑蹋成塵。松子枯餘拾作薪。繞屋溪聲時訝雨。當窗山色遠窺人。野樵度水亂斜照。幽鳥和烟啼晚春。頗似江南小邨落。謀生到此悔征輪。雨後云。春波泛綠與橋齊。蒲沒青尖秃柳低。昨日汀花留未采。潮生行不到前溪。數詩皆可奪宋人之席。

文苑

稻公報詩有江間窮老程嘉燧日下孤高楊大年及三月京華容易別報琚慘淡北風前諸句蒼然無限重賦奉答　曼陀

此才豈有官能腐流轉黃埃不惜年亂後更無塡海法客中聊作看山緣吟情爛漫餘初夢別意蒼茫過昔賢地北天南雙鶴在歸期定數夕陽前

寄懷吳伯琴奉天　前人

花露臺前問百靈雙龍戰罷有餘腥春生秋殺能相濟雨橫風狂不忍聽夢裏山川猶壯濶亂來文獻久凋零坐愁季重無眠慣夜搗流霞勸斗星

寄懷魏斯逸奉天　前人

傷心故國事全非更看遼陽夕照微水底羣蛇飄影過沙邊一鴈帶愁飛幾回塡海空銜石何處登山好采薇淒絕了翁今漸老風塵南北寸心違

贈扶常　前人

文苑　二

玉川心骨比秋寒月蝕吟成夢又闌久亂不知寃鳥在碎愁空有怒蜺蟠眞隨幻轉能生病拙與狂兼強應官抱影欲尋無住法白雲天半正艱難

人日同江叔海趙堯生胡漱唐游萬壽寺　前人

忽憶草堂詩未寄竭來蓮社酒同斟象王行處沙聲裂龍子歸時月影沈百事艱難聞說偈多生惆悵乞安心人天一笑須臾別此會仙年忍重尋

簡瘦公　前人

故人賸有羅昭諫並隱城東往返便說士半疑柔利國論詩曾到建安年龍心兀兀看秋水龕背沈沈有斷煙末世蹉跎寧復悔本來無住是眞禪

腰帶　蟄庵

八尺輕羅繡折枝墜襟餘幅更欹垂相逢交甫明珠珮惆悵東陽白袷詩幾日離愁看漸緩一春幽恨只空持誰家桃葉挑鸞綬卻羨尊前處處宜

屏風　前人

霧閣雲牕杳去蹤月明中婦畫堂空清宵未必無惆悵咫尺應須直萬重香燭有光秋

正永孤顰一掩思何窮蜀山夢斷金鷰冷留恨熏衣曉夜風

鸚鵡　前人

煩惱聰明相與機金籠日日故山思惜哉此子巧言語癡似文人見道時

手巾　前人

縫霧裁雲總不如領襟常是鎖相於鈿車元夜相逢處湯餅何郎試色初隔歲遺香鉛粉在東風彈淚鏡塵虛鮫宮不管閒兒女乞與先生讀道書

杉棚　堯生

滿目天痕架翠微一家人影坐清暉晚來忽聽秋蟬語夢裡渾隨水鶴飛

空庭如水月如銀芥葉香中石銚春涼雨自佳晴亦好一棚杉翠蓋詩人

撚鬬　癭公

撚鬬獨夢滿釵塵似水鈿車向玉津花底珍禽成小鬨柳梢斜日映孤顰餳簫鬧罷初添病帶眼寬餘稍厭春後約薔薇都負盡未任霑酒一傷神

春盡日蟄庵招同崇效寺牡丹花下餞春因呈病山京兆　前人

文苑　四

昨夜東風取春去。荒盦留得一分花。寂喧車馬從僧說。遲暮園林況日斜。孤豔風前宜自惜。故人地下足長嗟。客歲丁叔雅同游今宿草矣使君莫靳深杯醉。尙有楸英殿物華。

飲石遺老人宅即顧俠君秀野草堂　前人

背城幽築占春深。偃石疏花柳十尋。舊主尙聞停酒帝。荒盦今已屬詩淫。相從餔啜誇餘子。每喜風騷得嗣音。更酹清觴慰猨叟。斜街花事未銷沈。何道州聯草堂小秀野花事下斜街石遺取爲楹帖屬濤園中丞書之　石遺精庖節庵詩爲冠絕歌甚佳。深願更一聞之。於是端坐不去。頻促女歌。曰吾酷嗜音樂。在外竊聽已久。汝之歌聲殊妙。益知大匠之門。固無拙工。因汝師期望於汝過切。故督課倍嚴。致有涉于苛虐之責。備乎。女曰是何言哉。彼固未嘗虐待我也。自覺失語。因又自圓其說曰。使吾功課一一中程。彼固未嘗妄責我也。婦曰。既如此。且勿絮聒。速理課程。使吾再一聆清音。得操局外閒評。知汝他日藝成。可列于音樂家第幾等也。女見其語極和婉。又未便下逐客令。因思不如且歌。歌畢彼自出矣。於是向琴而坐。先彈一曲。乃抗聲而歌。音尤嫋嫋可聽。歌畢。彼婦立於女身後。以手撫女肩曰。恐霓裳羽衣。未必過此。汝日後必享名無疑。女亦喜曰。姑娘此言不我欺乎。吾亦甚望異日學成。得與吾師登臺競唱。使人咸謂堪與匹敵。於願足矣。故當彼歌時。吾幾欲。女言至此。頓止不禁兩頰緋紅。彼婦本慧心人。觀其情狀。已默知其意於不言中。因語女曰。汝具如此慧質。兼得帕高利士之名師教授。何患無成。惟須汝自用功耳。女喜曰。姑娘果以爲吾堪與吾師帕高利士共登舞臺。合而奏技乎。姚曰是何難。直指顧間事耳。汝師每於士加拿大舞臺演藝時。必與蘇非柯連士加同演。此人爲時下之女伶魁首。慧麗絕倫。今以小姑方之。殊不多讓。

蓋舍此人外。再無有能與汝師相匹敵者矣。且聞此女之技術。亦多由汝師指授而成。而汝師亦頗鍾情於此女云。衣士梯梨聞言。心中頗不樂。蓋彼先曾聞辣地士奇公子提及此女之名。今又聞客於無意中述及。則梅之別有眷戀固已顯然。從來人心好惡靡常。若果如此。將來作秋扇之捐。誠恐不免矣。因問客曰。柯連士加之事果確也乎。客曰。汝未之聞乎。兩年前。此事於美倫與雲利士兩處傳播。殆遍無不以爲一時佳話。但汝年齒稚。未嘗於此等事留意耳。吾閑坐已久。恐致悞汝課程。就此請辭。姑娘如厭岑寂。思談伴時。可過我房閑話也。女諾之。遂送之出。姚珍娜歸至己房中。竊喜曰。原來此女郎鍾情於其師者。定悉此黨魁之隱謀。吾且徐聒之。不難得其秘奧。況此女妒意甚深。試以言語激之。必能得好消息。歸報保沙偵探長矣。旋又嘆曰。妾不幸受人覊勒而供役使。勞勞如是。祇爲人謀耳。不言姚珍娜方在忽悲忽喜之頃。却說衣士梯梨在房中亦別饒情緒。蓋自客去後。女已無心復溫舊課。惟兀坐默思。適間彼客之言。辭曰。師與柯連士加果有情無情耶。人言藉藉。究屬眞耶僞耶。想至此。抑塞不自禁。繼又自慰曰。彼兩人初或有情。此在未遇我時耳。梅義士乃赫赫奇男子。豈肯寒吾之盟而負我。

吾之所慮不已太過耶。何必如此戚戚爲言畢。又破涕爲笑。偶舉目見桌上之金時鏢。面蓋已揭開。鏢內鐫字一行曰。雲利士全省敬贈帕高利士大樂師女閣之知梅善那爲國人所敬愛。不禁有喜色。於是持鏢反覆諦視。繼啓背面之蓋。冀更有所覩。不料得意之中。還成失意。蓋鏢裏面鑲一牙片上撮一美人小影。明眸皓齒。豔麗罕儔與己殆堪伯仲。諦視久之。且羨且妒。暗思殆即所謂柯連士厯者耶。觸緒牽愁不覺悵恨曰。似此美姿容。我見猶憐。何况男子。使抵美倫時。梅善那與之重會晤則吾之前途利鈍。殊未易逆料也。時女方在煩惱之際。梅善那忽自外歸。見其面有淚痕。頗爲疑訝亟闔扉問之曰。衣士梯梨何爲若此。女黯然不答。梅見其不語。乃作臆度詞曰。有窒礙於汝之事乎。女曰否。梅又曰。然則有窒礙於我之事乎。女又曰否。惟妾心中偶不樂耳無他故也。梅曰噫。吾知之矣。因汝一人枯坐不堪岑寂耶。女曰非也。梅曰然則定有因由。速明告我。女方欲啓口。又赧然不能言。梅忽瞥見桌上己之時鏢。照片呈露。乃大悟。以手指像而詢女。女頷之。梅乃釋然。因笑曰。不意豪邁如卿。亦具流俗人之見地。女曰妾非有妒心。妾既慕君高義。欲以身相託。今見彼肖像仍然如此珍藏。君之未能忘情於此人可知。與其將來中道相捐。進退失據。不若早將情根剗盡。誓守柏舟之操。猶爲得計也。梅笑曰。汝太深文周納矣。照片之女郎。不過平時演藝。偶俱無猜。感情雖有之。而締盟則未也。且彼雖色藝爲世所希。仍不過舞衣歌扇之倫。豈若卿秀外慧中。英爽邁世。足令我彫鏤肝肺者哉。同室同穴之言。鶼鶼鰈鰈之誓。舍卿奚屬也。吾心堅若金石。卿勿懷疑。吾今立當汝前毀此像片。以明心迹。泯此猜疑。言訖。遂從鏢內將小像取出折爲兩片。投於火爐中。女此時乃轉憂爲喜曰。君之明決。誠不愧爲英傑之士矣。於是兩人相得如初。晚膳後。梅携女出門。女著新衣。輕盈綽約。婉若初春之柳。沿途有識梅者。咸免冠爲禮。過後又竊竊評曰。此意國之大樂師也。其相携之人。又如此艷麗。可稱雙絕。女聞之。亦竊喜。行行已至海岸。馬些兒爲法國第一名港。帆檣如織。商務殷盛。二人遊覽一會。遂賃一馬車。同乘往雲石心大劇場。是晚所演者。爲一千四百二十九年歷史事實。法國有女傑鍾柯符。額從軍救國。與英戰。連捷。克復六省。驅英軍於境外。奏凱敘勳第一。國人呼爲神女。衣士梯梨觀至此。心神爲之一快。不禁意與飛揚。笑謂梅曰。莫謂女界中無人也。梅笑領之。劇終人散。梅携女歸。抵店時燈火已半熄。旅客咸寢。

商務印書館發行自治研究所必用之書(上)

查自治研究所講授科目共分八項除第八項爲自治籌辦處所定各項籌辦方法各省自有文告通行不必另編講義外其第一至第七各項科目不可無切用之書以備講習參考之用茲編就自治研究所應用各科講義參考等書今將科目書名編輯人姓名價目約計字數及書之內容列表於後以備採擇選用

科目	書名	編輯人	定價	約計字數	內容
奏定憲法綱要	憲法大綱		三分		
	欽定憲法大綱講義	楊廷棟	二角五分	四萬	於憲法精義及各國憲法緣起敘述最詳
	九年籌備憲政一覽表	高鳳謙	四分		分爲三表瞭如指掌
法學通論	新編法學通論	孟森	二角五分	四萬三千	列舉外國法學精義對照吾國法制議論明通最便初學
現行法制大意	新編現行法制大意	陶保霖		六萬	就現行各種法令摘要敘錄最便講述
諮議局章程及選舉章程	諮議局章程		大本六分 小本三分		
	諮議局章程箋釋	杜煒孫 孟森	四角	九萬四千	逐條箋釋務使未習法政之人亦一覽即知其意
	諮議局章程要義	鍾達	二角五分	四萬八千	列各國法規以相比較提綱挈領簡要明白
	諮議局章程表解	高鳳謙	三分		將章程之相關者依次排列最爲醒目
	諮議局職務須知一二三編	楊廷棟	一角 五分 一角五分	七萬	第一編言調查第二編言選舉第三編言議員各就職務所在詳加講演
城鎮鄉地方自治章程	城鎮鄉地方自治章程		三分		

商務印書館發行自治研究所必用之書(下)

	城鎮鄉地方自治章程要義	王士森	二角五分	三萬九千	言簡意賅極合辦地方自治之用
	城鎮鄉地方自治章程通釋	楊廷棟	三角	四萬二千	逐條詮釋詞淺義顯選舉方法言之尤詳
	城鎮鄉地方自治章程論綱	鍾達	二角	三萬一千	就章程解釋並與外國制度比較剖析無餘
	城鎮鄉地方自治事宜詳解	孟森	三角	五萬四千	專就自治事宜詳列辦法徵引法令明顯周匝
調查戶口章程	調查戶口章程釋義	陶保霖	一角五分	二萬三千	逐條解釋最為明亮
其他有關自治及選舉各項法律章程	資政院院章		四分		
	資政院院章箋釋	陳承澤	二角	三萬一千	院章精義逐條箋釋詞意明顯
	京師地方自治章程				
	府廳州縣地方自治章程		三分		
	府廳州縣自治章程箋釋	陳承澤			
	日本議員必攜		八角		述議員及選舉各法足資參考辭文明淺
	地方自治淺說	孟森	三角	二萬三千	詞意淺顯說理明亮語語可見實行
附參考書	立憲國民讀本	張元濟	三角		講述立憲國制度於地方自治尤為詳盡
	織田萬法學通論	劉崇佑	一元七角		論法律全體之原理及性質文筆平易顯淺
	憲法研究書	吳興讓	一元		列舉各家學說足為研究憲法之參考
	自治論	謝冰	七角		多舉德國地方自治情形
	歐洲大陸市政論	胡爾霖	一元四角		述各國市政極為詳細
	地方自治財政論		三角五分		論歲出歲入及公有財產地方債最詳

二千零四十六號

廣智書局新書目錄

幾何原本	一元
平面三角法講義	九角
物理學公式及問題	一元
中等教育物理學	一元六角
中國之武士道	三角五分
樂典教科書	五角
商業教本	五角五分
中國商業地理	六角
工業化學	六角五分
節本明儒學案	一元二角
德育鑑	三角五分
中國學術思想變遷論	二角
教育學教科書	六角五分
實驗小學管理術	二角五分
學校衞生學	二角
教育學解剖圖說	一角
康南海官制議 布面一冊	一元
十九世紀四大家政治學說	三角
那特硜政治學全編 布皮金字洋裝一冊	一元
地方自治制論	三角五分
政治汎論	一元
法學通論	三角
清國行政法	一元
憲法精理	四角
英國憲法史	六角
萬國憲法志	五角

◀ 上海福州 ▶

廣智書局新書目錄

政治原論	四角
大清帝國新編法典	三角五分
英國憲法論	三角
近世中國秘史第一編	五角
近世中國秘史第二編	四角
世界近世史 洋裝全一册	七角
世界進化史	二角
日本維新三十年史	八角
今世歐洲外交史	三元
血史	一元
康南海	二角
中國名相傳 精製 並製	一元二角 一元
中國六大政治家 第五編 精製 並製	一元二角 一元
中國六大政治家 第一二編合册 精製 並製	一元 七角
中西偉人傳	三角
李鴻章	三角
中國鐵路指南	八角
工商理財要術	四角五分
最近衛生學	二角
物質救國論	三角
三名臣奏議	一元二角
張江陵書牘 精製 並製	一元三角 一元
三名臣書牘 四册	二元
東坡尺牘 二册	四角
三星使書牘 二册	五角
盧史二公書牘	一角

◀上海福州路▶

廣智書局新書目錄

熊襄愍書牘	二角五分
惜抱軒尺牘	三角
惜抱軒尺牘補編	一角
黃石齋書牘	四角
國文語原解	二角
新民說	六角
仁學	三角
曾胡批牘	六角
松陰文鈔	二角五分
心史	四角
中國魂	三角
第一種家政學	二角五分
第二種家政學	三角
女學生	二角
康南海歐洲十一國游記 第一編	八角
康南海歐洲十一國游記 第二編	六角
新大陸遊記 精製有圖	八角
新大陸遊記 並製無圖	六角
分類精校飲冰室文集 自丙申至乙巳	四元
增補改良飲冰室自由書	四角
中國國債史	二角
滿洲處分案	二角
越南亡國史	二角五分
曾文正公十八家詩鈔	三元
董香光畫禪室隨筆	三角
王照圓列女傳補注	四角
康南海廣藝舟雙楫	三角
包氏藝舟雙楫	三角五分

◀上海福州路▶

廣智書局新書目錄

英文尺牘資料	四角
新法英語教科書	五角
二十世紀讀本第一編	六角
華英合璧訓蒙編第一冊	一角五分
華英合璧訓蒙編第二冊	二角
華英商業會話	三角五分
增補改良華英學生會話	二角
初級英文範 即納氏英文典第一冊	三角
華英文件新編	五角
華英商賈會話	二角五分
初級英語作文教科書	四角
東文新法會通	五角
笏山記 上中下每冊	三角
斯芬克斯之美人 上中下每冊	二角五分
偵探小說 虛無黨眞相	八角
偵探小說 離魂病	二角五分
偵探小說 殲讐記	四角五分
言情小說 紅淚影 全四冊每冊	四角
言情小說 花月香城記	三角
偵探小說 怪獒案	三角
哀情小說 刦花小乘	二角
偵探小說 妖塔奇譚 全弍冊每冊	三角
偵探小說 美人手 全三冊	六角五分
偵探小說 劇場大疑獄	四角
偵探小說 情魔	三角

◀ 上海福州路 ▶

廣智書局新書目錄

偵探小說	中國偵探案	二角
偵探小說	地中秘	四角五分
	司底芬偵探案	一角五分
	偵探案彙刻	二角
冒險小說	十五小豪傑	二角
	荒島孤童記 上下全	五角
理想小說	未來戰國志	一角
社會小說	二十年目覩之怪現狀 甲乙丙己 丁戊	每冊四角 三角
歷史小說	鐵假面 上中每冊 下冊	五角 四角五分
	黃繡球	五角
奇情小說	電術奇談	四角
偉人小說	女媧石 甲 乙	二角五分 一角五分
寫情小說	恨海	二角
	說部腋	一角
	九命奇冤 全三冊	七角五分
	警黃鐘傳奇	二角
	西青散記 全二冊	六角
	經國美談 全二冊	五角
	虞初新志 續志	九角 五角
	桃花扇 精製	八角
	中國廿一省全圖	一元七角
	藝蘅館詞選	二元五角
	暗射中國輪廓地圖	三元五角

◀ 上海福州路 ▶

德國那特硜著 政治學

日本市島謙吉著 政治原論

日本高田早苗著 政治汎論

日本松平康國著 英國憲法史

日本天野爲之著 英國憲法論

日本小野梓著 國憲汎論

以上六種十六冊合購大洋二元

預備立憲時代人人皆宜研究政法庶不媿立憲之國民本局特將所印政法各書廉價發售以便讀者有志斯學者想樂聞諸

上海四馬路廣智書局白

揚子江航路記

東亞各港口岸志

希臘三大哲學家學說

族制進化論

政教進化論

天則百話

福澤諭吉談叢

泰西事物起原

地球之過去及未來

支那

胎內教育

心理摘要

世界諸國名義考

歷史哲學

以上各書每部售價一角

外交報特別廣告

庚戌年 **外交報** 十年紀念 增刊兩冊

本館延定留學外洋法政專家撰著國際法學論說並於正月臘月各增一冊逢五發行全年三十四冊自辛丑至庚戌適屆十年共三百冊預訂全年本埠四元五角外埠五元二角外國六元零售每冊一角六分補購辛丑壬寅癸卯甲辰百冊減爲十元外埠加郵費八角陝甘雲貴四川等省郵費加倍補購壬寅全份本埠四元外埠四元五角癸卯全份本埠四元三角外埠四元八角甲辰全份本埠四元外埠四元五角乙巳全份本埠四元二角外埠四元八角丙午丁未戊申每年各全份本埠各四元五角外埠各五元己酉全份本埠四元八角外埠五元五角外國六元二角歷年零冊一角六分　●上海外交報館　在棋盤街商務印書館內

●第十二號五月初五日出版　要目列下　●圖畫　濤貝勒肖像　●論說　揚子江之國際觀（續前號）　●譯論　論波斯與德　論美國外交　●外交大事記　界務交涉　商務交涉　●世界大事記　東洋之部　日美新協約之傳聞　西洋之部　英皇游法　英議院否決財政決議案　英得新屬地　芬蘭新議會　奥外部大臣赴德　奥國公布波罕二州憲法　西班牙內閣辭職　巴爾幹半島之近狀　土國內亂　波斯與俄德之關係　秘赫爭界　●德國霍亨洛親王日記節本（續二百五十二期）　●韓國三十年史（續前）

●第十三號五月十五日出版　要目列下　●論說　論永世中立國（留學日本中央大學法科大學部無錫孫觀圻撰）　●譯論　論日俄與中國　論巴爾幹外交近狀　論列強與波斯　論墨西哥之現在與將來　論歐洲君權國之強盛　記魯司華爾演說及埃人之反對　●外交大事記　要事彙誌　●世界大事記　東洋之部　日本將批准著作權法同盟條約　日本外相將赴俄　日本借換外債　西洋之部　英國經營澳洲兵備　英俄托拉司成立　俄海軍購煤於英　德國海軍預算　法國外交上之調停　奥貨爲土排斥　義國新內閣　波斯辭借公債　美國處分公有地　●日本明治四十一年史（續十一號）　●韓國三十年史（續前號）

二十世紀大著作名家童君愛樓實驗自來血保証書

明州童君愛樓著作等身生平擅長詩文書畫小說戲曲等一切撰作大江南北久噪文名歷在本埠各譯局各報館秉筆多年海內文學界中莫不知有此君其爲文莊諧並作獨闢町畦實爲近今二十世紀著作家中有數人物因其朝夜著作操勞過甚以致心血大衰精神困憊時患喘咳百藥無功今讀其來書知其服本藥房自來血後其病如失精神倍增仍能深宵著述不知勞倦深讚本藥房自來血有起衰扶弱之功今特將其惠書照登於下藉見自來血大有功於人之以思慮致疾云云〇五洲大藥房主人雅鑒今啓者鄙人向以筆墨餬口歷在廣學會山西大學堂譯書院萬國商業月報館字林滬報娛閒日報文娛報鶴鳴報春申諸處辦事多年自顧不文著書至數百萬言一人精神有限終日埋頭窻下竟成了肺喘之症近更書寫稍久神志易昏不能如舊時深宵著述莫知苦辛鄙人亦稍諳醫理念小恙之來多由心血暗耗致陽氣飛越成神衰咳喘痰多內熱之症服多方均不見效後自去秋八月間服貴藥房自來血後不覺喘平痰少仍得耐勞蓋由補血而得能若此也心感之餘爲作此書聊伸謝悃并告學界諸君之抱有同病者即頌財安

厲本埠大馬路德仁里六弄志强學堂內童隱頓

海內諸公如蒙惠購請認明全球商標每瓶內加附五彩認眞劵一張値洋一角方不致誤 小瓶一元二角 大瓶式元 每打十二元 二十元 託局函購原班囘件

總發行所上海四馬路老巡捕房對面五洲大葯房抄登

人造自來血乃人身之活寶

人生百體所賴以生長者血也如血多則百體強壯血少則百體衰弱設遇血盡則百體自枯是故凡人不能無血**血者誠乃人身之活寶也**然吾人欲究身壯力健之術者必以多血爲適宜若近今之衛生家雖常服各種補品而未得十分健壯者何也其故因我國理化未精藥物一道素鮮研究故自古迄今絕未發明不知以多血爲要義噫**此即吾身不強之由來也邇者神州睡獅抖擻初醒努力鼓盪我同胞之熱血奮振我同胞之精神**無庸疑義速請嘗試**能壯民力強國勢之人造自來血已經及時出現**故再行謹告同胞凡有心虧血虛破金吐血面黃肌瘦頭暈眼花耳聾腎虧陽萎精枯四肢無力手足酸軟身虛腳腫胃弱脾薄以及婦女經水不調白帶赤帶頭痛腰酸五勞七傷諸虛百損之症者服之自然**壯心經多血液**請將下列服法試驗之自能奇功立見幸勿輕視蓋其中實有絕大之能力也我同胞凡購服自來血**須先試驗究有功效若何**可用小針刺破皮膚出血一滴滲在白紙上待服過七日之後再用前法將前者滴血之紙與七日後滴血之紙兩相比較後者之色必紅於前此則**最易最明之確證也**倘能多服**則血愈紅而人之體力愈健**又如腎虧耳鳴眼花者連服數日眼目自覺清爽耳鳴耳聾自可並除此即顯明有補腎之功效又如年老血衰或壯年勞傷過度體質虛弱面無血色者自必畏寒驟遇冷風即發寒噤者服之半月之後**血氣漸充體質自固**雖遇箭風**亦不覺寒冷矣**又有明見之確證如久患爛瘡而不易收口者自服自來血之後則瘡內之**肉刺日漸增紅**如能常服收口亦易如婦女之經淡白者服到一月經水當即增紅**如患冷經痛經亦能並除**凡患破金吐血者服之補血則可以之止血則不可然患吐血之人血愈虧少若不培補則體質愈弱病勢日重尤宜常服以補之當時雖無止血之功然久服之心經壯**而吐血之患可以除根也**如脚氣水腫者步履蹇滯亦血虛不充之故須連服旬日則腫自消而步自健矣又**如患瘧疾者**服之旬日**立可除根**不發以上一切功效皆最易試驗者也

● 小瓶一元二角大瓶二元**每打**小瓶十二元大瓶二十元託局函購原班回件海內諸公如蒙惠購請認明全球商標爲記內附五彩認眞券一張值洋一角方不致悞

● **總發行所上海四馬路老巡捕房對門青花石三層大洋房五洲大藥房并南北兩京以及各埠大藥房均有經售**

補腦聖藥

上海司帳人因患腦筋衰頹背骨疼痛以致夜不成寐醫藥罔效後服韋廉士大醫生紅色補丸而獲全愈

吳君春綬爲上海華英大藥房之總帳司也該藥房爲中國最大最久遠藥房中之一其各藥躉批零售出入紛繁吳君持籌握算總司會稽無怪其心力交瘁身體衰敗也韋廉士大醫生紅色補丸如何建其腦力復其身心於衰敗之中試觀其自述之情

上海吳春綬君玉照

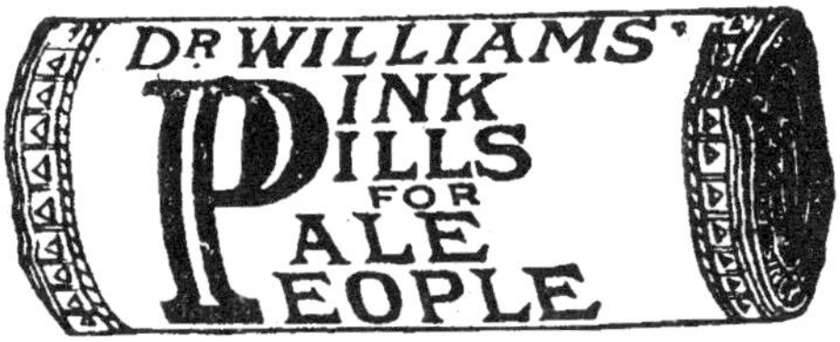

認明真樣謹防假冒

形如左云 約一年前余腰部背脊疼痛難忍坐時過久其痛即由腰背上達頭部撻如電掣胃口失調飲食不化常覺頭痛日間作事過勞每至夜睡不甯常被惡夢驚醒遍體出汗晨興困倦乏力莫能理事漸至體弱身瘦腦筋失力畧聞聲息心跳不甯屢延上海名醫診治罔效試服各種方藥雖暫獲愈而心跳如故自維此身如是輭弱幾已絕望後承友人勸服韋廉士大醫生紅色補丸余依言試服二瓶背痛稍減精神頓增飲食亦漸有味於是接連服之腦筋漸強夜睡安甯頭痛亦止身力健壯自服此丸之後迄今數月各病皆愈絕無復發故余樂將此情登諸報牘俾天下同胞皆知韋廉士大醫生紅色補丸誠爲治病補身之聖藥也

韋廉士大醫生紅色補丸爲醫治凡由血弱不潔或腦筋失調之聖藥二十餘年以來名望卓著其所治愈各疾即如

血薄氣衰 諸虛百損 胃不消化 肝經各病 背骨疼痛 風溼骨痛 臂骱痠痛 左癱右瘓 脚氣衝心 跳舞瘋病 少年斲喪 陽萎不舉 乾溼癬癩 瘰癧疔疹 皮膚疔裂 山林瘴氣 發熱病後 紅白痢疾 傷風感冒 以及婦科諸症莫不靈驗如神

韋廉士大醫生紅色補丸中國各處商店藥局凡經售西藥之處均有出售如內地無從購買可直向上海四川路八十四號韋廉士醫生藥局中國總發行處或向重慶白象街分行函購亦可 價銀每一瓶大洋一元五角每六瓶大洋八元 遠近郵費一概不取

上海四川路第八十四號韋廉士大醫生藥局啟

國風報

大清郵政局特准掛號認為新聞紙類
日本明治四十三年二月十三日第三種郵便物認可

每月三期逢壹日發行

……年五月念一日

……第拾四期

定價表

項目	報資
全年三十五冊	六元五角
上半年十七冊	三元五角
下半年十八冊	三元五角

費須先惠逢閏照加

零售每冊	二角五分
本國郵費	每冊四分
歐美郵費	每冊七分
日本郵費	每冊一分

廣告價目表

一面	十元
半面	六元

惠登廣告至少以半面起算如登多期面議從減

宣統二年五月念一日出版

編輯兼發行者 何國楨

發行所 上海福州路 國風報館

印刷所 上海福州路 廣智書局

分售處

北京桐梓胡同廣智分局

廣州十八甫國事報館

廣州雙門底聖賢里廣智分局

廣州十八甫廣生印務局

日本東京中國書林

國風報

各省代理處

- ▲直隸 保定府西大街 萃英山房
- ▲直隸 保定府 官書局
- ▲天津 府署東 原創第一家派報處
- ▲天津 浦東小關大行 公順京報局
- ▲天津 鄉祠南售報處 李茂林
- ▲天津 東馬路 羣益書局
- ▲奉天 省城交涉司對過 振泰報局
- ▲奉天 天圖書館
- ▲盛京 昌圖府北大街 振泰報局
- ▲吉林 省城板子胡同 文盛報房
- ▲山東 濟南府芙蓉街 維新書局
- ▲河南 開封府城北書店街 茹古山房
- ▲河南 開封府西大街 文會山房
- ▲河南 開封府西大街 大河書局

- ▲河南 開封府西大街 教育品社
- ▲河南 開封北書店街 總派報處
- ▲河南 武陟三官廟街 永亨利
- ▲河南 彰德府 茹古山房
- ▲陝西 省城內竹笆市 公益書局
- ▲陝西 省城 萃新報社
- ▲山西 省城蒭子巷 文元書局
- ▲山西 省城 書業昌記
- ▲貴州 崇學書局
- ▲雲南 城東院街沙臘巷口 天元京貨店
- ▲安徽 廬州府神州日報分館 陳福堂
- ▲漢口 黃陂街 昌明公司
- ▲安慶 府龍門口 萬卷書樓

國風報

各省代理處

▲蕪湖 徽州碼頭 科學圖書社
▲四川 成都府學道街 輸文新社
▲四川 成都 正誼書局
▲四川 成都會府東街 華洋冬報總派處
▲四川 成都南紗帽街 安定書屋
▲湖南 長沙 羣益圖書公司
▲湖南 常德府 中報館
▲南京 城夫子廟 啓新書局
▲南京 城淮情橋 莊嚴閣
▲南京 城花牌樓 崇藝書社
▲南京 城花牌樓 圖南書社
▲江西 省城洗馬池 開智書局
▲江西 廣信府文昌宮 益智官書局
▲江西 南昌萬子祠棲畫巷內 廣益派報社

▲福州 督署後 教科新書館總派報處
▲廈門 關帝廟街 新民書社
▲溫州 府前街 日新協記書莊
▲溫州 瑞安太平石街 廣明書社
▲蘇州 圓妙觀西察院巷口 瑪瑙經房
▲揚州 古旗亭街 經理各報分銷處
▲常熟 常照派報處 朱乾榮君
▲常熟 寺前街 海虞圖書館
▲常熟孚記書莊
▲星加坡南洋總滙報
▲澳洲東華報
▲金山世界日報
▲紐約中國維新報
▲香港 中環砵甸乍街 致生印字館

國風報第一年第十四號目錄

目錄

瓊花見於紀載人多未見真花僅存廣陵瓊花觀遺址而已近惟贛州道署有瓊花一株高與簷齊三月花時燦爛如錦香極清微用接樹法移置二本送勸業會場此花攜造至奇為留影以供物博家研究云

諭旨

五月十二日　上諭此次考試舉貢業經引見完竣自應分別錄用陳命官陶恩章唐瀚波沈聰訓王涵川陳耀嫣杜芝亭李樹芳師培英張捄劉志清馬繼禎彭蔭棠王錫鑾嚴士濬劉登瀛翟福謙方汾玉張之基向一中張采薇張勳年宋煥奎何積祜鄭景僑周殿薰姜崇恩程量書陳永鑫吳台高孝聰張度嚴紹曾陸鍾渭賀紹章錢葆田夏敬愷荆致中党遠昉王楚喬崔崑江辛孫振麒張宗祥葉在廷張孔瑛王基濬徐步連馬象雍胡宗虞陳錫玉蔡鎮藩詹聯芳張鳳翔李景濂黃永筠王盛春祥康莫永成俞玉書黃肇河曹驪觀周克恭楊式震程銘善陽景新賀長治王維楨陳同熙劉燮梅王新銘李萬鍾馮登賢王繼林趙芝雲范晉卿鄭有瑋張曰睿臧增慶王納何增崙劉熾昌危尙志呂嘉寶劉崇本李煦東李洪鈞余銘芝蘭鴻著高慶題劉樹鑫張繼祖富春曾勷張坤本善聞韶金萬川師善均著以主事分部學習龐友蘭王金鎧張淑璠鄧振聲陳廷策王履泰崔生王黥張永和劉子榮高凌霄均著以內閣中書用國治劉蔭第黃衍袁郭錫炤劉明昭李堪驥汪國傑黃維周余其貞邱嘉謨劉民安志鉦蔣元慶熊

勝陳元璧陳鑑藻蔣祖庚張嘉德施茂華孔憲棨余嶽霖朱啓瀾陸炳章周謹庠王鳴珂陳範施藻章張慶韶黃鵬祁錫蕃韓鎭鼎陳德昌恩格劉棨第劉鴻書王嗣鋆張鳳會伊人鏡廣熒周紀武樊至棨劉有璧羅獻修張培鼎黃華黃惠傳國雄王希曾鄔繩準孫錫彤劉錦龍顏之樂均着以七品小京官分部學習祁人傑涂樹霖江友燮王恒李正誼丁永暉李繼楨張紹仲熊羅宿黃周郭翼唐李昂青查宗釗林思律孫祖燧徐心義謝鳳孫趙正印李宗漢王棨貴秦寶璐余澤涂樹蕃周珩姚岱楊道隆王祖德黃家琨胡承治吳惟允段繼武劉續曾陳端徽朱撰卿王萬懷張濟川左攀龍孟鍾鄒俊卿杜國樑張治王樹槐陳敬頌哲本曹信本藍培原張家樞史延壽成芳齊涵玉林培藻胡鋆蔆王維賢倪隆德李卓元汪錫彬王體融吳孝展張稼軒朱逢咸李光麟齊福丕李寶崑李作椝熙珍魯延俊梁棨祥安永昌賈睿熙尤聲瑸董玉書郭際豐曹善同張廷琇楊炳盧士芬陳庭蘭李域王廷燮朱錦綬關天培張銘西王恩詔牛獻珠謝家梓慶祉黃慶翰嚴樹滋周永年曾唯儒包延杰黃逢元趙文龍定剛楊壽祺周焯黃鼎銘李政準杜之堂程文藻程適門安朝湯之光李中淇蔣鴻熹黃象冕何銘敬黃廷治

黃翼雲馬貝弼林鶴鳴劉鯤海高維嶽張熙慶豐慈裕段經畬朱裳曹佐熙杜培元張大年于執中周汝爲鄭長善鄭錫田馬文煥恩霖毓衡王澤潤郭公闕富和朱振基劉昌楹沈經道陳蔭松徐耀鑾田智貝周先聲魯伯龍趙雲瑞王紹曾張家驥虞璋馬啓人曲鳳翼張宜炎熊瀛士孫嶽金劉立夫文海柏堃張啓琛劉經邦張咸之高尊達沙培金楊華亭王銘恩蘇紹章均著以知縣分省補用其補行引見之唐際虞著以七品小京官分部學習蕭光炆著以知縣分省補用欽此　上諭翰林院侍讀榮光奏津浦鐵路車站係繞道糜費一摺天津津浦鐵路車站前經郵傳部查勘並會同直隸總督覆查幾費經營始經定議辦理尙屬周妥前以該侍讀一再瀆陳淆亂是非當經交部議處茲該侍讀復以前情具奏堅執夥販地皮之奸商刋刻圖說飾詞聳聽不候部議嘵嘵置辯實屬謬妄已極侍讀榮光着改爲交部嚴加議處欽此監國攝政王鈐章軍機大臣署名

十四日　上諭吏部奏遵議處分一摺翰林院侍讀榮光著照部議即行革職欽此

上諭本日引見之廕襲三等伯爵李賓著准其承襲賞給二等侍衛在大門上行走欽此　上諭本日補行引見陸軍貴胄學堂畢業考列二等之二品廕生承啓着以陸軍

部員外郎用欽此　上諭本日引見之翰林院庶吉士吳震春著授職編修欽此

十六日　上諭駐藏大臣聯豫奏稱光緒二十五年已革達賴喇嘛咨稱第穆呼圖克圖阿旺羅布藏稱勒饒結賄延贍對康巴喇嘛使用邪咒圖害達賴生命請撤銷呼圖克圖及靖善禪師名號等因茲據布賚綳寺洛嶺朱倉喇嘛等偕同第穆本寺喇嘛等聯名稟稱第穆呼圖克圖阿旺羅布藏稱勒饒結並無劣跡竟被奇冤臚列案情懇請恩施等語此案既據聯豫查明第穆呼圖克圖無端受禍良堪矜憫第穆呼圖克圖阿旺羅布藏稱勒饒結著加恩復其靖善禪師名號並賞還第穆呼圖克圖准其轉世所有該寺內財物田產飭由商上查明如數結還以彰公道而維黃教該部知道欽此

上諭瑞澂楊文鼎電奏湘南常德府濱河築城地勢低窪本月初間黔省久雨山水下灌又因上游發蛟河水陡漲初五日以後大雨如注晝夜不息城根水深八九尺下關坍塌隄障潰決沿河田廬悉遭漂沒小民蕩析離居覽奏深堪憫惻加恩著賞給帑銀二萬兩由度支部給發著該督撫派委妥員前往詳細查勘辦理急振毋令災民失所並設法補築圍堤俾得復業用示朝廷軫念災黎至意該部知道欽此監國攝政王鈐章軍機大臣署名

論說

公債政策之先決問題（公債政策之一）

滄江

嗚呼。今之政府。其無術足以五稔矣。今之政府。其營魂之澌滅也蓋已久。顧猶能屬一絲之息以迄今日者。則恃敷衍延宕搪塞已耳、諺曰得過且過。此語也。實爲現在我全國人共通之心理。而政府其尤甚者也。夫使長此可以得過。則彼之懷抱此種心理者。曷嘗非善自爲謀。而無如至竟終有不能得過之時。今則其時已至矣。夫國民之所以不能得過者。則國民生計破產之問題是已。政府之所以不能得過者。則國家財政破產之問題是已。國民生計問題且勿具論。若夫國家之財政。其險狀既爲天下所共見。中智以下知其無幸矣。國家歲入一萬三千萬。曾不足以當歲出三之二。而各省之入不敷出者。無省不在一二百萬以上。其多者乃至四五百萬也。問中央政府何術以免破產。惟有借書

論說　二

嚴厲責各省以貢獻而已。或竟紾各省之臂而奪之食而已。問各省何術以免破產。惟有仰首哀鳴求中央之撥補。望鄰省之協助而已。有經手者。則要於路而奪掠之而已。究其實際。則貢無可貢。撥無可撥。協無可協。而其所紾臂而奪要路而掠者。始終亦不過此數。如合百數十巨魚以競此蹄涔之水。縱復得之。其能延殘喘者幾何。夫今之現象則既若是矣。重以民生彫敝。官廉掃地之故。將來租稅所入。年絀一年。固在意中。而彼盤據要津之老悖童騃數十輩。見夫非多立名目。不足以開肥己之門也。乃今日曰籌備甲事。明日曰籌備乙事。而歲出之增。至於無藝。今年歲入不足三之一者。明年必及其半。又明年必及三之二。事勢所趨。洞若觀火矣。於萬萬不能得過之際。而猶欲行其得過且過之政策。其策維何。則曰舉債。舉債而民莫應也。則設爲種種新式以自欺而欺人。於是有昭信股票式之公債。其實則賣官也。有農工商部式之公債。其實則賭博也。其稍稍文明者。有郵傳部式之公債。則歆民以鐵路之餘利。實則假名贖路。以資挪用也。有袁世凱式之公債。則遞增息率以誘民。遺負擔於後而供其一時之揮霍也罔民之術亦既無所不用其極而民之莫應如故也爲政府者心勞日拙既窮而濫憤懣無所得洩則投龜詬天而呼曰東西各國其人民皆負擔應募公債之義務我國嵩嵩者氓等是食毛踐土今乃於國家之區區稱貸而不余畀人之無良一至此極也嗚呼吾聞之雖盜亦有道焉不以其道卽欲爲盜臣亦安可得吾得正告袞袞諸公曰公等而欲舉債以救死耶則當知欲辦公債之前有種種先決問題**苟此先決問題有一不舉者則公等其毋望能得一文之公債也** 嗚呼吾固知袞袞諸公斷無一人有閑心閑日以讀吾此文也吾又知其雖讀吾此文而吾所主張之政策斷非彼等所能辦到也顧吾猶不能已於言者欲灌輸常識於我國民而已國民而有此常識也則吾之政策其或有終見實行之一日也

東西各國財政學之著書汗牛充棟其中必有一大部分論公債其所論者則有若公債之性質公債之種類公債之利益公債之弊害公債之發行法募集法整理法借換

法、償還法。莫不言之綦詳。若夫前此未有公債之國。當以何法能使公債發生。（此專指內債也）則徧讀羣書未有言及者。然此實我國人目前相需最殷之問題也。夫今日東西各國其公債之現存者。多或百數十萬萬。少亦十數萬萬。政府與人民皆安之若素。彼其汲汲研究者則處置此公債之方法何如耳。至其若何而始有爾許之公債。則歷史上過去之陳跡。更無待嘵嘵詞費也。則其存而不論。亦固其所。我國則不然。全國中除外債外。政府與國民無一豪債權債務之關係。政府屢欲募集而無一次不敗績失據。故居今日之中國而論公債。一切問題皆隔鞾搔癢。其開宗明義所當講者。實為公債以何因緣而始能發生之一問題。本文即對於此問題而思所以解決之者也。

第一　非國家財政上之信用見孚於民則公債不能發生

公債必以信用為基礎。此至淺之理。中智以下所能知也。我國當局。亦有感於是。故經息借商款之後。（此甲午戰役時所借也其數凡一千餘萬）知民之不吾信也。則特標其名曰昭信股票。經昭信股票之後。知民之益不吾信也。計無復之。則思爲種種方法以自明其必信。於是農工商部之富籤公債。則聲明由大清銀行作保。郵傳部之京漢贖路公債。則聲明以鐵路作保。而直隸湖北安徽三次所募地方債。皆指明的款若干項存於官錢局以作保。其意謂似此當足以明大信矣。而不知所謂財政上之信用者。實不在是。傳不云乎。信不由中。質無益也。譬諸私人。然苟其人本屬素封而信義夙著者。偶有借貸。則一諾而假千金不難也。而不然者。雖信誓旦旦。重之以質劑。而莫或應矣。國民之對於國家何獨不然。夫惟財政之基礎鞏固。予天下以共見。人民知國家萬無破產之患。而貸母取子。其可恃莫過於國家。則不待勸而共趨矣。東西各國所以每募債一次而應者恒數倍乃至十數倍。凡以此也。而不然者。財政紊亂之狀。已暴著於天下。此如式微之家。其子弟飲博無賴。而欲稱貸於人。雖有抵押品。而自愛者決不肯與之交涉明矣。且如農工商部之富籤公債。云由大清銀行作保。而大清銀行。民又能信之耶。其內容之腐敗。漂搖。有識者早窺其隱矣。又如直隸湖北等省公債。指明若干項的款以作保。而所指之款民又能信之耶彼固言無論何項要需不許挪用也而挪用與否民安從而稽之藉曰果不挪用而能保政府之必得此欵耶他勿具論卽如直隸湖北兩省所指之的欵皆以銅元餘利爲大宗當其募債之時固明明有此的欵可撥初意固非欺民也而一二年來銅元局已無復餘利矣頒定幣制之後則直隸湖北並鑄銅元之權而無之矣則此欵又安著者又如湖北作保之款則籤捐彩票餘利亦其一也今彩票亦議廢矣而此款又安著者是知財政之基礎不立則雖現在所有之欵實乃不知命在何時而欲假此以立信於民民之必不信如故也此僅舉一二以爲例他可推矣

然則欲國家財政上之信用能孚於民其道何由曰其條理萬端而筦其樞要者則有二焉

一曰確立完善適宜之租稅系統

國家欲得正確之收入必恃租稅租稅者所以應經常費之用也夫募集公債之目的雖本藉以支辦臨時費及其已募得之後而按年派息則經常費隨而增矣使其公債而屬於定期定額償還之種類則派息之外再加以遞年償本經常費益隨而增矣而此所新增之歲費其財

源非求諸租稅焉而不可得也（或所借公債用之於生產事業則其事業所生之利益亦足以增國家之歲入然其事業大率不能求速效且各國編製預算之通義凡官業所收入者編入總預算中與租稅相補則其與租稅系統之關係固甚密切也此事當別論之）是故租稅系統本已為財政基礎之中堅而既舉辦公債以後國庫之負擔比例於公債之分量而加重而租稅之歲進率不容不與之相應或舊稅能自然增收或改稅率增稅目以求新財源二者必當居一於是而若何然後保歲入之可恃則言租稅系統者所有事也苟租稅而無系統或系統不能適宜完善則或自始而所入不能及歲出之額者有之或預算以為及額而實收時不能及額者有之或初年雖及額而後此以惡稅之結果涸竭稅源馴致不能及額者有之有一於此則財政之基礎必為之動搖而國家之信用乃寖以墜地矣

一曰確認國會監督財政之權

凡一國之財政苟非有國會監督其旁則斷難臻於鞏固此萬國之通義也而欲募集公債尤非恃此權之保障決無從以集事蓋租稅為強制徵收的性質國家可以權力行之所謂「不出代議士不納租稅」之一格言非民氣極昌之國未易實行也公債則為合意契約的性質民不

樂應無自強之欲民樂應非先使之對於國家財政基礎深信不疑焉不可也民何以能深信國家財政而不疑必國家公布其歲出歲入而由人民選舉而成之一强有力機關幾經討論而證明其基礎之不至搖動則民信之矣故今世各立憲國之募公債非經國會協贊則政府不能擅行其各國公債之發達亦恒在既開國會以後而無國會之國其內債罕能成立凡以此也

由此觀之則吾所謂財政上之信用者畧可識矣今我國既無國會而租稅則更鹵莽滅裂絕無所謂系統公債之募作何用人民毫無所知所知者則惟政府年年歲入不足藉此以彌補己耳其所告我以派息償本之欵皆挖肉補瘡己耳以此而欲人民之樂於應募能耶否耶

第二　非廣開公債利用之途則公債不能發生

吾國人聞公債之名則以爲人民之應募者惟出於愛國之熱誠而已即稍進焉亦以爲人民之應募者其目的在將來收還本錢每年例得利息而已此大謬也夫公債之爲物國家爲債務者而持有債票之人爲債權者其權利義務純然爲私法上之關係

而非有公法的作用以殽乎其間也 公債與私債之性質固不能無區別然此乃生計學上所謂公生計與私生計之區別非法學上所謂公法與私法之區別也 民之應募者不過以此爲生計行爲之一種 質言之則謀利也 而絕非恃國家之觀念以爲動機也乃今者一知半解之新學家動輒曰應募公債爲國民愛國之義務則試問今世歐美各國其甲國人民購買乙國公債者不知凡幾得毋甲國人民有愛乙國之義務乎不甯惟是甲國政府購買乙國公債者不知凡幾 普法之役普政府得償金於法即以一千一百五十萬元購巴威倫公債以九百二十萬元購美國公債以二十萬元購英國公債以八百八十萬元購俄國公債大抵凡國家設有非常準備金者則以此金購外國公債最爲得策此財政學者之通論也 得毋甲國政府亦有愛乙國之義務乎是故應募公債者凡以公債之有利於己而絕非緣愛國心所激發明矣 公債中亦有愛國公債之一種乃國家以比較的有利於政府之條件發行之應募者所得利益雖不如普通公債之優而本國人民以愛國之故則亦有應之者雖然此不過比較的利益稍減耳非絕無利益而強民以義務也而此種公債財政學家猶極力攻詆之 然則公債之有利於民者果安在謂將來國家必定償還老本決無虧蝕以此爲有利耶則民之懷金者擇其所深信之親友而貸與之豈憂其不償還存貯之於最穩固之銀行豈憂其不償還若更愼重者則窖而藏之虧蝕之患乃更絕耳今以貸諸國家彼歐美各國行永息公債法者國家自始未嘗約言償還其終還與否不可知也藉曰還矣而其在若干百年以後不可知也卽在行約期償還法之國

而所約期大率以五六十年爲限（公債有永息公債約期償還公債定期定額償還公債之三種見本報第七號再論籌還國債會篇中）民之貸金者必五六十年而始復其母果何樂於此謂公債能得確實之常息以此爲有利耶則無論何國其公債息率皆視市場普通息率爲低廉民之懷金者苟以之自營工商諸業所獲息必能倍蓰於公債藉曰營業含有冒險性質盈虧不能預必也而長期存放之於銀行得息亦總優於公債民之用母求子者其必不於公債明矣準此以談 則人民應募公債既非出於愛國心而將本求利公債所得又至微薄顧何以東西各國之人民嗜公債若渴每國家發行一次應募之額動數十倍此大不可解也 夫惟能解此乃可與語公債矣

天下之物惟有效用者爲能有價値此生計學上一大原則也錦繡雖美以入裸國莫之或顧膾炙雖甘以入齋鄉則望而卻走矣凡百品物莫不有然 公債也者一種之有價證券而今日文明國生計社會中一日不可

離之物品也故東西各國之民視若布帛菽粟苟其無之則其生計社會須臾不能以自存也吾國人驟聞此語將茫然不解其所謂吾得略舉實例以證明之

第一綱　公債最適於爲保證金之代用品也　凡一國中公私交涉其需用保證金之時甚多若一一用現金交納則納者既坐虧利息而收者亦將貨幣死藏損其效用惟代以公債票則兩受其利試舉其例

第一目　現在各國法制凡官吏之主會計者大率須納身元保證金於國庫所納者可以公債票爲代此項所需用公債不少

第二目　凡包辦國家及地方團體之大工程者例須納保證金惟得以公債票爲代工程愈多則其所需公債亦愈多　如我國京都之木廠承辦　陵工及其他內廷工程又如北京現建築造幣廠、各省建築諮議局、及各種官廨、各種學堂等在外國則皆須納保證金或以公債爲代者也我國若仿行之所需公債票豈少也哉

第三目　各國關稅制度皆有所謂保稅證金者蓋爲獎厲本國產業起見對於外

國入口之原料品常分別免稅而所免之稅仍須先行照納待他日乃由國庫交還之也例如日本紡績公司購買外國棉花製糖公司購買外國粗糖皆分別免稅蓋將棉花織成布以輸出外國者將粗糖製成精糖以輸出外國者則將其輸出之部分豁免其稅所以輕其成本使能與外國競爭也然同一公司每年購外國原料若干其所製成之品物果有若干輸出於外國有若干留用於內地乎不能預定也故當原料入口時仍照率收足稅金待其製品出口時始將此出口品所用原料核計幾何而照數給還其稅金此保稅證金所由起也而此項保稅證金例得以公債票爲代故製造業盛之國公債之用於此途者甚多。我國現行關稅雖不知有此種保護政策然亦未嘗無保稅證金也蓋關稅條例中有所謂復出口半稅者其所餘之半例須納保稅證金若舉辦公債後可以債票爲代也。

第四目　各國行專賣制度者人民若欲向政府賒取此專賣品例須納保證金而此金例得以公債票爲代例如國家行鹽專賣制度則人民買鹽者例須求之於政府固不待言然政府必非能徧地開設廛肆論升論勺而零賣也必躉售之於販行之人然販行之人若先交現銀然後得鹽耶則挾有千金之資本者持向政府買得值千金之鹽總須三數月乃能銷罄銷罄後然後再買則一年能販三四次極矣如此則資本之運用甚滯獲利甚微民必莫肯從事然則政府將賒給之耶經手官吏又安肯冒險以代任此責故以公債票作保則賒給之實兩便也故此亦爲公債用途之一大宗也。

我國鹽政窳敝極矣欲廓清而更新之非仿各國之專賣制度不可汰除鹽商而代以公債保賒之制此吾黨素所主張也參觀本報第六號改鹽法議試思以我國之大全國食

鹽需消幾何則即此一端而公債用途之廣豈可量哉況乎煙專賣鴉片專賣等皆可次第舉行而其需用公債亦猶是也

第五目　在行國民銀行制度之國銀行納公債票於國庫以作保證則許其比例於票面金額以發行紙幣（國民銀行制度者與中央銀行制度相反者也中央銀行制度惟一中央銀行得有發行紙幣之特權現今英德法日俄等國皆行之國民銀行制度則凡以公債作保者皆得比例於所保以發行紙幣日本當明治三十一年以前行之現今則美國及英屬加拿大尚行之）故銀行業愈發達則需用公債之途愈廣（美國公債息率僅二釐而民爭購之者以有國民銀行爲一大尾閭也）據吾黨所主張謂我國若不采用國民銀行制度則銀行業斷無發達之期若一旦采用此制度則公債用途之廣吾實無以測之

第六目　人民買賣交易其須先交定金者不少定金即所以爲保證也若有公債則以債票代用最宜矣就中若外國所謂取引所者（吾譯之爲懋遷公司見本報第七號論籌還國債會）其每日定期交易所需之定金動千數百萬殆悉代以公債則公債用途之廣爲何如哉我國現時未有懋遷公司故此項用途稍狹然即以尋常買賣論其所需定金亦豈得云少況乎爲發達全國國民生計起見則懋遷公司固不可不亟亟提倡

耶。試思。以中國之大人民之衆。苟商業日昌。以後當有公債若干千萬。始能敷此。用者。

第七目　其餘人民職業上及其他之交涉需用保證金之時甚多。如彼傭職於銀行及大公司或各商店者。賃田而耕賃屋而住者。其類不遑枚舉。而皆可以公債票作代。合而計之。其用途亦正不少也。

以上各項。例須以現金爲保證。不獨吾國爲然。即東西各國當未有公債以前。亦莫不然。然用現金則坐虧其息。其吃虧至易見也。若不用現金而思以他物爲代。耶苟非有價證券之類。人必不樂受。（如田園房宅及什器等必不足以代保證金之用也）而有價證券中之公司股票等項。（有價證券可大別爲三一公債票二公司股份票三公司社債票也）其信用總不能普及。且與政府交涉尤爲不適。惟用公債票作代。則納之者既可以仍得常息。受之者亦不憂徒抱空質。故對於此項用途。其便利無出公債之右。持有現金不如其持有公債。民之重之固其所也。

第二綱　公債最適於爲借貸之抵押品也

第八目　欲發達國民生計必賴銀行銀行者以借貸金錢爲業者也而貸金與人例須索抵押之品我國現行習慣大率以田園房屋等不動產充之然以不動產作抵稱貸治銀行學者實懸此爲厲禁蓋抵押之始評定其所値價格動費時日且需費用其不宜一也評價或誤動至虧損其不宜二也借者屆期不還例得沒收押品而沒收田房等項經理需費且不能得確定之收入其不宜三也沒收後欲售賣之買主非立刻可得若欲急賣其價必落其不宜四也（頗聞大清銀行貸出之款其用田房等爲抵押品者値數百萬此犯銀行家之大忌果爾吾甚爲其前途危之）舍此若以商品作抵則不惟有霉爛毀損減其原値之虞而笨重轇轕且滋甚故借貸之抵押品其適用者實限於有價證券而諸種有價證券中以公債爲最良此又至易覩之理也我國銀行業不發達之原因雖有多端而市面上缺此最良之抵押品以致放款不能圓活亦其阻力之一也故爲獎厲銀行業起見不可不有公債而銀行業既漸盛則公債之用於抵押品者愈多爲廣銷公債起見又不可不恃銀行外國銀行業之盛若彼其公債安得不等

於布帛菽粟哉。

第三綱 公債最適於爲公積金之用也 無論何國其公私之公積金種類皆不少。而在生計發達之國爲尤多此種公積金若用以營他種生利事業或爲法律所不許或雖許矣而營業盈虧不常總含冒險性質殆非所宜若積以現銀乎則與窖藏於地無異積之者既坐虧其息而爲全國金融計爲梗亦滋多 此非有公債不能爲功也試舉其例。

第九目 國家之公積金現在各國行之雖少然亦非盡無即如普魯士國自腓力特列大王以來設立所謂非常準備金者（專積之以爲大戰事起時之用平時不許他挪惟已宣戰乃得支用）至今不廢其數已逾五萬萬馬克在平時何以殖利則用以購買本國及外國公債也（此種準備金以購外國公債爲宜普國亦內外並購顧此勿深論要之爲消受公債之一途也）此本頑舊之法近世學者已極言其害我國將來固不必更效顰然現在 皇室之公積不少據道路所述 孝欽顯皇后之私蓄其力可以興一艦隊若國家創辦公債時舉此以購買之歲收其息猶愈於窖藏而貫朽也。

第十目 國家普通之公積金。除普國外。殆皆盡廢。至特別之公積金。則猶有行之者。普國現有恤養廢兵之公積金。凡三萬八千萬馬克。以一部分購買鐵路股份。以一部分購買本國公債。日本則有補充軍艦公積金三千萬圓。教育公積金一千萬圓。災害準金公積金一千萬圓。其第一項則購外國公債以保存之。其第二第三兩項則購本國公債以保存之。蓋此種公積金。其性質只許每年用息而不準動其本。然由何道以得息。則惟公債最爲穩固矣。此亦消受公債之一途也。

第十一目 國家之公積金。其例雖希。至於地方自治團體之公積金。則無國無之。而其運用之以取息者。大都在公債也。 我國現在此種公積金不少。若有安全之公債出現。則此亦其一尾閭矣。

第十二目 財團法人之公積金。更以公債爲唯一之用途。財團法人者。謂募捐款以辦慈善事業。其公積金則只許用息而不許動本者也。各國通例。大率以購公債。取其最穩也。 我國此種財團法人現存者甚多。如各市鎮之善堂。各府州縣之義學義倉。及近十年來所辦之學堂。率皆有多少公積金。徒以無公債之故。存

放諸一私人或一店號之手動有吞蝕倒虧之虞若以置買田房諸產則常息有時不可必得而經理尤難得人若公債辦理得宜其爭趨之必矣

第十三目 各國之懋遷公司（懋遷公司有二種一曰商品懋遷公司二曰股份懋遷公司） 實爲一種重要之金融機關夫懋遷公司之性質不過居間買賣原無須有大資本也然非有大資本則不爲人所信且國家法律亦不許之故各國之懋遷公司其資本率在數十萬元以上多者或千萬元以上然公司挾此資本將何用乎若窖藏之則所虧之息安可紀極若以營他種生利事業則不得復爲本公司之資本而法律且禁之矣故各國通例皆以法律規定此種資本只許購買公債不能作別用故此種公司又爲消納公債之大尾閭也 我國人現在雖不知懋遷公司爲何物然非有股份懋遷公司則公債斷無從辦起（此理別詳次號續稿）而欲使一國商業交通便利則商品懋遷公司亦不可少其必須設法獎厲殆無疑義計全國應設懋遷公司之地最少不下五十市每市設株式懋遷公司一所商品懋遷公司二所每公司之資本平均以五十萬圓計已應得七千五百萬元矣而此資本則皆須投之於公債者也

第十四目　各國之保險公司（有水災保險火災保險人壽保險諸種）其性質亦略與懋遷公司同本來不必要大資本而非有大資本則不爲人所信故其資本與公積金合計率極雄厚此種資本及公積金雖法律上未嘗限定用之何途然保險公司例須常備的款以便忽然遇有災變得供賠償之用此款若扃諸篋笥則坐虧利息若以置產則變賣不易故大率以其一部分購買公債亦勢使然也　我國保險之業發達尚幼稚除通商口岸僅有一二公司外內地則絕無固由風氣未開抑亦以未有公債以運用其公積金則此業殆甚難辦也然則欲辦公債當獎此業此業既盛則公債用途亦隨而廣矣

第十五目　商民之稱貸於銀行者固藉公債作抵押而銀行自需用公債之時抑更多也蓋銀行本以存放金銀爲唯一之業倘遇存入者太多而放出者太少之時銀行對於存銀之人須給以息而所存之銀不能得息則業將隳矣若不擇人而濫放耶其危險更不可思議於斯時也舍購買公債外無他術矣故銀行亦公債之一尾閭也若夫各國之中央銀行常以收放公債爲操縱金融之一妙法者

（此法極有趣但不便枝蔓以述之）更無論矣。我國若銀行業發達之後。此種現象亦當常有。故亦爲公債利用之一途。

第十六目 普通銀行既若是矣。若夫積儲銀行其需用公債之處更多。蓋積儲銀行之性質。本以攢集貧民及婦女兒童之所蓄。爲之生息以獎厲其貯蓄心也。故國家所以監督之者特爲嚴重。設爲專律以閑之。恐其一有虧蝕。則貧民婦孺之受累者其結果有不忍言也。然貯蓄銀行收得存款。勢固不得不轉放之以取息而放諸他途。慮有危險。故以法律規定。使必將其一部分購買公債。此國家保護細民之意也。而貯蓄愈發達。則公債之用途愈廣矣。 我國現在各大城鎮亦漸有所謂積儲銀行者萌芽其間。然國家法律之保障不嚴。危莫甚焉。以吾論之。苟非俟有安全之公債發生。則積儲銀行之弊。餘於其利也。

第十七目 又不徒積儲銀行爲然也。現今各國皆行郵便貯金之制。其進步一日千里。各國郵政局所收貯金。多者至二三十萬萬圓。少者亦數千萬圓。郵局既須給息與人。自不能不運用之以取息。而運用之途。則投諸公債者過半。（各國且有以法律規定此欵只許運用之於公債不得他用者則其公債用途之廣從可思矣。聞我國亦有議辦郵便貯金之說此事苟辦理非人則厲民將甚於盜賊以今之政府吾黨固不敢畫諾也然使能善辦之則固於公債政策大有裨矣。

第十八目　不甯惟是各國郵便貯金每人名下所貯例設限制（日本不得過五百元以上）逾限則改給以公債此亦足廣公債之用也。

第十九目　無論何種公司每年除派息外其所贏餘者例須劃出一部分以爲公積金而此公積金僅能以一部分爲固定資本而必留出一部分以爲流動資本。固定資本者如增築廠舍添置機器等是也此項資本一經投下之後則不便變易故此外仍須有浮銀若干以備隨時擴充營業或彌補虧空之用者即流動資本也而此流動資本之一部分公積金欲使其不虧利息而又隨時得以提用則非投諸公債不爲功也。我國公司漸興若公債辦理得宜則公司之公積金舍此其又安適。

第二十目　且公司當集股已成尚未開辦之時其所收得之股本亦一種公積金

之性質也暫買公債以取息最爲合宜矣　此種用途在我國則相需尤殷者也我國現在未有銀行凡公司集得之股本率暫存於發起人之手或任意存放於其所私昵之銀號鋪店等非惟虧息且危險莫甚焉粵漢鐵路之粵股川漢鐵路之川股所以路未動工而股先蝕盡者凡以此也苟有安全之公債復何此之足爲患哉

第四綱　公債最適於安放游資之用也　游資者資本之遊翔於市中而未得用之之途者也公債對於國民生計之效力原以吸集游資爲其本能而人民之持有游資者亦惟安放之於公債爲最適試言其理

第二十一目　人民持有資本欲以營農工商等業而一時未能選定何業者或雖已選定而目前機會不佳擬稍需時日乃開辦者則以購買公債取息爲最宜

第二十二目　人民持有資本而不欲自行營業者亦以購買公債爲最宜蓄存放銀行雖未嘗不可然若爲浮存則息率太微若存長期則萬一忽焉需用無從取出故不如公債之便也

第二十三目　若當市面恐慌之時欵存銀行慮不穩固則凡有存欵者將紛紛取出而游資反徧滿市中其時必賴公債以消納之然後鬼有所歸而不爲厲也

以上所舉四綱二十三目不過隨吾憶念所及拉雜述之未能盡也但即就此所舉者以觀之亦可見東西各國公債之用眞如布帛菽粟不可以一日離矣使各國而忽然將其所現存之公債一概掃數清還乎則其金融市場立刻凝滯而全國沸亂如麻必矣　夫百物價值恒視其供求相劑之率以爲高下此生計學之公例也東西各國其市面上需求公債之急若彼政府則應其求而供給之是以每一募集而民之應募者若逐中原之鹿捷足以登惟恐不得也　今我國全國中無一利用公債之途即有一二而政府亦不思設法以開闢之徒歆羨人國之有公債而欲效顰夫　供過於求值且必落況無求惟供價何從來

故十餘年來所以屢次募債而無一成者雖由信用不立爲之主因而利用無途則亦其大梗矣顧吾所最太息痛恨於彼老悖童騃之輩者其在人國辦一事而不能成則必深思其所以不能成之故而務致之以底於成易所謂不遠復无祗悔記所謂知困然後能自强也乃彼哉彼哉 一次失敗而猶再次三次循此覆轍以僥倖其成於萬一此如蠅鑽窗紙終不能出而猶鑽不已嗚呼此悖之所以爲悖而騃之所以爲騃歟

夫以吾所計畫使能整備行政機關確立財政信用而復以種種法門廣開公債利用之途以中國之大數萬萬圓之公債殊不足以供市塲之求朝募集而夕滿額必矣 吾知彼老悖童騃者苟聞吾言亦未始不爲臨淵之羡也雖然吾勸若曹其無羡也以若曹之所爲求若曹之所欲孟子所謂猶緣木而求魚耳 **嗚呼吾之政策終必有行於中國之一日但不知行之者爲誰氏**

若夫東西各國之公債何以能生出爾許效力。則吾將更以次號畢吾說。爲誰。族。耳。嗚呼。

（未完）

右論公債利用之法。實爲鄙人數年來所懷抱自謂頗足以補東西各國財政學書之闕漏其在我國尤爲目前至要之問題但限於篇幅猶苦言未能盡別於拙著財政原論中更詳之也

農以力盡田　賈以察盡財
百工以巧盡械器
士大夫以上至於公侯
莫不以仁厚知能盡官職
夫是謂至平

時評

讀宣示幣制明詔恭注（續第十三號）

明水

五曰收換舊幣問題　此實推行幣制第一繁難之問題。而今日當上下殫精以思解決之者也。度支部所上籌擬舊幣辦法一摺。吾尚未得見。無從妄加評論。今請就鄙見所及先畧陳之。欲解決此問題。當分兩段。一曰主幣辦法。二曰輔幣辦法。蓋此兩者性質截然不同。不能混爲一談也。

（甲）輔幣辦法　收換輔幣之法。吾黨所主張者。謂必須采用各國通例。政府收受輔幣。不立限制。中央銀行兌換輔幣。不索補水。此在將來維持新輔幣。固當用此法。即收換舊輔幣以行改鑄。其下手亦不外此法。其說已詳第十一號時評門『讀貨幣調查局調查研究問題書後』篇中。不復贅述。

時評　二

(乙)主幣辦法　國中前此無所謂主幣也。僅有較大之銀圓而已。只得名之曰有花紋之銀塊擬以雜質而總重量七錢二分內外者　故今者言交換主幣。實屬不辭。特以此種大銀圓與今次所定主幣之成色重量大畧相等。故强名爲主幣之交換。使讀者易解。亦未爲不可。今　詔旨中所謂逐漸收換者。殆指收買生銀及舊幣而以之改鑄新主幣也。以正理論之。本當如此辦法。雖然今試計一國四萬萬人其所需貨幣之數當幾何。而現在京外庫儲如洗。何從得此現成銀塊以爲鼓鑄之用。若曰由政府懸價購買。則買銀償値還須用銀。既已有銀則何不逕用以鼓鑄。故此不過體面之言。不能見諸實際明矣。**故欲速得現銀以鑄新幣。惟在急須自由鑄造之令而已。**夫所謂自由鑄造者。以嚴格的言之。則人民持金塊銀塊往幣廠託其代鑄也。而現今各國所謂自由鑄造者。其實不必如是。大率皆以銀行爲之居間轉輸。而人民與幣廠直接交涉者。蓋甚稀。今吾國欲行此制。法當先定主幣一圓之純重量。非總重量也苟純量不定則此制萬不能行故吾斤斤言此　然後將前此各省所鑄龍圓及外國銀圓乃至各種銀錠之成色一一化分之觀其所含純銀幾何以與主幣一圓之純量比較列爲一詳細簡明之表凡人民持以赴銀行或幣廠託代鑄者立刻按表以同量之新幣予之**而不別加鑄費**夫所以不加鑄費者何也蓋必如是然後自由鑄造之目的乃能貫徹也吾知當局者最不樂聞此言何也以照此辦法則鑄幣非惟無利可圖而且須賠墊也雖然**當知國家之行造幣權斷不容藉以牟利而主幣爲尤甚**夫國家之行政爲維持社會秩序增進人民幸福起見其常有賠墊固非得已也如彼修軍備辦警察何一非賠墊者豈得亦以國家無利可牟而廢之確定一國幣制其與國中秩序幸福之關係豈讓軍備警察在彼則歲擲數千萬而不惜在此則並區區者而靳之此何理也況乎鑄主幣雖有賠墊鑄輔幣仍多餘利幣不能有主而無輔故幣廠之會計通盤結算每歲所贏必能償所墊者而有餘若於鑄輔幣時既牟一重之大利於鑄主幣時更欲牟此一重之小利則是國家以幣制爲兒戲不欲

時評 四

其成立而已是故現今各國之主幣無不以自由鑄造爲原則其有一二例外之國則學者已掊擊之不遺餘力行當改矣（此所謂例外亦不過薄收手數料而已非以牟利也）況今日中國政府絕未嘗有銀塊之儲蓄非吸銀於民間則實無以爲鼓鑄之具而新幣之普及將永不可期**欲吸銀於民間舍此將有何術**夫苟能嚴定法制使非新幣斷不能適用則人民欲求新幣之心必甚迫切而持生銀及舊幣以託鑄者即能立得新幣誰不樂之則民間之銀不待勸而自輻輳於幣廠一轉移間而生銀及舊幣遂絕跡矣而不然者民持一兩之銀乃僅能易含純量九錢餘之幣是明明尅奪其若干分民必以爲厲己甯保守其固有之生銀或舊幣在市場猶得相當之購買力於此而欲交換之成功蔑有濟矣（竊疑度支部所以僅舉七錢二分之總重量而不舉一圓所含實銀之純量者得毋欲以總量冒純量而將來即定足銀七錢二分易新幣一圓以此爲新舊交換之價格耶吾未見原摺固不敢逆詐億不信但果爾者則幣制立刻全然破壞吾所敢決也吾惟祝吾言之不中耳）或曰既已嚴定法制凡租稅必須用新幣交納民不得新幣不能完國課行久獲戾則雖重取其鑄費亦安得不出其所有者以爲易答曰斯固然也雖然以此爲政則無異政府率羣盜以殺越人於貨也且政府何不僅鑄少許之幣使僅足當全

國租稅總額十之一二永不加增而責民之納稅者必於是乎取之則新幣之價不益昂而政府所得不益多耶昔漢武帝苦帑藏竭匱乃於上林苑畜鹿鏤其皮以爲幣命値二十萬乃至四十萬使諸侯王朝覲者必以爲摯子之政策正此類也爲政府計良得而試問國家制幣之本意果何在矣

實行自由鑄造之制則民間之生銀及舊幣可以逐漸吸收原非難事雖然民之持銀託鑄必在幣制之信用稍爲確立以後然欲確立幣制之信用則非**自始**即杜絕生銀及舊幣之用不可（其著手必在租稅凡租稅皆絕對的必用新幣不許他用）而杜絕彼等則市面交易媒介之品遂立告缺乏故新幣必不可不先求相當之數以補充之而自由鑄造未盛行政府終無所得現銀以資鼓鑄即有少許而斷不足用此實目前最窘之問題也欲解決之其道何由曰**舍兌換紙幣**（日本所謂銀行兌換劵）**無他術矣**凡各國改革幣制新舊嬗代之際未有不以紙幣爲作用者也法當充國庫現時之力所能及鑄成若干實幣其有不給則以銀行紙幣補充之 **凡賦稅課釐**

非納實幣則必納紙幣舍此兩種以外決不收受一面頒行自由鑄造之制凡民持生銀或舊幣託改鑄者給以同量之幣惟欲得實幣欲得紙幣惟其所擇初時民必惟求實幣久之見紙幣與實幣有同一効力則且爭趨紙幣矣若辦理得宜則兌換紙幣制度將隨幣制同時成立洵國家無疆之休也此事責任之最重大者爲大清銀行固也然僅恃一大清銀行及其支店斷不足以舉此大業必當獎厲民間私立銀行業使大發達以與大清銀行相輔乃能收其全功於是有與此舉相依爲命之一事焉曰國民銀行制度國民銀行者非普通私立銀行之謂也其制度與中央銀行制度相對待日本當明治五年至明治三十二年行之今則彼國中無復一國民銀行矣現在全世界行國民銀行制度者惟美國與英屬加拿大若歐洲則無一國行之者吾素所主張謂中國必當行此大約耳食新學者流聞此必詫以爲奇然吾所主張實有極强之理由當更以他日詳論其性質及其所宜行於中國之故若能先後並舉則新舊幣之交換始得迅速成就且圓滿無遺憾矣

由此觀之則欲辦理此交換問題其先決之問題有多端焉就幣制範圍內論之則前所列之本位純量問題其一也鑄造自由問題其二也通行期限問題其三也蓋非先定純量則無以爲交換之標準非許自由鑄造則無從吸收銀塊此其理皆至易見**而現在政府政策之最誤謬者**乃在欲使生銀舊幣與新幣暫時並行當其並行之時逐漸收換俟收換辦有端緒然後停止彼等之行用也**若循此政策吾敢言其收換之必無成效而已**何也既有他品與新幣並行則新幣之效力必不强新幣之效力不强民方且將以之儕於生銀舊幣以論其市價何必僕僕多事以求交換民既不持生銀舊幣以求交換則非懸價購買不可而買銀還須用銀既已乏銀恃何以買則交換終歸於無期而已若欲用紙幣以爲之樞紐更非以法律强紙幣之效力不可所謂强紙幣之效力者當使人民擁生銀滿篋不如握紙幣一束曷爲能如是則紙幣可以納租稅而生銀不能焉是已若使生銀舊幣與紙幣有同一之效力則

時評

紙幣更無人過問有斷然也故其機括全在新幣一頒而生銀舊幣立時絕對的停止行用（實施地段有先後則可也）今乃欲爲模棱姑息之計此吾所大惑不解也

以上皆幣制範圍內之先決問題也其範圍外之當先決者則更複雜其關係最密切者則銀行制度也欲借紙幣以爲過渡固賴銀行即置此勿論而一方面吸集銀塊一方面灌注新幣皆非銀行不能全其用然若何然後能使全國皆有銀行此政策今日便當確立若不先決此問題則幣制終成一紙空文而已**若其根本之根本則尤在整理行政機關澄敘官方吏治之一大問題** 試舉數端例之假令國家雖以法律規定主幣之純量而幣廠官吏取主幣之一部分而偷減其純量則格里森原則之作用必起足量者必爲減量者所驅逐而幣制隳矣即不遽起而人民對於新幣已失信用必一一取其成色而察驗之以估其値則返於用生銀之舊而幣制隳矣又使雖有自由鑄造之令而官吏以無所利不樂代鑄或雖允代鑄而種種留難甚且額外强索規

八

費則人民必裹足不前甯甘沿用生銀之習而幣制隳矣又使國法雖令完納租課必用新幣而主稅官吏乃如前此之銅元拒不收受或加成折算以自肥則信用全墜而幣制隳矣又其甚者以紙幣爲過渡時代之代用品而不能舉兌換之實將全國無復一實幣而惟餘贋紙而幣制隳矣又其甚者今後施行幣制之機關其最重要者宜莫如大淸銀行以吾所聞則現在大淸銀行其滋物議之點已不少苟不加整頓其勢將岌岌不可終日他日幣制旣於茲焉託命萬一大淸銀行有意外之變則幣制更全隳矣此不過略舉數端其他類此者蓋更僕難數要之凡欲舉一事必有他事與之爲緣如機器然缺其一輪則全機不能運轉所缺者爲不甚重要之輪或尙無害若其樞軸關鍵處有所缺焉則閣置而已又使一切雖無缺而全器之原材或窳或朽則其終於閣置一也我國若用眞得善良之幣制者則盡亦反其本矣

嗚呼惡幣之病國殃民至今日而極矣不須幣制則國必亡須而不能實行與不須等則亦無救於亡若行之而不善緣此或生他病則愈以速其亾我 皇上軫念民瘼

赫然渙降此　明詔。吾民奉戴　聖德。若大旱之獲霖雨焉。今後當以何道始能上慰宸慮而下慰民望。則當局者之責也。竊見各國報紙之對於此事。雖莫不頌揚盛美。而於將來結果若何。大率未敢輕許。謂我國現在之行政機關與夫官吏之品性學識。不足以就此大業。嗚呼。其毋使彼不幸而言中也。

宣統二年四月二十日稿

按此文據著者自識云得讀　上諭後立卽屬稿其時尚未獲睹則例故篇內所條舉各問題有爲則例中所已著有明文者閱者幸勿以孟浪嗤之

編者識

譖譯

中國國會制度私議（續第十三號）

滄江

第二章　國會之組織

第三節　右院之組織

第三款　選舉方法（承前）

第三項　中選之計算法

第一目　各種制度利害比較

凡選舉以投票行之。得票多者卽爲中選。此盡人所能解者也。雖然。中選之計算法。亦有多途。而各國所現行之法制。與夫學者所計畫之方案。各有異同。而終未能得一毫髮無遺憾之良法。今請徧舉而評隲之。

計算中選之方法。可分爲二大主義。一曰代表多數主義。二曰代表小數主義。代表多

著譯 二

數主義者。得多數選舉人之投票。即爲中選也。代表小數主義者。雖少數之選舉人。亦使之能應於其分際。以選出代表人也。今請語此兩種主義所根據之理由。次乃述其制度。

夫選舉代議之制。亦起於不得已而已。以言夫正當之學理。則國家意思之機關。當以人民全體組織而成。雖然每一事必合全國人而議之。占全國人之意見而決之。無論流弊孔多。非政策所宜爾也。且聚全國人於一堂以決焉。此惟古代雅典斯巴達等極小之市府國家。尚可勉行。而在數萬人以上之國。其道已窮矣。於今世之國家。小者數百萬人。多者數萬萬人耶。其事實上萬不能采此制。此五尺之童所能知也。不得已而代之以代議之法。令全國人民各舉出代表人。而此代表人之意見。即認之爲人民全體之意見。此近世國會制所由立也。善夫德儒伯倫知理之言曰。國會與人民之關係。恰如地圖之與地理。山陵川澤陂池林藪。悉如其本相以摹入諸尺幅之中。斯爲佳圖。國會亦然。將全國人民各方面之勢力。悉攝其影而納諸其間。或弱或强。各如其量。例如甲部分人。能占全國勢力十之六七者。固得在國會而代表其六七分之勢力。乙部分人僅占全國勢力十之二三丙部分人僅占全國勢力十之一者亦得在國會而代表其二三分或一分之勢力必如此然後國會之天職乃得完而立憲政治之精神乃得貫矣雖然此理想雖甚圓滿而實現則甚困難蓋立憲政治之與政黨如形影相附而不可離既有憲法有國會有選舉則政黨自必句出萌達於國中政黨既立則必有大黨焉有小黨焉亦有無論何黨皆不依附者焉例如其國有民一千萬其國會議員爲百人就中屬於甲黨之人四百萬屬於乙黨之人二百萬屬於丙丁戊黨之人各一百萬其不黨之人一百萬則議員分配之數甲黨四十人乙黨二十人丙丁戊黨各十人其不黨者亦分占此十人此論理上所當然也無如施諸實際決不爾爾例如將全國畫爲百選舉區各黨在每區所占之人數悉比例於其總數而以得票多者爲中選則此一百議員可以爲甲黨所占盡而乙丙丁戊黨及不黨者不得一焉即使有一二十區爲他黨所倖獲然亦僅矣夫使所謂大黨者果能占全國人民之過半數然選舉之結果如此且爲不公何也過半數之人民如其分際亦不過應得過半數之議員已耳（例如甲黨所屬若有六百萬人亦僅應得議員六十）今將議員之全數而壟斷之是明以多數壓少數也以多數壓

少數既爲立憲政治之大忌矣況乎今世各國除英美等政黨最發達之一二國罕能以一黨而制全國之過半數者其所謂多數黨亦不過能占全國民十分之三四極矣以占十分三四之黨而壟斷全院之議員或占其十之七八是直以少數壓多數而已夫無論爲多數壓少數爲少數壓多數要之皆將中國一部分之人屏諸政界以外而不許容喙其敝也能使此一部分之人怠視公務而減殺其愛國之熱誠否則鬱積其不平之氣久而必洩遂生革命之禍二者必居一於是此各國政治家及學者所爲嘔心迴腸而思有以匡其弊也今將其現行及理想之制度臚舉之

(甲)代表多數制度　復分爲二

(子)過半數法　過半數法者得投票總數之過半乃爲中選如一區內有選舉人五百人必得二百五十一票以上乃爲中選也此法歐美諸國用之者最多驟視之似甚公平且甚便利雖然若候選之人多則票數往往分屬無論何人皆不得過半數（如其區例應選出一人而有候選者三人或四人則每人或得二百票或得百餘票或得數十票要之皆不能達過半數）則將如何補救之法惟有再選舉若再選三選仍無一人得過半數又將如何各國之法選舉之度不過三

若第三次仍無一人及格則最後之處置有兩法（其一）則以第三次之比較多數者爲中選雖然是明與過半數法之原意相反背也（其二）則行決選投票取最多者中之兩人令選舉人限投其一而不許投他人也雖然此法用無理之手段强制一部分之選舉人使之爲與本心相反之投票豈得謂平坐此之故選舉人之棄權者必多（棄權謂棄其選舉權而不投票也）縱使中選者得投票人過半數之票而投票人之總數已非選舉人之總數謂此人爲得過半數之民望不可也（如選舉人總數爲五百人其中有棄權者一百人則所投僅四百票得二百零一票者亦可中選然已不得謂之爲過半數人所推薦矣）故過半數法理論上雖合於選舉之本意然流弊甚多殆不足取

（丑）比較多數法　此法不立限制但以得票比較的最多即爲中選也現在英國及西班牙行之此法驟視若甚簡易可行雖然其缺點亦甚多（第一）所得議員不能代表選舉人全體之意見也例如有選舉人五百之區有甲乙丙之三候選者甲得二百票乙得百八十票丙得百二十票欲舉甲者不過二百人不欲舉甲者三百人而多數三百人之意見竟爲少數之二百人所壓倒也候選者之數愈

多則此弊愈甚（第二）有時多數黨僅得少數之議員而少數黨反得多數之議員也例如有十選舉區於此每區之選舉人皆五百就中六區甲黨之候選者各以二百五十票而中選其餘四區乙黨之候選者各以四百五十票而中選是甲黨以千五百票而得六人之議員乙黨以千八百票而僅得四名之議員也

要之行過半數法則惟多數黨之候補者得中選而少數黨雖欲出一代表者而不能此比較多數法以投票分配之結果少數黨雖或能偶出一二人然亦僅矣故此兩法者不免多數壓少數之弊甚則或爲少數壓多數之弊皆反於國會之精神各國政治家患之於是乎所謂代表少數制度者起

（乙）代表少數制度　復分爲四行之於大選舉區制者二行之於無選舉區制者二

先言其行於大選舉區制者

（寅）有限投票法　有限投票法者用大選舉區連記名投票制一區中選議員數名一票得連記數人之名以投之雖然有限制焉例如選五人之區投票者限舉四人或三人選四人之區投票者限舉二人或三人是也此法意大利

二年至一八九五年行之現今則葡萄牙瑞士及美國聯邦中之數州行之此法凡以防多數黨專擅之弊而設也蓋在小選舉區每區選一人故每票舉一人若大選舉區每區選出四五人者卽每票亦應舉四五人故小選舉區則用單記名投票大選舉區則用連記名投票此論理之當然者也雖然其專利於多數黨而不利於少數黨及無黨之人抑更甚焉例如有議員額五名之區每一票許書五名則多數黨之甲黨必出候選人五員凡屬於其黨之票皆徧舉此五人其少數之乙丙丁等黨無論其所出之候選者爲五人或三四人要之其得票之數總不能及甲黨於是五名之議員遂爲甲黨所盡占而不黨者更無論矣有限投票法則每票所舉之人必減於其區員額之總數可以畧救此弊蓋多數黨雖能盡占其票中所限之額然尚有餘額以予少數黨也此法驟視之若甚巧妙雖然亦有弊焉例如有員額三名之選舉區一票許書二名其區中甲黨九百人乙黨五百人苟甲黨僅出二名之候選人則自能餘一額以待乙黨可勿論使甲黨而出候選人三名將所應得之票配搭均勻以書之則每人可得票六百（九百之倍爲一千八百分配諸三人）

故人可得六百也　乙黨無論出候選人二名或一名而其得票皆不過五百故三名之議員爲甲黨所盡占而乙黨不得一則所謂代表少數之目的毫不能達反之例如有員額五名之選舉區一票許書二名其區中甲黨一千人乙黨九百人甲黨總票數爲二千乙黨總票數爲千八百甲黨若出候選人五名則2000÷5=400乙黨若出候選人四名則1800÷4=450於是乙黨得議員四名而甲黨僅得一名是予少數黨以利便而予多數黨以不利便與政黨之勢力爲逆比例是亦此制之缺點也要之在此制度之下則議員之中選與否全視夫黨略之操縱若何而前所舉兩弊恒居其一且惟國中僅有兩政黨對立乃能行之若第三黨以下之小黨終無中選之望而不黨者更無論是此制之不完善甚明

其采此制而偏於極端者日本是也日本以大選舉區而行單記投票制實爲萬國所無（各國行單記投票者必用小選舉區制其用大選舉區制者必行連記投票）且其選舉區之大又無其倫比（各國之行大選舉區制者每區最多不過選議員五人若逾此數則析爲二區矣日本則選十二人之區一選十一人之區三選十人之區三他例是）而每票只許舉一人是有限投票法之最極端者也（尋常之有限投票法大抵有員額三名之區得投二名五名之區得投三名今日本則雖以員額十一二名之區亦僅得投一名）其意蓋

以普通之有限投票法仍不足以盡防多數黨獨占之弊且不黨之候選者極難中選故以此矯之也此法為利便不黨之人起見誠有特長雖然偏畸過甚常有少數黨壓多數黨之弊例如有員額十名之選舉區其選舉人總數一萬甲黨五千人而出候選人十人乙黨三千人而出候選員三人丙黨二千人而出候選員六人其結果可以最少數之丙黨得議員六人中數之乙黨得三人而最多數之甲黨反得一人何以故若甲黨五千票十人分之而候選員某甲得四千票其乙丙以下九人合得百餘票乙黨三千票候補者三人分之各得一千票丙黨二千票候選者六人分之各得三百餘票則裒然為首者固在甲黨之一人而其次則乙黨之三人又其次則丙黨之六人而甲黨之餘九人反落選也蓋在此制度之下能令選舉人之投票極費躊躇一區之中有候選者數人皆為吾所欲選將擇其信任最深名望最高者選之耶恐他人選之者已多增吾一票不足以為輕重例如得一千票已足中選者增至三千四千票其中選之効力一而已則此三四千票純為無用不如移之以投他人之為得若棄其上者而選其次者耶固非人

情之所樂且恐人人皆存此心而信任最深名望最高之人反以落選是以選舉人於此兩者之間往往迷所適從而爲穩妥起見毋甯仍投信任最深名望最高之人爲得計故日本之選舉以全國計之有以七千票而中選者有以二百票而中選者卽以同區計之有以四千餘票而中選者有以不滿千票而中選者就被選人一面論之等是中選也票多何加於彼就選舉人一面論之則以二百票之價值而能與七千票相敵在此則不啻以一人而有三十六箇之選舉權在彼則不啻以三十六人而僅合有一個之選舉權也天下不平之事孰有過此此其弊一由大選舉區與小選舉區相錯一由以大選舉區而行單記投票法彼中學者抨擊之不遺餘力良有由也

(卯)聚合投票法　此亦大選舉區連記投票制也與前法異者其區有員額若干名每票卽許照數舉若干名但一票分寫數人名或一票同寫一人名惟選舉人之所擇如其區有員額五名其候選者爲甲至癸等十人選舉人若欲選甲乙丙丁戊五人則其票可書「甲乙丙丁戊」字樣若欲舉己庚兩人則其票可書「

己己己庚庚」或「庚庚庚己己」字樣。若僅欲舉辛一人。則其票可書「辛辛辛辛」字樣。此法現在美國聯邦中之數州行之。英國學務委員之選舉亦行之。其成效頗著。蓋少數黨但能得其票集合於一人。卽足以敵多數黨也。例如有三員額之區。其選舉人爲七百人。甲黨五百。乙黨二百。甲黨以其票分投三人。則(200×3=600)乙黨集其票以投諸一人。(200×3=600)則乙黨之一人以六百票而爲首選。甲黨之三人各在五百內外。其二人中選。其一人落選也。此制在有選舉區之國。號稱最良。但亦往往緣策畧之巧拙。而生意外之結果焉。如前所述有限投票法之兩弊。皆不能盡免。

(辰)單記商數投票法　此無選舉區制也。其法以議員之總數除全國選舉人之總數。因以其商數而定其滿若干票者。卽爲中選。而每票只許舉一人也。例如議員總數爲一百。選舉人總數爲十萬。則一千票卽爲中選之定數。但能達于定數。卽可以中選。故小黨所出代表人。恒能與其勢力相應。卽無黨之人。但使有與定數相符之人舉之。亦必無落選之患。實良法也。雖然。有一難問題焉。則議員必不

著譯 十二

能足額是也蓋得票不逮定數者既爲不及格而得票溢于定數外者其溢票爲無用則額之不足自無待言於是其補救之法有兩種（第一）讓與法得票多者許將其所溢之票任意指出一得票未及格之人而讓與之也然私相授受反於投票者之本意揆諸法理未可云當（第二）副記法每票除書正選者一名外仍許書副選者一名或二名其正選者所得票已達定數時卽將其票歸諸副選者此法不惟於投票之分配見其利便而已且能使一票有一票之效（如日本之制或以七千票中選或以二百票中選則彼得七千票之人其六千八百票皆可謂之無效而落選之票其爲無效更不俟論矣）而所出議員亦能與各黨之勢力成正比例其法似爲甚良雖然票數之計算極複雜易生舛錯起爭議不甯惟是議員中選之運命往往懸於開票之先後例如有書甲爲正選之票千三百書乙丙爲正選之票各九百而甲之千三百票中書乙爲副選者二百書丙爲副選者一百乙丙二人皆有賴於甲之溢票以符定數而副記乙名之票或不幸而開拆在前其時甲所得票尙未達一千自無從移贈於乙及甲票既滿一千以後而所開之甲票皆副記丙名則丙中選而乙不得中選矣坐是之故爭議甚多而無術以服

人心是此制之缺點也故惟丹麥國於一八五五年至一八六七年行之其後旋廢而各國卒未有踵行者

（己）連記商數投票法　亦無選舉區制也其法使各政黨列舉其候選員之名製爲投票名簿而選舉人則依於名簿以投票故亦稱名簿投票法例如議員之數爲七人而有甲乙丙丁四黨甲黨之名簿得票三萬乙黨二萬丙丁黨各一萬以七人之議員除七萬之總票數所得爲一萬即以一萬除各黨之票數以所得數爲其黨所出議員之數於是甲黨出三人乙黨二人丙丁各一人此至易計者也雖然各黨之票數未有能如此之整齊畫一者也當其參差複雜之時則將如何例如甲黨之票八千一百四十五乙黨五千六百八十丙黨三千七百二十五都爲一萬七千五百五十試以七除一萬七千五百五十而再以其商數除各黨之票則甲黨得三名而尚溢票六百二十四乙黨得二名而尚溢六百六十六丙黨得一名而尚溢票千二百十八議員之總數爲七名而依此商數僅得六名所餘之一名當屬於何黨乎則歸諸溢票最多之丙黨於是

甲黨　8145÷3=2715

乙黨　5981÷2=2840

丙黨　3725÷2=1892

是甲黨以二七一五票而選一人乙黨以二八四〇票而選一人丙黨以一八六二票而選一人雖然此其不公平甚明也若照一八六二票選一人之比例則甲黨之票數得舉四人而有餘乙黨之票數得舉三人而有餘也於是復有補救之法焉曰先求得所謂分配數者而以之除各黨所得之票數以其商數爲各黨所出議員之數其求分配數之法如下

甲
8145÷1=8145
8145÷2=4072
8145÷3=2715
8145÷4=2036

乙
5680÷1=5680
5680÷2=2840

丙
3725÷1=3725
3725÷2=1862

(1)8145
(2)5680
(3)4072
(4)3725
(5)2840
(6)2715
(7)2036 =分配數

是故以一七五五〇總票數之區苟僅選議員一名則惟甲黨得之苟選二名則甲乙各得其一選三名則甲二乙一選四名則甲二而乙丙各一選五名則甲乙各二而丙一選六名則甲三乙二丙一選七名則甲四乙二而丙一甲之第四位二〇三六即爲分配數以分配數除各黨之票數故甲黨 $8145 \div 2036 = 4$ 乙黨 $5680 \div 2036 = 2$ 丙黨 $3725 \div 2036 = 1$ 也此制度比利時國於一八九九年新改定之選舉法行之

此法在現今各國選舉法中號稱最爲文明完備雖手續繁雜難於計算是其缺點然利餘於弊在今世固無以尙之矣雖然欲行此制必須有兩條件以爲之前提一曰合全國爲一選舉區而無復此疆彼界二曰凡選舉人及候選人皆爲政黨員而無復不黨之人二條件有一不備則此制決無從學步也

第二目　我國所當采之法

連記商數投票法固爲比較的最良之法然按諸我國情形(一)以幅員太大萬不能合全國爲一選舉區(二)以政黨未發達萬不能爲名簿投票此制既萬不可行其餘

各制靡不各有其弊今不得已惟采其較少者而已

吾既主能用間接選舉則選舉當分兩次執行其第一次選舉既用小選舉區制不能爲連記名投票只能於(子)(丑)兩法中擇其一則比較多數法可免再選三選之煩是可采也其第二次選舉既用大選舉區制大選舉區制而用單記名投票則日本現狀是爲前車之鑒必當用連記名無可疑者則於(寅)(卯)兩法中擇其一集合投票法較爲公平是當采也

惟有一事當注意者焉則中選票數之最少限是也各國法制多有以過半數爲限者是不可行既如前述然使漫無制限而惟以比較多數爲準則投票分裂之結果或以百票而分投二三十人最多者不過十餘票而亦得中選則於代表輿望之本意失之遠矣此限制之所以不容已也單記商數投票制其制限最合于學理具如前述然非兼用讓與法或副記法則萬不可行而二法之流弊甚多既不足采且此制必須合全國爲一選舉區苟分多區斯不適用我之不能學步又無俟論日本之制以一區內議員總數除其選舉人總數所得之商數五分之一即爲合格例如其區員額爲十名其

選舉人總數爲一萬人以十除一萬所得商數爲一千一千五分之一爲二百卽得票之最少限也日本惟選舉區失諸過大重以行單記名投票制故不得不爾然其流弊已若彼矣我國既用間接選舉制則第一級選舉與第二級選舉宜分別言之第一級選舉每區僅選出一人故當限於投票之總數得三分之一者乃爲中選（投票總數與選舉人總數不同選舉人有棄票不投者故選舉人百人時而所投者僅得五六十票若必得選舉人總數三分之一恐不免再選三選之煩）此各國普通之制也其第二級選舉以吾所推定約以一百三十人而選議員一人夫在間接選舉制之國其第二級選舉人以選舉爲一種公職務不容不履行棄票不投懸爲厲禁則有人若干者卽有票若干而選舉人之數既少則得票之制限自不得太高故當以對於其區選舉人之總數得五分之一者卽爲中選用積集連記投票法員額二名之區總票數約五二十約當以百票爲最少限員額三名之區總票數約一千十有七約當以二百票爲最少限員額五名之區總票數約三千二百五十約當以六百票爲最少限其他以是爲差

於本項之末更有當說明之一名詞焉卽前文屢稱道之候選人是也候選人者非法律所規定也以法理論凡有被選權者皆得謂之候選人雖然以人數太多恐投票者

不知所適從也。於是有將所知之人。推薦於大衆。使大衆得審其才能性行而舉之。若此者謂之候選人。語其實際。則凡候選人皆自起而求選舉者也。然其形式。往往托於他人之推薦。固以示謙讓。抑亦借品題以重聲價也。（亦有不依托他人推薦而自薦爲候選人者）夫候選人原非法律上所必要。而各國慣例。莫不有之者何也。譬如一區之中。有被選權者萬數千人。而所選議員之額。僅有二名。使選舉人任意投票。被選者多至數百人。而各人所得之票。無一能達於中選定數之最少限。則其票悉爲無效。而不得不再選三選。選舉人有鑒於此。故毋寧專擇衆望所歸之三數人而舉之。而欲爲議員者。亦利用選舉人之此種心理。因翹其政見以示於衆。冀其表同情而舉我。此候選人所由發生也。不寧惟是。立憲政治之與政黨。如形影之不可離。而政黨欲其黨之多得議員。則於候選人之分配。最當注意。蓋在有選舉區之國。其議員中選得票之數。非合全國各區之票數而總計之。乃就每區之票數而分計之。有人於此。其譽望極高。全國所至。皆仰焉。舉之者凡一萬人。可謂多矣。然使以一萬票。分散諸一百區。則每區不過一百票。無論在何區而比較的常爲少數。則其人遂落選矣。是故凡政黨必將其黨中可爲議員之人。分布於各區既爲甲區之候選人者即不爲乙丙等區之候選人然後用力得有所專而無意外失敗之患不甯惟是每區候選人之多寡其與得票之多寡甚有關係如前所述比較多數法有限投票法積集投票法皆緣夫黨畧之巧拙或以多數黨而出少數之議員或以少數黨而能出多數之議員所謂黨畧者雖不一端而候選人之分配其最重要也以此種種理由故無論何國之選舉莫不有候選人員額一名之區其候選人不過二三員額四五名之區其候選人不過八九人以法理論雖曰對於全區凡有被選權之人而投票以事實論每區不過對於二三人或八九人而投票而已

然則選舉人對於候選人以外之人亦得投票乎曰投票一任選舉人之自由雖投諸無被選權者可也特枉費此票耳既有候選人則凡投票於候選人以外者必無中選之望實與投諸無被選權者無異是智者所不肯出此也

又英國前此國會議員由縣會選舉其時候選者之員數罕有過于其法定之員額者故其選舉之法由縣會議員二人推薦可充國會議員之人于大衆苟其餘議員無異議即作爲以全會一致而選舉之現行選舉法雖對於舊法已爲根本的改正獨此點

尙仍其意。今制選舉人中。任有一人推薦甲某爲議員候選員。得八人贊成之。卽可以正式公文。推薦于之於司選舉之人。苟無他人照此方法於甲某之外。復推薦乙某丙某者。卽作爲全員一致承認此人。不必再行選舉。惟當有兩人以上被推薦候選員者乃投票而行所謂競爭選舉。此法雖近於幼稚。然可以省手續之煩雜。且無所謂多數壓少數少數壓多數之弊。我國初行選舉時。其原選舉區之選舉人不多。其候選者應亦不多。若遇一區僅一有候選人之時。則采此法。亦至便也。

（未完）

法令

法部奏定考試法官指定主要各科應用法律章程摺 併單

奏爲考試法官主要各科應用法律章程擬按館章暫行指定以資遵守而免紛歧恭摺具陳仰祈　聖鑒事竊查憲政編查館奏定法官考試任用暫行章程第五條內稱第一次考試科目凡五項一奏定憲法綱要二現行刑律三現行各項法律及暫行章程四各國民法商法刑法及訴訟法五國際法五項之中尤以第二至第四爲主要科上月十七日臣部具奏法官考試施行細則第一次考試第一場憲法綱要一題現行刑律二題現行各項法律及暫行章程二題第二場各國民商刑法及訴訟法各一題國際法一題論說一題均先後欽奉　諭旨允准在案臣等竊維籌備立憲以來法律章程至爲繁賾館章既以現行爲限若不將應用各項明白指定將泛涉者既與

司法無關淺嘗者轉以空疏倖獲且考官命題亦必須有遵用之本明示途轍海內乃得所率從臣等當將館章所列逐類引伸除現行刑律　黃冊尚未進呈應准暫用大清律例各國民法商法刑法訴訟法法律館及坊間多有譯本外所有各項現行法律及暫行章程臣等擇其有關於司法者一一標明種類暫爲法官考試之資謹將指定各項繕具清單恭呈　御覽如蒙　俞允即由臣等通行各省一體遵照將來完全法典頒行後再行隨時通飭更訂所有本屆第一次考試暫行指定主要各科應用法律章程緣由理合具摺陳明伏乞　皇上聖鑒訓示謹　奏宣統二年四月初四日奉　旨依議欽此

謹將擬定考試法官主要科應用法律章程繕具清單恭呈　御覽

計開

一現行各項法律　法院編制法　大清商律　違警律　結社集會律　國籍條例　禁煙條例　附件　憲政編查館會奏彙案會議禁革買賣人口舊習酌擬辦法摺併單　憲政編杳館奏核議法部奏酌擬死罪施行詳細辦法摺　二暫行各項章程

法官考試任用暫行章程　司法區域分割暫行章程　初級及地方審判廳管轄案件暫行章程　高等以下各級審判廳試辦章程　籌辦外省省城商埠各級審判廳補訂試辦章程編制大綱籌辦事宜　司法警察職務章程　營翼地方辦事章程

民政部奏定巡警道屬官任用章程

第一條　本章程所稱巡警道屬官指左列各員而言　一　本道警務公所科長副科長及科員　二　各廳州縣警務長及各分區區官　第二條　巡警道屬官以考試合格者分別奏咨補用　第三條　巡警道屬官考試分爲二種如左　一　高等考試　二　區官考試　第四條　有左列資格之一者得應高等考試　一　在高等巡警或法政法律學堂三年以上畢業得有文憑者　二　曾辦警務著有成績三年以上者　其在京師法科大學法政學堂正科或高等巡警學堂正科畢業或在外國法政大學或法政專門學堂畢業經學部考試給予出身者得免其考試視與高等考試合格者同　第五條　高等考試應行試驗科目如左　一　憲法綱要　二　大淸違警律　三　法學通論　四　警察學　五　奏定各種警察章程　六　地

方自治章程及選舉章程　七　各國戶籍法大意　八　統計學　前項第一至第四款爲主要科目應全行試驗第五至第八款爲揀擇科目得由應試者任擇其一二先期報明　主要科目分數有不及格者餘科分數雖多不得錄取　第六條　高等考試由巡警道主試詳請督撫派員監試並遴派深通中外法學者敎員爲襄校　第七條　應高等考試合格者由巡警道按照成績及原有官階出身詳請督撫分別派署科長副科長或廳州縣警務長俟一年期滿再由巡警道出具切實考語詳請督撫奏補並將履歷咨行民政部存案若合格人員逾定額時由巡警道按照前項規定詳請督撫分別以科員或警務長記名俟有缺出再行派署　第八條　科長副科長科員及警務長奏補後仍留原官原銜每屆三年由巡警道查驗該員辦事成績出具切實考語詳請督撫奏請分別升黜並咨行民政部存案其有辦事實在不能得力者由巡警道隨時詳請督撫撤換另補分別奏咨辦理　第九條　有左列資格之一者得應區官考試　一　在高等巡警學堂附設簡易科或中學堂以上畢業得有文憑者　二　照各省巡警學堂章程第二十條規定經派充巡長在任一年以上者　第十

條　區官考試應行試驗科目如左　一　本國法制大意　二　大淸違警律　三　警察要旨　第十一條　區官考試由巡警道率同各科長或派員會同警務長舉行之　第十二條　區官考試合格者得由巡警道按照考試成績及原有官階出身分別派署區官滿一年後果係稱職再行補實均由巡警道詳請督撫辦理並將履歷咨送民政部存案　若合格人員逾定額時應以區官記名俟缺出候傳　區官補缺後仍留原官原銜每屆三年甄別一次其辦事實在不能得力者由巡警道隨時詳請督撫撤換　第十三條　本章程以奏定頒行文到之日爲施行之期嗣後如有應行變通之處隨時酌量增改具奏其施行細則由巡警道酌訂詳請督撫核定咨部辦理

郵傳部奏定大小輪船公司註册給照章程

第一條　本章程專爲中國各省大小輪船公司註册給照之規則名曰大小輪船公司註册給照章程　第二條　各省大小輪船公司無論合資公司合貲有限公司股分公司股分有限公司均應先將創立情形妥擬辦法禀由該管海關道或商務總會及商船公會詳報本部經本部核定後准予註册發給執照其在本章程未頒布以前

業經設立之公司應一律補報註冊領照　關於前項舊設之公司當補報註冊領照時仍准一面行輪毋庸停輪候照以免延擱　第三條　凡公司經本部註册給照後本部始認該公司成立　第四條　凡公司領取執照得享受本部保護之利益　第五條　各公司創立時應行妥擬辦法稟報本部之事項如左　一　公司名稱及種類　二公司合同　三　公司一切詳細章程　四　行輪一切詳細章程（輪船名稱成本隻數長廣尺寸吃水尺寸機器馬力速率噸數容客艙位或租或購或借及各項貨客運載辦法價目均包括在內）　五　公司總號設立地方如有分號一併列入　六　股分有限公司股分無限公司之股票式樣　七　碼頭起訖處所及經過處所並繪圖列說　八　航綫圖說　九　開辦之年月日及營業期限之年月日或無期限　十　資本之總數若干每股銀數若干每股已繳銀若干及分期繳納之數　十一　創辦人每人所認股數　十二　創辦人及經理人之銜名籍貫住址　第六條　執照上所記載之事項如左　一　公司名稱及種類　二　公司總號及分號設立地方　三　輪船隻數及名稱　四　航綫　五　碼頭起訖處所及經過

處所　六　註冊之年月日　七　開辦之年月日及營業期限之年月日或無期限　八　資本之總額及每股之銀數　九　創辦人及經理人之銜名籍貫住址　第七條　各公司領得本部執照後將該執照持赴各海關驗明方准領取船牌完納船鈔各海關驗無此項執照或驗有不符概不給發船牌收納船鈔此外關於理船廳一切章程均仍照舊辦理　新設之公司如船已購成急待行駛深恐靜候部照曠延時日可呈請該管關道將公司及輪船名稱先行電達本部由部存案電覆准予該關給發暫行船牌該公司隨卽按照第五條內開各項報部領照呈關驗明換取永遠船牌倘所報事項經部駁斥不准應由關將已發船牌調銷　第八條　本部一面發給執照一面將第五條各種事項札行該關道以期接洽　第九條　各海關驗明執照應於該執照上蓋用某海關於某年月日驗訖字樣報部存查　第十條　凡公司已有由本部註冊給照在先者其在後創立之公司不得沿用在先公司之名稱及襲用在先公司相類似之名稱　第十一條　各公司將來推廣航綫增設碼頭添置輪船及更換經理人須呈明本部換給執照　第十二條　各公司將來如有轉讓轉售轉租

或併合於他公司等事須呈明本部換給執照　第十三條　關於前兩條情事如與創立時之辦法有更改者應詳細妥擬呈部候核　第十四條　凡公司停閉卽將該執照呈部註銷　第十五條　此項執照由該公司到部領取或稟由該管海關道及商務總會商船公會詳報具領　第十六條　凡在本章程未頒布以前業經設立之公司補行呈報者得適用本章程之規定　第十七條　一人獨出資本創立或官辦及官商合辦之航業得適用本章程之規定惟一人獨出資本者其稟報本部之事項可删去每股銀數一款　第十八條　本部註冊給照現在不收費用以資提倡　第十九條　本章程專係註冊給照辦法其一切普通辦法均應遵照欽定大清商律稟部辦理　第二十條　本章程如有未盡事宜應由本部體察情形隨時奏請更改頒布奉行

文牘

福州船政廠隝模型說明書

▲船政廠隝地方

製船廠設在馬尾屬福建省閩縣轄境。距省會四十里。距海口六十里。船隝設在羅星塔。距廠三里。中隔一小山。

▲船政沿革

船政創設在同治五年。時髮逆平。外交益棘手。歐美之人。不憚數萬里踵接而至。其擾粵擾閩浙擾江南天津。使沿海各省。幾無寧日。恃有輪船航海之便耳。中興諸名臣。知中國負海陸國之資格。有陸軍。不可無海軍也。有海軍。不可無輪船也。製輪船。不可無自製之廠也。於是設船政之議起。湘鄉左文襄。時總制閩浙。實創是局。相地之宜。以馬尾爲最。議既定。文襄移督陝甘。舉侯官沈文肅以代。斯時中國於汽機製造之學。一無聞見。不能不借才荒裔。聘訂法員日意格德克碑爲正副監督。并法員匠數十人以為導使國人就而學焉師其所長即以立海軍之基礎以法國優於製船學乃覓工師於法以英國優於駛船學乃求教員於英合英法所長者而組織之此船政創辦之緣起也於時購地設廠日役數千人慮地方不足以任重也乃加釘木樁更填以灰石慮江岸之易崩圯也乃砌築石壩以遏其橫流又以蓋造廠屋安配機器之需時也乃先建船台以製船身購機於外洋運廠鬭合故同治八年八月已有第一號萬年清輪船告成一面建築廠屋學堂一面續造各式船艦興學課工日不暇給迨同治十二年六月華匠徒於製造之技漸能悟會廠屋機器亦漸臻完備遂於是年十二月遣散洋員匠回國計九年之間成大小兵商輪船十五號洋人所經理全成者十二號餘三號則皆華人完成之後此續製各船截至光緒卅三年成船已達四十號文襄善創文肅善成論者交美焉歐美各國士大夫來華遊歷者無不繞道過閩以一觀中國之船政為幸蓋是局關繫國家海軍之前途甚大握治國之畧者無不着意於此藉以覘國勢之強弱焉光緒元年三年始派前後學堂學生並藝徒數十人先後赴法英兩國留學六年學成陸續回華於是製造駕駛之任

皆以學生任之。其先船艦之製。船身內外。皆用木。繼乃易木脅以鐵脅。後又易木板以鐵板。再後則純用鋼脅鋼板。且護以鋼甲矣。船機則由立機改臥機。且進而用省煤漲力機矣。船式則由常式。進而爲快船。又進而爲穹甲船。且益進而製鋼甲船矣。繼文肅之後。總理船政者。則有丁中丞日昌。吳中丞贊誠。黎京卿兆棠。張京卿夢元。何京堂如璋。張學士佩綸。裴光祿蔭森。裴光祿視事。在甲申後。當中法戰事初罷。工次頗受蹂躪。勵精任事。百廢具興。所可紀者甚多。如製造平遠鋼甲艦告成。及添建羅星塔船隖兩事。乃其最大者。光緒十六年。裴光祿卸任後。不派專員。由本省疆吏兼管。經費愈絀。致無進步。二十二年間。將有招商承辦之議。歐西各國。聞之皆欲攬辦。其來閩看廠者。絡繹。名爲遊歷。實欲窺探底蘊。隱懷叵測。於是有復聘法員整頓船政之舉。斯時係福州將軍裕祿守兼管船政。二十三年。以法人杜業爾爲正監督。議訂合約。權限與日意格畧同。時因鉅欵難籌。祇就常費。與製快艦兩號。即建安建威也。歲糜多金之薪俸。所成就者。祇此。殆亦敷衍羈縻之策而已。正監督以下之洋員匠。聘訂去留之權。既歸於正監督。於是濫竽充數。不能有所啓導。反致廠章淆亂

文牘　四

渙散前之主持製造者既足以觸外人之忌且無所事事不得不相率潔身而去即下至匠徒亦不樂受其驅遣皆有他適之志嗣因挂欠外洋料價洋員薪金至數十萬五年限滿不克遣退而洋燄益張工程之地成爲交涉之場廠務棘手於茲彌甚時兼管大臣爲崇留守善也二十九年魏京卿瀚奉命會辦船政以杜業爾專擅非撤去不可以望整理惟案關中外交涉斷非僅明中律而不明西律者所可與爭乃聲明其罪狀布告中外政府而去之以法監工柏奧鎧繼其後減其權限時期俾就範圍且易於遣散竭盡智力去茲外蠹收回主權而魏京卿旋即被議去位輿論惜之且從此會辦大臣一缺亦併裁去柏奧鎧在工四年其成績惟一江船即現售與甯紹公司行駛甯滬之甯紹輪船也柏奧鎧等於三十三年八月期滿全數遣回此後雖無外力之侵而蕩弛之習實所不免顧規模具在整理匪難今者　國家籌辦興復海軍馬尾之船政高昌廟黃埔之船隖均爲籌辦海軍處所統轄將派大員總理而劃一之馬尾船政開辦最早成績昭著實中國海軍惟一之大製造場也其影響於工業界實業界者甚大爰將廠場縮製模型全具充會場之陳列品亦藉以知

四十餘年之締造。幾費苦心。二千餘萬之幣金。非盡虛擲。且其中慘淡經營。原因複雜。尤足以資兵工商界之參攷研究焉。

▲船政各廠名目

工程處辦公所　繪事院　模廠　鑄鐵廠
船廠（舢板廠皮廠板築所屬焉）　鐵脅廠　拉鐵廠　輪機廠（合攏廠屬焉）
鍋爐廠　帆纜廠　儲砲廠　廣儲所（儲材所屬焉）
船槽　船塢

船政各廠之能力與其成績

▲工程處辦公所

工程處辦公所名為兩處。實二而一者也。開辦之初。招募法員。乃設辦公所為洋正監督辦公之地。迨洋員遣散。而船政出洋肄業各生回華。能勝任製造。乃改設工程處。蓋用洋員為領袖則名辦公所。用華員為領袖。則名工程處。無非為經理全廠事務。調度工程者辦公之處所也。

▲繪事院

設在輪機廠之樓上。承繪船身船機鍋爐以及鑲配等合圖分圖。圖成而後始可按圖興製也。其能力圖畫之外。又有兼精測算者。該院面積計六千八百尺方。現有繪生三十九名。

▲模廠

專任製造船模汽鼓模各機件模。以及細木雕刻各工。其能力須審圖理。諳折算。熟悉模型奧竅。辨五金熱冷漲縮度。該廠製作場。計面積一萬五千一百二十一尺方。安設各種鋸機刨機各種旋機等。共二十副。工程最旺時。匠額一百六十名。現僅有四十七名。

▲鑄鐵廠

專任船上所需之鑄鐵鑄銅各機件。其能力須諳圖理。明算術。照木模製土模。及鼓鑄之時。辨明火候。考究鋼鐵原質。曾鑄就重大鐵件達三萬斤。銅件達一萬餘斤。該廠製作場。面積計二萬八千八百七十五尺方。安設鑄鐵鑄銅大小爐。并各爐共十一座。轉運重件之將軍柱。碾機風箱風櫃等件。二十三副。工程最旺時。匠額一百六十餘名。現僅有五十餘名。

▲船廠（舢板廠皮廠版築所屬焉）

專任船身工程。設石製船台一座。長二百九十七英尺。木製船台一座。長二百七十六英尺。凡船身長短廣狹。桅舵艙位噸儎。喫水速率。中心點度數。均應配算勻稱。先繪寸徑總圖。後繪全船地圖。照圖製造。曾製成木質鐵質鋼質穹甲鋼甲各式船身。計四十餘號。大者容積二千餘噸。其能力可製四五千噸之船。所有起蓋鑲配。亦歸該廠管理。設有鋸木機八架。所轄之皮廠。則製造皮帶。并各式皮件。舢板廠則製造桅舵。并大小舢板。版築所則造船上爐灶。并廚房廁所各廠烟筒爐灶。及一切泥水修築各工。該廠各機作場。合共面積十五萬六千四百尺方。工程最旺時。匠額一千三百餘名。現僅有匠丁一百五十名。

▲鐵脅廠

專任製造鋼鐵鉛脅船殼龍骨橫樑泡釘。以及船上各鋼鐵件。打造拗彎鑲配各工。

該廠於光緒元年添設。其能力須審識船身圖理制度。鋼鐵原質各法。曾製成鋼甲鋼鐵船身二十餘號。小輪船不計。該廠製作場面積計七萬九千八百九十五尺方。配設鋸機剪機鑽機捲機碾機刨機。共三十五副。工程最旺時。匠額七百名。現僅有六十八名。

▲拉鐵廠

專任拉製銅鐵鋼。幷打鐵爲製船所必需者。其能力拉製重大之銅鋼鐵板。鋼鐵槽。銅鋼鐵條等件。打造重大之輪機。幷船面鑲配鋼鐵件。轉輪軸車軸轉輪臂汽餅桿活軌前後門鯨鐵錨舢板挑錨等件。該廠製作場。面積計九萬四千四百六十四尺方。安設汽鎚七架。其最大汽鎚之力。則有七噸。此外拉機剪機鑽機旋床刨床幷轉運重機之將軍柱等大小共五十一副。拉銅鐵打鐵各爐。大小五十七座。工程最旺時。匠額三百八十餘名。現僅有八十七名。

▲輪機廠(合攏廠屬焉)

專任製造全船大小機器。製成後先在廠合攏試驗。故合攏廠屬焉。其能力較準中線。旋轉順逆。尤須審明圖理。通曉進脫冷暖壓助噓吃機關各竅汽力等事。曾製成全船各機件。或鑲配外購各件。合四成船。計有四十餘號。各小輪不計。該廠製作場。合計面積三萬三千二百四十八尺方。安設車光機刨機削機鑽機礪石機螺絲牀鉗床共二百二十三副。工程最旺時。匠額三百六十名。現僅有一百二十名。

▲鍋爐廠

專任製造船上鍋爐烟筒烟艙湯管烟管汽表向盤各工。其能力須審辨鋼鐵原質。究汽機之理。由天氣之漲力。以及鑲配法度。曾製就各式鍋爐。成船四十餘號。又小輪船鍋爐數十號。該廠製作場面積。計二萬九千六百尺方。配設捲鐵床水力泡丁機剪床鑽床刨床共四十一副。工程最旺時。匠額三百五十名。現僅有一百十七名。

▲帆纜廠

專任製造船上之風帆。天遮帆索。並桅上鑲配各繩索。以及起重搭架等工。其能力須諳帆纜之製度。登高工作。以及風帆面積繩索力度。該廠製作場面積。計一萬八千四百九十尺方。不設機器。以手製爲多。工程最旺時。匠額七十名。現僅有四十名。

▲儲礮廠

專備收儲各船礮械礮彈魚雷各件。惟近時製船較少。無新購礮械。祇餘殘廢之舊礮舊槍礮彈而已。該廠面積計二千六十尺方。看守丁二名。

▲廣儲所（儲材所屬焉）

專管收發銅鐵煤炭機件油雜各料件。儲材所專管收發各項木料。蓋因船政料件繁多。采辦到工時。必須先交該兩所點驗。其職任須審辨料質之良窳。慎重存儲。無使朽壞。該所儲料棧房九座。共面積四萬二千一百四十尺方。儲煤場。共面積一萬五千一百二十尺方。廣儲所長夫工程旺時原額六十名。現僅有四十名。儲材所庫夫。工程旺時。原額三十六名。現僅有二名。

▲船槽

各國修船。自有船隝後。多不建設船槽。該槽尚係開辦船政時所設。可容一千噸以上之船。上槽修理。近因歷年已久。損壞之處較多。修槽之費尤鉅。未曾大修。力量較小。祇用以修理小船。較之入隝。殊覺簡易。其能力與船隝相仿。該槽長三百二十二尺。上設機房。合計面積一萬七千三百尺方。安設拖船機四十架。大螺絲四十條。四十四馬力一副。工程最旺時。匠額六十名。現僅有三十七名。

▲船隝

製造之學。日見增長。前第用船槽拖船。離水勘底。今則船身之大。幾倍於昔。非隝不足以容之。船政從前祇有船槽。僅能修千噸之船。光緒十三年。裴光祿任船政時。乃添築船隝於羅星塔。旋因費絀暫停。

十六年二月。復行興工。至十九年告成。計建築費四十九萬兩。隝身純用石砌。長四百二十英尺。寬一百一十尺。當是時中國最大之戰艦。首推定遠鎭遠兩鋼甲船。是隝足以容之。中國僅有旅順石船隝。其建築之費十倍於閩。此則近於東南各省。凡閩粵江浙沿海各兵船。修理最便。該隝告成之後。入隝修理者。計有本省各輪船。並北洋之海容海籌海琛通濟等船。又間有外國兵船來修。該隝建有抽水機廠機器廠官廳丁役房水手房木料亭棧房等項。圍牆以內計面積二十九萬三千尺方。除有船入隝。向由各廠派匠辦理外。隝內現設匠丁二十七名。

▲經費

同治五年。開辦之初。以閩海關四成結款銀四十兩。爲購器建廠之用。然不敷甚鉅。按月又由閩海關六成洋稅項下。解銀五萬兩。名爲製船經費。十二年正月起。又由福建稅釐局。按月解銀二萬兩。亦名爲製船經費。僅解一年而止。此款又名爲養船經費。時臺灣事起。併入台防經費項下。不歸船署造報。遞年成船漸多。養船經費不敷。皆由船政墊支。查同治十三年。首次報銷造船購器蓋廠各費。已達五百十六萬兩有奇。墊支養船經費十九萬兩有奇。此開辦時籌款用款之情形也。光緒二年。閩海關以六成洋稅項下。不敷撥解。自是年正月起。在六成內月解銀三萬兩。四成內月解銀二萬兩。是爲船政常年之費。僅此六十萬兩。顧船制日變。工料之價亦日增。隨時更有添廠添機。無非由此支付。已屬短絀。乃自光緒五六年以後。閩海關六成解款。始則批解不全。後竟有全年未解者。積欠三百餘萬。此後遂祗有四成解款。月解二萬金。且間有蒂欠不清。計亦短解百十萬兩。致船政無時不因經費支絀之故。使工務諸形棘手。尚賴光緒八九年間。興製廣東廣甲各船。并南洋開濟各船。有江粤協欵藉以免强支拄否則愈形竭蹶所以裁減員紳遣汰匠徒時有所聞皆爲撙節計也二十二年總理衙門覆陳遵議船政一摺有云船政全年經費六十萬兩從前但製木質輪船尚堪敷用現既責令改造鐵甲鋼甲一船之費動値百十萬金斷非月欵數萬金所能敷用又況此數萬者又皆不能應手等語又云船政始於前大學士左宗棠成於前兩江總督沈葆楨樸實耐勞實事求是其所用又多本地寒士布衣草笠親執樸以巡功故弊絕風淸爲各省官廠所僅見近十餘年來泰西製造日精日新閩廠出洋回華學生雖不無頴悟之資能自出圖製樣而財力短絀既不敷添機拓廠又不敷製料儲材自八九年製成寰泰鏡淸開濟平遠各快船後即得有更新之法亦因無機無廠不能如法更製等語載稽往牘具見歷來籌欵之艱其足阻製造之進步者則皆經費限之也二十三年復聘法監督杜業爾等年支薪俸幾三十五萬佛郎約合銀十萬兩所成之船僅建威建安及一小魚雷艇二十九年遣退杜業爾以法監工柏奥鐙繼其後薪俸略減年支薪俸亦三十萬佛郎約合銀八萬兩所成之船僅一江船此固因經費難籌不得不視欵力所及而爲之然歲糜

多金。無成績可紀。計之左更無逾於此矣。三十年。崇大臣任內。興辦閩關銅幣局。實以其盈餘爲船政之費。乃用船政名向匯豐銀行借款三十萬兩。然銅幣局僅數閱月。卽虧折停歇。是款遂無著落。於是船政又復擔任銅幣局之債務。僅此月款二萬金。尙須彌補欠項。直至江船售後。始得清還。此又船政無端負累。愈形竭蹶之情形也。

茲查歷屆報銷。由同治五年起。至光緒三十三年止。製船四十號。共用銀八百五十二萬餘兩。營造廠屋。共銀二百十一萬餘兩。辦造機器。幷鑲配安裝。共銀六十四萬餘兩。雇募洋員。薪俸酬勞。添置修理各廠各機器。幷各器具書籍。共銀五百五十八萬餘兩。創設學堂。培育學生各費。共六十七萬餘兩。墊支養船經費一百四十六萬餘兩。認受銅幣局廠屋機器賠墊二十三萬餘兩。統共用銀一千九百二十一萬餘兩。蓋開辦以來。垂四十餘年。用款具在於此。若以例諸外國之製造廠。則實未見其多也。

▲附記

當甲午以前。北洋海軍。已粗成立。旅順威海衛劉公島。均足爲海軍各船艦根據地。其慘淡經營。既已不遺餘力矣。乃大東溝一戰。竟喪我師。於是戰艦全隊。殲滅殆盡。此固志士所痛心扼腕而不能已也。然以中國地大物博。恢復固屬不難。即更加擴充。亦非力有未逮。船政所製各船。一因甲申中法之戰。一因甲午中日之戰。所餘無幾。顧曾遭喪敗。則戰事上之閱歷愈深。救其弊而謀其利。固意中事也。不意製造僅此一廠。而因循怠忽。且甚於前。環顧沿海各省。所餘僅舊壞數船。此外若北洋之海圻海容等船。僅寥寥數號。不足以成軍。年來船政。無米爲炊。僅僅免於停廢。坐令舊日之工師徒匠。散走四方。技術生疏。廠務日靡。窮流溯源。則失敗之由。固不得盡諉諸人也。

書後附有船政成船表另紙刊印以備參考　　編者誌

文牘

自知者不怨人
怨人者窮

知命者不怨天
怨天者無志

特別紀事

南洋勸業會開幕

茶圃

西國博覽比賽之會。足以促物質文明之進步也。吾輩在十年前。即曾著論倡之。顧茲事體大。而當時社會上之識力之可以語此者蓋寡。則無所憑藉以營其業也。近年以來。吾國上下。因受種種之刺激。於外事日益習。知生計競爭之劣敗者。無足救貧以自存。則所謂挽回利權也。抵制外貨也。振興實業也。莫不竭力提倡。冀舉國之一悟。如農工商之設立專部。勸業道之偏置各行省。責成州縣。以籌辦實業學堂。派遣游學生。則以習實業為限制。凡此種種。皆足表明執政者用意之所在。而下之應者。亦紛紛倣造洋貨。改良舊製。集大公司。舉新事業。對外則為爭利之謀。對內則為愛國之義。嗚呼。吾國以入口貨遠過出口貨。為絕大之漏巵者。百數十年於茲矣。今痛生計之日蹙。始翻然變計。共謀擴增其生產力。以為根本之補救。此豈非轉貧為富之一大動機。而於國計民生最有影響者耶。雖然。吾國地大物博。交通不便。甲省之產物。乙省無從而知。乙省之製品甲省又不得購買則銷路無術推廣卽產額末從增加而所謂比較以資改良競爭以促進步者更無望矣於此而欲設媒介之機關盡鼓舞之妙用則內國博覽會之經營決不容或緩也而南洋勸業會遂以宣統二年四月二十八日成立於南京。南洋勸業會者其規模即內國博覽會也經營之者湏陽尙書完成之者豐潤尙書而始終身任其事則陳坐辦與向帮辦之勤勞爲多。其資金原定五十萬元官商各半後乃增爲七十萬元。自光緒三十四年十一月奏准設立。凡閱十八月而能依預定之時期舉開幕之盛典。今欲明此會進行之序則舍會中所編纂之大事記無所據也。茲爲錄存於下。

南洋勸業會大事記

光緒三十四年十一月十四日南洋大臣兩江總督端方奏設南洋勸業會於南京城北預定經費五十萬元官商合籌奏　旨批准

十二月十八日江督委候補道陳琪爲坐辦

宣統元年正月初十日江督如滬開股東大會坐辦輔行

二月初四日江督照會四品京堂鄭孝胥爲主任副會長委甯藩司甯學司江安糧道金陵關道江海關道及候補道虞和德爲副會長

初五日設南洋勸業會事務所設文牘調查庶務三科

十五日開調查員研究會

同日江督咨請各督撫籌設各省出品協會兩江轄境籌設各府州廳物產會

三月初六日開董事會議決會場工程投標辦法

十二日設出品科

十四日設工程科

十八日江督蒞會場舉行開工式

二十七日設編纂科

六月十七日董事會派人來甯驗收會場地畝

七月十三日奉　旨派南洋大臣張人駿爲正會長並著各省督撫籌辦協會出品各事所有賽品准其豁免稅釐

十五日通告各國領事徵集參考品

十八日正會長照會翰林院修撰張謇爲兩江物產會審查長

八月十八日正會長開董事招待會議

特別紀事

決撥張經費二十萬元
二十三日通告各國領事限九月三十日以前報告參考品陳列面積
九月初一日農工商部派參議袁思亮調查會務並籌商審查事宜
十九日指定英日德美四國參考品陳列面積各五十方丈
十月十二日設審查科
十一月初十日改通告爲旬報
十二月十五日正會長通飭各物產會監督限明年正月將出品運甯
二十一日正會長電請各督撫限明年二月將出品運甯

四

宣統二年正月初四日會場事務所落成
初五日遷入會場事務所
初十日會同巡警局編練臨時巡警百八十名
十八日正會長蒞會場行正式開所禮
同日設事務員養成所招生六十八
二十三日正會長加委會計員駐所
二十九日農工商部照會四品京堂蒯光典委候補道李哲濬及坐辦幇辦籌備審查事宜
同日商請甯省鐵路局添築會場支路
二月初七日正會長移送各督撫三聯

運單札發各海關道及府廳州縣三聯運單
十四日正會長派臨時陸軍警察駐場
二十四日正會長抽調巡防六營駐紮場外
三月初二日設外事科
初三日調查科事竣
同日電燈官廠安置會場電燈
同日會同巡警局加寬會場正門馬路
初八日奉　旨派農工商部右侍郎楊士琦爲審查總長候補四品京堂繃光典爲勸業會提調
十一日正會長委候補道程文葆爲會場司令官
十五日會場正館院工程告成
二十日改旬報爲日報
同日事務員養成所行畢業式
二十六日裁文牘科以文案司不隸各科之文牘
二十七日勸業會銀行成立
四月初二日南京協贊會開會
同日音樂協會成立
初五日設會場臨時病院
同日商准各輪船公司各鐵路局遵照部議賽品運費減半出品委員及觀覽人舟車費七折

特別紀事

十四日南京協賀會開會

十五日商准郵政總局電報局設立場內郵電分局

十六日開聯合協賀會

二十六日審查總長蒞甯

六

二十七日教育工藝農業武備機械美術館陳列告成

同日演習開會禮式

當南洋勸業會經營之始。局外者莫不以吾國風氣未開。恐各省之出品赴會者。寥寥無幾。將無以成此賽之巨觀。反貽外人之笑柄。又及其將開幕也。羣疑滿腹。流言四起。至有謂禍亂之作。必以此爲動機者。而今乃幸得於歡欣鼓舞之中。行開幕之禮。至場中賽品。今雖陳列未備。莫窺全豹。而頗聞搜羅宏富。各館容積。未免有不敷之患。則吾國物產之饒。百工之備。皆得以此證之。使出品者果能利用此會。各就所業。細加研究。或有所改良焉。或有所發明焉。而參觀者又能各因其地之所宜。材之所近。力之所及。毅然發奮。以興其業。則吾國之生計界。必因此而大有轉機。而不至舉國有長貧之患矣。雖然。之二者。止可求之人民之自覺耳。非更藉政府獎勵之力。以爲提倡。則於勸業之術猶未盡也吾人於是敢述所見於審查者審查爲賽會最要之舉其結果之發表也不徒定出品之優劣而亦開一國之風氣故當其任者不可不鄭重審慎也今　朝廷特命楊大臣爲審查總長楊大臣又以一人之學識有限不能不廣聘專門人才以爲之佐然則將來審查之發表吾人固深信其必能精確平允公正無私上有以副　朝廷之委任下有以慰出品人之期望雖然吾人尚有一要求焉則願審查者留意於出品之性質必擇其適於尋常日用爲人人所必需者而先提倡之是也蓋自海禁既開外國貨物之入吾國者雖無一不足奪吾土貨之利而徵之統計尤以尋常日用之品之漏巵爲最大今試各就其家之所有而檢察之可以証吾言之非謬矣自近年抵制之說行國人始漸知愛用本國貨物凡百事業雖或未能同時並舉使一切生產額均足自給而有餘然苟能就必需之品加意獎勵以振興之則國人之聞風而起者必能努力爲供轉瞬即無假於外求矣若徒牽意任情或溺愛於奇巧或浮慕乎繁難則雖審查不謬而其去勸業之意不其遠耶是當審查之任者不可不先認定此宗旨以從事也

特別紀事

駑驥同轅　伯樂爲之咨嗟
玉石相揉　和氏爲之歎息

中國紀事

劃一預算之辦法　度支部電致四川湖北河南廣西江西等省。略謂各省情形不同。自應暫擬劃一辦法。以重預算。凡宣統三年以前已辦之事。已有之款。分別歷出歷入。各於冊表末列一總數。宣統三年開辦之事。可籌之款。分別歷出歷入。切實籌計。亦於冊表末列一總數。兩數統計共有若干。合爲一總數。凡宣統三年以前應用之款。必須力求撙節。務須適合。如有不敷。卽應趕緊設法。至宣統三年應備之款。如何撙節。准於比較表內說明。詳細登載。務以核實爲主云。

劃一國幣成色　度支部前經奉　旨飭令造幣廠。會同大清銀行。鑄造各種國幣。以歸劃一。惟以造幣廠向來所鑄銀元。成色較低。市面不樂行使。錢商從中取巧。以致各省所造小銀元十角。不能抵一元之用。而銅元價目。亦隨之紛歧。故此次鑄造大小銀銅各種國幣。自應實力提足。務使大小成色。一律。俟造成時。由部逐等化驗。如有弊端。定卽從重參辦。

中國紀事　二

請照國幣則例釐定官俸　度支部奏云造幣廠業經開鑄新幣。自應先由官俸實行。以資倡導而重幣制。前此支發俸銀等項。皆用生銀。則以兩數爲主。今用國幣。則宜以圓數爲主。擬請飭下憲政編查館會議政務處。將官俸章程。按照國幣則例計數名稱釐定。請　旨頒布。

造幣各廠分派總辦　前度支部奏請釐訂幣制。奉諭責成造幣總廠。迅即按照各項重量成色花紋。鑄造新幣。現度支部以事關國計。亟宜及早開鑄。各種分廠總辦。自當從速分派。現天津總廠則派瑞豐。會辦則錢承鋕。廣東分廠則派錫年。雲南則派陳度。東三省則派熊希齡榮厚二員。爲總會辦。

議除鹽務積弊　督辦鹽政大臣以鹽政處已經成立。卽宜欽遵奏定章程辦理。惟各省鹽務積弊甚深。擬分六端。一鹽官弊。二鹽商弊。三鹽斤加價弊。四鹽價參差弊。五私梟充斥弊。六鹽引滯銷弊。分別綱領。大加整頓云。

裁併各省釐卡之先聲　度支部前議試行裁併釐卡。以爲裁釐加稅之預備。稅務大臣深以此辦法爲然。擬卽派員分赴各省。調查現在各釐卡之詳細情形。酌核裁併辦法。

收回使館警察權之計畫 使館警察權久議收回。外部近會商民政部。預選高等警察畢業生一百名。以備將來分佈使館界內。昨由外部晤商各國公使。要求照約撤退各使館衛隊。及駐扎軍隊之善後辦法。幷將使館界內警察權交還中國俾得担認保護以尊主權。

內閣咨取各衙署圖片及職掌 內閣通咨京內各衙門及各省督撫。略謂本閣爲政務總滙之區。亟宜整頓一切。仿照各國辦理內務方法。爲將來憲政發達之基礎。查泰西各國國中無論司法行政各衙署。必於未修之先。繪圖貼說呈報政府核實。俟竣工後。再行拍照圖影。併將該衙門職掌事宜。分晰處所。詳細註明。咨報存案。本閣有總理內政之責。即應仿照辦理。除將來遇有新設職官。速立衙署事宜。先行繪圖貼說。呈報本閣核定外。其舊有衙署。即希該管長官。飭屬一體拍照圖片。附註官吏應行掌管事宜說帖。統限年內一律報齊。以備參攷云。

籌辦海軍預算 海軍大臣籌辦海軍預算。已令海軍處迅速舉行。其辦法約分四端。

一爲軍艦費。一爲建築費。一爲教育費。一爲官俸費。

軍諮處統握全國軍政　軍諮處通電各督撫。略謂本處統握全國軍政。有調遣軍隊之特權。嗣後各處駐紮軍隊。如須更換調遣。應先密電本處。並聲叙其理由。以憑核奪。

高等審判廳員仍避本省　憲政編查館奏京外初級審判廳地方審判廳推檢各員缺。准用本省人員。惟須避本府及原籍三百里內。高等審判廳檢察廳及提法司署各員。仍避本省。書記官以下。則毋庸避。

鹽政與諮議局　督辦鹽政大臣與鹽務處總辦議定。嗣後各省鹽政事宜。凡有關於地方行政。及增減稅率各問題。由本處議辦之件。統咨各督撫發交諮議局妥議辦法。咨部核議。酌定可否。再行咨覆各省。一律遵辦。

酌改實業學堂畢業年限　學部以奏定學堂章程。各種實業學堂。多係三年畢業。惟高等農業學堂農學科係四年畢業。高等商船學堂航海科係五年畢業。機輪科亦係五年。中等農業學堂係三年畢業。可縮至二年以內。或展至五年以內。初等農業學堂係三年畢業。可視地方情形節縮期限。初等商船學堂係二年畢業。年限既有參差。辦理自難一律。各處設立學堂。因之避難就易。憚於開設年限過長之專科。積漸日久。必致有所偏廢。查高等農業學堂。農學科課程。講授科目凡廿一科。實習科目凡二十五科。通計四十六科。自非四年畢業。不能肄習完備。現既將原有預科一年。另奏議裁。其本科年限。自應暫仍其舊。俟將來考查各項科目。可否酌量省併。再行置議。至高等商船學堂航海一科。既須求之學堂。並當注重實習。而航海實習。須派赴船舶實行練習。又非學堂所能辦到。似應將講堂講授功課。與船舶實習功課。量爲分別。擬將航海科改爲四年畢業。前三年教授講堂功課。後一年派赴船舶、實習機輪科。亦即比照辦理。中等農業學堂及初等農業學堂。應並限派以三年爲畢業之期。不得節縮。至初等商船學堂一項。學堂等級甚低。而所分航海機輪二科。又非粗淺技能所可從事。此項學堂定章。以初等小學畢業學生升入爲合格。入堂二年。即行畢業。以學齡計之。畢業時學生年齡不過十三四歲。以之從事航海管理機輪。斷難勝任。應奏請將此項學堂暫從緩辦。其已經設立者。應即改爲初等商業學堂。免致各處利其年限獨短。敷衍辦理。

甄別各省臬司辦法　法部擬甄別各省臬司。已將辦法擬定。計有四端。一各省現任臬司之出身履歷。二各省審判廳籌辦之成績。三改良刑訊。是否實行。及進行之遲速。四嗜好之有無。

減縮入口洋藥之預備　禁煙大臣以現在各省禁種罌粟。已著成效。惟各口輸入洋藥若不實行減縮。不惟有妨禁令。且於利權亦多損失。擬卽通電各省督撫。卽將本年春季所辦禁種成績。詳細調查。據實覆報。以便彙訂總冊。照會各公使。磋商縮減入口洋藥辦法。

呈遞國會請願書　第二次國會請願呈稿。繕寫完竣。經各代表公同校閱。幷議定入告次序。第一順直各省諮議局議員代表。第二京外各省商務總會及商界代表。第三京外教育會員及學界代表。第四京外官紳代表。第五各憲政公會暨政界代表。第六僑居東西各國及南洋各島之華僑代表。第七京外旗籍人民代表。遂於本月初十日齊赴都察院呈遞。幷乞代奏。

四國會議粵漢鐵路借款　英美德法四國銀行代表。對於粵漢鐵路借款一事。已在巴黎會議。所議事件。爲宜昌至四川之路線。究竟算在草約內否。及四國對於粵漢鐵路之投資。究竟如何攤派。各項材料之購用。工程師之延聘。如何限制。旋決議宜川路線。不在草案之內。粵漢全路資本必須四國均分。各項材料及各段工程師之權利亦然。他國不得干與。至由漢口至宜昌之工程師。則德派一正。美派一副云。

●中俄議定滿洲里勘界辦法● 黑龍江省臚濱府屬滿洲里一帶。中俄劃界之交涉。外部已與俄使妥商。兩國連接之界線。長亘六百英里。加以地勢紆曲。難遽下手。故定議將該線地段。劃割為數十段。每段由兩國派員。各就地測繪。然後彼此對比。據理決定界線。挨次勘劃。全線即可劃清。故兩國擬即派員辦理。

●濱江關呈請奏銷稅款● 濱關道施觀察呈文公署。謂由去歲五月十四日起至八月十七日止。一百九十六結期滿。綏芬滿洲里兩分關共收進出口稅關平銀十一萬四千五百四十四兩五分三釐。內除各項開支並報解吉江兩省兌收外。並無存欵。謹造具清冊。請奏咨立案。周少帥已會同吉撫陳簡帥具摺入奏矣。

●粵督奏報籌辦統一財政情形● 粵督具奏略云。財政一事。為預備立憲之本原。行政經費界限不明。則預算無由舉辦。故調查已往之弊。必從清理財政始。欲除以後之弊。

必從統一財政始。提綱挈領。約有三端。一曰設立公所。藩司衙門爲用人行政總匯。必先組織一獨立機關。方與庶政不相凌雜。擬照新設司道建立公所成案。於藩司衙門籌款擇地建築財政公所。就粵省向來經管賦財事項。酌定科目。設置專員。分司其事。一曰裁撤局所。財政權限既專。各局所雖職掌似異。同屬駢枝。無取多立名目。自應一律併裁。惟應酌量難易。分別期限。次第裁撤。所裁各局用款。即可撥充財政公所經費。有盈無絀。一曰實行統一。各局所既經裁撤。一切收入款項。除鹽關兩庫外。均歸公所委員經理。存儲司庫。絕不假手書吏。嗣後各局署應支款項。按月預算列表。均赴司署請領。下月決算列表報銷。表冊有一定程式。支領有一定時期。其鹽關兩庫仍遵章按月造冊送核。併彙核通省出入款目。按季編造統計書。以示整齊劃一。當經據該司擬訂統一財政辦法。暨財政公所分科辦事章程。及職掌各條。另冊咨部。一面遴委諳曉財政人員。優給薪水。一切向有陋規。悉數裁革。即於二月二十五日開辦。其關涉財政之釐務清納稅契善後等局。統限四月初一日以前。次第裁撤云。

●粵●路●公●司●報●告●成●績●　郵傳部近接粵路報告。粵漢幹路由黃沙首站起。至石碑坑止。

共十五站。計華里一百五十里九二。業經先後通車載客。由石碑坑至舊橫石一站。計華里一十里四九。合計一百七十里四一。經已興築完竣。於四月二十四日通車。

請以國民捐欵興辦墾務 呼倫貝爾道宋友梅觀察。前以開辦國民捐時。海拉一處。共集八萬餘兩。早已發交本省商會生息。現旣奉 旨歸還。自思以地方之欵。可以爲地方提倡農墾之用。特妥繕章程。具稟督撫。日昨已蒙批示。略謂招戶開墾。興辦農林。爲實邊殖民要政。所擬借用倫屬國民捐作爲招戶墊欵。並分年歸還。法極周備。民欵民用。尙屬可行。此項民捐。現存省城商會。候飭民政司轉行催繳。俟呈繳到日。再行飭遵。

開濬遼河與商務之關係 遼河淤沙壅積。往往中流阻塞。上下交通。爲之斷隔。距營口百二十餘里。雙台子地方。流沙填淤尤甚。上遊一帶爲糧產最盛之區。裝載不便。商務受其影響。實非淺鮮。去年營口道周壽臣觀察。曾籌集巨欵。從事疏濬。開工至今。已及半載有餘。茲聞大功已近告成。河流暢達。帆船往來。當在指顧間矣。

西藏政教分離之時機 自達賴喇嘛黜革後。政府屢議西藏政教分離問題。惟當時以各國之干涉。迄未決定。日來藏事稍平。樞廷議定乘達賴喇嘛更迭之時機。取決政教分離主義。以後凡關西藏一切教務。由新立之達賴專司其事。所有全藏之商務外交。在西藏省治未設以前。悉由駐藏大臣隨時稟承政府命令。相機處置。達賴不得越權干涉。刻已將關於西藏政教分離之條件。由外部照會駐京各公使。此後事無鉅細。非經駐藏大臣稟商政府認可。概無効力。如再遇有達賴私與外人締結條約情事。中國政府一律不能承認云。

俄兵暗趨庫倫警告　前俄兵闖入烏里雅蘇台境內。外部已向俄使詰問。旋據覆稱係俄兵演習操法。並無他意。昨政府又接烏里雅蘇臺將軍電告。謂俄兵已暗趨庫倫。居心實不可測。請速向俄使詰問。

薩使請速設蒙古銀行　駐俄薩使電致政府。略云俄國在內外蒙古。通用鈔票。已逾八千萬之數。蒙民異常信用。非在蒙古創設大清銀行。以爲抵制。則利權外溢。害難勝窮云。

世界紀事

英國政黨會議　英國朝野各黨爲解決憲政上之危機擬開一政黨會議內閣員則限派六人各黨主張和平調停者頗不乏人惟國民黨則力拒開會之議首相愛斯葵士昨已致書在野黨首領巴科請其與會

英國政府之被攻　英國下院議員亞勃士諾於下院痛詆政府之政策謂其擁護日俄在中國之利益比之擁護本國商業之利益爲尤力外相格來答稱中國關於錦愛鐵路正與俄國協議日本政府未撤回異議之前英國政府對於該路以保守嚴正中立爲至當云

南非之親英　南非洲杜蘭士哇路國首相波打宣言謂我等母國之英國國旗我等當尊重之并竭力擁護之且此後母國與殖民地之關係當日益密接此蓋英國與南非以自治之懷柔政策所獲得之酬報云

印度與鴉片專賣　印度政府爲廣東阿片專賣之事照會本國政府謂此舉違背鴉

片條約。且影響於印度貿易甚大。請其出而干涉。

克列特島與英國　英國外相格來於下院演說。謂英國對待克列特島之意見。與保護該島之列强無異。若該島不欲維持現狀。更激怒土耳其。以擾亂近東之平和。使各國執强硬政策。則殊非該島之利益云。

攝政法案提出　英國首相愛斯葵士提出攝政法案於下院。謂皇太子未成年卽位時。當以皇后攝政。

德國之水災　德國萊因河流域。大水爲災。損失人口及財產甚鉅。

法國外相宣言　法國外務大臣於內閣會議。宣言保護克列特之列强。已將關於該島之條約訂定。且將增加蘇達海灣之海軍勢力。以防不測。

意大利大地震　意大利南部大地震。屋宇傾塌甚多。死傷枕籍。意皇及皇后卽赴災區撫慰災民。

葡國擴張海軍　葡萄牙政府提出海軍擴張案。擬造戰鬪艦二艘。裝甲巡洋艦六艘。驅逐艦十八艘。及潛航艇六艘。

俄國之國防計畫 俄國議會之秘密會。頃將國防費。極力研究。陸軍則擬於東洋即海參崴修築要塞。且建一兵器廠。製造軍械務使足供戰時之用。又以七千五百萬羅卜之海軍費。建造新式戰鬭艦十二艘。此外有戰鬥艦四艘。已在建造中。合之可得十六艘之戰艦。

俄國詰問土國 俄國外務大臣伊士華克。因土耳其艦隊。經營戰鬥準備。特向土國政府詰問其理由。

俄國對芬蘭之舉動 俄國樞密院業已提議芬蘭政府議案。首相斯德拉賓答自由黨之評議。謂俄國對於芬蘭。實有無限之主權。故無庸將該議案交芬蘭國會決議云。

土相之憤激 土耳其因克列特問題。抵制希臘商品。駐土之希臘公使。屢有責言。土國宰相答以國民愛國的運動。未嘗侵犯法律。未便干涉云。

土希之戰雲 希臘現力為軍事上之準備。土國政府雖不以為意。然亦決意調集兵隊。以備不虞。

芬蘭案之確定 芬蘭統治於俄國法律下之議案。俄國議會。辨論頗劇。卒以對於二

世界紀事　四

十三票之百六十四票多數通過第三宣讀會。

克列特問題與列强　駐克列特島之各國領事發最終之聯合通牒於該島政府。謂若仍不許回教議員參加議會。則各國當用强硬對待之手段云。

提倡世界平和　美國總統塔虎脫提議派員五人前往各國協議提倡世界平和之策。美國下院贊成其議。將以羅斯福爲之領袖。

美屬小邦合併　美國上議院已准阿利納及墨西哥兩邦併而爲一。

日俄新協約　日俄新協約。兩國政府之意見均已一致。談判將即了結。此協約除舉戰後兩國政府所實行之不文協約。著爲成文外。初無特別條款。於日韓合邦問題亦無關係。

日本新設殖民省　日本新設殖民省。於陽歷六月二十二號宣告成立。首相桂太郎兼任該省總裁。遞信省大臣加籐兼任該省副總裁。該省專理韓國臺灣及日領之樺太。如關東租借地之事。不屬外交範圍者。亦歸該省管理。

春冰室野乘

叢錄

春冰

來文端之知人

文端公來保。爲乾隆朝宰相。生平最善相馬。一時有九方皐之目。乃其知人之明。亦有不易及者。文襄公兆惠微時甚貧窶。生未逾月。父母俱亡。育於姑家。七八歲時。已長大如成人。力敵百夫。偶過市。見羣不逞聚毆一人。兆勃然。揮拳奮擊。皆披靡鳥獸散。方欲追擊。一道人從後掣其肘。即隨之去。至西山深處一茅庵中。留教拳勇。且口授以兵法。半年乃歸。姑以爲已死也。既而入營。就步糧爲街卒。文端兼攝步軍統領。見諸卒潑水。不過尋丈間。兆獨遠及十數丈外。異之。呼與語。甚戇。命鞭之。如擊石焉。大呼曰。性耐刀鋸。耳不堪鞭箠也。文端見其狀貌已奇之。聞言益大異。令明日至府而試。挽強命中。揮刀運石。力大無窮。與談行軍紀律。侃侃而言。動中窾要。文端益大喜。次日入朝見 上。

叩頭賀曰。臣爲國家得一奇士。衛卒兆惠其人。雖微賤。眞大將才也。即日召見。命之射。九發皆中。立授一等侍衛。後平定西域。數建大功。

大臣微行 兩則

劉文正之以宰相督中牟河工也。一夕出館舍。微行河干。見鄉民輿送秫楷者數十車。俱露宿河干。人牛皆饑疲。莫能興。老少相對飲泣。異而詢之。則對曰。吾等皆某縣民也。去此三日程。奉縣官檄。輸送秫楷至此。而收料某委員。每車索錢數緡。錢不出。料不入。吾輩窶人。安所得錢。淹留已將旬日。所賫已罄。即欲逃歸。亦不可得。是以泣耳。公聞言。疑信參半。乃語之曰。吾亦來輸料者。與某官手下人素相知。頃已繳矣。今當爲汝等代繳之。乃驅其一車。去至料廠。詣某委員處。某見其面目光澤。衣履鮮潔。疑爲鄉間富室也。乃倍索錢十餘緡。公略與辨。輒大怒。令從者以鞭笞驅之出。而扣留其車。牛。公急馳回館。立命材官持令箭縛某委員至。一面召河帥議事。某至。略詰數語。即命牽出斬之。河帥亟長跽爲緩頰。良久。乃命釋回。以重杖杖之數十。荷以大校。枷號河干。諸廠委員悉震懾失次。而鄉民輸料者。隨到隨收。無敢稍留難矣。

長牧庵相國麟。巡撫浙江。聞仁和令某有貪墨聲。乃微行訪察之。一夕遇令于途。直衝其鹵簿而過。隸役方呵叱令識爲公。急降輿謝罪。公問何適。以巡夜對。公哂曰。時僅二鼓。出巡。無乃太蚤。且巡夜所以詰奸。今汝盛陳儀衛。奸人方引避不暇。何巡察爲。無已。其從我行乎。乃悉屏從人。笑談徐步。過一酒肆。曰、得無勞乎。與子且沽飲。遂入據坐問酒家。邇來得利。何如。對曰。利甚微。重以官司科派。動多虧本。公曰。汝一細民。科派胡以及汝。酒家蹙蹙曰。父母官愛財若命。不論茶坊酒肆。每月悉徵常例。蠹役假虎威。且取盈焉。小民何以聊生。因歷述令之害民者十餘事。不知即座上客也。公曰。據汝言。上官獨無覺察乎。曰、新巡撫聞頗愛民。然初到。一時何能具悉。小民亦胡敢越訴。公略飲數杯。付酒錢出。笑語令曰。小人言多。已甚。我不。輕聽。汝亦勿怒也。行數十武。忽曰。此時正好。微巡。盍分道行矣。令去。公復返至酒家。叩門求宿。對以。非寓客處。公曰。固知之。我此來非以求宿。特爲護汝來耳。酒家異其言。留之。夜半。剝啄聲甚厲。啓視則里胥縣役持朱簽。來拘賣酒者。公出應。曰我店東也。有犯。我自當。與某無涉。胥役固不識。公。叱之曰本官。指名拘某。汝胡。爲者。公强。與俱至署。令升座。首喚酒家。公以氈笠蒙首。並縮登堂。

令。一見。大駭。免冠。叩首。公升座。索其印。去。曰、省得一員。摘印官也。

湯文端遺事

蕭山湯文端公金釗。為嘉道間名臣。相傳未第時。其封翁設酒肆於鎮市。除夕。諸客飲散。惟一叟獨酌。漏三下。猶不言去。翁促之。曰。今夕歲除。人各有事。客可歸矣。叟唏噓曰。垂死之人。何以歸為。翁訝曰。叟何事為此言。願明告我。叟曰。余半生止一愛女。昨歲被奸人誘拐。近始得耗。知鬻諸京都和相國邸。欲往見之。而遠道三千里。非徒手所能往。行死溝壑耳。翁曰。附糧艘入都。不過十餘金。我尚能為子謀之。叟拜謝而去。明歲。出金資其行。至都。見女。知為相國專房寵。諸姬莫敢爭。夕。問父何能來。叟告以故。是歲為乾隆某科鄉試。時文端已為弟子員。方應舉。相國疏其名。以授浙典試。遂領解。入都應禮部試。謁座主。語之曰。子之得解。和相力也。宜急往謝。文端愕然歸。即託病。匆匆南歸。和敗。始赴會試。成進士。

黃靖南遺事

明靖南侯黃得功微時。豢鴨為生。每日輒少數鴨。久之。幾盡。黃怒。涸水蹤跡之。于塘底得一巨鱓。粗如盎。烹而食之。體貌頓改。爲偉丈夫。勇力絕倫。遂習武。然貧不能應試。日爲人策蹇。時楊龍友文驄甫鄉捷。由黔入都。至浦口雇黃驢北行。中途遇刦賊六人。龍友本嫻騎射技擊。方謀抵禦。黃遽大呼。看我殺賊。從驢背躍地。一手牽驢。一手持行囊撲盜。盜大驚。急止之。黃不顧。撲如故。盜下馬羅拜。呼曰。公眞大英雄。我輩願拜下風矣。勿失義氣。黃乃止。因共邀黃入夥。堅拒之。貽之金。又不受。請姓名。亦不答。盜遂拱手去。楊奇其勇義。因與約爲兄弟。南歸言之馬士英。士英爲之昏娶。延師教以兵法。及督鳳陽。拔爲親將。遂建功河北。爲明季名將。

雍乾遺事

昔客京師。聞諸故老。世宗　高宗。皆好微行。故閭井疾苦。無不周知。雍正時內閣供事。有藍某者。富陽人。在閣當差。頗勤愼。雍正六年。元夕。同事者皆歸家。藍獨留閣中。對月獨酌。忽來一偉丈夫。冠服甚麗。藍疑爲內廷直宿官。急起迎。奉觴致敬。其人欣然就坐。問君何官。曰、非官。供事耳。問何姓名。具以對。問何職掌。曰、收發文牘。問同事若干人。曰、四十餘人。曰、皆安往。曰、今日令節。皆假歸矣。問君何獨留。曰、朝廷公事綦重。若人人自便。萬一事起意外。咎將誰歸。問當此差有好處否。曰、將來差滿。冀注選一小官。問小官樂乎。曰、若運好。選廣東一河泊所官。則大樂矣。問河泊所官何以獨樂。曰、以其近海。舟楫往來。多有餽送耳。其人笑頷之。又飲數杯。別去。明日。 上視朝。召諸大臣問曰。廣東有河泊所官乎。曰有。曰、可以內閣供事藍某補授。是缺。諸大臣領旨出。方共駭詫。間一內監密白昨夜 上微行事。乃共往內閣宣旨。藍聞命。咋舌久之。後官至郡守。

常州人楊瑞蓮者。梁文莊詩正之戚也。依文莊京師。楊工篆隸書。會乾隆中開西清古鑑館。文莊因送楊館中。充寫官。直八月十三日。午後。一偉人科頭白袷。徐步而至。楊不知誰何。漫揖之。就坐。其人問館中人皆何往。曰、悉入闈鄉試矣。問君胡獨不往。曰、恐內廷不時有傳寫事件。故留此耳。遂問姓名籍貫。楊具以對。索觀所爲書。極稱賞。忽數內侍聞聲尋至。方知是 上。亟蒲伏叩頭。 上笑頷之而去。次日語文莊曰。汝戚楊瑞蓮。人甚誠實。篆隸亦佳。不得預試。殊可惜。可賞給舉人。文莊頓首謝。楊後以修書勞績。議敘選湘潭令。頗自貴其書。嘗忤撫軍意。被劾。 上曰。楊瑞蓮老實人。朕所深知。所參不准。擲還原奏。後洊升知州。乃謝病歸。

歷書異聞

內廷進御之時憲書。與外間頒行者。其欵式絕不相同。用白宣紙印朱絲闌楷書繕寫。一頁僅十日。積三頁乃成一月。每日所有宜忌各事。皆屬國家大政。慶賞刑威朝會遊幸之屬。姚伯昂先生竹葉亭雜記嘗載其一條。 高宗內禪後。已頒行嘉慶元年憲書。嗣 仁宗面諭樞臣。命除民間通行。專用嘉慶元年一種外。其內廷進御及中外各衙門。與外藩各國頒朔。皆別刊乾隆六十一年之本。與嘉慶本並行。以彰孝敬之誠。自是兩本並行者歷四歲。至 高宗升遐後始已。此見諸聖訓及東華錄諸書者也。江右某學士。於光緒中葉。在琉璃廠肆一舊書攤上。購得順治三十年歷書一冊。亦係內廷進御之本。印寫裝潢。色色精麗。且欽天監硃印鮮明如新。決非可以僞爲者。遍詢故老。竟莫明其故。今此本猶藏學士家中。

栗恭勤公遺事

渾源栗恭勤公毓美。道光朝名河臣也。少時狀貌英俊。家貧。將廢學。業師某明經賞其慧。却脩脯而留課之。與其子共讀。明經一女甚端麗。屬意於公久矣。未之發也。比鄰某富室子。亦請業于明經。公與明經子同室。而以對屋舍鄰子。鄰子鏡女美。數求昏。明經既屬意公。則峻却之。鄰子慙而辭歸。一夕。公與明經子飲。明經子醉。臥公榻。撼之不醒。遂易榻臥。次早公起。則明經子臥血泊中。視之已喪元矣。駭極而號。明經奔視大痛。疑公所殺。控之官。縣令蔡公不類殺人者。而一時不得主名。獄不能具。因長繫之。鄰子闞公入獄。仍以厚幣求昏。擇日迎娶。琴瑟甚敦。年餘生一子。一日。醉後笑向女曰。曩時不。出。辣手。胡以得君爲妻。第苦若兄耳。女大疑。因窮詰之。某自悔失言。堅不肯吐。女曰。但實言。今既偕伉儷矣。尚何諱爲。某始自承殺人狀。蓋某久歎公。計非殺之。不能得女。是夕。瞰兩人酒醉。因持刀越牆而入。暗中摸得公榻。逕斷其首而出。不虞兩人之易榻也。女聞言。夷然如平時。越日乘某出門。取懷中兒絞殺之。而詣署鳴寃。令詢得其狀。亟捕某至。一訊而伏。立出公於獄。女慨然謂公曰。身既被辱。義不能復事君子。君他日名德必昌。幸自努力。袖中出利刃。遽自剄死。公得釋。明年補博士弟子。以拔貢官東河知縣。洊至河督。公貴後。感女義。誓不再娶。得美玉。雕女主。恒佩之。數十年無須臾離。及官河督。以巡工夜宿吳家屯。遽感暴疾。地方官吏聞耗。亟來視。已不能言。數引手。指其胸。探之。得所。佩。玉。圭。乃悟。其。意。欲。以。爲。殉。也。領之始。暝。初河隄用石爲之。而兗豫間無大山。輦自數百里外。勞費百倍。及公涖任。奏改用甎。歲省費以數十萬計。至今民尸祝之。

燕郊廢寺之金鑪臺

燕郊鎮在京師東。屬通州。 東陵往來孔道也。曩時曾宿其地。去鎮數里許。道旁一廢寺。土人爲言寺建於明中葉。入 國朝百餘年。殿宇頹圮無存者。唯一香鑪兩燭臺在焉。鑪高八尺。臺丈餘。鎔鐵爲之。重莫能舉。故棄置荒烟蔓草中。久無人過問者。乾隆四十二年。 純廟謁 陵。蹕路經此。忽遇暴雨。乃入寺暫避。偶以鞭扣鑪曰。此非鐵聲也。令侍衛椎破之。皆精金鑄成。外塗火漆。更察兩燭臺。亦如之。遂命移入內庫。寺之緣起。州志不詳。後土人於墻陰掘得一碑。乃明嘉靖中太監李璵家廟也。世宗約束內監極嚴。李璵名不見史冊。似非當時權貴。而豪富已如是。彼王振劉瑾汪直魏忠賢輩。其奢汰當更何如。史冊所傳。正恐未盡其什一耳。嗚乎。民力安得不日蹙也。

鐵路輸入中國之始

同治四年七月。英人杜蘭德以小鐵路一條。長可里許。敷於京師永甯門外平地。以小汽車駛其上。迅疾如飛。京師人詫所未聞。駭爲妖物。舉國若狂。幾致大變。旋經步軍統領衙門。飭令坼卸。羣疑始息。此事更在淞滬行車以前。可爲鐵路輸入吾國之權輿。

張汶祥案異聞

張汶祥刺殺馬新貽一案。當時問官含糊了事。以故事後異論蠭起。大抵皆謂馬新貽漁色負友。張汶祥爲友復仇。近人且以其事演成新劇。幾於鐵案不可移矣。然以蒙所聞。則有大異者。張初在髮逆軍中。爲李侍賢裨將。金陵既下。侍賢南竄閩廣。數爲官軍所敗。汶祥知其必亡。陰懷反正之志。會有山東人徐姓者。仕爲武職。被賊掠去。適與汶祥同營。二人遂深相結納。謀同逃。誓富貴無相忘。未幾竟得脫。時馬已官浙撫矣。徐與同鄉。故相識。遂留其幕下爲材官。而張則展轉至甯波。開小押當自給。一日張至杭訪徐。徐留與飲酒。酣。徐忽慨然曰。竊鉤者誅。竊國者侯。古人信不吾欺。以堂堂節帥之尊而竟甘心外嚮。曾無人發其覆者。而吾儕小人。不幸被擄。伺便自脫。官府猶以賊黨疑之。或竟求生得死。天下不公之事。孰有甚于是者。張異其言。固詢之。徐乃言。旬月前撫帥得一無名書。發視之。新疆回部某叛王之僞詔也。（馬新貽故回回種人）僞詔畧云。現大兵已定新疆。不日入關東下。所有江浙一帶征討事宜。委卿便宜料理云云。馬得書。卽爲手疏以報。略言大兵果定中原。則東南數省。悉臣一人之責。張聞言大憤。拍案叫曰。此等逆臣。吾必手刃之。以洩憤。已而馬下令禁私開押店。盤利害民。而張肆遂被封。益落魄無俚。殺馬之志益決。未幾。馬已擢任江督。張適以事詣金陵。遂謀行刺。是日馬未曉已出閱操。歸署時甫黎明。張潛伏箭道門側以俟。會有一山東人。漂泊白下。求馬資助者。輿甫入門。其人即攔輿遞呈。馬探半身出接呈。張狙出。進刃。刃從脅下入。本向上。張又力絞之。使下向。迨刃抽出。已卷作螺旋形矣。其用力之猛如此。馬旣飲刃。卽大呼。謂左右曰。扎著了。南人不明北語。誤扎爲找。故疑二人本相識。因以有復仇之說也。馬死時。家有兩妾。皆四十許。蓋從馬已廿餘年矣。張旣被獲。羣擁之入署。兩司集訊之。張據地趺坐。抑使跽。卒不肯。但問上坐者何官。曰藩臬兩司也。笑叱曰。兩司那配問我。請將軍來。我始肯言耳。有頃。將軍至。訊其何以行刺。則曰。請先飭制臺家屬一律出署。再遣兵役圍其內宅。我方肯說。將軍以語不倫。斥之。則曰若是。吾終不肯言矣。窮詰之。終不吐一語。不得已。乃屏左右。誘使吐實。始以徐語告。且曰。公不信。第遣人往搜其秘篋。苟不得僞詔者。吾甘伏反坐之罪。問官聞此。咸大皇惑。不欲興大獄。故矯爲獄詞。而亟磔張于市。實則終無確供也。莫子偲先生之弟某。于時署江甯府。親覩其事云。

乾隆宮禁遺事 三則

乾隆一朝。每歲暮祀竈於坤甯宮。室中正炕上。設鼓板。 皇后先至。 上駕繼到。坐上自擊鼓板。唱訪賢一曲。執事官鵠立環聽。唱畢。送神。 上起還宮。六十年中無歲不然。至嘉慶時始罷。

圓明園福海之東。有同樂園。每歲賜內廷諸臣聽劇于此。 高廟時每至新歲。特於園中設買賣街。凡古玩估衣。以及酒肆茶鑪。無所不備。甚至攜小筐售瓜子者。亦備焉。開店者俱以內監爲之。古玩等器。皆先期由崇文門監督。于外城各店肆中。采擇交入。言明價直。具于冊。賣去者給直。存留者歸其原物。各大臣入園遊覽。皆競相購買。或集酒館飯肆哺啜。與在外等。肆中走堂傭保。皆挑取外城各肆之聲音宏亮口齒伶俐者充之。每 駕過肆門。則走堂者呼菜。店小二報帳。司帳者核算。衆音雜遝。紛然並作。 上每顧而解頤。至燕九日始輟。嘉慶四年。 高廟上賓。此例遂停。

高宗幼女和孝固倫公主。下嫁和珅子豐紳殷德。未嫁時。主常呼和相爲丈人。一日上攜主遊買賣街。和時入直。在焉。售估衣者有大紅呢夾衣一領。主悅之。 上因語主曰。可向汝丈人索之。和亟以二十八金買而進之。主呼和爲丈人。未知其故。主少時好衣冠作男子狀。或因戲爲此稱耶。

官書錯誤

乾隆中修四庫全書。 高宗謂遼金元三史地名人名。譯音皆失其眞。因詔館臣重加改定。然武英殿本全史。刋於乾隆四年者。尙未暇追改也。道光初。乃詔軍機章京重復校正。刓改舊板。而其中有絕可笑者。金史地理志有金復海蓋一語。乃總金州復州及蓋平海城兩縣而言之。今官牘中尙有此語。乃校者誤以海蓋爲人名。而改爲哈噶。又元史睿宗傳有飲酒樂甚。顧謂左右曰兩語。校者誤以甚顧二字爲人名。而改爲薩賴。若此之類甚多。殊堪噴飯。且其本地名人名者。則又不遵 欽定三史國語解。而以意更換。移步換形。遂令人莫知爲何人何地矣。官書之不可信。大抵如此。

古之學者爲己　今之學者爲人
君子之學也　以美其身
小人之學也　以爲禽犢

江介雋談錄

野民

鄭海藏語

鄭海藏先生嘗客天津與人書云。北地曠爽。詩蘊皆盡。又曰山川秀蘊。則觸處成吟。原野袤延。則搜剔難就。又曰。作詩無深抱遠趣。不可適獨坐。能盤鬱于中者稍久其出之也。必有自耐咀味者。又曰作詩用利筆。易用禿筆難。數語邃密微妙。誠學詩之祕要也。

杜鵑行

醴泉宋芝洞侍御伯魯光緒己亥歲暮僑居滬瀆。有次韻少陵杜鵑行云。君不見蒲卑蜚去化爲鳥。昔著柘黃今被烏。風巢危傴貌饑慘。光采不得同鴛雛。意忠款而辭雅雋。可謂名作。此詩余僅見之范伯子先生手寫詩注。未覩全璧。今范集刻本無之。附錄范伯子和作。善夫以次韻少陵杜鵑行索和。余患詞意之將竭也。用其韻爲三足烏行云。君不見。龍孫飛上天。化爲日中三足烏。人間烏生八九子。惟有神物難將雛。蟾蜍東西但相望。緘默不語甘羈孤。人間烏鴉積此恨。晨夕出入悲啼呼。汝羿己射九日落。那不釋此常區區。縱滅其形難滅影。到今反笑奸雄愚。貫通三才作王字。看渠能抹青天無。看渠能抹青天無。不用怏怏持戈趨。語意雄傑而嚴正。亦變風之佳構也

天山銘　銅柱銘

我　朝版圖員幅廣遠。上軼漢唐。東界朝鮮俄羅斯。西包有西域三十六國之故地。左

文襄公底定新疆。大治天山道路。平其險巇。且綴欄楯以衛行旅。自爲天山扶欄銘云。天山三十有二般。(古盤字)伐石貫木樹扶欄。誰其化險貽之安。嵩武上將唯桓桓。(嵩武上將謂張朗齋中丞曜也時張統嵩武軍董其役故云)利有攸往萬類歡。恪靖銘石字龍蟠。戒毋折損毋鑽刓。光緒二年六月刊。凡五十六字。光緒十二年吳淸卿中丞(大澂)奉 命勘視中俄兩戒。於琿春邊鄙建立銅柱。自書銘曰。疆域有志國有維。此柱可立不可移。凡十四字。二銘辭皆遒健。並錄存之。

牛有四德

貴筑黃子壽方伯(彭年)嘗言牛有四德。忍辱而耐勞。一也。(牧童臨之尊嚴若帝老牛帖耳鞭策不辭)負重而廉取。二也。(秖水草是求外不安取一物)以角仰聽而能聰。三也。嚮明卽起而有信。四也。具此四德。若是可以爲天子大臣矣。語殊雋妙而有至理。

六朝陶瓦所製屋

常熟趙氏。吳中世族也。家藏瓦製小屋一事。高約尺許。廣約二尺。製作窮極工巧。室內器具咸備。皆陶製者。云得之古墓中。乃六朝人殉葬物也。趙氏初視爲玩物。棄置室隅不甚惜。繼聞端陶齋制府嗜古。乃獻之。今屬寶華菴矣。

北山樓詩

吳北山先生曩者僑居滬瀆有年。自庚子春迄于乙巳之秋。中間惟庚寅癸卯移居秣陵者十閱月。此六載中愁羈緒。多發爲詠歌。爰就所記憶者錄存于此。七律周河廳云。柳營賓從散如烟。廳事于今尚宛然。自注余幼時隨侍先公僑居于此 隔岸簫聲增客感。入門山色爲誰姸。掃眉故事憐才子。自注此宅相傳爲李香君媚香樓舊址 載酒方春泊畫船。萬海千桑人不識。清游如夢總堪憐。答定山云。目窮滄海雁書遲。薄暮林園信所之。愁病足拚斯世了。襟期唯許故人知。每因避俗恒遭罵。翻怪偸閒嬾作詩。誰豈不知榮路好。褊心孤寂總乖時。贈叔子云。滔天孰挽海瀾迴。倦眼摩挲未忍開。滿地江湖歸短褐。亂思文字撥寒灰。麒麟豈是人間物。鸜鵒曾傳絕世才。幸有足音到空谷。可容抵掌坐莓苔。七絕題顧石公修禊卷云。隔年兩度逢君面。跌蕩黃壚賭酒杯。客裏匆匆過上巳。醉呼何李上歌臺。壬寅除夕云。人事早同蒼狗變。光陰虛遣白駒過。此身此世已如爾。明日明年當奈何。戲贈叔雅云。上擊蒼穹下九幽。南溟北極恣周遊。天池未許振遼翮。兩鳥各捉一處囚。玄海灘云。

萬頃雲濤玄海灘。天風浩蕩白鷗閑。舟人那識傷心地。爲指前程是馬關。按此詩乃先生乙巳二月游日本所作 乙巳七月將去滬作云。被髮佯狂空爾爲。此身此世亦堪悲。明朝無那金門去。如此江湖郤付誰。五絕曉望富士積雪云。富士鬱岧堯。經年雪不消。陽精迴曉色。脂沁玉顏嬌。斷句酬日本中島君云。休問征遼舊門第。公卿今已作輿臺。又荅人云。男兒報國眞成誷。猶是人間一幸民。又愁裏光陰過小寒。諸作皆似荆公。悲歌激楚。讀之使人輒復不怡。如覩當年羈況也。

宋徵君詩

宋平子徵君衡浙東處士。勤身尙古。操韻高潔。自以本貫之名不雅馴。每不願稱。後寄居瑞安。積年乃卒。若以今律例之則爲瑞安人矣 茲錄其庚子冬題吳君遂比部北山樓集云。全盛大都三百載。坐令荆棘沒銅駝。南中復社難回日。雪苑文章涕淚多。趵突泉云。怪絕陰陽炭。煎成百沸泉。伏流能怒發。人事竟難然。斷句云。濁世可莊誰。危途當折行。感事云。孟德但愁人負我。仲尼空說國通身。語曰。威鳳一羽。足驗五德。詎不然歟。君于戊申之秋由山左南還過余爲言著有歷下雜事詩歷下游覽詩欲輯綴付梓未就遽卒

文苑

贈影　曼陀

與汝多生共一癡。潭潭夢影耐尋思。前游不隔三生界。此念應過五百期。塵土功名徒抑塞。人天心事總支離。他年留作屏風樣。只有斜陽子細知。

題陳石遺蕭閒堂三百韻後　前人

蕉萃潘郎苦費辭。蕭閒堂外夢離離。百年幾日容孤臥。四海何人解五噫。老去情懷徒作惡。病來歌哭總成癡。浮雲遮斷三生路。木葉安心恐已遲。

芝罘登小蓬萊望渤海　瘦公

颶輪激迅羽。怒濤走天風。忽驚金銀闕。突兀憑虛空。聞道古芝罘。上有蓬萊宮。秦皇所登陟。遐躅吾安窮。蹔泊鎮駭流。相從躡高峯。琳宇曜層碧。棲靈儻一逢。俯瞰萬井明。夕靄不可封。傑艦渺芥舟。碧海納盃中。連年潯朝市。擾擾車塵紅。海水盡一掬。滌此萬垢胷。還將袖齊煙。躡屩凌天童。

文苑　二

喜聞梁卣銘廷試第一賦寄　前人

鄉邦蜷局無奇思。瀛海歸來有大言。似子何慚式金玉。觀光人喜見龍鸞。一名眞許居先甲。七品何嫌累小官。對汝不無飛動意。春風回首尙汍瀾。

法源寺丁香盛開瘦唐侍御鐵華民部約鼇庵石遺堯生眴谷叔海毅夫同游　前人

梵館清深背市喧。檀欒千樹碧當門。訖春花事煩車轂。斜日風軒饜笑言。閱世青鴛容小聚。後時紅蕚負晴暄。（牡丹未開）庸知楚客携罃榼。中有催詩一鉢存。

小病遺懷　前人

暫息勞勞九陌塵。闔門桃李若爲春。巾車屢爽芳游約。空負汀洲有白蘋。

十日光陰抵夢痕。熏鑪棐几鎭相存。翻緣小極參閒味。不爲春愁嬾出門。

與寄禪上人夜坐樹下因賦　尊瓠

上人笑杯渡。槐下合游蹤。躡屩研清露。奔車噤夜蛩。詩心謀野獲。客意適秋醲。葆此閒閒味。吾言竟可從。

江南初春雜詩五首　　午詒

池藻唼龜魚。牆薜騰鼯鼬。一尺青苔地。一樹人字柳。欑岏不入眼。東風吹上手。忽有雪覆之。皤然爲十叟。徙倚其下人。恐非典午有。劉園〇園爲伯嚴吏部賃宅

盧家謝家燕。不見雙玉翦。晴絲懸不直。波縠吹不卷。別意無所依。與此相繾綣。東風染江水。未知綠深淺。先爲惜別人。試作柳青眼。秦淮

一木不鬱鬱。一草不萋萋。宮池一尺波。菜地千遍犂。雀啄牆上土。銜爲燕巢泥。歲歲斫餘柳。綠換朝官衣。本非松柏性。樹之春不歸。明故宮址

蔣山入城來。驢子出城去。山開兩定林。烟橫半山路。危墮不墮城。將欹未欹樹。千百寒鳥散。三五春人聚。高纛壓樹裝。靈翠下巾屨。半山寺

東風疾如馬。一日綠千里。新綠吹上樹。舊綠吹入水。江海波無窮。別意亦如此。江南有苔地。處處印屐齒。隔歲落花泥。晴來麴塵起。

贈趙堯生侍御　　弱父

百餘年來論文筆。桐城獨爲世所宗。漸看派別失大江。語意淺狹勞彌縫。苟爲末流振

文苑 四

波靡力當返古求沈雄侍御筆力何恢奇有如屹立千尺墉陽開陰闔豪元氣恍惚若與昌黎同貞元元和年巳千君從何處躡其蹤得毋心手日追摹時代隔閡精神通嗟予少歲苦鑽仰百不一似頭將童傴僂收幢倦思返心知堅壘未易攻喜君意象甚吭肆建旄秉鉞凌長風騶騑籍湜何足言更策騄駬騰虛空所惜雄篇太自閟不令衆耳聞笙鏞雖言倚市無傾城窈窕豈必閉深宮文章不是一家物愼勿私據不世公況君卽令負言責獻納論思未許慵賈晁董劉彼何人報國亦在言語工斯文未喪當有屬要使廢墜重昌丰窮秋閉門苦幽獨深巷落葉聲洶洶幸逢子雲並世生載酒每欲相過從願君發篋出珍怪使我眼霧開重重

將赴奉天海藏樓雜詩第三十五　蘇龕

東北刼愈急問策乃及我樓前招片月仗劍向遼左強鄰久阻兵跨海置遮邏吾民被迫逐待斃但僵坐其鋒誠難爭善守抑猶可杜回有時顚食報在魏顆姑求振民氣中儆首媮惰死灰儻復然行見陸渾火人言柔勝剛精鐵綿與裹誠探囊底智籌一不須夥

采桑子　　映盦

濃雲不放秋河月。細雨簾纖。碎響空檐。南戶疏燈北戶簾。　年光衹爲傾城惜試近妝奩。花好頻拈。莫待明朝白髮添。

虞美人　　前人

江花脫盡江甌老。西館秋霜早。四更殘月水陰樓。凝望吳山隱隱掛簾鉤。　商飈入戶涼生簟。特地收羅扇。無眠。長恨夜難明。知有海雲埋日一千層。

彩雲歸

西樓縱眼斷離腸。有芙蓉豔發秋江。映蘸對晚霞霽色濃於染天映水水作愁妝。伯弢那堪又重簾燈火。伴銀屏夢長。映黯此際。卷衣無語。罷繡臨觴。弢　淒涼。詞人漸老。謄琴心尚賦高唐。映幾年舊歡如夢。空說雨斷雲荒。弢便良宵茱萸酒滿。不解前日疏狂。映難拚是憔悴。因他。又過重陽。弢

彩雲歸　　疆邨

春陰。日。夜。傍。高。樓。好風光。翠。歇。紅。收。驚夢回鳳燭懨懨。地惆悵事喚作無。由尋前又彩

文苑　五

雲新怨唱吳天盡頭鎖閒阻謝堂歡語舊燕難留 休休江南恨地問傾城底事綢繆一波去水萍絮狠藉未解西流算別來千歌萬舞淚眼翻濕蘭舟重經過江草江花一路新愁

采桑子

大鶴

竹聲到枕涼如許臥帙紗幮潤逼琹書冰簟銀牀一夜疏 曉來獨步穿花去香溼衣裾滿手明珠始覺前溪過雨初

雨簾不捲初凝夜夢地模糊竹醉花扶過枕茶聲午睡餘 故人久斷江干信借問庭梧秋思何如一日西風一日疏

女心下猶涵泳戲劇餘興勃勃。不覺歡呼曰。今日此行殊快人意。梅急牽其裾止之。則己無及。其言早入于兩偵者之耳。蓋其時正有男女二人伏於暗陬。專俟其師徒之歸。窺伺動靜也。迨梅善那與衣士梯梨既回房。闔扉後。姚珍娜亦輕步歸房。闔其扉與一人竊議。其人曰。今觀此女。不特滿心欣悅。且與其師有狎褻之意。姚珍娜曰。卞路佐君。此正吾所不解。昨夜彼被撻時。其哀哭之聲。猶在吾耳也。卞路佐曰。是誠大奇。此女竟愛撻彼之人乎。無論如何。汝總宜從此女身上着手。先求與之欵接。乃慢慢從其言語中。細探此意國青年黨魁來法之故。最要着則是探其來此是否購辦軍械。且偵其以何法輸進林拔地境。若能得其實情。汝功不細。倘有貽悞。罰亦匪輕。保沙探長執法極嚴明。斷不假借。願汝好自爲之。今有川資銀幣在此。汝可先探明帕高利士欲乘何船。汝亦乘之。共往氈路亞。至於船上如何措施之處。汝自能相機行事。不能預爲指授。吾則暫留於此。監察汝後。汝至氈路亞時。如有機密報告。則逕投杜律桃君處可也。吾今對汝直說。汝雖曾於保沙君前設誓。然彼常恐汝一出不返。故其防汝亦甚嚴。吾已奉其密示。若汝少萌異志。則立刻報警察捕汝解回究治。姚曰。今奧與法邦交已斷。法人倘肯爲汝盡力捕我耶。卞路佐曰。此就軍事上言耳。但汝所犯者乃商法。以假名欲於銀行行騙術。冒此重罪。鄰國無能爲汝庇者。今只有一線生機。汝若能將此事辦妥。則不獨可自贖愆尤。且膺上賞。甘苦爲汝自擇之耳。姚珍娜曰。甚善。吾必有以報命。吾非妄人。豈有舍康衢而不行。反欲逃亡。自速其死耶。卞曰。吾早逆料梅善那歸國。必取道於此。故來此處守候。梅有友名馬提柯。此人與梅外雖莫逆。內實隱懷貳心。梅未及察覺。吾已求得馬之手書。爲汝介紹。以作進身之階。書中言汝爲馬之中表。欲往林拔地省視季父。沿途求其畧爲照拂云云。梅善那見此。自然深信不疑。而汝方可於中取事。但彼爲人精細。不宜從彼入手。恐被察覺。反弄巧成拙。惟一意於其女徒。乘間伺隙。以言語誘之。使彼吐其隱謀。計斯得矣。吾爲汝畫策已盡於此。今將此書交汝。明日汝可持往。好自爲之。勿自取罪戾。言訖。遂行。次早姚珍娜取出馬提柯介紹書與己之名刺。命館僕送至梅善那房中。梅接過見是馬提柯同志養痾庇連利士山溫泉所發手書。書中言有中表姚珍娜姑娘將往美倫省其季父。鄙人特預修此書以爲介。命彼敬候君于馬些兒。儻値東歸。願相携持同行。沿途照拂爲禱。梅覽畢。自思一抵意境。卽入憂危中。臥榻之旁。豈容他人鼾睡。又憶及古廉武臨別曾有愼防女偵探一語。心中甚爲游移。繼思盟友之書不容拒卻。姚氏子身弱女子。沿途尙有衣士梯梨相與伺察。亦何所虞。主意既決。立命延入。畧談數語。便慨然允諾。時梅在馬些兒勾留累日。日間出門辦理正事。每逢日夕無事。便携女往劇塲觀劇。是夕劇散歸來。梅謂女曰。今有一少婦。欲與我輩偕行。同往美倫。吾欲許之。吾已曾見其人矣。女聞之愕然曰。何等婦人耶。梅曰此少婦。乃吾友馬提柯所介紹者。彼方有要事。往美倫。正與我輩同出一途。故爾相託照拂。因又笑曰。汝不必疑訝。此婦云彼亦曾與汝謀面。聆汝歌曲甚妙。且請汝歌也。衣士梯梨聽畢。恍然曰。嘻。是矣。是卽來法遊歷之姚姑娘乎。梅曰。然。但汝未嘗告我。幸此爲婦人。非男子。不然。將不汝宥也。女不答。沈吟久之。乃借辭諫曰。君方有秘謀。惟恐不密。奈何携此外人同行。恐此後作事不免又多一番迴避。雖此人爲馬君所介紹。馬君端人。固可無慮。惟君之一身。爲一國存亡所繫。宜愼重將事。人心叵測。見利忘義者實繁。少有疏失。噬臍何及。願君三思。幸毋以爲讒譖而漠置之也。梅曰。汝所慮者雖是。但究是一隅之見。且持論亦未免過苛。不中玆事之情實。須知馬提柯與吾爲刎頸交。

歃血訂盟。誓雪國恥。吾之利害。即彼之利害。況馬君爲人素來精細。若非深知此人底蘊。豈肯妄作函介紹。貽誤大局耶。吾今方欲伸大義於天下。以拯危救亡爲宗旨。若一婦人求庇而拒不納。人其謂我何。縱彼果爲奧探。吾亦自有制之之術。吾意已決。汝勿復多言。女見梅意決。知不能復諫。若再持之過堅。則又妨以拈酸見誚。遂亦默不復言。未幾梅出外。直至是晚兩句鐘方返寓。行至店內甬道上。于黑暗中忽覩一人趨近其傍。梅諦視之。則翟勃樂也。梅愕然。暗思法國之警察。豈尚未肯忘懷。將有不利於女耶。翟勃樂見其沈思狀。乃曰梅君。吾之此來。非爲君害。乃附耳言曰。吾受君厚貺。無以爲報。今探得機密事。將有大不利於君者。特來奉告。可同至秘密處一談。梅曰。即請進房中談可矣。梅乃導之行。啓扉將燈燃亮。翟勃樂尚未啓口。忽聞隔房嚶嚶啜泣聲。梅問曰。衣士梯梨何爲。翟勃樂曰。彼哭也。因憤然曰。梅君汝待此女殊覺過酷。彼之悲啼。吾不忍聞也。今請暫別。明日當再來。以機密事相告。遂辭出。後竟不復來。蓋翟勃樂因恨梅之爲人。故未將姚珍娜之謀道破。彼遂得厠身而近。致演出後來無限風波。幾至事敗垂成。世事往往有因小誤而致大誤者。大都類此。當時梅滿腹疑訝。行至女房門外低喚曰。衣士梯梨汝果何爲。連呼數聲。迄無應者。然哭泣頓止。梅心愈焦躁不能耐。厲聲曰。衣士梯梨在乎。始隱約聞細聲曰。在。梅曰汝病耶。女曰吾心偶不快。非病也。梅曰何故。女曰可惱之事甚多。正因汝意別有屬耳。梅善那聞斯言。怒不可遏。推扉入曰。汝以吾爲何如人乎。吾豈誑汝者耶。吾不已明白相告。姚姑娘明日與我輩同行往氈路亞乎。若汝猶不見信。請卽告絕。汝暫爲吾徒。俟吾事定。再將願書交還。聽汝自由可也。言畢。遂回己臥室。女知梅甚怒。急詣其室。自引誤會之咎。梅乃釋然。

第九回　游刃於虛　個儂誠殫智　懷璧其罪　彼美獨鍾情

翌日星期五午後。梅善那携女登舟。並約姚偕行。未幾。船卽起椗。離卻馬些兒。向氈路亞進發。梅乃介紹姚珍娜與女相見。衣士梯梨心雖不悅。然亦不得不略與寒暄。梅見其徒語言冷落。心中殊爲抱歉。而姚珍娜則加意款洽。分外周旋。不惜用全神以窺伺女意。務求博其歡心。無何。二人言論漸洽。姚乃邀女過其房閒坐談心。女頷之。姚遂携女手同去。少頃。梅行經姚珍娜房外。聞笑語聲甚洽。知女意已釋然。心殊慰悅。乃輕扣其扉相告曰。將晚膳矣。二人遂出。同赴餐室。時梅仍以幼徒視女。食品皆手與之。女亦自知此爲掩飾與人之計。故意瑣屑相瀆問曰。吾欲食炸牛排可乎。吾又欲食燴鴨片可乎。梅曰皆可。惟糖梅不宜多食。恐礙歌喉也。女乃逡巡取一枚啖之。津津若有餘味。而意猶未已。又不敢復取。惟耽耽目注盤中。姚不禁目之而笑。因謂梅曰。今在船上。歌曲課程宜少停。吾二人相與授彼意文。可期速成。且彼天資聰敏。于意文爲近。殆彼生與意人有宿緣歟。姚故意以一緣字打入。梅與女二人之心坎。言畢目視女面。見其方玩窗外海中霞景。梅則怡然微笑曰。諾。三人膳罷。同登船面。是夕天宇開朗。微風不興。月輪初升。地中海萬里波平如鏡。尙隱隱望見法之邊鄙。暮烟繚繞。梅與兩玉人同坐一處。因姚珍娜頃云授衣士梯梨意文。于是互相口講指授。衣士梯梨亦敬聽默記于懷。姚乘間謂女曰。衣士姑娘。我兩人今日可稱莫逆交矣。惟惜此後聚處不長。若得共從一師。則時時可以聆玉音。接淸談。固所深幸。妾甚願執贄尊師門下。惟未識梅君肯辱收否。蓋姚之意。只冀探得梅之秘密。縱使身爲弟子。受如何嚴厲之拘束。亦所不辭也。惟衣士梯梨則別懷私見。以爲其眞欲北面事梅。乃亟亟託辭拒之曰。姚姑娘應嘆緣慳來遲。帕高利士已有言。不更收第二弟子矣。梅亦笑曰。爲人師實難。予素拙于敎授法。祇此一夔已足矣。姚覺彼二人言語。針鋒相對。而衣士梯梨尤心虛聲顫。其中隱情。已可知悉。因託言浪眩。先歸房去。時已夜闌。衆客亦各歸寢。在船面者。祇賸彼師徒兩人。梅謂女曰。汝喜此人否。女曰喜之。然尤可幸者。彼今回房。我兩人可密談耳。乃以手挽梅之臂。行至輪船後艄舵房之後。憑欄私語。梅曰彼孤身遠行。求我照拂。汝宜善待之。不久即到美倫。彼與我等同行僅兩日程耳。而風雲變色之時期。亦相距不遠矣。女曰天乎。此即我等與奧人相持相薄之時乎。方欲再言。不意姚珍娜忽於其後呼曰。衣士梯梨我忘却門鑰。猶儲于汝衣袋中也。兩人聞聲同吃一驚。女亟探囊曰噫果在是矣。遂取出與之。梅請其少留閑話。姚辭曰吾腦尙覺暈眩。恕方命。遂匆匆下艙去。蓋姚先時下艙。未幾復行折回。見彼兩人方密談。故輕輕移步而前。冀有所聞。不意衣士梯梨最後與奧人相薄一語。竟被聽着。姚珍娜就其所聞而測度。已知梅此次至法。並非專爲携女徒而來。雖此女聲色俱佳。足以償其素願。然可決其不僅祇此一事。定有別故。況此女衣裝雖稚。年實逾焉。且愛其師甚摯。只此便是一大破綻處。今夕得此佳消息。眞足快意。明日再用少許機智。探得其眞實情形。則有以復命於保沙矣。姚是晚在榻上展轉尋思。心緒坌涌如潮。喜極不能成寐。翌日黎明即起。見船已抵意法交界處。于船旁遙見丫立山高聳雲霄。于時衆客咸在船面眺望。梅與女亦在焉。無何梅善那爲相識者邀去吸烟閑話。姚獨坐椅上。女立於其旁。時有兩員奧弁。方並肩往來散步於船面。行經女傍。一老者曰。吾聞柯連士加乃劇塲女伶翹楚。最足令人傾倒者。今亦已誓不吸煙。不肯輸重稅以資敵國。不意彼意大利女伶亦能具此愛國思想也。少者曰。據吾所聞。則殊不然。聞說柯連士已加與帕高利士絕情。則其一意黨奧可知矣。老者曰。汝勿被人所愚。柯連士加與帕高利士情如膠漆。豈肯分張者。今聞帕高利士亦乘此船回國。此人眞愚不可及。方今各處戒嚴。猶敢自投羅網。吾料必因柯氏招之使回。故不得不回耳。兩軍弁方在閑談。其語言已盡被兩女郎聽得。姚珍娜此時加意窺察女意。見其面色青紅無定。心知其因聞柯連士加之名而妒也。迨梅回時。女意殊怏怏。梅方急於檢點行李。爲登岸計。故亦未之覺。午後四句鐘。船乃入海灣。經過一淺灘。有兩燈塔對峙。以示舟人避險處。船乃從中央取道直入。未幾。抵路亞大埠。已經在望。此處本一山城。人烟輻輳。屋宇層疊而上。其大厦及教堂等。多以白雲石砌成。日

空前之古文大選本

涵芬樓古今文鈔

侯官**吳君曾祺**舊有古今文鈔之選以家貧乏書久而未就本館近得名家藏書**數十萬卷**庋置涵芬樓中吳君因而補輯乃卒成之上自三代下迄國朝同光之間凡**二千餘家**為文**萬篇**分**十三類二百一十三目**侯官**嚴幼陵**先生序言**稱為藝苑鉅觀**非虛言也

（本書特色）

●●一搜羅宏富可供國文教員之教材

●●一分類精密可供學者作文之模範

●●一圈點明瞭可供初學自修之誦讀

●●一合裝兩箱可供行旅四方之攜帶

本書用中國連史紙精印分訂**一百册**定價**一十八元**預約**十八元**先付**八元**即交收條一紙全書告成續付**十元**憑券取書

附刊**文體芻言**作**為樣本**欲閱者可向本館及分館索取遠地函寄郵票二分**當即寄贈**

論辨類 論 設論 續論 廣論 駁 難 辨 義 議 說 策 程文 解 釋 考 原 對問 書 喻 言 語 旨 訣 附錄 **序跋類** 序 後序 序錄 序略 表序 跋

引 書後 題後 題詞 讀 評 述 例言 譜 疏 附錄 **奏議類** 奏 議 駁議 諡議 册文 疏 上書 上言 章 書 表 賀表 謝表 降表 遺表 策 摺 劄子 啓 牋 對

封事 彈文 講義 狀 譔 露布 附錄 **書牘類** 書 上書 簡 札 帖 劄子 奏記 狀 牋 啓 親書 移 揭 附錄 **贈序類** 序 壽序 引 說 附錄 **詔令類** 詔 即位詔 遺詔

令 遺令 諭 書 璽書 御札 敕 德音 口宣 策問 誥 告詞 制 批答 教 册文 諡册 哀册 敕文 檄 牒 符 九錫文 鐵券文 判 參評 考語 勸農文 約 牓 示 審單 附錄

傳狀類 傳 家傳 小傳 別傳 外傳 補傳 行狀 合狀 述 事略 世家 實錄 **碑誌類** 碑 碑記 神道碑 碑陰 墓誌銘 墓誌 墓表 靈表 刻文 碣 銘 雜銘 雜誌 墓版文 題名 附錄 **雜記類** 記

後記 笏記 書事 紀 志 錄 序 題 述 經 附錄 **箴銘類** 箴 銘 戒 訓 規 令 誥 附錄 **頌贊類** 頌 贊 雅 符命 樂語 **辭賦類** 賦 辭 騷 操 七

連珠 偈 附錄 **哀祭類** 告天文 告廟文 玉牒文 祭文 誄祭文 哀詞 弔文 誄 騷 祝 祝香文 上梁文 釋奠文 祈 謝 歎道文 齋詞 願文 醮辭 冠辭 祝嘏辭 饗文 贊饗文 告文 盟文 誓文 青詞 附錄

上海棋盤街商務印書館發行

第二千零五十六號

廣智書局新書目錄

廣智國文讀本 一二	每冊一角
修身教科書 一二	每冊一角
修身教科教授法 一二	每冊二角
修身掛圖	二元
改良尋常小學新讀本	七角
改良高等小學新讀本	九角
小學體操圖	一角
兵式體操圖	一角
高等國文讀本第一冊	二角
高等國文讀本第二冊	二角五分
高等國文讀本第三冊	三角五分
高等國文讀本第四冊	四角
高等國文讀本第五冊	四角

中學西洋歷史教科書	一元三角
中等地理教本 全弍冊	一元四角
中等教育國文法	四角五分
中學修身教科書 弟子箴言	四角
中學世界地理教科書 第一編	五角
中學世界地理教科參考書	一元
師範及中學用女子算術教科書	九角
中等教育倫理學	三角
中國文明小史	四角
支那史要	五角
國史讀本 全十二冊 每冊	二角五分
立體幾何學講義	九角
中等教育化學	一元

◀ 上海福州路 ▶

廣智書局新書目錄

幾何原本	一元
平面三角法講義	九角
物理學公式及問題	一元
中等教育物理學	一元六角
中國之武士道	三角五分
樂典教科書	五角
商業教本	五角五分
中國商業地理	六角
工業化學	六角五分
節本明儒學案	一元二角
德育鑑	三角五分
中國學術思想變遷論	二角
教育學教科書	六角五分
實驗小學管理術	二角五分
學校衛生學	二角
教育學解剖圖說	一角
康南海官制議 布面一冊	一元
十九世紀四大家政治學說	三角
那特硜政治學全編 布皮金字洋裝一冊	一元
地方自治制論	三角五分
政治汎論	一元
法學通論	三角
清國行政法	一元
憲法精理	四角
英國憲法史	六角
萬國憲法志	五角

▶上海福州路◀

廣智書局新書目錄

熊襄愍書牘	二角五分
惜抱軒尺牘	三角
惜抱軒尺牘補編	一角
黃石齋書牘	四角
國文語原解	二角
新民說	六角
仁學	三角
曾胡批牘	六角
松陰文鈔	二角五分
心史	四角
中國魂	三角
第一種家政學	二角五分
第二種家政學	三角
女學生	二角
康南海歐洲十一國游記 第一編 第二編	八角 六角
新大陸遊記 精製有圖 並製無圖	八角 六角
分類精校飲冰室文集 自丙申至乙巳	四元
增補改良飲冰室自由書	四角
中國國債史	二角
滿洲處分案	二角
越南亡國史	二角五分
曾文正公十八家詩鈔	三元
董香光畫禪室隨筆	三角
王照圓列女傳補注	四角
康南海廣藝舟雙楫	三角
包氏藝舟雙楫	三角五分

◀上海福州路▶

廣智書局新書目錄

英文尺牘資料	四角
新法英語教科書	五角
二十世紀讀本第一編	六角
華英合璧訓蒙編第一冊	一角五分
華英合璧訓蒙編第二冊	二角
華英商業會話	三角五分
增補改良華英學生會話	二角
初級英文範 即納氏英文典第一冊	三角
華英文件新編	五角
華英商賈會話	二角五分
初級英語作文教科書	四角
東文新法會通	五角
笏山記 上中下每冊	三角
斯芬克斯之美人 上中下每冊	二角五分
偵探小說 虛無黨眞相	八角
偵探小說 離魂病	二角五分
偵探小說 殲讐記	四角五分
言情小說 紅淚影 全四冊每冊	四角
言情小說 花月香城記	三角
偵探小說 怪獒案	三角
哀情小說 刧花小乘	二角
偵探小說 妖塔奇譚 全弍冊每冊	三角
偵探小說 美人手 全三冊	六角五分
偵探小說 劇塲大疑獄	四角
偵探小說 情魔	三角

◀上海福州路▶

廣智書局新書目錄

偵探小說 中國偵探案	二角
偵探小說 地中秘	四角五分
司底芬偵探案	一角五分
偵探案彙刻	二角
冒險小說 十五小豪傑	二角
荒島孤童記 上下全	五角
理想小說 未來戰國志	一角
社會小說 二十年目覩之怪現狀 甲乙丙己 丁戊	每册四角 三角
歷史小說 鐵假面 上中 下册 每册	五角 四角五分
黃繡球	五角
奇情小說 電術奇談	四角
偉人小說 女媧石 甲 乙	二角五分 一角五分
寫情小說 恨海	二角
說部腋	一角
九命奇冤 全三册	七角五分
警黃鐘傳奇	二角
西青散記 全二册	六角
經國美談 全二册	五角
虞初新續志	九五角
桃花扇 精製	八角
中國廿一省全圖	一元七角
藝蘅館詞選	二元五角
暗射中國輪廓地圖	三元五角

◀上海福州路▶

外交報特別廣告

庚戌年

外交報 十年紀念 增刊兩册

本館延定留學外洋法政專家撰著國際法學論說並於正月臘月各增一册逢五發行全年三十四册自辛丑至庚戌適届十年共三百册預訂全年本埠四元五角外埠五元二角外國六元零售每册一角六分補購辛丑壬寅癸卯甲辰百册減爲十元外埠加郵費八角陝甘雲貴四川等省郵費加倍補購壬寅全份本埠四元外埠四元五角癸卯全份本埠四元三角外埠四元八角甲辰全份本埠四元外埠四元五角乙巳全份本埠四元二角外埠四元八角丙午丁未戊申每年各全份本埠各四元五角外埠各五元己酉全份本埠四元八角外埠五元五角外國六元二角歷年零册一角六分 ●上海外交報館 在棋盤街商務印書館內

●第十二號五月初五日出版 要目列下 ●圖畫 濤貝勒肖像 ●論說 揚子江之國際觀（續前號） ●譯論 論波斯與德 論美國外交 ●外交大事記 界務交涉 商務交涉 ●世界大事記 東洋之部 日美新協約之傳聞 西洋之部 英皇游法 英議院否決財政決議案 英得新屬地 芬蘭新議會 奧外部大臣赴德 奧國公布波罘二州憲法 西班牙內閣辭職 巴爾幹半島之近狀 土國內亂 波斯與俄德之關係 祕赫爭界 ●德國霍亭洛親王日記節本（續二百五十二期） ●韓國三十年史（續前）

●第十三號五月十五日出版 要目列下 ●論說 論永世中立國（留學日本中央大學法科大學部無錫孫觀圻撰） ●譯論 論日俄與中國 論巴爾幹外交近狀 論列強與波斯 論墨西哥之現在與將來 論歐洲君權國之强盛 配魯司華爾演說及埃人之反對 ●外交大事記 要事彙誌 ●世界大事記 東洋之部 日本將批准著作權法同盟條約 日本外相將赴俄 日本借換外債 西洋之部 英國經營澳洲兵備 英俄托拉司成立 俄海軍購煤於英 德國海軍預算 法國外交上之調停 奧貨爲土排斥 義國新內閣 波斯辭借公債 美國處分公有地 ●日本明治四十一年史（續十一號） ●韓國三十年史（續前號）

東方雜誌

庚戌年第四期目錄

剏辦合肥惠政學堂王君揖周讚証自來血有自服

自效之神功

五洲大藥房主人鑒僕體素健任事不畏煩難不辭勞苦丁未之冬創辦私立惠政學堂距今已歷四學期去歲秋因伏暑致病月餘始起覺精神遠不如前四肢酸軟私心深慮不能勝任後常至鉅康隆周君斗青處聚談遇友人李君德三來購　尊製自來血大瓶一打幷稱道其靈效不可比喻復見北鄉高塘集務本學堂壽春孫琴舫君致斗青書託其轉謝　尊處函中盛稱自來血功效之神且速無異仙芝僕遂深信即於鉅康隆購取小瓶半打每日照服果然未及旬日强健如初樂甚噫海內古今補品其於斯爲盛矣特肅蕪箋以鳴謝忱手此順頌　利祺　合肥王揖周頓正月念六日

小瓶一元二角　大瓶二元　每打十二元　二十元　託局函購原班回件諸君光顧請認明商標全球爲記每瓶內附有精工五彩認眞劵一張方不致誤

總發行所上海四馬路老巡捕房對門五洲大藥房抄登

人造自來血乃人身之活寶

人生百體所賴以生長者血也如血多則百體強壯血少則百體衰弱設遇血盡則百體自枯是故凡人不能無血**血者誠乃人身之活寶也**然吾人欲究身壯力健之術者必以多血爲適宜若近今之衛生家雖常服各種補品而未得十分健壯者何也其故因我國理化未精藥物一道素鮮研究故自古迄今絕未發明不知以多血爲要義噫**此即吾身不強之由來也邇者神州睡獅抖擻初醒努力鼓盪我同胞之熱血奮振我同胞之精神**無庸疑義速請嘗試**能壯民力強國勢之人造自來血已經及時出現**故再行謹告同胞凡有心虧血虛破金吐血面黃肌瘦頭暈眼花耳聾腎虧陽萎精枯四肢無力手足酸軟身虛腳腫胃弱脾薄以及婦女經水不調白帶赤帶頭痛腰酸五勞七傷諸虛百損之症者服之自然**壯心經多血液**請將下列服法試驗之自能奇功立見幸勿輕視蓋其中實有絕大之能力也我同胞凡購服自來血**須先試驗究有功效若何**可用小針刺破皮膚出血一滴滲在白紙上待服過七日之後再用前法將前者滴血之紙與七日後滴血之紙兩相比較後者之色必紅於前此則**最易最明之確証也**倘能多服**則血愈紅而人之體力愈健**又如腎虧耳鳴眼花者連服數日眼目自覺清爽耳鳴耳聾自可並除此即顯明有補腎之功效又如年老血衰或壯年勞傷過度體質虛弱面無血色者自必畏寒驟遇冷風即發寒噤者服之半月之後**血氣漸充體質自固**雖遇箭風**亦不覺寒冷矣**又有明見之確証如久患爛瘡而不易收口者自服自來血之後則瘡內之**肉刺日漸增紅**如能常服收口亦易如婦女之經淡白者服到一月經水當即增紅**如患冷經痛經亦能並除**凡患破金吐血者服之補血則可以之止血則不可然患吐血之人血愈虧少若不培補則體質愈弱病勢日重尤宜常服以補之當時雖無止血之功然久服之心經壯**而吐血之患可以除根也**如脚氣水腫者步履蹇滯亦血虛不充之故須連服旬日則腫自消而步自健矣又**如患瘧疾者**服之旬日**立可除根**不發以上一切功效皆最易試驗者也

● 小瓶一元二角大瓶二元**每打**小瓶十二元大瓶二十元託局函購原班回件海內諸公如蒙惠購請認明全球商標爲記內附五彩認眞券一張値洋一角方不致悞

● **總發行所上海四馬路老巡捕房對門青花石三層大洋房五洲大藥房幷南北兩京以及各埠大藥房均有經售**

清血健身

在北京有爲血毒之犧牲者服韋廉士大醫生紅色補丸而得康健復原
薰風南至溽暑將臨吾人皆宜細察己身當此各疾將行之際果能有力以抵禦之乎夫抵禦疾病最大之方法莫妙於潔淨稠紅之新血然使血潔淨有力而生新血最大之藥莫若今在天下著名之韋廉士大醫生紅色補丸也是丸不第有建立身體之奇功且實爲最穩妥防護抵禦各症之良藥血亦爲療治不幸而染各種因血衰或腦弱所致之疾之妙劑也試即陝西候補知縣姚君季英一症而證之姚君現居北京板章衚衕茲承惠函并賜玉照云〇戊申十月鄙人陡患喉痧水漿不入者三日幾瀕於危後幸得生然血爲病受毒身甚輭弱因見各報紙所載韋廉士大醫生紅色補丸之奇功乃購一瓶試服之覺

北姚季自如服紅大生色丸體强力
京君英述何韋士醫紅補身康有

飲食知味胃口長進於是續購半打按日而服瓶罄而精神如舊矣謹修數語以鳴謝烟夫人生在世原以精神爲圭吾謂韋廉士大醫生紅色補丸實能使輭弱者精神煥發而侍强健之樂鄙人自服此丸之後迄今精神十分復原故願將獲愈之功全歸韋廉士大醫生紅色補丸請將蕪箋登諸報端俾同人咸知功效而購服之庶共得康並之幸福也　韋廉士大醫生紅色補丸爲才智超羣聰穎絕倫之大英醫生所尋獲其聲名洋溢乎歐美與非等洲已歷有年今則又爲亞洲之

認明丸痛眞樣　　謹防影射假冒

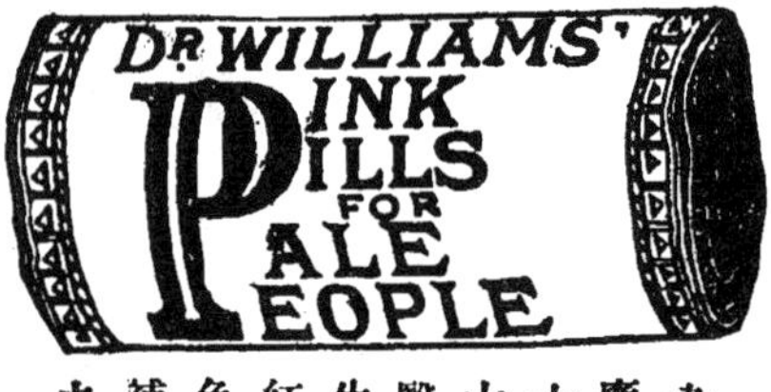

韋廉士大醫生紅色補丸

中國最寵榮之西藥足證是丸適合華人之體質也其所治愈諸多疾病中所更神奇者即如　血薄氣衰　諸虛百損　少年斲喪　陽萎不舉　烟癮澀斷　色欲過度　胃不消化　肝經各病　背骨疼痛　頭痛目眩　山嵐瘴氣　風溼骨痛　腎尻瘦痛　左癱右瘓　跳舞瘋病　脚氣衝心　瘰癧疔疹　乾溼癬癩　皮膚諸症　以及婦科各症月信不調莫不功效神速有藥到病除之妙焉　韋廉士大醫生紅色補丸中國各處商店凡經售西藥者皆有出售如內地無從購買請直向上海四川路八十四號韋廉士醫生藥局中國總發行或向重慶白象街分行購買亦可價銀每一瓶大洋一元五角　每六瓶大洋八元　無論遠近郵費在內

上海四川路八十四號韋廉士大醫生藥局啟